■디아스포라의 땅 에베소에서 요한이 보낸 메시지■

요한의 천재성
상·징·코·드

박호용 지음

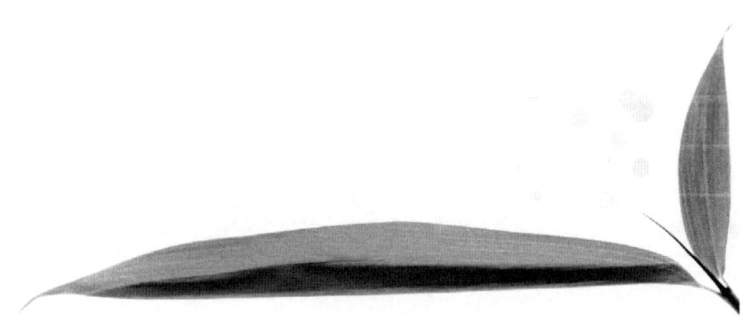

쿰란출판사

이 책을 김덕기·박신배 교수께 바칩니다

마치 천재가 범인과 차원이 다르듯이
하나님 왕국은 세상 왕국과 차원이 다르다
(읽는 자는 깨달을진저)
- 디아스포라의 땅 에베소에서 요한이 보낸 메시지 -

프롤로그(Prologue)

"다 빈치 코드는 지고 요한 코드는 뜨고"

1. 2008년 새해 벽두에 홍콩동신교회(담임목사 김성준) 초청으로 나는 '요한복음 특별강좌'를 하게 되었다. 일곱 개의 상징코드를 중심으로 강의를 하였는데, 이로 인해 나 자신이 성서의 꽃인 요한복음을 다시 공부하는 계기가 되었고, 새로운 깨달음을 얻는 유익한 시간이 되었다. 그러면서 재작년에 전문적인 학술서로 쓴 《요한복음서 재발견》을 더욱 쉽고도 핵심적인 내용을 중심으로 다시 써야겠다는 강한 필요성을 느꼈다. 그런데 요한복음을 일곱 개의 상징코드로 접근하게 된 직접적인 계기는 재작년으로 거슬러 올라간다.

사람이 살면서 누군가가 무심코 던진 한 마디가 엄청난 의미로 다가올 때가 있다. 2007년 6월 8일 종로5가 기독교 백주년 기념관 소강당에서 나의 저서 《요한복음서 재발견》의 출판감사예배 및 포럼이 있었다. 이날 포럼은 여섯 명의 성서학자[1]가 참여하여 나의 저서에 대해 논평을 하였다. 여기서 김덕기 교수는 나를 "신학계의 돈키호테"라고 말하면서 다음과 같은 의미심장한 말을 하였다. "박 박사는 요한복음이 구약의 배경 지식에 의해서 풀어야 하는 요한 코드를 신학적으로 풀이하고자 한다. 이제 다 빈치 코드는 지고 요한 코드가 뜨고 있는 것이다."[2]

김 교수의 "다 빈치 코드는 지고 요한 코드가 뜨고 있다"는 표현은 당시까지 요한의 '상징코드'에 대해 깊은 인식을 갖지 못한 나에게 새로운 신학적 통찰을 주었다. 요한 코드, 즉 요한의 '상징코드'야말로 요한복음을 이해하는 열쇠가 된다는 사실을 뒤늦게 깨달은 것이다. 김 교수의 신학적 통찰에 힘입은 나는 인류 최고의 천재로 일컬어지는 레오나르도 다 빈치(Leonardo da Vinci, 1452-1519)를 연구하기도 하였고, 댄 브라운(D. Braun)의 소설 ≪다 빈치 코드≫도 늦게나마 읽어 보았다. 그러면서 요한복음이 얼마나 완벽한 천재적인 작품인가를 새삼 깨닫게 되었다.

  2. 이 책을 시작하기 전에 먼저 해야 할 말 두 가지가 있다. 하나는 요한복음은 "진리가 무엇이냐?"라고 묻고 그것에 답변한 책이라는 것이다. 또 하나는 "이 세상에서 요한복음에 비견할만한 책은 없다(天下第一之書)"는 것이다. 그렇게 생각한 까닭은 이러하다. 요한은 인간의 궁극적 관심이 '진리의 문제'라는 것을 정확히 포착했다.3) 예수에게서 진리를 발견한 요한은 그것을 표현하기 위해 일생을 두고 치열하게 씨름하였다. 그 결과 '상징코드' 기법을 사용하여 천재성을 유감없이 발휘한 인류 최고의 걸작품인 ≪요한복음서≫를 쓰게 되었다는 것이 나의 생각이다. 나는 "진리가 무엇이냐?"라는 요한의 질문으로 이 책을 열고자 한다. 그리고 "메시아 예수가 진리다"라는 요한의 답변으로 이 책을 닫고자 한다.
  서울 강남에서 '안과' 의사로 일하시는 박영순 선생님이라는 분이 계신다. 이분은 소망교회 집사님으로 나의 눈을 늘 돌보아 주시는 고마운 분이다. 언젠가 대화 중에 그분이 내게 이런 말을 하셨다. "초점이 흐려지지 않도록 살리려고 하는 데 잘 안 됩니다." 이 책을 쓰면서 '진리 탐구'라는 하나의 초점이 흐려지지 않도록 애를 썼으나 얼마나 생각대로 되었는지 모르겠다. 다만 진리의 문제와 관련하여 '인물(인간) 상징코드'의 '니고데모와 빌라도'가 요한복음의 중심이자 절정(3:16-21)이라고 보고 이 책의 중심에 두었다.

이 세상에는 성공과 행복을 가져다준다고 선전하면서 사람들의 필요(need)를 충족시켜 큰 인기를 누리고 떼돈을 버는 소위 '베스트셀러'라는 책들이 있다. 그런 책들은 대부분 말초신경적이고 피상적이며 천박한 싸구려 책들이 대부분이다. 그런 책들은 대부분 잠시 있다가 사라질 것이다. 그러나 요한복음은 그러한 베스트셀러와는 차원이 다른 책이다. 왜냐하면 진리가 무엇인지를 묻고 그 물음에 진지하게 대답하는 참 진리의 책이기 때문이다. 즉 여기에는 세상 나라가 알지 못하고 주지 못하는, 차원이 다른 '하나님 나라의 비밀(메시아 비밀)'이 숨겨져 있다.

3. ≪요한복음서 재발견≫이 주석서라면, 해설서의 성격을 갖는 이 책은 요한복음에 나타난 일곱 상징코드를 통해 요한의 천재성을 밝혀보고자 쓴 책이다. 여기서 '요한의 천재성'은 문제제기요 가설에 해당하고, '요한의 상징코드'는 그에 대한 검증이 될 것이다. 요한은 참 진리를 드러내기 위한 수단으로 상징코드 기법을 사용하였다.

요한의 천재성은 그가 천부적인 재능을 가진 자로 태어났다는 의미가 결코 아니다. 잘 아시다시피 요한은 갈릴리 어부 출

신이며, "본래 학문 없는 범인"(행 4:13)이었다. 요한의 천재성은 요한이 타고난 천재(天才)가 아니라 범인(凡人)인 요한을 하나님께서 천재되게 하셨음을 일컫는다.

요한의 천재성은 하나님이 은혜를 베푸시고 하나님의 손에 붙들리기만 하면 누구나 천재가 될 수 있다는 소망의 언어를 말한다. 요한이라는 질그릇에 예수 그리스도라는 보배를 담자 하나님의 지혜와 성령의 능력이 그에게 임했다(고후 4:7).

요한의 천재성은 땅(아래)에서 난 것이 아니요, 하늘(위)로부터 온 계시이다. 그러기에 요한의 천재성은 우선 '그리스도의 계시성(啓示性)'에서 비롯되었다고 말할 수 있다. 여기서 '그리스도의 계시성'이란 그리스도 예수의 영이 요한에게 계시적으로 들려준 말씀이라는 뜻이다.

아울러 요한의 천재성은 그리스도의 계시성을 받는 그릇인 '요한의 영성(靈性)'에서 비롯되었다고 말할 수 있다. 여기서 '요한의 영성'이란 요한이 품은 예수 그리스도를 향한 '사랑의 영성'이다. 그러니까 인류 역사상 최고의 걸작품인 요한복음은 '그리스도의 계시성과 요한의 영성'이 절묘하게 결합되어 탄생한 결과물이다.

이것을 다른 말로 표현하면 이렇다. 사도 바울은 사랑하는 아들 디모데에게 성경에 관해 이렇게 말했다. "모든 성경은 하나님의 감동으로 된 것으로 교훈과 책망과 바르게 함과 의로 교육하기에 유익하니 / 이는 하나님의 사람으로 온전하게 하며 모든 선한 일을 행할 능력을 갖추게 하려 함이라"(딤후 3:16-17). 바울은 모든 성경은 성령의 감동으로 쓰여진 것이라고 말하고 있다.

이에 근거하여 사도행전은 '성령행전'이라고 말하는 것이 옳다. 왜냐하면 사도행전은 사도들의 행적을 기록한 책이라기보다는 성령이 사도들을 고용해서, 즉 도구로 사용해서 복음을 증언하도록 한 책이기 때문이다. 마찬가지로 요한의 천재성은 요한이 타고날 때부터 천재였다는 말이 아니라 성령이 요한을 고용하여, 즉 도구로 사용하여 복음을 증언케 하려고 그에게 천재성(탁월한 은사)을 부여했다는 말이다. 성령께서는 본래 학문 없는 범인에 불과한 요한을 붙들어 인류 역사상 최고의 걸작품인 요한복음을 쓰도록 했던 것이다.

4. 일찍이 요한의 천재성을 직감한 이들이 있었다. 스미스(D. M. Smith)는 "요한은 천재성이 번뜩이는 독창적인 사상가"[4]라는 말을 하였다. 이상훈 교수는 "요한 저자의 저술적 천재성과 신학적 용해력이 너무나 위대하므로 그전에 있었다고 가정되는 자료가 무엇이든 너무나 용해 소화되어 지금 우리가 보는 것은 오직 요한의 것뿐이라고 하는 현실이다"[5]라고 말하였다.

그런데 요한의 천재성이 무엇인지, 그리고 그의 천재성이 어디서 유래했는지를 구체적으로 제대로 설명해 낸 이를 나는 아직까지 찾지 못했다. 나는 ≪요한복음서 재발견≫에서 요한복음을 가리켜 다음과 같이 말했다. "천재성이 유감없이 발휘된 불후의 명작", "2막 7장으로 된 영원한 감동의 드라마", "제3의 종교개혁의 텍스트", "인류 역사상 그 어느 책과도 비교가 안 되는 최고의 걸작품", "성경 66권 중 단 한 권만 남기라면 그 책은 요한복음서가 될 것이다."

나는 이미 요한의 천재성을 ≪요한복음서 재발견≫을 통해 학문적인 입증을 시도하였다. 이제 이 책에서는 일반인도 접근할 수 있는 보다 쉬운 글로 요한의 천재성을 드러내 보이고자 다시 펜을 들었다. 댄 브라운의 소설 ≪다 빈치 코드≫는 작가의 상상력에 의한 허구의 산물이다. 그러나 ≪요한의 천재성: 상징 코드≫는 나의 상상력이 아니라 요한복음을 바탕으로 한 실체적 진실에 근접하고자 한 나의 신앙고백의 산물이라는 것을 말씀드리고 싶다.

　5. 오늘이 있기까지 나는 얼마나 많은 이들로부터 사랑의 빚을 지고 있는지 모른다. 더욱이 선교 현장에 있는 지금은 여러 교회를 비롯한 많은 이들의 기도와 후원을 받으면서, 나의 사랑의 빚은 점점 늘어만 간다. 사랑을 베풀어주시는 모든 이들에게 이 자리를 빌어 깊은 감사의 말씀을 드린다. 그리고 함께 선교 현장에서 고생하는 아내와 아이들에게 고마운 마음을 전한다.

　끝으로, ≪삼국지≫의 유비와 관우와 장비가 '도원결의(桃園結義)'를 맺을 때 이런 말을 했다. "사나이는 자신을 알아주는 자를 위해 죽는다." 총회파송 문제에 걸려 예정되어 있던 카자흐스탄 선교지에도 가지 못하고, 교수직마저 어처구니없이 잃게 되었을 때 김덕기 교수께서 내게 보여 준 인간적 신뢰와 따스한 인간미를 나는 결코 잊을 수가 없다. 또한 늘 내 곁에서 내가 가는 길에 격려의 박수를 보내면서 신학이 신학교 안에서 학문적 논의에만 머무르지 않고 선교현장으로 이어져야 한다며 조언을 아끼지 않는 사랑하는 나의 동학(同學) 박신배 교수께 감사의 마음을 전하다. 이들이 내게 보여 준 인간적 신뢰와 격려, 나아가 내게 늘 새로운 신학적 통찰(Insight), 영감(Inspiration), 상상력(Imagination)을 갖게 해 준 것에 대한 고마움의 표시로 이 책을 두 분 교수께 바친다.

2009년 성령 강림 절기에
예사빠전·만절필서
天命 쓰다.

차 례

프롤로그(Prologue)
"다 빈치 코드는 지고 요한 코드는 뜨고" • 4

I. 요한의 천재성 •17
1. 요한과의 대화: 진리탐구 방법론 • 17
1) 요한의 질문: "진리가 무엇이냐?"- 본서의 출발점 • 17
   (1) 공자(孔子, 주전 552-479) • 18
   (2) 노자(老子, 주전 6세기) • 19
   (3) 붓다(佛陀, 주전 566-486) • 19
   (4) 소크라테스(Socrates, 주전 469-399) • 20
   (5) 원효(元曉, 주후 617-686) • 21
   (6) 왕양명(王陽明, 주후 1472-1529) • 22
   (7) 사도 요한(주후 1 세기) • 22
2) 불트만식 요한복음 읽기 비판 • 24
3) 질문법(대화법)으로 요한복음 읽기 • 28

2. 천재성의 비밀: "예수의 품"(요 13:23) • 33
1) 천재 레오나르도 다 빈치와 사도 요한 • 33
2) 주후 1세기 시대적 배경 • 35
   (1) 주후 1세기 역사적 상황 • 36
   (2) 주후 1세기 유대인의 세계관(사고방식) • 40
   (3) 주후 1세기 사회정황 • 43
3) 요한이 본 예수: '하나님'이라는 역설 • 50

(1) '인자 예수'의 길 - '하나님'의 길 • 50
　　(2) 요한: 예수에게서 '하나님'을 보다 • 56
　　(3) 요한이 부른 '예수사랑의 戀歌' • 66

　3. 천재성의 빛: 상징코드 • 76
　　1) 천재와 범인의 차이점: 차원이 다른 차이 • 76
　　　(1) 차이점 발견하기 • 76
　　　(2) 공관복음과 요한복음의 차이 • 79
　　　(3) '땅-하늘' 구도와 '하늘-땅-하늘' 구도 • 80
　　2) 예수의 상징세계: '말씀 상징'과 '행위 상징' • 83
　　　(1) 예언자들의 말씀과 행위를 재현한 예수 • 83
　　　(2) '말씀 상징'의 실례: 악한 포도원 농부의 비유 • 85
　　　(3) '행위 상징'의 실례: 최후의 만찬 • 88
　　3) 요한의 상징세계: 일곱 상징코드 • 90
　　　(1) 공관복음과의 관계 • 90
　　　(2) 표현 능력(방법)의 차이 • 92
　　　(3) 일곱 상징코드 • 94

II. 요한의 상징코드 • 99

　1. 숫자(횟수) 상징코드 • 99
　　1) 유대교에 있어서의 수(數)의 상징학 • 100
　　2) 숫자(횟수) 상징코드 모음집 • 104
　　　(1) 숫자 3의 상징적 의미 • 104
　　　(2) 숫자 5의 상징적 의미 • 104

(3) 숫자 7의 상징적 의미 • 105
　　　(4) 기타 숫자의 상징적 의미 • 106
　　3) 숫자(횟수) 상징코드의 실례 • 106
　　　(1) 세 '말씀(로고스)'과 일곱 '빛'(1:1-9) • 106
　　　(2) 다섯 날과 다섯 제자(1:19-51) • 109
　　　(3) 여섯 시와 여섯 남편(4:1-26) • 111

2. 지리(공간) 상징코드 • 115
　　1) 성육신 교리의 다양한 의미 • 115
　　2) 다섯 차례의 하강구도 • 120
　　3) 지리(공간) 상징코드의 실례 • 123
　　　(1) 갈릴리와 예루살렘(유대) • 123
　　　(2) 가나와 가버나움 • 125
　　　(3) 요단 동편(건너편)과 요단 서편 • 126

3. 절기(시간) 상징코드 • 130
　　1) 유월절 모티프 • 130
　　2) "유대인의 명절"(5:1) • 133
　　3) 절기(시간) 상징코드의 실례 • 135
　　　(1) 십자가 처형일 • 135
　　　(2) "예수의 때" • 139
　　　(3) 보혜사 성령의 시간 • 141

4. 인물(인간) 상징코드 • 145
　　1) 모세(세례 요한)와 다윗 • 146
　　2) 세 명의 마리아 • 151

3) 니고데모와 빌라도 - **본서의 중심이자 절정**(3:16-21) • 155
          (1) 세 개의 니고데모 기사 • 155
          (2) 빌라도 기사 • 171
          (3) 니고데모의 길과 빌라도의 길(3:16-21) • 177
       4) 예수께서 사랑한 제자(愛弟子) • 186
       5) 디두모라 하는 도마(최고의 신앙 모델) • 195

5. 표적(징표) 상징코드 • 207
    1) '표적'에 대한 정의 • 207
    2) 일곱 표적사건 • 208
       (1) 물로 포도주를 만드심(2:1-11) • 208
       (2) 왕의 신하의 아들을 고치심(4:43-54) • 216
       (3) 베데스다 못가의 병자를 치유하심(5:1-18) • 219
       (4) 오병이어로 오천 명을 먹이심(6:1-15) • 222
       (5) 물 위를 걸으심(6:16-21) • 232
       (6) 태생소경을 치유하심(9:1-41) • 234
       (7) 죽은 나사로를 살리심(11:1-44) • 240
    3) 일곱 표적사건의 상징적 의미 • 244

6. 말씀(언어) 상징코드 • 250
    1) "에고 에이미"의 세 용법 • 251
    2) "에고 에이미"의 비유적 용법의 상징적 의미 • 253
    3) 일곱 "이중말씀" • 257
       (1) "은혜와 진리"(1:14,17) • 258
       (2) "물과 성령(영)"(3:5) • 259
       (3) "영과 진리"(4:24) • 261

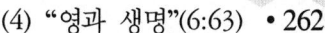

    (4) "영과 생명"(6:63) • 262
    (5) "진리와 자유"(8:32) • 266
    (6) "부활과 생명"(11:25) • 271
    (7) "길과 진리와 생명"(14:6) • 274

7. 구조(주제) 상징코드 • 278
  1) '클레오파트라의 코'(요 12장) • 279
  2) 본론의 5중구조 • 284
  3) 교차대구구조(이중구조) • 286

III. 요한의 신학 • 289

1. 기독론(20:30-31; 1:1-18; 21:1-14) • 289
  1) 본론의 종결어: 저작 목적(20:30-31) • 289
  2) 서곡(1:1-18) • 291
  3) 결론: 디베랴 바닷가에 나타나심(21:1-14) • 306

2. 주요 신학적 주제들 • 311
  1) 신앙론(1:19-51=21:15-23) • 311
    (1) 증인 본문(1:19-51) • 312
    (2) 참 제자도(21:15-23) • 320
  2) 구원론(부활[2장=20장]; 십자가[3장=18-19장;
    10장=12:1-36]) • 322
    (1) 부활의 신학(2장=20장) • 322
    (2) 십자가 신학(3장=18-19장; 10장=12:1-36) • 334

3) 교회론(4장=17장) • 352

　　(1) 선교: 흩어지는 교회(4:34-35) • 353

　　(2) 예수의 고별기도(17:1-26) • 357

  4) 신론(5장=16장) • 359

　　(1) 예수의 세 증인(5:31-40) • 360

　　(2) 이 세상을 이기는 비결(16:32-33) • 362

  5) 성례론(6장=15장) • 364

　　(1) 성만찬 말씀(6:51-58) • 366

　　(2) 친구 사랑(15:13-16) • 371

  6) 성령론과 종말론(7장=14장) • 374

　　(1) 초막절 끝날에 있었던 사건(7:37-44) • 375

　　(2) 평안의 약속(14:27-31) • 378

  7) 죄론(8장=13장) • 381

　　(1) 간음하다 잡힌 여인(8:1-11) • 382

　　(2) 새 계명 수여(13:34-35) • 385

3. 요한의 대답: "메시아 예수가 진리다" – 본서의 피날레 • 387

  1) "진리"와 "진실로 진실로" 어휘의 상관관계 • 387

  2) "진리란 무엇인가? – 인생이란 무엇인가?" • 388

  3) "메시아 예수가 진리다" • 394

에필로그(Epilogue)

　　진리의 사람 요한에게서 배운 교훈 • 398

부록 - 사상사(진리투쟁사)로 본 세 종류의 삶 • 409

미주 설명 • 415

I. 요한의 천재성

1. 요한과의 대화: 진리탐구 방법론

1) 요한의 질문: "진리가 무엇이냐?"- 본서의 출발점

사람에게는 누구나 생존(生存)을 위해 먹고 살아야 하는 어려운 문제가 있다. 이 먹고 사는 문제는 육신을 입은 사람으로서는 피할 수 없는 생존(survival)의 문제다. 대부분의 사람들은 생존의 문제를 해결하기 위해 평생토록 노력하고 싸우고 고민하며 산다. 그런데 사람이 여기에만 매달린다면 그것은 동물적 삶과 하등 다를 바가 없다. 생존의 문제에만 매달리는 사람은 '차원 낮은 삶(저차원의 삶)'을 사는 사람이다.

사람에게는 생존의 문제를 넘어 보다 '차원 높은 삶(고차원의

삶'이 있다. 사랑의 문제, 자유의 문제, 진선미의 문제, 정의와 평화의 문제, 행복의 문제, 의미(meaning)의 문제, 신앙의 문제 등등. 고차원의 문제를 놓고 고민하는 것이 참된 사람이다. 이러한 모든 고차원의 문제를 통틀어서 '진리의 문제'라고 말할 수 있다.

인류 역사는 "진리가 무엇이냐?"라는 문제로 씨름해 온 "진리탐구의 역사"이다. 역사가 끝날 때까지 이 문제와 씨름하며 살아갈 수밖에 없는 것이 인간 실존이다. 아르키메데스(Archimedes, 주전 287-212)는 목욕을 하다가 비중을 이용해 순금과 가짜 금속을 구별하는 방법('아르키메데스의 원리')을 발견했다. 그는 진리를 발견한 순간 "유레카(Eureka, 헬라어로 '알았다' 또는 '찾아냈다'라는 뜻)"를 외치면서 벌거벗은 몸으로 거리로 뛰쳐나가 춤을 추며 감격했다는 유명한 일화가 있다.

진리탐구의 자세로서 "나는 신음하면서 구하는 자들만을 시인(是認)할 수 있다"(단상 421)[6]라고 말한 파스칼(B. Pascal, 1623-62)의 ≪팡세≫의 명구를 음미하면서, 진리를 찾기 위한 순례의 여정을 시작하고자 한다.

(1) 공자(孔子, 주전 552-479)

유교의 비조(鼻祖)인 공자는 정치가로서 인(仁)의 정치를 펼쳐보고 싶었다. 그러나 뜻대로 되지 않자 55세 때 주유천하(周遊天下)의 여행길에 올랐다. 14년간의 여행을 마치고 돌아온 그는 후학을 기르는 일에 정진하다가 73세의 일기로 생을 마쳤다. 그는 ≪논어≫에서 자기의 인생을 이렇게 표현하였다. 십오 세에 학문에 뜻을 두고(志于學), 삼십 세에 자기의 입장을 갖고(而立), 사십 세에 아무 것에도 흔들리지 아니하고(不惑), 오십 세에 자신의 사명을 알게 되었고(天命), 육십 세에 귀가 열려 하늘의 소리를 듣게 되고(耳順), 칠십 세에 하고 싶은 대로 해도 진리를 벗어나지 않았다(從心所欲 不踰矩)고 했다. 진리에 대한 그의 자세를 잘 대변해 주는 한 마디가 있다. "조문도 석사가의(朝聞道 夕死可矣)"(아침에 도를 들으면 저녁에 죽어도 좋다).[7]

(2) 노자(老子, 주전 6세기)

도가(道家)의 비조(鼻祖)인 노자는 공자와 비슷한 6세기의 인물이다. 그는 한때 주나라 왕실문서 보관소의 관리로 있었다. 만년에 주나라가 쇠락하는 것을 보고는 서쪽(티베트)을 향해 가다가 관문지기에게 도(道)와 덕(德)에 관한 5천여자의 글을 건네주었다. 이것이 노자의 《도덕경》이다. 춘추전국시대(주전 770-221)의 혼란한 시대 상황 속에서 '무위자연(無爲自然)'의 도를 역설한 그는 유가(儒家)의 예(禮)와 인(仁)을 비판하였다. 그가 역설한 '무위자연'의 도는 '억지로 하지 않는 스스로 그러한 도'로서 '무위이무불위(無爲而無不爲)', 즉 인위적으로 꾸미거나 억지로 하지 않음으로서 저절로 되지 않음이 없는 경지를 말한다.[8]

(3) 붓다(佛陀, 주전 566-486)

불교의 비조(鼻祖)인 고타마 싯다르타는 29세 되던 어느 날 히말라야 산맥의 산기슭에 자리잡은 카필라밧투의 안락한 자기 집을 떠나 길을 나섰다. 그가 출가(出家)한 까닭은 생로병사(生老病死)로 신음하는 사람들의 비참한 모습을 보고 이를 해결하기 위한 방도를 찾고자 해서였다. 6년간의 고행 끝에 그는 깨달은 자(覺者) 곧 붓다(부처, 불타)가 되었다. 이후 45년간 자신이 깨달은 진리를 전하다가 80세를 일기로 생을 마쳤다. 그가 깨달은 인생의 진리는 제행무상(諸行無常)이요 색즉시공(色卽是空)이었다. 이 세상의 모든 것들은 모두 무상(無常)하다. 눈에 보이는 것 가운데 영원불변한 것은 아무 것도 없다. 따라서 무상한 것, 없는 것(空)에 대해 슬퍼하지 말라. 참 자유와 해방을 얻는 길(해탈의 경지)은 자아를 버리고 마음을 비우는 데에서 얻어진다는 것이 붓다의 가르침이었다.[9]

(4) 소크라테스(Socrates, 주전 469-399)

서구 역사상 최고의 철학자로 일컬어지는 소크라테스는 그리스 아테네에서 태어났다. 청년시절, 그는 부친을 따라다니며 견습 석공으로 일한 적이 있다. 그는 이 과정을 거치면서 자신의 진정한 임무는 '돌'이 아닌 '인성'을 형성화하는 일임을 깨달았다. 그는 사십이 넘은 나이에 아테네의 명예군인으로 복무하기도 하였다. 그는 일흔의 나이에 고대의 신들을 인정하지 않고 새로운 신들을 만들어냈을 뿐 아니라 젊은이들을 타락시켰다는 죄목으로 사형선고를 받아 독배를 마시고 생을 마감했다. 그는 아무 저서도 남기지 않았으나 그의 제자 플라톤(주전 427-347)에 의해 그의 삶과 사상이 전해졌다. 플라톤이 전하는 그의 인격과 철학의 핵심을 한마디로 요약하면 이렇다. "시도해 보지 않은 삶은 일말의 가치도 없는 인생이다." 그는 "나는 내가 모른다는 것을 안다." 즉 "무지의 지(無知知知)"를 역설한 것으로 유명하다. 또한 진리에 이르는 사유과정으로 계속해서 질문을 주고 받는 "질문법(대화법)"을 사용한 것은 너무나도 잘 알려진

사실이다.[10]

(5) 원효(元曉, 주후 617-686)

신라의 고승(高僧) 원효에 대한 유명한 일화가 있다. 원효는 의상(義湘, 625-702)과 함께 17년 동안의 인도 유학을 마치고 귀국하였다(645년). 그로부터 11년 뒤, 원효(45세)는 또 다시 의상(37세)과 함께 2차 유학을 시도한다. 당나라로 가고자 당진(唐津)을 향하여 길을 나섰다. 때는 장마철인지라 폭우가 쏟아졌다. 주위를 돌아보았으나 잠자리가 마땅치 않아 땅막(토굴)에서 하루를 묵었다. 계속 길을 가다가 무덤 속에서 또 하루를 묵게 되었다. 원효는 자다가 '동티(動土, 地神의 노여움)'를 만나 괴로워했다. 너무나 뒤숭숭해서 더 이상 잠을 잘 수가 없었다. 곧바로 자리를 박차고 일어났다.

그 순간 엄청난 인식의 전환이 일어났다. "어젯밤 잠자리는 땅막이라 편안했는데 / 오늘밤 잠자리는 무덤 속이라 매우 뒤숭숭하구나 / 알겠도다! 마음이 일어나므로 갖가지 현상이 일어나고 / 마음이 사라지므로 땅막과 무덤이 둘이 아님을 / 삼계는 오직 마음이요 / 만법은 오직 인식일 뿐이니 / 마음 밖에 현상이 없는데 / 어찌 따로 구하겠는가? / 나는 당나라에 가지 않겠다."[11] "일체가 마음에서 비롯된다(一切唯心造)"는 이 깨달음의 노래는 바로 인간이 머금고 있는 보편적 특성(一心)을 발견한 뒤에 부른 노래이다. 원효는 이 같은 자생적 자각을 통해 입당(入唐)을 포기하고 이 땅에 토종사상가로 남았다. 그는 "일체무애인(一切無碍人) 일도출생사(一道出生死)", 즉 "모든 것에 걸림이 없는 사람이라야 한 길로 삶과 죽음을 벗어나리라"는 <무애가>를 부

르며 참 자유인으로 살아갔다.12)

(6) 왕양명(王陽明, 주후 1472-1529)
　왕양명은 송대(宋代)의 주자학을 이어 명대(明代)의 양명학을 창시한 인물이다. 그는 1506년 환관 유근의 전횡에 저항하다가 벽촌인 귀주성(貴州省) 용장(龍場)으로 좌천되는 아픔을 겪는다. 그곳에서 말할 수 없는 고초를 겪으면서도 "어떻게 聖人이 될 수 있을까?"를 궁구하다가 마침내 1509년(37세)에 큰 깨달음을 얻는다. "문득 한밤중에 격물치지의 의미를 크게 깨달았다(忽中夜大悟格物致知之旨)."13) 이를 용장대오(龍場大悟) 또는 용장오도(龍場悟道)라고 한다. "聖人의 道가 나의 마음에 있으니 진리를 사물에서 구하는 것은 잘못이다"라는 것이 그의 깨달음이었다. 그 후 왕양명은 이 같은 심즉리(心卽理)의 심학(心學)을 실천하는 지행합일(知行合一)의 진리를 역설하였다.14)

(7) 사도 요한(주후 1세기)
　"내 자녀들이 진리 안에서 행한다 함을 듣는 것보다 더 기쁜 일이 없도다"(요삼 4절)라는 말씀처럼 요한은 진리에 깊은 관심을 가진 자였다. 공관복음 저자들이 거의 사용하지 않는 "진리(알레데이아, ἀλήθεια)"라는 어휘(마 1회, 막 3회, 눅 3회)를 요한은 25회(신약 전체 109회)나 사용할 정도로 진리에 깊은 관심을 가지고 있었다.15)
　끝 부분에서 다시 살펴보겠지만 요한이 "진리" 어휘와 똑같이 25회 사용한 "진실로 진실로(아멘 아멘, Ἀμὴν ἀμὴν)" 어휘, 그리고 '참된' 또는 '진실한', '실제로'를 뜻하는 여러 어휘들, 가령, 알레데스(ἀληθής, 5:32; 10:41; 19:35; 21:24), 알레디노스(ἀληθινός, 4:23; 6:32: 7:28; 15:1; 17:31; 9:35), 알레도스(ἀληθῶς, 1:47; 8:31) 등은 모두 "진리"와 관련된 어휘이다.

　요한은 서곡(1:1-18)에서부터 "진리"라는 어휘를 두 번(14,17절)이나 반복(강조)해서 사용하고 있다. 요한복음에 나타난 예수님의 제일성(第一聲)은 "무엇을 구하느냐?"(1:38)라는 질문이었다. 선종(禪宗)의 종조(宗祖)인 달마대사가 2조가 될 혜가에게 한 질문도 같은 질문이었다. 이 질문은 진리를 구하는 구도(求道)에 대한 질문이다. 더욱 주목해야 할 사실은 요한은 "진리가 무엇이냐?"(18:38)라는 빌라도의 질문을 끝으로 더 이상 '진리'라는 단어를 사용하지 않고 있다는 사실이다. 후에 1:19-20장에 덧붙여진 것이 확실한 서곡(1:1-18)을 빼면, 요한복음은 예수님의 진리에 대한 질문으로 시작해서 질문으로 끝나는 구조로 되어 있다.

　요한은 진리의 목격자였다. 그는 예수님 안에서 진리를 귀로 듣고, 눈으로 보고, 손으로 만진 자였다(요일 1:1). 그래서 그는 진리의 증인이 되고자 했다. 요한이 사용한 상징코드는 진리를 드러내기 위한 수단이요 방편이다. 암호 같은 상징코드를 제대로 풀어내야만 요한이 들려주고자 한 진리의 음성을 바르게 들을 수 있다. '요한의 상징코드'에 대한 올바른 이해는 '요한의 천재성'이라는 미궁(迷宮)을 빠져나가도록 우리를 인도하는 '아리아드네(Ariadne)'의 실타래가 될 것이다.

2) 불트만식 요한복음 읽기 비판

불트만(R. Bultmann)은 20세기 최고의 신약학자로 불리는 학자이다. 신약학 연구를 불트만 이전과 이후로 가를 만큼 그는 신약학의 독보적 존재이다. 특히 그의 ≪요한복음서 연구≫는 방대한 만큼이나 큰 영향력을 미쳤다. 그런데 외람되지만 나는 그의 ≪요한복음서 연구≫가 세 가지 면에서 크게 빗나갔다고 말하고 싶다.

첫째, 불트만은 요한의 천재성을 제대로 인식하지 못했다. 즉 요한복음이 천재성을 지닌 완벽한 작품이라는 사실을 보지 못했다. 그는 요한복음이 순서나 편집이 혼란스럽게 되어 있기에 요한복음 전체를 재배치해야 한다는 소위 '환치이론(Theory of Displacement)'을 주장하였다. 그리하여 그는 자신이 가진 모든 지식을 총동원하여 요한복음 전체를 재배치하는 수고를 아끼지 않았다. 가령, 그는 현재의 고별설교(13-17장)는 순서가 잘못 되었다고 보고 다음과 같은 순서로 재배치해 놓았다. 13:1-30(배반예고), 17:1-26(고별기도), 13:31-35(새 계명), 15:1-17(고별유언), 15:18-16:11(세상 속에 있는 공동체), 16:12-33(종말론적 상황으로서의 신자들의 미래), 13:36-14:31(아들과 아버지의 교제). 이 같은 그의 작업은 고별기도가 고별설교의 서두에 와야 한다는 생각에 근거하고 있다.16)

또한 2:13-25에 나오는 성전정화 기사는 수난 기사 부분으로 옮겨져야 하며, 6장은 5장 앞에 와야 하며, 10:22-39의 일부는 10:1-21의 기사 안에 흡수되어야 하며, 12:44-50은 어디에서 이탈한 것인지 정당한 위치를 정할 수 없다고 본다. 이 같은 그의 주장은 요한복음이 얼마나 완벽한 천재적 작품인지를 모르고 하는 불신앙과 무지의 소치가 아닐 수 없다. 현재의 요한복음의 자료 배열은 자료의 위치가 잘못 배열된 것이 아니라 요한의 신학적 의도에 따른 것이며, 그 속에는 놀라울 정도로 중요한 메시지를 담고 있다.

불트만이 6장이 5장 앞에 와야 한다고 주장한 이유는 4장과 6장이 예수님의 갈릴리 사역으로 연결되고, 5장과 7장이 예루살렘 사역으로 연결된다는 생각에서였다. 그러나 그가 요한의 '지리 상징코드'를 알았다면 그런 주장을 하지 못했을 것이다. 요한은 다섯 차례의 하강구도라는 '지리 상징코드'에 따라 요한복음을 구성했다. 따라서 장의 순서를 바꾸게 되면 전체 구성이 깨지고 그 의미를 상실하게 되는 결과를 빚게 되는 것이다.

둘째, 불트만은 요한복음이 '통으로 짠 옷'처럼 완벽한 유기적 통일성을 갖고 있다는 사실을 제대로 파악하지 못했다. 그는 본문을 원자처럼 작게 쪼개서 연구하는 분석적 방법인 소위 '양식비평(Form Criticism)'을 사용하였다. 그러다 보니 요한복음이 갖고 있는 종합적이고 전체적 의미를 파악하는 데 실패했다. 불트만은 요한복음이 신학적 주제에 따라 교차대구구조로 되어 있다든지, 요한이 각종 상징코드 가령, '표적 상징코드'를 사용하여 일곱 표적이 종합될 때 새로운 상징적 의미를 띤다는 사실을 알아내지 못했다.

구전 전승으로부터 현재의 복음서가 형성될 때까지 여러 전승층이 있거나 편집의 과정이 있다는 것은 이제는 학계의 상식이다. 중요한 것은 그러한 모든 과정은 현재의 복음서라는 완성된 책을 보다 잘 이해하기 위한, 또는 신앙에 도움이 되기 위한 수단으로 기능해야 한다는 점이다. 그렇지 않고 전체적인 통일성을 깨는 수단이나 부정적 의미로 사용되어서는 안 된다. 부분적인 분석(나무들)에 매달리다 보면 요한복음 전체(숲)와 동떨어진 작업이 될 경우가 많다.

부분적인 것의 종합이 전체가 되는 것은 아니다. 마치 우리의 몸의 여러 지체가 하나의 몸이라는 전체와 관련성을 가질 때 그 여러 지체는 자신의 본래의 의미를 갖는다. 몸 전체를 해체하여 그 잘려진 지체들을 모두 모아놓았다고 해서 그것이 살아있는 몸이 되는 것은 아니다. 요한복음 연구가 부분적인 이해의 나열이 되거나 부분적인 것의 단순한 결합으로서는 진실로 천재적인 작품의 참된 깊이와 감동을 도저히 맛볼 수 없다. 가령, 니고데모 이야기는 3장만이 아닌 7장 및 19장과 함께 다루어져야 하고, 또한 빌라도와 관련지을 때 전체적인 이야기의 진면목을 볼 수 있다. 모든 부분은 전체와의 관련성 속에서 이해되고 해석될 때 요한의 천재성이 드러나게 된다.

셋째, 불트만은 요한이 철저히 유대적(구약적) 배경 아래 살았다는 사실을 제대로 인식하지 못했다. 그는 유대인들이 유대교에 얼마나 강한 집착을 갖고 있는지, 그리고 그로 인해 주변에 있는 다른 민족과 융합할 수 없는 민족이라는 사실을 정직하게 직시하지 못했다. 그는 게르만 민족의 후손인 독일인으로서 히브리 민족의 후손인 유대인 요한을 제대로 바라볼 수 있는 눈을 갖지 못했다. 더욱이 그는 나치 치하에서 유대인에 대한 혐오와 구약성경에 대한 많은 부정적인 생각을 가지고 있었다.[17]

수천 년 동안 내려온 히브리 문화와 종교 전통이 몸에 밴 유대인들이 그 히브리 문화와 종교 전통(헤브라이즘)을 바꾼다는 것은 생각처럼 쉬운 일이 아니다. 베드로는 복음의 정신, 즉 모든 장벽과 차별을 넘어서는 복음의 진리를 잘 알고 있었으면서도 유대인으로서 그것을 넘어선다는 것이 얼마나 어려운가를 우리에게 실감나게 보여주었다(행 10:9-16; 갈 2:11-16). 불트만은 성경에 참여자가 아닌 관찰자의 눈으로 성경을 읽으면서 예수님이 실생활과 분리된 무시간적 진리를 가르친 위대한 교사로 생각하는 시대착오적 사고방식에 빠졌다.

불트만은 종교개혁주의 전통에 서있는 독일 학자임에도 불구하고 "성경을 성경으로 해석한다(*sui ipsius interpres*)"[18]는 종교개혁의 전통보다는 성경 밖의 헬라 철학, 영지주의 신화, 고대 근동문서 등에 지나치게 의존하였다. 그리하여 그는 유대적(구약적) 배경 아래 성장해 온 요한의 의도를 제대로 읽어내지 못했다. 가령, 일곱 상징코드는 요한복음이 얼마나 철저히 유대적(구약적) 배경 아래 놓여 있는가를 잘 보여준다. 또한 요한이 당시 헬레니즘 문화 속에 살고 있는 사람들을 위해 '로고스'나 '진리'와 같은 헬라적 어휘를 차용하였더라도, 그것이 헬라적 고유의 개념과는 사뭇 다른 의미로 사용되었다는 사실을 불트만은 제대로 깨닫지 못했다.

요한복음을 포함한 4복음서는 기본적으로 '이스라엘(유대인)의 이야기'이다. 예수님은 누구나 알고 있는 전형적인 유대인이다. 마찬가지로 유대교(유대인)의 아들인 요한은 헤브라이즘(Hebraism)의 아들이며, 헬레니즘(Hellenism)은 헤브라이즘에 창조적으로 용해되어 버렸다. 즉 요한에게 있어 헤브라이즘은 정신의 속알이며, 헬레니즘은 정신의 외피에 지나지 않는다. 신토불이(身土不二)라는 말이 있다. 요한은 히브리적인 것이 세계적인 것이라는 생각 아래 히브리적인 것의 창조적 재해석을 통해 ≪요한복음서≫라는 세계 최고의 걸작을 탄생시켰던 것이다.

위에서 언급한 세 가지 측면에서 외람되지만 불트만의 요한복음 연구는 실패했다는 것이 나의 생각이다. 불트만은 먼저 저자의 의도를 알려고 노력하기보다는 자신의 이성적 판단을 앞세운 결과 현재의 본문이 의도하는 바를 제대로 파악하지 못하는 오류를 많이 범했다. 우리는 성경을 대할 때 먼저 현재 있는 그대로의 요한복음을 하나님의 말씀으로 받아들이고, 그 안에서 우리에게 말씀하시는 주님의 음성을 겸손하게 들어야 한다. 그리고 내 생각에 이해가 안 되는 부분이 있으면 저자(혹은 성령)에게 계속해서 물어보는 자세를 취해야 한다. 이성적이고 합리적인 생각에 따라 성경의 순서를 함부로 바꾸거나 가감과 삭제를 하는 것은 성경을 대하는 올바른 태도가 아니다.

3) 질문법(대화법)으로 요한복음 읽기

성경 본문을 대하는 두 가지 태도가 있다. 하나는 내 눈으로 읽고 내 머리로 판단하는 방식이다. 또 하나의 방법은 내 눈으로 읽지만은 그 성경을 기록한 저자의 음성을 듣고 몸으로 체득하는 방식이다. 전자는 주로 서양식, 헬라식 방식이고, 후자는 동양식, 히브리식 방식이다. 헬라식으로 '아는 것(기노스코, γιν ώσκω)'은 주로 머리로 아는 것, 또는 지적으로 아는 것을 말한다. 그러나 히브리식의 '아는 것(야다, יָדַע)'은 지적으로 아는 것만이 아닌 관찰과 경험을 통해, 또는 관계와 교제를 통해 몸으로 체득하는 것을 말한다. 동양에서는 경전을 머리로, 이성으로, 지식으로 읽는 것과는 사뭇 다른 마음으로, 직관으로, 신앙으로 읽었다.

히브리인들은 성경을 쪼개어 분석하기보다는 소리내어 반복적으로 읽었다. 그러면서 성경이 말하는 뜻을 몸으로 체득하고, 본문의 의미를 잘 모를 경우 어른에게 묻는 질문법을 사용하였다. "후일에 네 아들이 네게 묻기를 우리 하나님 여호와께서 명령하신 증거와 규례와 법도가 무슨 뜻이냐 하거든 / 너는 네 아들에게 이르기를 우리가 옛적에 애굽에서 바로의 종이 되었더니 여호와께서 권능의 손으로 우리를 애굽에서 인도하여 내셨나니"(신 6:20-21)라는 말씀에서 보듯이 유대인들은 질문하고 대답하는 대화식[19]을 지식과 진리를 터득하는 중요한 방식으로 삼았다.[20]

오스 기니스(Os Guinness)는 그의 저서 ≪소명≫에서 전체 25장을 매 장이 끝날 때마다 '묵상 질문'을 던졌다. 여러 질문 가운데 똑같은 질문이 하나 있는데 그것은 "나사렛 예수의 음성에 귀 기울이고 그분의 부르심에 응답하라"[21]는 질문이었다. 우리가 성경을 읽으면서 주님의 지상명령(至上命令, 마 28:19-20)에 귀 기울이면서 그 일을 성취하는 일에 주님이 나를 사용하기 위해 부르셨다는 사실을 깨닫는 일이 무엇보다도 중요하다.

만찬석상에서 주님이 하신 말씀에 대해 요한은 "이 말씀을 무슨 뜻으로 하셨는지 그 앉은 자 중에 아는 이가 없고"(13:28)라고 진술하고 있다. 이와 마찬가지로 주님이 하신 말씀을 요한이 기술했을 때 우리는 그 뜻을 다 알 수 없는 경우가 많다. 발명품의 목적을 알 수 있는 가장 쉬운 방법은 그것을 만든 사람에게 직접 물어보는 것이다. 마찬가지로 잘 모르겠거든 저자 요한에게 "요한아, 이 말씀은 무슨 뜻이냐?"라고 물어보라. 그러면 요한은 신기할 정도로 친절하게 대답해 줄 것이다. 때로는 당장 대답해 주지 않을지라도 조금만 기다리면 요한은 자기의 의도를 들려줄 것이다. 나는 수없이 이러한 경험을 했다. 따라서 저자 요한에게 직접 물어보는 방법은 성경을 깨닫는 데 대단히 중요한 방식임을 강조하고 싶다.[22]

이 책은 요한에게 수없이 질문하고 그로부터 들었던 대답의 산물이다. 이 책에서 쓴 "나의 생각이다"라는 말은 '이것이 내 주장이다'라는 뜻으로 하고자 한 말이 아님을 밝혀둔다. 내 본뜻은 요한이 내게 들려준 생각, 즉 요한의 의도를 말하고자 한 뜻으로 사용하였다. 그런데 그럴 경우 오해의 소지가 있을 것 같아 부득이 "나의 생각이다"라는 말로 쓴 것임을 독자들께서 이해해 주셨으면 한다.

나는 요한복음을 읽으면서 요한에게 수없이 물었다.

1. 요한아, 너는 왜 첫 제자는 넷이 아니라 다섯으로 했니?
2. 요한아, 너는 왜 베드로가 아닌 안드레가 먼저 부름을 받았다고 했니?
3. 요한아, 너는 왜 가나의 혼인잔치를 첫 표적으로 삼았니?
4. 요한아, 너는 왜 성전정화사건은 사역의 말기가 아닌 사역의 초기인 본론의 첫 장(2장)에 두었니?
5. 요한아, 너는 왜 "사랑하다"라는 어휘와 "구원하다"라는 어휘를 3:16-17에서 처음 사용했니?
6. 요한아, 너는 왜 사마리아 여인의 남편이 여섯이라고 말했니?
7. 요한아, 너는 왜 유월절이 한 번이 아닌 세 번으로 했니?

8. 요한아, 너는 왜 "열두 제자"는 꼭 3회, 그것도 "생명의 떡" 말씀 강화(6장)에서만 사용하고 있니?

9. 요한아, 너는 왜 오병이어 표적과 물 위를 걷는 표적을 함께 붙여 놓았니?

10. 요한아, 너는 왜 "진리"와 "진실로 진실로"라는 어휘를 똑같이 25회씩 사용했니?

11. 요한아, 너는 왜 공관복음 저자가 많이 언급한 다윗을 단 한 구절(7:42)에서만 언급했니?

12. 요한아, 너는 왜 "예수께서 사랑하는 제자"를 13장에서 처음 나타나게 했니?

13. 요한아, 너는 왜 공관복음에서 사용하지 않는 "메시아", 또는 "디베랴"라는 말을, 그것도 각각 3회씩 사용했니?

14. 요한아, 너는 왜 일곱 표적과 일곱 개의 비유적 "에고 에이미" 말씀을 선택했니?

15. 요한아, 너는 왜 공관복음에서 그렇게 많이 나타나는 "하나님 나라"를 3장과 18장에서만 쓰고 있니?

16. 요한아, 너는 왜 부활절 아침 무덤에 찾아간 여인은 막달라 마리아 혼자뿐이라고 했니?

17. 요한아, 너는 왜 하필 부활하신 주님이 도마가 없을 때 나타나게 썼니?

18. 요한아, 21장에 나오는 물고기 153이라는 숫자는 무슨 뜻이니?

19. 요한아, 너는 왜 요한복음의 기록 목적을 20장(부활장) 끝에 놓았니?

20. 요한아, 너는 왜 '시몬 베드로'라고 하지 않고 "요한의

아들 시몬아"(21:15-17)를 번거롭게 세 번씩이나 사용했니?

21. 요한아, 너는 왜 예수님의 제일성인 "무엇을 구하느냐"(1:38)라는 진리에 대한 물음으로 시작해서 진리에 대한 마지막 물음인 "진리가 무엇이냐?"(18:38)라는 말로 끝을 맺고 있니? 등등등등……

성경은 본래 '지식의 책'이 아니라 '신앙의 책(계시의 책)'이다. 따라서 그 이해와 해석 방법 또한 지식의 눈이 아닌 신앙의 눈으로, 이성의 눈이 아닌 사랑의 눈으로, 머리가 아닌 가슴으로 읽어야 보인다. 제3자의 입장에서 요한복음을 관찰하고 분석하고 해석하려고 덤벼들면 요한은 멀리 달아나 버린다. 요한의 입장에 서서 그를 사랑하고 그가 말하고 싶은 생각을 끄집어내는 지혜가 필요하다.

"아는 만큼 보이고 사랑하는 만큼 보인다"[23]라는 말이 있다. 먼저 저자 요한을 깊이 사랑할 때 요한은 보이기 시작한다고 말하고 싶다. 그러면서 어떤 상황에서, 어떤 마음으로, 어떤 방법으로 썼을까를 깊이 묵상해 볼 때 요한은 암호처럼 감추고 있는 자신의 비밀을 드러내 보여 줄 것이다.

요한과 하나가 되어 요한의 마음을 읽을 때 요한복음을 제대로 이해할 수 있다. 본문을 읽는 것보다 본문을 통해 요한의 의도를 듣고자 하는 자세로 임할 때 그는 우리에게 자신의 생각을 들려줄 것이다. 그에게 겸손한 자세로 다가가 질문을 해 보라. 그와 사랑의 대화를 해 보라. 그러면 그는 자신의 속내를 솔직하게 드러내 줄 것이다. 그때 우리는 요한의 천재성이 무엇이며, 그것이 어디서 왔는가를 깨닫게 될 것이다.

2. 천재성의 비밀: "예수의 품"(요 13:23)

1) 천재 레오나르도 다 빈치와 사도 요한

인류 역사상 최고의 천재는 누구일까? <모나리자>를 그린 '레오나르도 다 빈치'라고 한다. 천재를 측정하는 일곱 분야(논리·수리/언어/공간/음악/신체·역학/대인관계(사회적)/대인관계(자기인식적)에서 모두 천재성을 보였던 사람은 '레오나르도 다 빈치' 뿐이었다고 한다.

어떤 학자는 서구 역사상 가장 위대했던 천재 10명의 순위를 이렇게 열거했다. 10위(아인슈타인), 9위(피디아스, 아테네의 건축가), 8위(알렉산더 대왕), 7위(토머스 제퍼슨), 6위(아이작 뉴턴), 5위(미켈란젤로), 4위(요한 볼프강 폰 괴테), 3위(피라미드를 만든 사람들), 2위(셰익스피어), 그리고 1위는 레오나르도 다 빈치였다.[24]

우리는 르네상스 시대에 두 천재인 레오나르도 다 빈치와 미켈란젤로(Michelangelo, 1475-1564)를 비교해 보자. 이 두 사람은 천재성에 있어서 차이가 있다. 레오나르도의 천재성은 가톨릭적 특성, 즉 신앙(헤브라이즘)과 이성(헬레니즘)이 플러스적으로 결합된 형태의 천재성을 띤다. 이에 반해 미켈란젤로의 천재성은 개신교적 특성, 즉 신앙(헤브라이즘)을 중심으로 이성(헬레니즘)이 주변을 형성하는 동심원적 형태를 띤다.[25]

레오나르도의 천재성은 기독교적인 것과 이교적인 것이 혼합되어 분산된 특징을 지닌다. 그는 모든 분야, 즉 예술과 과학을 두루 아우르는 전체성의 특성을 가진다. 그 결과로 그의 많은 작품들이 미완성으로 남겨졌다(<최후의 만찬>, <안기리아 전투>, <스포르차 기마상> 등). 완성하지 못했다. 그의 그림도 17점만 존재하고 그 가운데 여러 점이 미완성이다. 그의 노트에는 놀라운 정보가 많이 적혀 있지만 레오나르도는 그것을 의도한 바대로 엮어서 출간하지 못했다. 다니엘 부어스틴은 레오나르도를 두고 이런 말을 했다. "그는 보카치오나 초서처럼 세속적이지도, 라블레처럼 맹목적이지도, 단테처럼 독실하지도, 미켈란젤로처럼 종교적 열정에 사로잡히지도 않았다."26)

이에 반해 미켈란젤로의 천재성은 예술 분야에 집중된27) 특징을 지닌다. 그는 '하나님께 봉사'라는 기독교적 사명에 충실한 '한 목적적 삶'을 살았다. 요한의 천재성은 미켈란젤로의 천재성을 닮았다. 요한의 천재성은 '주님께 봉사'라는 한 목적성을 가지고 일생동안 단 한 권의 책인 ≪요한복음서≫를 쓰는데 집중했다.

여기서 인류 최고의 천재인 레오나르도와 사도 요한에게서 나타난 천재성의 일면을 살펴보자. 레오나르도의 천재성은 <모나리자>에 나타난 스푸마토(sfumato) 기법에서 그 실례를 찾아 볼 수 있다. 스푸마토 기법이란 "무엇인가 상상할 거리를 남겨 놓은 희미한 윤곽선과 부드러운 색채를 사용한 기법"(안개기법)을 가리킨다. 모나리자의 신비로운 미소는 스푸마토 기법을 사용한 결과이다. 즉 초상화의 양쪽 끝을 의도적으로 일치하지 않게 그리면서, 입술 끝과 눈꼬리를 부드러운 음영에 섞이도록 그림으로써 표정을 불분명하게 남겨 놓은 결과이다.

요한의 천재성 또한 레오나르도의 스푸마토 기법처럼 "예수께서 사랑한 제자(애제자)"라는 인물을 상정함으로써 요한복음의 신비를 드러내었다. 모나리자의 모델이 누구이든(가령, 프란체스코 델 조콘다의 아내 등) 모나리자는 그의 천재성이 낳은 "영혼의 자화상"이다. 요한복음은 예수님을 모델로 한 요한(애제자)의 "영혼의 자화상"이라고 말할 수 있다.

2) 주후 1세기 시대적 배경

"시대가 영웅을 낳는다"는 말이 있다. 프랑스의 영웅 나폴레옹(Napoleon, 1769-1821)은 프랑스 혁명(1789.7.14) 이후 혼미한 시대적 상황에서 등장했다.[28] 마찬가지로 천재는 위기의 시대에 빛을 발한다. 현재 우리가 갖고 있는 신구약성경은 역사적 위기 속에서 탄생한 인류 최고의 걸작품(명품)이다. 이 인류 최고의 걸작품은 고난이 극에 달한 비극의 시대에 만들어졌다.

주전 6세기는 이스라엘 역사상 가장 비극적인 시대였다. 그러나 바로 그 시대는 이스라엘 역사상 가장 창조적인 시대이기도 했다. 이스라엘은 그들이 당한 고난을 가장 창조적인 고난으로 승화시켰다. 주전 587년 바벨론에 의해 유다 왕국은 멸망하고, 예루살렘 성전은 완전히 파괴되었으며, 많은 지도급 인사들이 바벨론으로 포로로 잡혀갔다. "히브리 노예들의 합창(시 137편)"[29]은 이 비극의 시대에 불리어졌고, 바로 이러한 상황 속에서 모세오경이 편집되기 시작하였고 구약성경이 탄생하였다.

주후 1세기 또한 비극의 시대였다. 바벨론 포로 이후 이스라엘은 페르샤, 헬라, 로마로 이어지는 식민지 상황 속에 500년 이상을 지내왔다. 외세의 지배로부터 독립하고자 몸부림치는 상황 속에서 반란과 혁명은 계속되었고, 급기야는 유대-로마 전쟁(주후 66-70년)으로 그 종말을 고했다. 로마 군대에 의해 헤롯 성전은 무참히 파괴되었고, 많은 유대인들이 각지로 흩어지는 디아스포라의 운명을 맞았다. 바로 이 같은 비극적 상황 속에서 복음서가 쓰여지기 시작했고 신약성경이 탄생하였다.

요한복음은 주후 1세기라는 그 시대적 배경의 산물이다. 거의 100세를 살았던 요한은 주후 1세기라는 격동의 한 세기를 온 몸으로 끌어안은 산 증인이다. 그는 전형적인 유대인인 예수님과 더불어 주후 1세기라는 격동의 시대30)를 함께 호흡하며 살았다. 그렇다면 주후 1세기는 어떤 시대였는가? 그 시대의 역사적 상황과 유대인들의 세계관(사고방식), 그리고 사회정황을 살펴보자.

(1) 주후 1세기 역사적 상황

주후 1세기 유대교 및 초기 기독교를 이해하기 위해서는 그 배경이 되는 헬라-로마(Greco-Roman) 세계를 다룰 필요가 있다. 주전 4세기 후반 마케도냐의 알렉산더(주전 355-323)는 '하나의 세계'-헬라 문화에 의해 결속된 세계-를 꿈꾸었다. 그의 야심은 헬라 제국을 세우는 것만이 아니라 자신의 영토에 있는 모든 사람들이 단일한 언어(헬라어)를 사용하고, 문화적으로 통합된 세계를 만들고자 하는데 있었다. 이러한 통합된 문화를 포괄적으로 지칭하는 명칭이 바로 '헬레니즘(Hellenism)'이다.

알렉산더가 주전 332년 팔레스타인을 점령한 후로 300여년이 지난 주후 1세기 나사렛 예수 시대까지 헬레니즘의 영향력은 도처에서 감지된다. 헬라어는 모든 사람의 제2의 언어가 되었고, 헬라 문화는 제2의 문화가 되었다. 헬레니즘은 유대인들에게 정치적인 위협만큼이나 강력하고 지속적인 문화적, 종교적 위협이 되었다. 유대인들은 이교 문화와의 단절이라는 절박한 정체성의 문제에 직면하였다. 동화(同化)의 압력은 여러 방면에서 강력하게 압박해 왔다.

그러다가 유대인들의 신앙에 결정적인 영향을 미친 사건이 수리아의 지배 아래에서 일어났다. 수리아의 군왕 안티오쿠스 4세(에피파네스, 주전 175-163)는 자신의 제국 안에서 헬레니즘 문화를 강요하였다. 그는 안식일을 불법화하고 할례를 금지시켰다. 그는 주전 167년 12월 25일 예루살렘 성전을 접수한 후 거기에 자신의 성상을 세워 숭배하게 하였다. 그리고 유대인의 율법에 의해 가장 부정한 동물로 여겨진 돼지를 희생제물로 드림으로써 성전을 모독하는 행위를 자행하였다.

이에 분노한 제사장 맛다디아(Mattathias)는 그의 다섯 아들과 함께 전쟁을 일으켰다. 셋째 아들 유다 마카비와 그를 따르는 무리들은 상상할 수 없는 일을 이루어냈다. 성전 모독이 일어난 날로부터 3년 후인 주전 164년 12월 25일 성전을 정결케 하고 재봉헌하였다. 유대 역법에 새로운 절기(하누카)가 더해지는 순간이었다. 마카비 혁명은 출애굽을 비롯한 이스라엘 역사의 다른 위대한 사건들과 마찬가지로 이후의 이스라엘 역사에 대한 고전(古典)이자 전형(典型)이 되었다.

성공한 혁명가들의 후예들은 '하스모니아 왕조(주전 164-63)'를 수립하였다. 그런데 혁명을 통해 헬레니즘을 내쫓은 이 왕조는 헬레니즘과 타협하는 아이러니에 빠졌다. 이 왕조는 다윗 왕과 제사장 아론의 후예로 자처하면서 왕의 직임과 대제사장의 직임을 동시에 취함으로써 유대 백성들의 종교적 감성을 짓밟았다. 이 왕조에 반발하여 어떤 이들은 따로 공동체를 만들기도 하였고, 어떤 이들은 이 체제에 불만을 품고 내부로부터의 개혁을 시도하기도 하였고, 어떤 이들은 권력을 잡기 위해 투쟁을 벌이기도 하였다.

그러다가 이 체제는 주전 63년 로마 장군 폼페이우스에 의해 무참히 무너졌다. 지성소(至聖所)에 무슨 성상(聖像)이라도 있나 해서 성전에 들어갔던 폼페이우스는 상처 하나 없이 뚜벅뚜벅 걸어 나왔다. 이를 본 유대인들은 로마인들을 새로운 원수, 깃딤(Kittim), 흑암의 세력으로 규정하였다. 로마인들은 유대 땅을 온통 잠식한 헬레니즘 문화에 대한 유대인들의 반감을 고스란히 물려받았다. 경건한 유대인들은 신성모독적인 글귀들이 씌어진 로마의 군기(軍旗)들이 성전에 안치되었다는 사실만으로도 치를 떨었다.

이두매 출신의 헤롯은 로마인들을 도운 공적으로 왕위에 올랐다. 헤롯 대왕(주전 37-4)은 자신과 자신의 후계자들을 합법적인 왕으로 만들기 위해 온갖 노력을 시도하였다. 특히 그는 유대인들의 호감을 사기 위해 성전의 재건을 시작하였다(주전 19년에 시작하여 주전 9년에 봉헌되었고, 전체 건설 공사는 성전이 파괴되기 7년 전인 주후 63년에 완공되었다). 그러나 이러한 그의 행동은 정반대의 역효과를 낳았다. 유대인들은 헤롯 왕조를 하늘에서 보낸 진정한 지도자로 결코 받아들이지 않았다. 반란의 기운은 주전 4년 그가 죽자 곧 수면 위로 떠올랐다.

혁명은 새로운 세기의 처음 수년 동안 끊임없이 일어났고, 주후 6년에는 갈릴리 사람 유다가 이끄는 혁명이 일어났다. 로마는 이 일 후에 유대를 독립적인 속주로 삼는 것이 더 안전하다고 생각하여 지방 장관들 또는 총독들로 유대를 통치하도록 하였다. 예수 시대의 본디오 빌라도(주후 26-32)는 유대 지방 장관들 중 세 번째로 부임한 로마 총독이었다. '시몬 바르 기오라(Simon bar Giora)'가 이끄는 제1차 유대혁명(주후 66-70)이 일어났다. 주후 70년 성전은 불에 탔고 도성은 함락되었다. 그리고 73년에 마사다(Masada)에서의 최후의 항전(엘르아살)이 그 뒤를 이었다. 깃딤(로마)이 승리한 것이다.

주후 70년 이후의 시기는 유대교의 향후의 방향을 결정하는 데 중요한 시기였고, 초기 기독교의 발전과 관련해서도 대단히 중요한 시기였다. 요하난 벤 자카이를 중심으로 한 새로운 랍비 운동은 얌니아(Jamnia)에 대규모의 종교회의를 조직하고 랍비 학교를 세우는 것으로 시작되었다. 예루살렘 멸망 이전에는 샴마이 학파가 주도적인 세력이었던 반면에, 예루살렘 멸망 이후에는 힐렐 학파가 자연스럽게 주도권을 잡아가게 되었다.

하드리아누스 황제는 안티오쿠스 에피파네스가 행한 만행에 비견되는 도발행위를 자행함으로써 반란을 촉발시켰다. '시몬 벤 코시바(Simon ben Kosiba)'가 이끄는 제2차 유대혁명(주후 132-135)이 일어났다. 위대한 랍비 아키바(Akiba)는 그를 메시아라 부르며 환영하였다. 그에게는 '바르 코크바(Bar Kochba)', 즉 "별의 아들"(민 24:17의 예언)이라는 호칭이 붙여졌다. 제1차 유대혁명이 있은 지 거의 70년의 세월이 흘렀다. 이들은 지금이 이스라엘의 신이 마침내 자기 백성을 해방시킬 때라고 생각하였다. 그러나 이러한 소망은 무참히 깨지고 말았다. 메시아로 자처한 자들은 진정한 메시아가 아니었고 야웨의 나라는 임하지 않았다.

(2) 주후 1세기 유대인의 세계관(사고방식)

이 같은 격동의 역사 속에서 주후 1세기 유대인들은 어떤 세계관, 어떤 사고방식 속에서 살았는가? 주후 1세기 유대인들의 세계관을 지배한 핵심적인 네 상징이 있었다. '성전(聖殿)', '토라(聖經)', '땅(聖地)', '민족적 정체성(聖民)'이 그것이다.

첫째, '성전'은 유대 민족의 삶의 모든 측면에서 그 구심점이었다. 그러기에 성전의 중요성은 아무리 강조해도 지나치지 않다. 성전은 단순히 이스라엘의 종교적 중심만이 아니라 세 가지 기능(종교, 경제, 정치)과 결합되어 있었다. 이렇게 중요한 것이기에 성전이 이 시기의 유대교를 분열시킨 수많은 논쟁들의 초점이 되었다는 것은 이상한 일이 아니다. 주후 1세기 성전에 대한 불만은 이 성전이 지금까지 지어진 것들 중에서 가장 아름다운 건축물 중의 하나였음에도 불구하고 다름 아닌 헤롯에 의해 지어졌다는 사실에 의해서 더욱 증폭되었다. 많은 유대인들은 제3성전[31]을 의심과 불신의 눈초리로 바라보았다. 그럼에도 불구하고 성전은 여전히 민족적, 문화적, 종교적 삶의 구심점이었다. 성전은 팔레스타인 및 디아스포라 지역의 유대교라는 몸과 연결되어 있었던 심장이었다. 또한 성전은 계약의 신이 그의 백성에게 주기로 약속하였던 땅의 중심이었다.

둘째, '토라(율법)'는 하나님의 언약 백성인 이스라엘의 언약 헌장이었다. '성전과 토라'는 떼래야 뗄 수 없는 하나의 통일체[32]를 이루고 있었다. 또한 토라와 땅도 견고하게 하나로 묶여 있었다. 토라는 땅에 대한 약속들, 땅을 통해서 주어질 축복들, 축복을 유지하기 위해서 꼭 필요한 행동에 대한 자세한 지시사항들을 제공하였다. 야웨께서 과거에 그 땅에 살았던 거민들을 몰아내신 이유는 그들의 우상숭배와 음행 때문이었다. 이스라엘이 그들과 동일한 운명을 겪지 않으려면 그들과 달라야 했다. 포로기 이후 성전과 땅은 없어도 토라를 연구하고 실천하는 것이 가능해졌다. 수많은 평범한 유대인들에게 토라는 들고 다닐 수 있는 땅이요, 이동 가능한 성전이었다. 바리새인들은 성전에 대한 파괴가 실제로 일어나기 전까지는 성전과 땅이 없는 유대교를 상상할 수 없었다. 토라는 오랜 세월이 지나면서 성전의 지위를 지니게 되었을 뿐만 아니라 신적인 속성들도 지니게 되었다. 토라가 있는 것은 곧 계약의 신이 계시는 것이었다.

셋째, 주후 1세기 유대교를 이해하자면 우리는 성전 및 토라와 더불어 '땅'을 그 주요한 상징들 가운데 하나로 내세우지 않으면 안 된다. 유대 땅은 야웨께서 이스라엘에게 주신 양도할 수 없는 땅이었다. 그 땅은 야웨께서 그의 계약 백성에게 약속했던 모든 축복들, 즉 샬롬(평화) 속에 모든 것이 요약되어 있는 축복들을 주신 장소이자 그 축복의 수단이었다. 이 땅은 새로운 에덴, 야웨의 동산이었다. 그런데 그 땅이 지금 낯선 이방 나라의 통치와 문화 기관들로 인해 황폐화 되어 가고 있었다. '하나님의 나라'라는 말은 일차적으로 야웨께서 왕이 되신다는 사실을 가리키는 말임에도 불구하고 '하나님의 왕되심'이라는 사상은 팔레스타인 땅이 야웨께서 통치하실 곳이라는 개념을 지니고 있다는 것을 의미하였다. 예루살렘은 이 땅의 중요한 구심점이었다. 이 땅의 운명은 포수와 회복이라는 주제 전체를 표현하고 있었다. 이스라엘은 사실 그 땅을 스스로 통치하지 못했고, 오직 꼭두각시로 행하고 있을 뿐이었다. 이제 요구되는 것은 그 땅에 대한 '통제와 정화'였다. 로마가 야웨의 거룩한 땅을 지배하고 더럽히고 있는 한 이 두 가지는 결코 있을 수 없다는 것이 분명해졌다.

넷째, '민족적 정체성'은 주후 1세기 유대인의 세계관을 형성한 핵심 상징 가운데 하나이다. '누가 실제로 순수한 혈통의 유대인인가'라는 문제는 '포로 귀환기'로 알려져 있는 시기에 바벨론에서 돌아온 자들 가운데서 큰 쟁점이 되었다. 역대기상의 처음 부분에 나오는 긴 족보(대상 1-9장)와 에스라서(2,8,10장) 및 느헤미야서(7,12장)에 나오는 긴 족보들은 아브라함, 이삭, 야곱의 자손들이라고 느꼈던 새롭게 건설된 공동체의 절박성을 증언해 준다. 에스라의 사역의 초점들 중의 하나는 이스라엘의 남자들에게 이방인 출신 아내들을 버리라고 강력히 권고하는 것이었다. 그렇게 하지 않으면 "남은 자"의 동의어 역할을 했던 것으로 보이는 "거룩한 씨"가 더럽혀질 것이다. 에스더서도 초기의 반셈족주의와 그 응전에 대한 강력한 증언이다: 유대인들은 한데 뭉쳐서 이교도들과의 타협을 거부해야 한다. '할례'라는 계약의 징표는 선민으로서의 유대인들의 표시였다. 유대인들의 민족적 정체성은 성전, 토라, 땅과 같이 모든 면에서 결정적으로 중요했던 문화적, 종교적 상징이었고, 실제로 철저하게 이 모든 것들과 연관되어 있었다.33)

요한은 이 같은 유대교의 네 핵심 상징을 '넘어서는(보다 크신)' 예수 그리스도에 대해 1-4장에서 차례로 취급하고 있다. 성경(聖經, 토라, 모세)에 대해서는 토라(모세)보다 크신 예수 그리스도의 복음을(1:1,17), 성전(聖殿)에 대해서는 성전보다 크신 예수 그리스도의 몸 성전을(2:13-22), 성지(聖地)에 대해서는 성지보다 크신 예수 그리스도의 하나님 나라(천국) 되심을(3:3,5), 성민(聖民)에 대해서는 야곱(이스라엘)보다 크신 예수 그리스도의 이방인(사마리아인과 갈릴리인) 선교를(4:1-54) 각각 취급하고 있다('예수교'가 세계적 종교가 된 단초가 여기에 있다). 더욱이 요한은 짧은 서곡(1:1-18)에서도 이를 요약해서 보여주는 천재성을 발휘하였다(이에 대해서는 아래에서 다시 다루고자 한다).

(3) 주후 1세기 사회정황

헬라의 문화, 로마의 정치, 유대의 종교가 어우러져 빚어낸 격동의 세월 속에서 유대인들은 어떤 사회정황 속에서 살았는가?[34] 이해를 돕기 위해 사회 집단별로 나누어 살펴보자.

(i) 사회 집단의 최정점에 '로마 제국'이 있었다. 로마 제국은 식민지 곳곳에 로마를 상징하는 독수리 깃발을 펄럭이며 '팍스 로마나(Pax Romana)' 곧 '로마의 평화'를 소리 높여 외치고 있었다. 그러나 평화의 구호는 요란했지만 그 땅에 하나님의 평화는 없었다. 제국 내에서는 끊임없이 반란이 일어났고, 반란을 속히 진압하기 위해 로마는 제국의 모든 길을 로마로 통하게 길을 잘 닦아놓았다. 만신전(萬神殿)에서는 제우스(주피터) 신을 비롯한 각종 이교 신들이 안치되어 있었다. 동전에는 황제의 상이 새겨져 있었고, 황제 숭배가 강요되기도

하였다.

(ii) 로마 제국 밑에 꼭두각시 정권인 '헤롯 왕가'가 자리하고 있었다. 헤롯 왕가는 백성들의 민심을 얻기 위해 성전을 재건하기도 하였다. 그러나 그들은 백성들로부터 엄청난 부를 착취하였다. 그리고 기본적으로 공포와 무력으로 통치했는데, 이는 원칙적으로 로마와의 우호적인 관계를 통해서 효과적으로 수행하였다.

(iii) 로마 제국과 헤롯 왕가 밑에서 한편으로는 그들을 떠받치면서 다른 한편으로는 유대 사회를 지배한 집단이 있었다. 그것은 '유대교'라는 이데올로기를 중심으로 한 '예루살렘 성전체제'와 '산헤드린 의회'였다.

유대 자치정부인 산헤드린(Sanhedrin)은 의장을 포함한 72명으로 구성되어 있었다. 그 멤버들은 주로 사두개파, 바리새파 및 장로들(지주계급)이었다. 산헤드린은 예수님을 재판할 때 최고법정으로서 그 기능을 발휘하였다.

예루살렘 성전체제는 당시 종교적 기능만이 아니라 정치적, 경제적 기능에서도 절대적 영향력을 행사하였다. 정치적 측면에서 성전은 예부터 지배 세력과의 야합을 통해서 그 존립 근거를 확보해 왔다. 예수시대에 대제사장직은 로마 총독에 의해 임명되었는데, 그 기준은 로마 제국에 대한 충성이었다. 성전은 로마 제국주의 세력의 충실한 시녀였고, 산헤드린과는 동전의 양면처럼 결합되어 있었다. 경제적 측면에서 성전은 모든 돈이 집중되는 은행의 역할을 수행하였다. 성전은 십일조와 성전세 및 성전 영지를 통해 수입을 올렸다. 그밖에도 성전 세겔이라는 특별화폐에 의한 환전 프리미엄으로 돈을 축적했고, 제의용 희생동물의 전매특허로 엄청난 수익을 올렸다. 따라서 성전은 착취와 부패의 온상이었고, 그런 성전은 저주받은 무화과나무처럼 없어져야 한다(막 11:12-25)는 것이 예수님의 입장이었다.

그런데 산헤드린 의회와 예루살렘 성전체제는 유대교라는 이데올로기에 의해 유지되고 있었다. 예수님 당시의 후기 유대교는 초기 유대교(주전 5세기)가 가졌던 구약종교의 초월성과 거룩성을 상실한 채 정치와 결탁함으로써 세속화되었다. 후기 유대교는 종교와 정치가 불가분리의 관계에 있었다. 이러한 후기 유대교의 탈선은 지배 이데올로기에 봉사하면서 후에 바리새주의로 나타났다.

(iv) 유대교의 4대 분파 중의 하나인 '사두개파(Sadducees)'는 대표적인 상류층 사제집단이다. 이들은 대부분 산헤드린 공회원이자 제사장 가문에 속한 귀족들이었다. 이들은 모세오경만을 권위 있는 것으로 인정하고, 모세 오경 속에서 발견되지 않는 부활 교리를 강력하게 부정하였다(행 23:8). 철저히 현세주의자였던 사두개인들이 부활 교리를 거부한 것은 그 안에 혁명적 교설, 즉 선한 창조주 하나님이 역사 내에서 활동하여 잘못된 것들을 바로 잡는 하나님의 심판(공의와 주권)에 대한 강력한 신앙이 내포되어 있었기 때문이었다. 이들은 종교적 기득권을 지키기 위하여 헬라, 로마 등의 이방 세력과 쉽게 야합한 현실주의자들이자 극도의 보수주의자들이었다. 이들은 민중을 기만하고 수탈하여 자신들의 이권만을 추구하였으므로 민중의 혐오의 대상이었다. 제사장 집단이었던 이들은 성전 파괴 후 급속히 사라졌다.

(v) 유대교의 4대 분파 중의 하나인 '바리새파(Pharisees)'는 주로 서기관과 랍비(율법학자)들로 이루어진 율법집단이다. 바리새파는 경건한 자들인 하시딤(Hassidim)의 후예들로서 그 기원이 '분리된 자', 또는 '구별된 자'라는 뜻의 히브리어로부터 유래한다. 성전 파괴(주후 70년) 이전 혁명 세력이었던 이들은 성전 파괴 후 율법 연구에 매달렸고 이로 인해 율법의 참 정신을 잃고 형식주의에 빠지기도 하였다. 이들은 율법과 정결규정(613개의 율법조항)으로 백성들의 생활 구석구석까지 억압하였다. 이들은 모세 율법은 물론 율법을 해석한 자신들의 전승도 동일한 권위로 인정했으며 사탄과 부활과 영생을 믿었다. 바리새파는 지배집단의 하부에 속한 집단이지만 가장 강력한 영향력을 행사한 유대 종파였다. 특히 성전 파괴 후 이들은 사두개파를 제치고 주도권을 장악하였다.

(vi) 유대교의 4대 분파 중의 하나인 '에세네파(Essenes)'는 바리새파처럼 하시딤의 후예들로서 종말론적인 현실도피집단이었다. 바리새파가 조직적, 사회참여적, 논리적인 반면에 이들은 개인적, 은둔적, 신비적인 성향의 사람들이다. 사해 사본을 남긴 쿰란공동체가 바로 에세네파에 속한다고 볼 수 있다. 이들은 사람이 한적한 광야 같은 곳에서 종말론적 메시아를 대망하면서 철저한 금욕생활과 공동소유를 포함한 공동생활을 실천하였다. 이들은 자신들이야말로 빛의 아들들로서 성경의 모든 약속을 이어받을 진정한 후예로 여겼다. 세례 요한이 에세네파에서 온 사람이라는 주장이 있다. 그는 사회정의를 부르짖고 헤롯과 그 동생 빌립의 아내 헤로디아의 결혼문제에 개입하다 죽임을 당하였다(마 14:1-12).

(vii) 유대교의 4대 분파 중의 하나인 '열심당(Zealots)'은 급진적 민족주의 집단이었다. 이 집단의 이름은 문자 그대로 '정열과 열심'이라는 히브리어에서 온 말로 이들의 열심은 기본적으로 하나님과 토라에 대한 종교적 충성에서 왔다. 이들은 마카비 혁명의 무장 투쟁 전통을 되살리면서 이교도들인 로마 제국이 거룩한 땅 팔레스타인을 점령하여 그 땅을 더럽혔으므로 이들을 몰아내는 것을 급선무로 보았다. 그리하여 로마보다 군사적으로 열세임에도 불구하고 주후 66년 유대-로마 전쟁이라는 자살적인 투쟁에 뛰어들었다. 그리고 이들은 마사다에서 몰사할 때까지 각종 유혈운동을 벌였다(주후 73년).

(viii) 사회집단의 최하부에 가난하고 억눌린 '일반 백성(민중)'이 자리하였다. 주님이 태어나신 주후 1세기 팔레스타인 땅은 지난 5백년 이상을 바벨론, 페르샤, 헬라, 로마 등 여러 나리에 의해 빼앗긴 남의 나라 땅이었다. 모두가 다 힘들게 살아가고 있었지만 그 가운데서도 특히 민중들의 삶은 고달팠다. 일반 백성인 민중들은 현실 속에서 메시아를 기다리며 힘들게 살아가는 가난하고 억눌린 사람들이었다. 당시의 민중들은 지배 집단에 의해 정치적 억압과 경제적 수탈과 종교적 정죄를 당하며 삼중고(三重苦)에 시달려야 했다. 특히 갈릴리 사람들은 유대인들에 의해 '암 하아렛츠(땅의 백성)'로 멸시받았다.

그렇지 않아도 어려운 경제 상황 속에서 백성들은 로마에 세금을 거둬 바쳐야 했다. 또한 유대교는 토라의 준수를 강요하면서 안식일 율법을 비롯한 각종 정결 규정들로 백성들의 삶을 규제하였다. 그 율법을 지키기가 어려운 형편의 사람들은 죄인으로 취급당했다. 또한 나병환자를 비롯한 신체적 결함이나 질병에 걸린 사람들도 죄인으로 취급되어 정상적인 생활을 영위할 수가 없었다. 또한 계속되는 반란과 군사적 혁명은 백성들의 삶을 더욱 고단하게 했다. 그들의 일상생활은 피폐할 대로 피폐하였고, 정신과 영혼은 깊이 병들어 귀신들린 자와 정신이상자가 부지기수였다. 힘없고 배경 없는 민중들은 일용할 양식을 걱정하며 하루하루를 허덕이며 살아가고 있었다. 그야말로 그들은 목자 없는 양처럼 유리방황하였다(막 6:34).

고달픈 삶 속에서 그들은 포로생활이 아직 끝나지 않았다고 여겼다. 그래서 그들은 구원을 가져다 줄 다윗 왕과 같은 메시아를 손꼽아 기다렸다. 이에 편승하여 메시아를 참칭하는 많은 거짓 선지자들이 나타나 백성들을 미혹했다. 그리하여 어디서 메시아가 나타났다는 소문만 들어도 우르르 몰려갔다가 실망하고 돌아오곤 했다. 그러면서 혁명가들을 비롯한 거의 모든 민중들은 야웨께서 네 번째 제국을 패배시키고 고난받는 백성들을 신원할 것이라는 내용을 담은 다니엘서와 같은 묵시사상들에 깊이 빠져 있었다.

한편, 당시 약 2만여 명의 제사장들이 있었다. 이들은 그 반열의 차례에 따라 1년에 2회 성전에서 봉사했는데, 성전 봉사는 24반열 가운데 제비를 뽑아 결정했다. 각 반열에는 약 9백 명 정도의 제사장들이 있었고 이 가운데서 분향할 제사장을 제비 뽑았으므로 이 일은 일생에 단 한 번 기회가 주어질까 말까 하는 일이었다. 이 때문에 제사장들은 분향하는 일을 최대의 영광과 특권으로 생각했다(눅 1:9). 지방에 있는 제사장들은 그 어려운 제비에 뽑혀 예루살렘 성전에 올라가 분향하는 일에 목숨을 걸고 있었다.

주전 5세기 제사장 에스라 이후, 그리고 마지막 예언자 말라기 이후 세례 요한이 등장하기까지 400년 이상 수만 명의 제사장들이 들끓었지만 하나님의 말씀을 바르게 전해줄 참예언자는 한 사람도 나타나지 않았다. 신구약 중간시대인 400여년을 암흑시대라고 부르는 까닭은 문명을 이룩해 놓은 것이 없어서가 아니라 바로 예레미야와 같은 참예언자 한 사람이 없었기 때문이다.

  선지자 아모스의 말씀(암 8:11)처럼 이스라엘의 기근과 기갈은 양식이나 물이 없어서가 아니라 무엇보다도 하나님의 말씀을 듣지 못한 기근이요 기갈이었다. 누구 할 것 없이 이 모두를 바라볼 때 주님은 가슴이 아팠고 불쌍한 마음이 들어 깊은 연민에 빠지지 않을 수 없었다. 갈릴리 어부였던 요한의 마음도 다르지 않았으리라.

  주후 1세기는 그야말로 무엇이 진리이고, 무엇이 정의인지, 무엇이 올바른 삶인지 알 수 없는 혼미한 시대였다. 그런 속에서 모두를 참 진리로 이끌 자, 모두에게 기쁜 소식을 가져올 자, 포로생활을 끝내고 새 시대를 열 자, 이스라엘을 그 죄로부터 구원할 자, 저들의 굶주림과 목마름을 해결할 자, 짙은 먹장구름을 거둬내고 새 하늘을 열 자, 이교도들의 통치를 종식시키고 유대인들이 열망한 핵심적 상징들을 일거에 해결할 자는 누구인가? 문제해결의 길은 어디에 있는가?

3) 요한이 본 예수: '하나님'이라는 역설

(1) '인자 예수'의 길 - '하나님'의 길

주후 1세기 그 혼미한 시대상황 속에서 문제 해결의 길은 예수, 즉 예수의 길에 있었다. 예수의 길은 유대적 세계관에 갇혀 있던 당시의 모든 집단들, 운동들, 사람들의 길과 사뭇 달랐다. 무엇이 달랐는가? 그것을 살펴보자.

예수는 생각했다. 진정한 구원의 길, 진정한 평화의 길은 어디에 있을까? 사두개파의 길은 아니다. 사제 귀족으로서 성전 제사를 드리는 방법으로는 안 된다. 바리새파의 길도 아니다. 모세의 율법을 연구하고 지키는 방법으로는 안 된다. 에세네파의 길도 아니다. 현실을 떠나 광야에 가서 홀로 고고하게 자기를 지키는 방법으로는 안 된다. 열심당의 길도 아니다. 그들 이면 속에 감추인 인간적 야심(헤게모니 싸움)을 가지고 무력투쟁으로 로마를 쫓아내겠다는 방법으로는 안 된다. 민중의 길도 아니다. 메시아를 무작정 기다리며 현실을 체념하면서 매일을 근심 속에 사는 방법으로는 안 된다. 헤롯 왕가의 길은 더더욱 아니다. 이교 세력과 야합하여 권력을 잡고 민중의 아픔과는 아랑곳없이 권력의 달콤한 맛에 빠져 사는 방법으로는 안 된다. 로마 제국의 길도 아니다. 가이사의 길, 가이사의 방법으로는 안 된다. 힘으로 남의 나라를 빼앗고 폭력으로 다스리며 아무 일 없다는 듯이 '평화, 평화로다'를 외치는 방법으로는 안 된다. 이 모든 길은 아니다. 이 모든 방법으로는 안 된다. 한 마디로 인간적인 것, 세상적인 방법으로는 안 된다.

그렇다면 어떤 길, 어떤 방법으로만 되는가? 하나님의 길, 하나님의 방법으로만 된다. 예언자 모세나 다윗 왕으로는 안 된다. 하나님 왕으로만 된다. 전적으로 위(하늘)에 속하는 하나님의 것, 하나님의 방법으로만 된다.

모두가 다 인간적인 것으로, 세상적인 방법으로 문제를 해결하려고 했다. 그래서 미움, 질투, 원망, 불평, 도피, 체념, 투쟁, 압제, 폭력, 힘으로 하려고 했다. 그러나 그런 방법으로는 결코 안 된다. 상대가 힘으로 나온다고 따라서 힘으로 맞서서는 안 된다. 상대와 싸워서 이겼다고 해서 그것이 진정으로 이긴 것이 아니다. 잠시 이겼을 뿐 영원히 이긴 것이 아니다. 진정한 승리, 영원한 승리는 인간적인 방법으로는 오지 않는다. 오직 하나님의 방법으로만 온다.

그러면 무엇이 인간(사람)의 길이고, 무엇이 하나님의 길인가? 어떤 것이 세상의 방법이고, 어떤 것이 하나님의 방법인가? 자기(자아)가 있는 길이 인간(사람)의 길이고, 자기(자아)가 없는 길이 하나님의 길이다. 자기 것으로, 땅의 것으로 하는 것이 세상적 방법이고, 하나님의 것으로, 하늘의 것으로 하는 것이 하나님의 방법이다.

자기(나)가 없어야 한다는 것은 자기를 부인하는 것, 자기를 비우는 것, 자기를 죽이는 것, 자기가 사라지는 것을 말한다. 자기 것이 없어야 한다는 말은 자기 야망, 자기 주장, 자기 경험, 자기 사랑, 자기 방법, 자기 재능, 자기 소유, 자기 지식, 자기 지혜, 자기 힘, 자기 영광이 없어야 한다는 것을 말한다. 오직 하나님(하늘)만 있어야 한다.

예수께서 참 제자가 되는 길을 말씀하셨다. "누구든지 나를 따라오려거든 자기를 부인하고 자기 십자가를 지고 나를 따를 것이니라"(마 16:24). 여기서 "자기를 부인하고"라는 말은 '자기 비움(Kenosis, 빌 2:7)'것을 말한다. 그리고 "자기 십자가를 지고"라는 말은 십자가에서 죽듯 '자기 죽임'을 말한다. 그러니까 자기가 없는(죽는), 바꾸어 말하면 하나님만 있는 것을 말한다. 그럴 때에야 참 제자가 될 수 있다는 말씀이다.

따라서 십자가를 지는 방법만이 하나님이 원하시고 기뻐하시는 방법이다. '십자가'는 아들 예수님이 아버지 하나님의 뜻에 따르는 순종(順慫)의 극치이다.[35] 그러면 주후 1세기 유대교와 로마 제국의 식민지 상황에서 '십자가'는 무엇을 의미하고 어떤 상징적 의미를 갖는가?

주후 1세기 예수님이 싸워야 했던 진정한 원수는 로마라는 이방의 점령군이 아니라 그들 배후에 있는 고소하는 자 사탄이었다. 사탄은 야웨의 백성을 봉으로 삼아 이교도의 길을 가게 하고 야웨의 나라를 무력과 군사적 혁명을 통해서 이룩하게 하려 했다. 예수님이 말하였던 하나님 나라 이야기들, 그리고 행동으로 보여주었던 상징들은 모두 진정한 원수인 사탄과의 싸움이었다.

예수님은 제자들에게 기이한 종류의 혁명을 촉구하였다. 유다 마카비 같이 군사적이고 무력적인 싸움을 싸우는 것을 통해서가 아니라 산상수훈(마 5-7장)의 말씀에서 보듯 다른 쪽 뺨을 돌려대고(마 5:39), 십리를 더 가고(마 5:41), 원수를 사랑하고 핍박하는 자를 위해 기도하는 것(마 5:44)이었다.

또한 예수님은 당시 유대 종교 지도자들인 바리새인들이 말하는 '인습적 가짜 지혜'에 반대하고 '참되고 전복적인 지혜'를 제시하였다. 그러한 전복적 지혜의 중심에는 최고의 역설인 십자가가 있었다. 로마 세계에서 십자가 처형은 끔찍하고 혐오스러운 것으로 인간이 고안해 낸 가장 잔인한 사형방법이었다. 바울이 말한 것처럼 "십자가의 도"(고전 1:18)는 멸망하는 자들에게는 "어리석은(바보 같은)" 짓으로 보였다.

그러나 '십자가'는 구원을 위한 하나님의 능력과 하나님의 지혜가 담긴 최고의 역설(逆說)이자, 그리스도의 능력과 통치의 핵심 상징이다. 예수께서 공생애 말기에 예루살렘으로 향해 간 것은 '사역을 위해서'라기보다는 '죽기 위해서', 즉 십자가를 지기 위해서 의식적으로 택한 상징적 행위였다. 예수님은 자기 자신이 그의 고난과 죽음을 통해서 악을 패배시키도록 부르심을 받았다고 믿었다. 그리하여 세상의 빛, 이 땅의 소금이 되고자 하였다.

악을 단번에 패배시킬 방식은 그가 선포한 하나님 나라의 철저한 전복적 성격과 부합하는 방식이 되어야 했다. 그 방식이란 악의 세력이 '최악의 것(십자가 처형)'을 행하도록 내버려 둠으로써 악을 패배시키는 역설적 방식이었다. 이는 세상적 방식을 통한 혁명을 다시 뒤집는(전복하는) 이중적 혁명이며, 하늘(하나님)이 보여준 방식으로서의 '사랑의 혁명'이었다. '사랑'(마 22:34-40/ 막 12:28-34/ 눅 10:25-28)이야말로 예수께서 말씀하신 하나님 나라 상징의 핵심이다.36)

자신이 지은 죄로 인해, 또는 선동죄, 반란죄로 체포되어 십자가 처형을 당하는 것은 인간의 길이지 하나님의 길이 아니다. 아무 죄가 없는 의인이 죄를 뒤집어쓰고 십자가를 질 때 그 길이 하나님의 길이 되는 것이다. 상대방이 칼로 찌른다고 해서 같이 칼을 들어서는 결코 문제가 해결되지 않는다(마

26:51-52). 상대방이 휘두르는 칼에 맞으면서 그를 끌어안을 때 그를 이기고 세상을 이기는 것이다. 그것이 바로 십자가의 길, 십자가의 방법이다.37) 세상 적으로 이기는 길이 참 승리가 아니고 하나님 때문에 세상 적으로 지는 길, 그 길이 하나님의 길, 하나님의 방법이고 그 길이 참 승리인 하나님의 승리다.

《벽암록》 79장의 제목은 '투자일체성(投子一切聲)'이다. 투자는 당나라 말기에서 오대 초기에 나타났던 걸승이다. 서주(舒州) 대동산(大同山)에서 살았기에 속칭 '대동선사'라고 부르기도 한다. 그는 일체성이 불성(佛聲)이라고 하면서 거기에는 내가 없다, 소아(小我)가 사라지고 대아(大我)가 되었기 때문이라고 말한다. 내가 없어야 한다. 아만(我慢)과 아집(我執)이 없어야지 아만과 아집이 있으면 진리가 사라지고 법도 사라지고, 일체성은 악마성이 되고 일체언은 악마언이 된다.

세상에 악마는 나다. 내가 있으면 일체가 악이요 내가 없으면 일체가 선이다. 세상을 괴롭히는 것은 나요 공해의 근원도 나다. 내가 없어져야 한다. 남을 적대시하고 세계를 흔들고 일체를 무시하는 내가 없어야 한다. 남을 미워하고 남을 괴롭히는 내가 없어야 한다. 내가 없다는 말은 사랑이라는 것이요 공평이라는 것이다. 정의라는 것이다. 지혜라는 것이다. 남을 생각하는 마음이 나 없는 마음이다. 나 없는 마음, 이기심 없는 마음이 불심(佛心)이요, 나 없는 소리가 불성(佛聲)이요, 나 없는 말씀이 불언(佛言)이다.38)

예수님은 자기를 비웠다(그 빈자리에 하나님 아버지와 하나님의 영이 항상 충만히 임했다). 그래서 자기가 없다. 자기가 죽었다. 자기가 사라졌다. 오직 하나님(하늘)만 있을 뿐이다. 하나님(아버지)께 자신을 모두 내어 드렸다. 그리고 하나님(아버지)의 뜻만이 이루어지기를 바랐을 뿐이다. 그리고 천국을 믿었고 부활을 믿었다. 천국과 부활을 믿었기에 십자가를 질 수 있었다. 십자가를 지는 것이 하나님의 길이라고 믿었다. 그리고 그 방법이 하나님의 방법이라고 믿었다.

인간적으로 십자가의 길은 '실패의 길'이다. 그러나 그 길은 '승리의 길'이다. 왜냐하면 부활을 통해 죽음을 이기신 우리 하나님은 '승리의 하나님'이기 때문이다. 십자가의 길은 '수치의 길'이다. 그러나 그 길은 '거룩한 길'이다. 왜냐하면 죄가 없으신 우리 하나님은 '거룩한 하나님'이기 때문이다. 십자가의 길은 '고난의 길'이다. 그러나 그 길은 '영광의 길'이다. 왜냐하면 높고 높은 하늘에 계신 우리 하나님은 '영광의 하나님'이기 때문이다. 십자가의 길은 '저주의 길'이다. 그러나 그 길은 '구원의 길'이다. 왜냐하면 역사를 주관하시는 우리 하나님은 '구원의 하나님'이기 때문이다. 그래서 예수님은 몸소 십자가를 지는 길을 택했다. 그리고 예수님의 부활은 십자가에서 자기희생으로 죽은 자가 메시아라는 것을 확인시켜 주었다.

새 시대는 어떻게 동터오는가? 인간으로부터 오지 않는다. 하나님으로부터 온다. 새 세상은 어떻게 임하는가? 땅으로부터 오지 않는다. 하늘로부터 임한다. 하늘이 열려야 새 세상이 온다(겔 1:1; 막 1:10; 요 1:51). 세상이 어두운 것은 하늘과 땅 사이가 막혔기 때문이다. 막혔던 하늘이 열려야 밝은 새 세상이 온다. '회천의 문(回天之門)'을 열 자는 누구인가? 새 세상을 임하게 할 자는 누구인가?

땅에 속한 자로는 안 된다. 하늘에 속한 자라야 한다. 육에 속한 자로는 안 된다. 영에 속한 자라야 한다. 세상으로 난 자로는 안 된다. 하나님께로 난 자야 된다. 인간에 속한 자로는 안 된다. 하나님께 속한 자라야 된다(요 3:31-34). 그는 사람의 아들(인자)로서 하나님과 사람 사이를, 하늘과 땅 사이를 오르락내리락 하시는 예수님이시다(요 1:51).

(2) 요한: 예수에게서 '하나님'을 보다

<패션 오브 크라이스트>(Passion of Christ)라는 영화가 있다. 우리말로 번역하면 '그리스도의 수난'이다. 이 영화의 압권은 예수님의 수난 장면을 너무나도 사실적으로(리얼하게) 처리한 장면이다. 나는 이 영화를 보면서 깊은 인상을 받은 장면이 있다. 그것은 사도 요한이 고난당하시는 예수님의 모습을 한 순간도 놓치지 않으려는 듯이 주도면밀하게 뚫어지게 쳐다보는 장면이다. 왜 요한은 그토록 뚫어지게 예수님을 쳐다본 것일까? 도대체 무엇을 보려고 한 것일까? 그 순간 요한은 무엇을 보았는가? 그때는 몰랐다. 메시아이신 예수님이 왜 이런 길을 가야 했는지, 왜 이런 방법을 택했는지 그때는 몰랐다. 그때는 영적인 눈(靈眼)이 아직 열리지 않았다.

십자가에 달리신 예수님을 보면서 실망하고 앞으로의 일을 걱정하며 문을 잠그고 숨어 지낼 때 그곳에 부활하신 주님이 거짓말처럼 나타났다. 그리고는 숨을 내시며 "성령을 받으라"(20:22)고 하셨다. 그때 성령이 제자들에게 임했다. 그러나 그때도 그 의미를 잘 몰랐다. 부활하신 주님이 하늘로 떠나고 허탈해 하고 있을 때 오순절이 다가왔다. 모여 기도하던 가운데 뜨거운 불과 강력한 바람 같은 성령이 거기 모인 무리의

마음을 사로잡았다. 모두가 성령의 뜨거운 불과 강한 바람을 맞고 다시 태어난 것이다. 그리고는 이전에 예수님이 행하신 모든 말씀과 행위가 무엇을 뜻하는지를 비로소 깨닫게 되었다.

요한은 예수님에게서 '하나님'을 보았다. 이것이 요한이 복음서를 쓰고 진정으로 들려주고 싶었던 메시지의 핵심이다. 요한은 '신앙이란 예수님을 보고서 하나님을 믿는 것'(14:9)이라고 말하고 싶었다. 그래서 그는 믿는 것과 관련된 "보다"(또는 "보라")라는 어휘를 그렇게도 강조하고 있다. 요한은 "믿음"이라는 명사는 사용하지 않고 "믿다(πιστεύω)"라는 동사만 98회나 사용하고 있는데, 14:1을 제외하면 그 믿음의 대상이 모두 예수님으로 되어 있다.

"믿다"라는 어휘는 공관복음(마 11회, 막 14회, 눅 9회)과 비교할 때 사용 횟수에서 큰 차이가 있다. 더욱이 요한에게 있어서 "믿는 것"은 "보는 것"이요 "아는 것"이요 "듣는 것"이다. 그러니까 "보다"(114구절), "알다"(141구절),³⁹⁾ "듣다"(58구절)가 모두 믿는 것과 밀접하게 관련된 어휘이다.

그런데 공관복음도 이러한 어휘를 많이 사용하고 있다.⁴⁰⁾ 중요한 것은 사용 횟수에서도 많은 차이가 있지만, 요한은 특히 예수님과 관련하여 이 같은 어휘들을 주로 사용하고 있다는 점이다. 요한은 "보다"와 "알다"를 거의 동의어로 사용하고 있는데, 논의의 편의상 일단 "보다"라는 것에서 요한이 본 예수에 대해 살펴보자.

바울은 고린도후서 5:7에서 "우리가 믿음으로 행하고 보는 것으로 행하지 아니함이로라"고 말하고 있다. 바울은 보는 것을 다소 부정적으로 표현하고 있는데 반해, 요한은 보는 것을 대단히 중요하게 생각하고 있다. 그 까닭은 요한이 예수님에게서 뭔가를 보았기 때문이다. 그렇다면 요한은 무엇을 보았나? "하늘을 보았다", "영원을 보았다" 말로 표현할 수 있다. 이는 예수님에게서 땅과 세상을 보려는 모든 시각을 교정한다.

예수 곧 하늘이요(예수 하늘), 예수 곧 영원이다(예수 영원).[41] '하늘과 영원'을 담은 것이 곧 하나님이요 참 진리요 참 복음이다. 요한이 공관복음 저자들과 결정적으로 차이가 나는 것이 바로 이 지점이다. 다시 말하면 요한은 예수님에게서 '하늘과 영원'(하나님)을 본 사실을 애매하지 않게 너무도 분명하게 말해주고 있다. 이것이 무엇을 말하는지 고별설교의 첫 단락인 14:1-12를 통해 살펴보자.

요한은 이 단락에서 '인물 상징코드'를 통해 예수님의 정체성을 분명히 보여주고 있다. 이 단락은 곧 이 세상을 떠나게 될 예수께서 제자들에게 유언처럼 하신 고별설교이다. 그런 까닭에 대단히 중요하고도 비밀스러운 말씀을 담고 있다는 것을 쉽게 짐작할 수 있다. 우선 이 단락에서 주목되는 사실은 신앙과 관련된 세 어휘인 "믿다"와 "보다"와 "알다"가 밀접하게 결합된 모습을 보여주고 있다는 점이다. 이 짧은 단락에서 "믿다"라는 어휘가 6회(1[2회],10,11[2회],12절), "보다"라는 어휘가 5회(7,8,9[3회]절), "알다"라는 어휘가 7회(4,5[2회],7[3회],9절) 나온다.

예수님은 자신이 가는 길을 제자들이 알 것이라는 말씀으로 운을 띄운다(4절). 그러자 도마는 "주여 주께서 어디로 가시는지 우리가 알지 못하거늘 그 길을 어찌 알겠사옵나이까?"라고 반문한다. 이 말은 아래에서 살펴보게 될 아이러니 기법에 속한다. 즉 믿음 없는 엉뚱한 질문이 아니라 예수님의 입에서 위대한 말씀을 이끌어내기 위한 유도성 질문이다. 이 질문에 예수님의 입에서는 인류 역사상 가장 위대한 말씀이 튀어나왔다. "내가 곧 길이요 진리요 생명이니 나로 말미암지 않고는 아버지께로 올 자가 없느니라"(6절).

예수님은 지금 하나님과 나란히 서서 우리를 오라고 부르고 있다. 이 구절에서 예수님은 자신을 가리켜 "길"이라고 말씀하고 있다. 어떤 길인가? 또한 어떤 진리이고, 어떤 생명인가? 이어지는 구절들에서 그것이 분명하게 드러난다. "너희가 나를 알았더라면 내 아버지도 알았으리로다 이제부터는 너희가 그를 알았고 또 보았느니라"(7절).

여기서 예수님은 '나(자기)를 아는 것이 아버지(하나님)를 아는 것이다'라고 말씀하고 있다. 그러면서 하나님을 "내 아버지"로 표현하고 있다. 일단 하나님을 자기 아버지라고 했으니 자신은 하나님의 아들이 되는 셈이다. 그런데 이제부터는 너희들이 하나님을 알았고 또 보았다고 진술하고 있는데 여기서 나란히 사용된 '알았다'는 말과 '보았다'는 말은 동의어로 쓰였다.

예수님은 그렇게 말씀하셨지만 제자들이 어떻게 하나님을 알았고 보았다는 말인가? 그래서 빌립이 나서서 물었다. "주여 아버지를 우리에게 보여주옵소서 그리하면 족하겠나이다"(8절). 이 질문을 다루기에 앞서 우선 드리고 싶은 말씀은 빌립은 요한복음에서 '인물 상징코드'에 해당하는 중요한 인물이라는 사실이다. 그는 요한복음에서 열두 차례에 걸쳐 등장한다.[42]

그러기에 이 질문 또한 도마의 경우처럼 엉뚱한 질문이 아니라 아이러니 기법을 통한 유도성 질문으로 보아야 한다. 빌립이 대표성을 띠고 열두 제자들('우리')이 알고 싶은 것을 대신 질문하고 있는 것이다. 그러니까 이 질문의 의도는 요한이 들려주고 싶은 메시지를 빌립의 질문과 예수님의 답변을 통해 대신 들려주고자 하는 데 있다. 예수님의 입에서 결정적으로 중요한 말씀이 또 튀어나왔다. "빌립아 내가 이렇게 오래 너희와 함께 있으되 네가 나를 알지 못하느냐 나를 본 자는 아버지를 보았거늘 어찌하여 아버지를 보이라 하느냐"(9절).

우선 예수님의 답변은 빌립에게만 하는 것이 아니라 "너희"라는 모든 제자들에게 하는 말씀이다. "나를 본 자는 아버지를 보았다"는 말씀은 하나님을 다른 데서 찾지 말고 나를 보면 그것이 곧 하나님을 보는 것이다, 즉 '내가 하나님이다'라는 말을 간접적으로 시사한다. 위에서는 '아는 것이 보는 것'이라고 말씀했는데, 여기서는 '보는 것이 아는 것이다'라고 말씀하고 있다.

이 암호 같은 말씀은 요한이 '예수님으로부터 하나님을 보았다'는 것을 우회적으로 언급한 것이라는 사실을 우리가 놓쳐서는 안 된다. 이 사실을 굳게 붙들 때 우리는 요한복음 전체를 알게 된다. 다시 언급하지만 요한복음은 요한이 본 '예수님은 곧 하나님이다'라는 것을 말하기 위해 쓰여진 책이다. 이어서 예수님은 다시 부연 설명한다. "내가 아버지 안에 거하고 아버지는 내 안에 계신 것을 네가 믿지 아니하느냐 내가 너희에게 이르는 말은 스스로 하는 것이 아니라 아버지께서 내 안에 계셔서 그의 일을 하시는 것이라"(10절).

우선 예수께서 하시는 말씀은 자기 말이 아니라 자기 안에 계신 '하나님의 말씀'이며, 그러므로 예수님의 일은 곧 '하나님의 일'이다(5:17)라고 말씀하고 있다. 이 같은 논리는 "내가 아버지 안에 거하고 아버지는 내 안에 계신", 즉 예수님과 하나님이 일체가 된 데서 나온다. 11절은 10절을 다시 반복하면서 "내가 아버지 안에 거하고 아버지께서 내 안에 계심을 믿으라 그렇지 못하겠거든 행하는 그 일로 말미암아 나를 믿으라"고 말씀한다.

예수님은 이렇게 말씀하셨다. "나와 아버지는 하나이니라"(10:30). 이 촌철살인(寸鐵殺人)의 말씀은 예수님은 아버지와 일체가 되시는 분이다. 이 말씀은 이미 언급했듯이 예수님에게는 '자기가 없고 온통 하나님뿐이다'라는 말이다. 그러기에 그분이 하는 말씀은 다 하나님 말씀이다. 그분이 하는 행위는 다 하나님의 일이다. 그러기에 예수님은 "내가 진실로 진실로 너희에게 이르노니 나를 믿는 자는 내가 하는 일을 그도 할 것이요 또한 그보다 큰 일도 하리니 이는 내가 아버지께로 감이라"(12절)고 말씀하셨다. 자기가 없고 하나님만 있는 사람은 예수님처럼 하나님의 일을 할 수 있고 이 세상에 잠깐 있다가 가시는 예수님보다 더 크고 많은 일을 할 수 있다는 것이다.

그러면서 "너희가 내 이름으로 무엇을 구하든지 내가 행하리니"(13절)라고 말씀하셨다. 자기가 없는 예수님에게는 하나님의 능력만이 있기에 '나사렛 예수 그리스도의 이름'에는 능력이 있다(행 3:6). 문제는 예수 이름에 능력이 있음을 우리가 얼마나 믿고 있는가? '하나님 나라와 그의 의'(마 6:33)를 먼저 구하는 대신 '세상 나라와 그의 돈'을 먼저 구하는 우리가 아닌가? 한 예화를 들어보자.

중세의 한 교황이 토마스 아퀴나스(Thomas Aquinas,1225-1274)와 함께 화려한 금으로 치장된 성 베드로 성당을 둘러보면서 이렇게 말했다. "토마스, 이제 우리는 '은과 금은 내게 없거니와'라는 말은 못하겠군." 이 말은 들은 토마스 아퀴나스는 이렇게 대답했다고 한다. "은과 금은 없다는 말뿐 아니라 내게 있는 이것을 네게 주노니 나사렛 예수 그리스도의 이름으로 일어나 걸으라는 말도 못합니다. 이제 우리 교회에는 예수 이름의 권세가 없습니다." 과연 은금이 풍부한 교회를 부러워하여 대형 교회로 발돋움하려는 것이 성령충만의 결과일까? 목회자와 당회의 야심은 아닐까?

중세 한때는 교회가 가난했다. 영어 숙어에 "as poor as church mouse(교회 쥐처럼 가난한)"라는 말이 있었다. 교회 쥐처럼 가난하다는 것은 정말로 가난하다는 뜻이다. 교회가 가난할 때는 세상을 살리는 "영성의 수원지" 역할을 수행할 수 있었다(겔 47장). 교회가 예수의 이름을 가질 때에는 세계만민을 살리지만, 교회가 은과 금으로 가득 찰 때는 영적으로 전혀 무기력한 공동체가 되어 버린다.

거룩한 성령의 개혁과 갱신의 요구를 외면한 교회는 지방질이 가득 찬 정치화된 공동체가 되어 버린다. 정치화된 교회는 사회의 상부구조로 편입되며 가장 수구적이고 반개혁적인 이데올로기와 정치 이념을 지지하고 주창하는 집단으로 전락한다. 이 경우 교회는 세습의 대상이 되고 권력 쟁탈의 온상으로 전락한다. 시체에 날파리 떼가 운집하듯 성령의 지배에서 벗어난 교회는 비린내 나는 종교집단이 되어 버린다.[43]

너무나도 설명이 길어진 것 같다. 내가 이 단락을 이렇게 자세히 다룬 것은 요한이 이 단락을 통해 예수님의 정체성, 다시 말하면 자신이 말하고자 하는 핵심을 확실하게 보여주고 있다는 생각 때문이다. 그러면 앞에서 말한 질문으로 돌아가 보자. 예수님의 길은 어떤 길인가? 하나님의 길이다. 어떤 진리인가? 하나님의 진리이다. 어떤 생명인가? 하나님의 생명이다. 여기서 우리는 계속해서 질문을 던지고 답할 수 있다.

"태초에 말씀이 계시니라"(1:1). 어떤 말씀? 하나님의 말씀. "나의 평안을 너희에게 주노라 내가 너희에게 주는 것은 세상이 주는 것과 같지 아니하니라"(14:27). 어떤 평안? 하나님의 평안. 어떤 나라? 하나님의 나라(18:36). 어떤 왕? 하나님 나라의 왕(18:37). 어떤 아들? 하나님의 아들(20:31). 어떤 영? 하나님의 영(3:36). 어떤 빛? 하나님의 빛(1:9). 어떤 영광? 하나님(하나님의 아들)의 영광(1:14). 어떤 사랑? 하나님의 사랑(3:16). 어떤 승리? 하나님의 승리(16:31). 어떤 지혜? 하나님의 지혜. 어떤 비전? 하나님의 비전. 어떤 구원? 하나님의 구원. 어떤 마음? 하나님의 마음. 어떤 뜻? 하나님의 뜻 등등.

서구인들은 진리를 '있음' 곧 유(有)의 경지(境地)에서만 보려는 경향이 강하다. 그래서 '없음' 곧 무(無)의 경지를 이해하지 못한다. 또한 서구인들은 논리적이기 때문에 '사람의 아들(人子)'이신 예수님이 동시에 '하나님의 아들(神子)'이라는 말을 도저히 이해할 수가 없었다. 그래서 온갖 지혜를 다 동원해서 겨우 생각해 낸 것이 예수님은 '인성(人性)과 신성(神性)을 동시에 가진 분'이다, 이두 본성은 나누어지지도 않고 없어지지도 않고 이렇구저렇구 많은 말들을 늘어놓았다.

하지만 요한은 '인성이니' '신성이니' 하는 말을 한 번도 한 적이 없다. 그리고 '인성과 신성을 동시에 가진 분'이라기보다는 '인성과 신성을 버린(비운) 분'이라는 말이 더 어울린다. 즉 자기(나)를 버렸다(비웠다). 이를 마태는 "자기를 부인하고"(마 16:24)라고 말했고, 요한은 "한 알의 밀이 땅에 떨어져 죽으면"(12:24)이라고 말했다. 그리고 사도 바울은 "자기를 비워"(빌 2:7)라고 표현했다. 자기(나)가 없어질 때 하나님만 남는다. 이를 아시아적으로 말하면 '없음', 즉 '무의 경지'를 말한다.

하나님에게는 죄가 없다. 죄는 인간(자기)에게 있는 것이다. 그런데 예수님은 죄가 없다. 자기가 없으니 죄가 없을 수밖에. 예수님은 모든 것이 하나님으로 시작해서 하나님으로 끝났다. 온통 하나님뿐이다. 어디서 태어났는가? 하나님(하늘)에게서 태어났다. 어디로 갔는가? 하나님(하늘)에게로 갔다. 예수님께 하나님의 말씀이 임하니 말하는 것이 온통 하나님의 말씀이다. 하나님의 영이 임하니 행하는 것이 온통 하나님의 영의 역사다. 생각하는 것이 하나님의 생각이고 일하는 것이 하나님의 일이다. 모든 일을 하나님의 이름으로 했다.

온통 하나님의 삶을 사셨다. 그래서 인자이신 예수님은 하나님이다. 이것을 거꾸로 말하면 하나님이기에 하나님을 사셨다. 예수님은 자기의 생각이나 자기의 뜻을 이룬 것이 아니라 하나님의 생각, 하나님의 뜻을 이루기 위해 이 세상에 오셨다(보냄을 받으셨다). 그 하나님의 생각, 하나님의 뜻은 먼 데 있는 것이 아니라 구약에 예언된 말씀을 '다시 말하기'로 단지 실천하여 성취하는 것이었다.

예수님이 그 시대를 향하여 말하고자 한 말씀이 이사야서의 말씀에 있다. "너희는 눈을 높이 들어 누가 이 모든 것을 창조하였나 보라"(사 40:26). 하늘을 보라, 즉 하나님을 보라. 문제 해결의 열쇠가 거기에 있다. "야곱아 어찌하여 네가 말하며 이스라엘아 네가 이르기를 내 길은 여호와께 숨겨졌으며 내 송사는 내 하나님에게서 벗어난다 하느냐"(40:27). 너는 불평만 하지 말라. 하늘을 보고 창조주 하나님을 바라보라. "너는 알지 못하였느냐 듣지 못하였느냐 영원하신 하나님 여호와, 땅 끝까지 창조하신 이"(40:28)를 보라.

"그는 실로 우리의 질고를 지고 우리의 슬픔을 당하였거늘 우리는 생각하기를 그는 징벌을 받아 하나님께 맞으며 고난을 당한다 하였노라"(사 53:4). 진정으로 바벨론을 이기는 길은 그들과 싸우는 것이 아니라 도살장에 힘없이 끌려가 죽는 어린 양처럼 그렇게 죽는 길이다. 진정으로 로마를 이기는 길이 여기에 있다. 그래서 주님은 그 길을 선택했다. "보라 세상 죄를 지고 가는 하나님의 어린 양이로다"(요 1:29). 무엇을 보라는 말인가? 하나님을 보라는 것이다. 하나님의 방법을 보라는 것이다.

주후 1세기 그 곤고한 시절인 그때 예수님은 무슨 생각을 했을까? 예수님은 자기를 이스라엘의 역사의 절정이라고 생각했다. 그리고 자기로 인해 포로생활이 끝났다고 생각했다. 그리고 백성을 구원하는 것이 하나님이 자신에게 주신 사명이라고 생각했다. 내가 죽어서라도 저들의 곤고함을 대신할 수 있다면 기꺼이 죽으리라. 번제단의 어린 양처럼, 온갖 저주를 뒤집어쓰고 광야로 내쫓긴 아사셀 염소처럼. 여기에 하나님의 평화가 있다. 하나님의 기쁜 소식, 곧 복음이 있다. 하나님의 구원이 있다. 하나님의 나라가 있다(사 52:7).

요한이 인류에게 준 가장 위대한 진리, 최대의 공헌은 예수님 안에 하나님이 있다는 것, 하늘이 있다는 것, 하나님 나라(천국)가 있다는 것이다. 이것은 하나님은 없다, 하늘은 없다, 오직 사람, 땅, 이 세상만이 전부라고 생각하며 살아가는 사람들(시 14:1 참조)에게 그 모든 것을 역전시키는 최고의 역설이다. 그렇다면 요한은 무엇을 통해서 그것을 알았을까?

(3) 요한이 부른 '예수사랑의 戀歌'

요한의 천재성의 비밀과 관련하여 우리가 주목해야 할 어휘가 있다. 그것은 요한이 복음서에서 꼭 두 구절(1:18; 13:23)에서만 암호처럼 사용하고 있는 "품(콜포스, κόλπος)"44)이라는 어휘이다. 이 두 구절을 차례로 살펴보자.

먼저 1:18을 보자. "본래 하나님을 본 사람이 없으되 아버지 품 속에 있는 독생하신 하나님이 나타내셨느니라." 이 구절은 서곡(1:1-18)의 마지막 구절이다. 따라서 이 구절은 서곡의 결론처럼 대단히 중요한 구절임에 틀림없다. 그렇다면 요한은 이 구절을 통해 무엇을 말하고 싶었을까? 두 가지로 생각해 볼 수 있다. 하나는 하나님을 본 자는 오직 하나님 품 속에 있던 예수님뿐이라는 것이다. 또 하나는 하나님의 아들 예수님은 아버지 하나님의 품 속에서 '하나님 아버지의 사랑'을 느끼고 알게 되었다는 것이다.

다음으로 13:23을 살펴보자. "예수의 제자 중 하나 곧 그가 사랑하시는 자가 예수의 품에 의지하여 누웠는지라." 레오나르도의 유명한 명화 <최후의 만찬>을 보면 예수님 오른편에 여자처럼 그려져 있는 제자가 있다. 이 제자를 소설 ≪다 빈치 코드≫는 '막달라 마리아'라고 말하고 있다.[45] 그러나 예수님의 열두 제자 가운데 여자는 없기에 막달라 마리아라고 볼 수 없다. 이 제자는 가장 나이가 어린 미소년으로서 '예수께서 사랑하신 제자(애제자)'인 요한임이 분명하다.[46]

그런데 그냥 지나치지 말고 이 그림을 다시 주목해 보자. 천재 레오나르도 다 빈치는 <최후의 만찬>에서 왜 요한을 여성의 모습으로 그렸을까 하는 점이다. 그는 이 그림을 통해 요한의 천재성의 비밀을 암호처럼 숨겨놓은 것은 아닐까. 난 이 그림의 배경인 13:23에서 요한의 천재성의 비밀에 대한 중요한 단서를 포착했다. 그것은 아이가 어머니의 품 속에서 평생 잊지 못할 어머니의 사랑을 느낀 것처럼 요한은 예수님의 품 속에서 다른 어느 제자도 알지 못하는 '하나님의 사랑'을 느꼈을 것이다.

요한은 그 순간[47]을 일생을 두고 잊을 수 없는 사랑의 비밀로 간직하고 그 은밀한 사랑을 키워갔다. 그가 느낀 하나님의 넓고 크신 사랑이 천재 요한을 낳았다고 여겨진다. 다메섹 도상에서 부활하신 주님과의 만남에 의한 충격과 감격이 사울을 위대한 '이방인의 사도' 바울이 되게 했듯이, 최후의 만찬석상에서 예수님의 품에 안겼을 때 느낀 하나님 사랑의 감격과 충격이 요한을 위대한 '복음서 저자'가 되게 했던 것이다.

그로부터 먼 훗날의 얘기이지만 영화 <패션 오브 크라이스트>에서 보여주고 있듯이 처절하게 고난당하시는 예수님의 모습에서 요한은 하나님의 참사랑을 보았을 것이다. 그리고 부활하신 주님으로부터 "성령을 받으라"(20:22)고 하실 때 뿜어져 나오는 주님의 뜨거운 숨결 속에서 강렬한 하나님의 사랑을 느꼈을 것이다. 그런데 이 모든 하나님의 사랑의 단초는 그가 예수님의 살과 피를 먹고 마시는 최후의 성만찬 자리에서 주님의 품에 기대어 누웠을 그때로부터 비롯되었을 것이다. 요한은 그 뛰는 심장, 그 맥박 소리를 들으면서 하나님의 사랑으로 가득 찬 주님의 따스한 마음, 주님의 뜨거운 심장, 주님의 부드러운 음성을 듣고 느꼈을 것이다.

다시 본문으로 돌아가 보자. 이 구절은 '애제자'가 등장하는 첫 구절이라는 점에서 주목해 보아야 할 대목이다. 요한은 최후의 만찬 자리에서 애제자가 "예수의 품"에 의지하여 누웠다고 말하고 있다. 그렇다면 애제자는 "예수의 품" 속에서 무엇을 느꼈을까? 그것은 1:18에서 예수님이 아버지 품에서 느꼈던 바로 그 '하나님의 사랑'을 느꼈을 것이다. 그래서 그는 "하나님은 사랑이심이라"(요일 4:8,16)는 유명한 고백을 할 수 있었으리라. 요한이 '사랑의 사도'로 불리게 된 것은 그가 그 누구보다도 예수님으로부터 하나님의 사랑을 많이 받았기 때문이리라.

요한은 태초에, 창조 이전, 역사 이전에 아버지와 아들과 성령 세 분이 한 자리에서 사랑의 대화를 나누었다고 생각했다. 아들은 아버지의 품 속에서 사랑을 전해 받았고(1:18) 그 아버지의 사랑을 전하기 위해 이 세상에 오셨다. 갈릴리에 오신 예수님은 제자들 가운데 유독 가장 나이가 어린 요한을 사랑했고 또한 요한도 예수님의 품에 안겨 주님의 사랑을 전수받았다(13:23). 그러기에 요한은 예수님이 지닌 하나님 사랑의 비밀을 가장 잘 알고 있었다.

요한은 애제자를 13장에서 처음 등장시키면서 '사랑의 문제'를 집중적으로 다루고 있는 모습을 보여주고 있다. 13장을 시작하는 첫 절은 이렇게 시작한다. "유월절 전에 예수께서 자기가 세상을 떠나 아버지께로 돌아가실 때가 이른 줄 아시고 세상에 있는 자기 사람들을 사랑하시되 끝까지 사랑하시니라." 그러면서 그 다음 구절에서 예수님을 팔 가룟 유다에 대해 언급하고 있다. 여기서 요한은 예수님이 자신을 팔 배신자 가룟 유다까지도 하나님의 사랑, 즉 아가페 사랑으로 끝까지 사랑하시는 사랑의 하나님임을 말하고 있다.

그리고 다락방의 최후의 만찬 자리에서 예수님은 제자들에게 "서로 사랑"이라는 새 계명을 주신다. "새 계명을 너희에게 주노니 서로 사랑하라 내가 너희를 사랑한 것 같이 너희도 서로 사랑하리 / 너희가 서로 사랑하면 이로써 모든 사람이 너희가 내 제자인 줄 알리라"(34-35절). 곧 세상을 떠나실 예수님은 제자들끼리 서로 미워하지 말고 사랑할 것을 신신당부하고 있다. 그리고 세상 사람들은 "서로 사랑"을 실천하는지 안 하는지를 보고 저들이 진정으로 예수님의 제자인지 아닌지를 판단하게 될 것이라고 말씀하고 있다. 요한은 '하나님 사랑'(신 6:5; 마 22:37)과 '이웃 사랑'(레 19:18; 마 22:39)에 더하여 '서로 사랑'과 '친구 사랑'(15:13-15)까지 말할 정도로 사랑을 강조하였다.

'사랑'이 요한복음에서 중요한 주제를 이루고 있다는 사실은 이 단어의 사용 빈도수만 보더라도 쉽게 짐작할 수 있다(아가파오[ἀγαπάω], 마 9회, 막 6회, 눅 14회, 요 44회, 요일 46회],

I. 요한의 천재성 • 69

필레오[φιλέω, 마 5회, 막 1회, 눅 2회, 요 13회, 요일 없음], 합계 마 14회, 막 7회, 눅 16회, 요 57회, 요일 46회). 뿐만 아니라 요한은 신약성서 저자들 중 "하나님은 사랑이다"(요일 4:8,16)라고 하나님을 사랑으로 정의한 유일한 저자이다. 이런 점들만을 보더라도 우리는 요한을 '사랑의 사도'라고 불러 마땅하다.

여기서 우리는 요한이 '사랑의 사도'로 불리게 된 그의 인생 여정을 한 번 추적해 보자.

마가복음 3:13-19에 보면 예수의 열두 제자가 소개되면서 이런 말씀이 나온다. "세베대의 아들 야고보와 야고보의 형제 요한이니 이 둘에게는 보아너게(Βοανεργές) 곧 우레의 아들이란 이름을 더하셨으며"(17절). 야고보와 요한 형제는 삯군들을 고용할 정도로 상당히 부유한 집안이었던 세베대라는 어부의 아들이었고, 예수님의 이모로 추정되는 살로메를 어머니로 두었다.

그런데 이들은 폭풍처럼 강하고 불처럼 격렬하고 급한 성격을 지니고 있어 예수님으로부터 '우레의 아들'이라는 별명을 받았다. 이들의 과격하고 다혈질적인 성격의 일면을 우리는 예수님과 제자들을 환영하지 않는 사마리아인들을 향해 "주여 우리가 불을 명하여 하늘로부터 내려 저들을 멸하라 하기를 원하시나이까"(눅 9:54)라는 말씀 속에서 엿볼 수 있다.

또한 이들은 질투심(막 9:38)과 명예욕(막 10:35-40)이 강했다. 이 같은 그들의 성격을 잘 보여주는 한 대목(마 20:20-23)이 있다. 예수께서 예루살렘에 입성하기 직전 그들의 어머니가

두 아들을 데리고 예수께 나아와 이런 부탁을 드렸다. "나의 두 아들을 주의 나라에서 하나는 주의 우편에 하나는 주의 좌편에 앉게 해 주십시오." 그러자 예수께서 이렇게 말씀하셨다. "너희 구하는 것을 너희가 알지 못하는도다 나의 마시려는 잔을 마실 수 있느냐?" 그러자 저들이 대답하였다. "할 수 있습니다."

그 후에 야고보와 요한 형제의 운명은 어떻게 되었는가? '말이 씨가 된다'고 형 야고보는 열두 제자 가운데 가장 먼저 순교의 잔을 마셨다(행 12:2). 동생 요한은 최후까지 살아서 마지막 순교의 잔을 마셨다. 제자들 가운데 가장 늦게까지 살았던 사도 요한은 주후 90년경 ≪요한복음서≫를 집필했고, 95년경 도미티아누스 황제 박해 때 밧모섬에 유배되었다가 에베소로 돌아와 ≪요한계시록≫48)을 집필한 후 100년경에 순교했다고 전해진다. 왜 하나님은 사도 요한을 최후까지 가장 오래 살아남게 했을까? 그것은 인류 역사상 최고의 걸작품인 ≪요한복음서≫를 집필하도록 하기 위함이었다고 말할 수 있다.

"여호와의 은총을 받는다"는 이름의 뜻대로 요한은 예수님으로부터 특별한 사랑과 관심을 받았다. 그리하여 요한은 예수님이 십자가에 달리실 때 열두 제자 중 최후까지 곁을 지켰던 유일한 제자였다. 예수님은 어머니 마리아를 부탁한다는 유언(19:26-27)도 요한에게 했다. 주님은 그를 부드러운 성품의 사람으로 바꾸어 사랑의 사도로 만드셨다. 요한은 주님의 사랑을 일생을 두고 기억하며 살았다.

플라톤(Platon, 주전 427-347)은 "사람이 누군가를 사랑하면 詩人이 된다"고 했다. 그대에게는 가슴 깊은 곳에 숨겨둔 사랑하는 연인, 그 연인을 생각하면 눈부신 아름다움으로, 사무치는 그리움으로, 견딜 수 없도록 가슴 설레는 사랑스러움으로 남아 있는 그런 사랑과 정열의 대상이 있는가? 단테(Dante,1265-1321)에게는 영원한 연인 베아트리체(Beatrice)가 있었다. 불멸의 작품 ≪神曲≫은 영원한 연인 베아트리체에 대한 연모에서 비롯된 것이다. ≪요한복음서≫도 마찬가지다.

덴마크의 철학자 키르케고르(S. Kierkegaard, 1813-55)는 말했다. "여태까지 나에게 부족했던 점은 내가 나의 사명을 이해하고 내가 무엇을 해야 할 지에 관해서 하나님의 뜻을 통찰하는 것이었다. 그것은 나에게 해당되는 참된 진리, 즉 그것을 위해 내가 살고 또한 죽을 수도 있는 그러한 진리를 발견하는 것이다."

요한은 예수에게서 자신의 소유를 다 팔아 사야 할 값진 진주(진리)를 발견하였다(마 13:44-46). 이제 진리되신 예수는 그의 전부가 되었다. 그리하여 '일생을 예수를 사랑하다 간 사람으로 기억되는 것' - 그것이 그의 소원이자 유일한 갈망이 되었다. 그의 가슴에 사랑의 불을 질러놓고·간 예수는 요한에게 영원한 연인이었다. 영원한 연인 그리스도 예수에 대한 불붙는 사랑이 어부 요한을 시인으로 만들었고, 천재로 바꾸어놓는 기적을 낳았다. 요한은 예수의 품에 안긴 이후 가슴 깊은 곳에 메시아 예수에 대한 사랑을 평생토록 은밀하게 키워갔다.

예수의 품을 생각할 때마다 전류처럼 온 몸을 타고 흐르는 첫사랑의 전율을 느꼈으리라. "나를 사랑하사 나를 위하여 자기 자신을 버리신 하나님의 아들"(갈 2:20)을 생각할 적마다 "그리스도 예수의 사랑이 나를 미치게 한다"(고후 5:17 참조)

고 고백하지 않을 수 없었으리라. 요한은 복음에 빚진 자(롬 1:14)처럼 자신이 전해야 할 강한 책임감(사명감)을 느꼈다. 그리하여 주님이 하늘로 올라가신 이후 요한은 깊이 고뇌했다. 나는 앞으로 '무엇을 할 것인가?(쉬또 젤라찌!)'[49]

요한은 그 어느 누구와도 비교가 안 되는 영원한 사랑의 노래, 가장 깊고도 감동적인 노래, 자신의 전 목숨을 걸고 부르다가 죽을 노래를 부르리라고 다짐했다. 예수님 사후 무려 60여 년 동안 깊은 사색과 기도, 그리고 치열한 글쓰기를 통해 탄생한 작품이 이 세상에서 가장 아름다운 예술 작품인 ≪요한복음서≫이다.[50] 흔히들 성경을 "우리를 향한 하나님의 연애편지"라고 일컫듯이, 사랑의 복음서인 요한복음은 영원한 연인 예수에 대한 절절한 사랑을 고백한 "연애편지"이자 요한이 부른 "예수사랑의 연가"이다.

"태초에 사랑(아가페)이 있었다"

사람은 무엇으로 사는가? 감동을 먹고 산다. 감동이 사람을 변화시키는 것이다. 무엇보다도 '사랑의 감동'만큼 영원한 감동은 없다. 사람을 근본적으로 변화시키는 것은 사랑이지 지식, 기술, 교육, 재물이 아니다. 미천한 어부였던 자기를 하나님 자녀 삼아주시고 특별히 사랑해주신 주님의 아가페적 사랑, 그 사랑의 힘이 이전에도 없고 이후에도 없을 최고의 명품 ≪요한복음서≫를 탄생시켰다. 사랑이 기적을 낳는다. 사랑의 기적이 요한이라는 천재를 탄생시켰다고 나는 확신한다.

천재의 특징은 광기(狂氣)이다. 아그립바 왕 앞에서 복음을 변호하던 바울을 향해 베스도 총독은 큰 소리로 외쳤다. "바울아 네가 미쳤도다 네 많은 학문이 너를 미치게 한다"(행 26:24). 베스도의 눈에는 예수 복음을 전하는 사도 바울의 모습이 마치 예수에 미친 광인(狂人)의 모습으로 비쳤던 것이다. 사도 요한 또한 일생을 예수 사랑에 미친 사람으로 광기의 삶을 살다 갔다.

산악 그랜드슬럼(히말라야의 8,000m이상 고봉 14좌와 세계 7대륙의 최고봉, 그리고 남·북극을 모두 밟는 것)을 이룩한 박영석 씨는 산에 미친 산사나이였다. 그는 ≪끝없는 도전≫이라는 그의 책 서문에서 자신을 이렇게 노래했다.

나는 왜 산에 오르는가.
나는 왜 이토록 무모한 도전에 목숨을 거는가.
나는 왜 지난 20년간의 청춘을 오로지 산에 바쳐왔는가.
나는 무엇 때문에, 무엇을 위해 산에 오르는가.

산이 좋기 때문이다.
산에 오르지 않는 나는 내가 아니기 때문이다.
산이 있기에 내 삶이 충만하기 때문이다.
그래서 오늘도 나는 산에 오른다.[51]

미친 사람은 공연히 미치지 않는다. 사람들의 시각, 판단과는 상관없이 나름대로 부여한 가치가 있다. 가치를 가지고 있기에 미친 사람은 후회하지 않는다. 꿈을 버리지도 않는다. 그리고 하고 싶은 일을 한다. 그래서 광기를 가진 사람은 창조적

인 에너지가 넘친다. 광기는 사람을 움직이는 힘이다.52)

빈센트 반 고흐(Vincent van Gogh, 1853-90)는 너무도 짧고 비극적인 삶을 살다 간 진정한 예술가였다. 그는 젊은 시절 성직자의 길을 가고자 했으나 길이 막혀 그 꿈을 접고, 죽기 전 10년 세월 동안 약 1천점에 가까운 그림을 그렸다. 그런데 그가 그린 수 많은 그림 중 그의 생전에 단 한 점의 유화 <붉은 포도밭>, 그것도 헐값(400프랑)에 팔렸을 뿐이다. 그 야말로 그는 바보처럼 그냥 그림만 그리다 죽었다. 그러나 그가 죽은 후 얼마 지나지 않아 그는 최고의 화가로 영광스럽게 부활했다. 그의 대표작 ≪해바라기≫그림은 경매시장(1987년 3월 30일)에서 최고의 가격(3,990만 달러)으로 낙찰되었다. "화가는 죽어서 작품으로 말한다"고 그는 말했다. 영원한 그림을 그리기 위해 그는 끝 모를 가난, 고통, 고독과 피투성이의 싸움을 해야 했다. 그림에 대한 한없는 열정을 불태웠던 그가 마지막 유언처럼 남긴 한 마디는 이것이다. "그래, 나의 그림, 그것을 위해 나는 나의 목숨을 걸었고 이성까지도 반쯤 파묻었다." 어떤 이는 그를 '천재성을 지닌 광기의 화가'라고 부르기도 한다. 그러나 실제의 고흐는 단지 '자연과 인간을 사랑한 보통사람'일 뿐이다. 그가 많은 이들의 사랑을 받고 그의 그림이 감동을 주는 까닭은 온갖 불행에 굴하지 않고 고뇌를 예술로 승화시킨 예술혼과 이러한 참다운 인간에게서 전해지는 풍부한 인간미 때문이다.53)

고미숙 선생은 이런 말을 했다. "나는 천재를 좋아하지 않는다. 무슨 일이든 90퍼센트의 실패를 겪은 뒤에야 10퍼센트의 성취를 이루는 둔재의 '콤플렉스' 때문이기도 하지만, 그 보다는 대부분의 천재들이 지닌 원초적 '싸늘함'이 체질에 안맞기 때문이다. 연암(燕巖) 박지원(朴趾源, 1737-1805)은 천재다. 내 지적 범위 내에선 그 견줄 바를 찾기 어려울 정도로 뛰어난 두뇌의 소유자다. 그런데도 그는 나를 매혹시켰다. 다름 아닌 그의 유머 때문이다. '유머'는 기본적으로 따뜻한 가슴에서 나온다. 말하자면 그는 천재인데도 가슴이 따뜻한 천지(天地) 간에 보기 드문 사람인 것이다."[54] 요한의 천재성의 특징은 "따뜻함"이다. 그 따뜻함은 주님의 품 안에서 그가 느낀 사랑의 따뜻함에서 비롯된다.

3. 천재성의 빛: 상징코드

1) 천재와 범인의 차이: 차원이 다른 차이

(1) 차이점 발견하기

교수 시절 나는 매 학기 시작하는 첫 수업 시간에 언제나 가장 먼저 하는 말이 있다. 그것은 "공부를 잘 하는 방법"에 관한 것이다. 공부를 잘 하는 방법은 두 가지이다. 하나는 '차이점 발견하기'이고, 다른 하나는 '아는 것을 도형(도표)으로 그리기'이다. 첫째, 공부를 잘하는 방법은 둘을 비교해서 무엇이 다른지 그 차이점을 분명하게 인식하는 것이다. 그런데 나는 그 차이점을 길게 말하지 말고 아주 짧게 "한 마디로 말하라"고 요구한다.

가령, 기독교와 불교의 차이점은? 기독교는 위에서 아래로 내려오는 '계시와 은혜의 종교'라면, 불교는 아래에서 위로 올라가는 '고행과 해탈의 종교'이다. 가톨릭과 개신교의 차이점은? 가톨릭은 '베드로의 종교'이고, 개신교는 '바울의 종교'이다. 유태인의 교육과 다른 나라의 교육의 차이점은? 유태인의 교육은 '남과 다르게' 즉 유일주의(唯一主義) 교육이고, 다른 나라 교육은 '남보다 뛰어나게' 즉 일등주의(一等主義) 교육이다.

말이 나온 김에 유태인의 교육에 대해 잠시 살펴보자. ≪천재는 없다≫라는 책을 쓴 류태영 박사는 이스라엘에서 유학을 했다고 하면 흔히들 묻는 말이 있다고 한다. "거기에서는 천재교육을 어떻게 시킵니까?" 천재교육이 있느냐고 묻기 전에 당연히 있을 것이라고 지레 짐작하고 묻는 말이다. 그도 그럴 것이 1986년까지의 노벨상 수상자 기록을 보면, 300명의 수상자 가운데 유태인이 93명이나 올라 있으니 당연하다. 세계 인구의 0.2~0.3퍼센트에 불과한 그들이 모든 분야에서 가장 권위가 인정되는 노벨상의 31퍼센트, 세계 지도자의 20퍼센트를 차지하고 있다는 것은 실로 놀라운 일이 아닐 수 없다.

그러나 우리는 그들에게서 천재교육을 찾아볼 수가 없다. 그들은 무엇보다 아이들의 개성을 존중한다. 따라서 공부를 잘하고 못하고 보다는 '남과 다르게 되라'고 가르친다. 그들은 그렇게 모든 교육을 창의력과 지혜를 가르치는 데 할애하고 있다. 그들과 우리가 생각하는 천재는 개념이 다르다. 그들은 기억력의 천재, 아이큐(IQ)가 높은 천재란 뜻에서 천재가 아니라, 하나님이 주신 재능(은사)을 천재로 생각하고 있다. 천재를 만

든다는 것은 잘못된 생각이다. 그것보다는 아이의 재능을 계발하고 키워주는 것이 진정한 천재교육이다.55)

≪시크릿≫이란 책에 이런 말이 나온다. "지금까지는 자신이 얼마나 눈부신 존재인지 몰랐을지도 모른다. 하지만 이제 당신은 생각으로써 발명품이든, 영감이든, 문제의 해답이든, 원하는 것은 무엇이든 끌어당길 수 있다. 무엇이든 할 수 있다. 당신은 표현할 수 없을 정도의 천재다. 그러니 자신에게 그렇게 말하고, 자신이 진정 누구인지 알라."56)

천재와 관련하여 한 가지 예를 더 들어보자. 조선조 사회는 천재보다는 현실적 출세가, 독창보다는 성현의 것을 지킨다는 명분이, 현실개혁보다는 현상유지가 주류를 이룬 보수적 사회였다. 이러한 분위기 속에서 시류에 빠른 인물들이 권력자가 되고 실력자가 되어 세인의 시선을 모았으니, 조선후기 실학자 박제가(朴濟家, 1750-1815)는 이런 조선의 현실을 두고 "넓은 세상을 모르는 우물 안 개구리의 유아독존"이라 지적하기도 하였다. 물론 역사는 천재들이 움직이는 것은 아니다. 톨스토이가 "어떤 영웅도 역사를 바꿀 수 없다"고 갈파하고 "왕은 역사의 노예이다"라는 명제 아래 민중 하나하나의 총체가 곧 세계를 움직이는 것이라고 역설한 것은 옳다. 그러나 천재들을 거부하고 잠재우는 사회는 더 이상 발전할 수 없는 사회임에 분명하다. 천재는 바로 자주성과 독창성의 다른 표현이고 무한한 자유의 상징이기 때문이다.57)

여기서 성경으로 돌아가 구약과 신약의 차이점은? 나는 예전에 많이 하던 '곰발바닥-소발바닥(뒤집기)' 게임으로 구약과 신약의 차이를 말하고자 한다. '구약(옛 언약)을 뒤집으면 신약

(새 언약)이 된다고.' 즉 구약에 "새(new)"라는 한 글자만 넣으면 신약이 된다고 가르친다. 그리고 여기서 '새' 자는 "예수 그리스도로 말미암아"(고후 5:17) 된 것이라고 말한다. 예를 들어 창조-새 창조, 출애굽-새 출애굽, 모세-새 모세, 율법-새 율법, 계명-새 계명, 이스라엘-새 이스라엘, 예루살렘-새 예루살렘, 피조물-새 피조물, 일-새 일, 노래-새 노래, 하늘과 땅-새 하늘과 새 땅 등등.

이를 요한복음에 적용하면, 유대교<새 유대교(기독교), 모세<새 모세(예수), 율법(은혜)<새 율법(은혜 위에 은혜, 즉 복음), 성전<새 성전(예수), 안식일<새 안식일(주일), 유월절<새 유월절(부활절) 등등(< 표시는 '보다 크다'는 의미로 사용. 가령, 새 모세 예수는 모세보다 크신 분이다).

또한 구약의 '야웨' 대신에 신약의 '예수'를 넣으면 된다. 가령, 야웨를 아는 지식(겔 36:22-23/ 호 4:1/ 6:6) ∽ 예수를 아는 지식(빌 3:8), 야웨의 증인(사 43:10,12/ 44:8) ∽ 예수의 증인(행 1:8/ 2:32/ 3:15), 야웨 나라(사 52:7) ∽ 예수 나라(요 18:36).

(2) 공관복음과 요한복음의 차이

사람은 자신의 수준만큼 보고 그 수준만큼 그린다. 공관복음 저자들은 그들의 수준에서 예수님을 그렸다. 그런데 천재 요한은 예수님을 공관복음 수준으로 그려서는 안 된다는 생각을 했으리라. 그 까닭은 그가 만난 주님은 공관복음 수준과는 차원이 다르다고 여겼기 때문이다. 그렇다면 공관복음과는 차원이 다른, 새로운 복음서를 써야 한다는 결론이 나온다. 어떻게 써야 공관복음과는 다른 차원의 복음서를 쓸 수 있을까? 이것이 요한의 필생의 과제였고 고민이었다. 이러한 고민에서부터 요한의 천재성은 시작된다.

그렇다면 천재와 범인(보통 사람)의 차이점은? 나는 한마디로 "차원이 다른 차이"라고 말하고자 한다. 범인은 서로 간에 약간의 차이가 나지만 그 차이는 도토리 키재기이다. 그러나 범인과 천재의 차이는 차이가 아닌, 차원이 다르다는 데 있다. 천재성이란 범인과 다른 차원의 사고, 즉 범인이 갖는 사고의 일차원성, 평면성, 불완전성과 대조되는 사고의 다차원성, 입체성, 완벽성을 말한다. 이 같은 천재성을 가장 잘 말해주는 어휘가 "상징"이다. 범인은 사실을 기술하거나 상징을 사용하더라도 대개 일차적 의미에 머무르는 반면, 천재는 사실을 넘어선 상징을 주로 사용하며, 상징을 다차원적 의미로 사용한다는 점이다.

이것을 공관복음과 요한복음에 적용하면 공관복음은 그들의 탁월한 독창적 사고에도 불구하고 범인의 일차원적이고 평면적 사고를 보여주는 반면, 요한복음은 천재의 다차원적이고 입체적인 사고를 보여주고 있다. 이를 옷으로 비유하면 공관복음은 '짜깁기 옷'인데 반해, 요한복음은 '통으로 짠 옷'(19:23)으로 비유할 수 있다. 요한복음은 유기적 통일성을 갖춘 완벽한 걸작품(통짠옷)이다. 여기서 간과해서는 안 될 중요한 사실은 범인이 없으면 천재도 없듯이, 공관복음이 없으면 요한복음도 없다는 사실이다.

(3) '땅-하늘' 구도와 '하늘-땅-하늘' 구도

범인이 쓴 공관복음과 천재가 쓴 요한복음의 차이를 복음서가 쓰여진 시기와 관점을 통해 살펴보자. 마가복음의 의의는 최초의 복음서라는 데에만 있지 않다. 대략 50-60년대에 쓰여진 바울 서신은 십자가와 부활 이후의 관점에서 예수를 기술하고 있는 데 반해, 70년경에 쓰여진 마가복음은 그 방향을 돌려 십자가와 부활 이전인 예수님의 공생애로부터 복음서를 기술한다. 이를 학문적으로 말하면 바울은 '역사적 예수(Historical Jesus)'가 아닌 '신앙의 그리스도(Kerygmatic Christ)'의 관점에서 예수를 그리고 있다.

바울은 부활하셔서 하늘로 승천하신 주님은 땅에서 십자가를 지신 분이라는 '하늘-땅' 구도로 주님을 그리고 있다. 이에 반해 마가는 그 방향과 관심을 역사적 예수에게로 돌리고 있다. 이는 예수님이 십자가-부활 이후부터 메시아라는 바울의 관점에서 방향을 돌려 예수님은 공생애 때부터 메시아였다는 것을 시사한다.

그러면 바울이 십자가-부활 이후의 예수님을 그린 까닭은 무엇일까? 다메섹 도상에서 부활하신 주님을 만남으로 기독교인이 된 바울은 그 이전의 역사적 예수를 직접 만나지 못했다. 따라서 바울로서는 역사적 예수에 대해 쓸 수 없었다고 생각해 볼 수 있다. 또는 케리그마(선포와 설교)의 핵심은 예수님의 공생애가 아닌 십자가와 부활사건에 있다고 생각했기 때문일 수도 있다.[58]

그런데 마가는 그의 복음서를 예수님의 공생애부터 그리면서 갈릴리(1:14-8:26)-예루살렘 여정(8:27-10:52)-예루살렘(11:1-16:8)이라는 일차원적이고 선적인 구도로 그리고 있다. 마가복음을 대본으로 하여 80년경에 쓰여진 마태복음이나 누가

복음은 예수님의 전기를 공생애 이전인 탄생부터 기술하고 있다. 이는 탄생 때부터 예수님은 메시아였다는 것을 시사한다. 그런데 예수님의 공생애 이전(마 1:1-4:11/ 눅 1:1-4:13) 기사를 제외하면 마태복음과 누가복음은 마가복음의 일차원적이고 선적인 구도를 그대로 따르고 있다. 즉 갈릴리(마 4:12-16:12/ 눅 4:14-9:50)-예루살렘 여정(마 16:13-20:34/ 눅 9:51-19:27)-예루살렘(마 21:1-28:15/ 눅 19:28-28:49)이 그것이다.

누가문서(누가-행전)의 관점에서 보면 누가복음은 갈릴리에서 예루살렘까지를 그리고 있고, 사도행전은 예루살렘에서 시작하여 당시의 땅 끝으로 여겨졌던 로마까지의 여정을 그리고 있다. 내용적으로 보면 누가복음 이전 시대는 율법과 예언자의 시대인 이스라엘의 시대이고, 누가복음은 예수의 시대를 그리고 있으며, 사도행전은 '교회 시대(예수의 승천과 재림 사이)'를 그리고 있다.

90-100년경에 쓰여진 요한복음은 공관복음과 차원이 다르다. "태초에 말씀이 계시니라"로 시작하는 요한복음은 예수님을 탄생 이전, 역사 이전인 태초부터 메시아였다는 '선재하신 그리스도'로 그리고 있다. 예수님의 시작을 땅의 차원(관점)에서 시작하는 공관복음과 달리 요한은 하늘의 차원(관점)에서 시작하고 있다. 요한의 천재성은 공관복음의 땅의 차원에다가 또 하나의 차원인 하늘의 차원을 추가했다는 데 있다. 이 한 차원의 추가가 공관복음과 전혀 다른 차원, 즉 다차원적인 해석을 가능케 하는 결정적인 차이를 낳는다.

예수님의 일대기를 부활-승천까지 포함해서 그려본다면 공관복음은 선형적인 구도, 즉 땅에서 시작하여 하늘로 올라간 '땅-

하늘'구도이다. 이에 반해 요한복음은 차원이 다른 원형적인 구도, 즉 하늘에서 땅으로 성육신하여 다시 하늘로 올라간 '하늘-땅-하늘'구도이다. 이 구도는 바울(하늘-땅 구도)과 공관복음(땅-하늘 구도)을 합쳐놓은 구도라고도 말할 수 있다.

2) 예수의 상징세계: '말씀 상징'과 '행위 상징'

(1) 예언자들의 말씀과 행위를 제현한 예수

마가복음에 보면 이런 말씀이 있다. "뭇 사람이 그의 교훈에 놀라니 이는 그가 가르치시는 것이 권위 있는 자와 같고 서기관들과 같지 아니함일러라"(막 1:22). 같은 선생으로서 예수님이 서기관들과 달랐다면 무엇이 달랐는가? 한 마디로 말하면 서기관들은 세상 나라의 지식을 가르친 '지식의 사람'이었던 데 반해, 예수님은 세상 나라의 지식의 수준을 넘어 하나님 나라의 진리를 가르친 '진리의 사람'이었다는 점이다. 예수님의 권위의 근거는 하나님 나라의 진리를 말씀하시고 그것을 실천적 행위로 보여주셨다는 데 있다. 요한은 바로 이 점을 통찰하였고, 요한복음을 통해 이 사실을 알리는 데 일생을 걸었다.

예수님의 진리는 하나님 나라의 진리이다. 따라서 그 말씀과 행위는 하나님 나라(천국)를 계시하는 것이었다. 예수님의 하나님 나라 선포는 이스라엘의 역사가 예수님 자신의 사역을 통하여 마지막 목표 지점인 위대한 절정의 순간에 도달했음을 말하고 있다. 그리고 그러한 주장은 이 세상을 뒤집어엎는 철저한 전복 성향을 지니고 있고, 헤롯 가문에 반기를 드는 거의 죽음을 자초할 정도로 위험한 것이었다.

예수님의 모든 비유 말씀은 하나님 나라를 계시하는 '말씀 상징'이고, 이적을 포함한 모든 실천적 행위들은 하나님 나라를 계시하는 '행위 상징'이다. 복음서의 예수님 이야기는 이스라엘의 이야기에 대한 '다시 말하기(retelling)'이다.

예수님의 '다시 말하기(재정의)'는 새로운 이야기가 아니라 동일한 이야기 내의 새로운 막이다.[59] "옛 사람에게 말한 바 살인하지 말라……너희가 들었으나 나는 너희에게 이르노니……"(마 5:21-22, 27-28, 33-34, 38-39, 43-44). 예수님의 다시 말하기는 그 전제와 뿌리를 구약성경, 특히 예언자들의 말씀과 행위에 두고 있다.

따라서 예수님의 '말씀 상징'과 '행위 상징'은 구약의 예언자들의 말씀과 행위를 재현한 것이다. 유대인이었던 예수님은 주후 1세기에 살았던 동시대의 유대인들과 같은 구약성서의 세계 속에서 살았으며 구약성서를 잘 아셨다. 특히 예언자들의 상징세계를 잘 아셨다.

예언자들은 앞으로 오실 메시아는 구약의 예언을 성취(완성)하는 분으로 묘사하였다. 종말론적 예언자, 즉 메시아인 예수님은 구약의 예언자들이 행한 말씀과 행위들을 재현하는 것이 하나님의 뜻(말씀)에 순종하고 구약의 예언을 성취하고 길임을 잘 아셨다. 그래서 예수님은 '말씀 상징'으로서 예언자들이 행한 비유(가령, 겔 17:1-21; 시 78:2[마 13:34-35])를 사용하셨고, 그 비유를 해석해 주셨다. 그리고 예수님은 '행위 상징'으로서 예언자들의 상징적 행동들(가령, 렘 19:1-15; 슥 9:9[마 21:1-11])을 재현하셨다.

이러한 '말씀 상징'과 '행위 상징'을 통하여 예수님이 의도한 목표는 무엇이었는가? 그것은 나다나엘의 신앙고백에서 찾을 수 있다. "랍비여 당신은 하나님의 아들이시요 당신은 이스라엘의 임금이로소이다"(요 1:49). 즉 예수님은 자신이 '이스라엘의 메시아' 즉 '하나님의 아들'이요 '이스라엘의 임금'이라는 소명 의식을 가지고 있었다. 그리고 자기 자신이 유대교의 핵심 상징인 성전, 토라, 땅, 민족적 정체성을 대체하러 왔다고 믿었다.

여기서 메시아 호칭으로서의 '하나님의 아들'은 초보적인 삼위일체 사상과는 아무런 관련이 없다. 주후 1세기 유대인들이 사용했을 때의 이 호칭의 의미는 이스라엘의 대표자로서의 왕을 지칭하는 것이었다.[60] 따라서 '하나님의 아들'과 '이스라엘 임금,' 및 '메시아'는 같은 의미로 사용된 동의어이다. 메시아로서의 자의식을 가진 예수님은 자신이 하나님 왕국을 가져온 자로서, 이제 이스라엘의 포로생활은 끝났고 새 시대, 새 세상이 왔다고 선포하였다. 아래에서 '말씀 상징'과 '행위 상징'을 간단히 살펴보자.

(2) '말씀 상징'의 실례: 악한 포도원 농부의 비유

예수께서 행한 모든 말씀은 '하나님 나라(천국)'의 진리를 계시하는 상징적 기능을 갖는다. 우리가 잘 아는 씨 뿌리는 사람의 비유와 해석(마 13:1-30/ 막 4:1-20/ 눅 8:4-8), 겨자씨와 누룩의 비유(마 13:31-33/ 막 4:30-32/ 눅 13:18-21), 달란트(므나) 비유(마 25:14-30/ 막 13:34/ 눅 19:11-27), 잃은 아들을 되찾은 아버지의 비유(눅 15:11-32) 등 모든 비유 말씀이 천국 진리에 관한 말씀 상징이다. 여기서는 '말씀 상징'의 실례로서 '악한

포도원 농부의 비유'(마 21:33-46/ 막 12:1-12/ 눅 20:9-19)를 살 펴보자.

  이 비유는 다른 많은 비유처럼 하나님 나라(천국) 비유이다. 마태는 이 비유 말씀에 이어서 천국 비유인 혼인잔치 비유(마 22:1-14)를 말하고 있다. "하나님의 나라를 너희는 빼앗기고 그 나라의 열매 맺는 백성이 받으리라"(마 21:43)는 말씀에서 하나님 나라를 빼앗길 자는 "너희", 즉 말씀을 듣고 있는 대제사장들과 바리새인들이다(마 21:45). 그들은 예수님을 영접하지 아니함으로 천국을 빼앗기고 그 대신 하나님 나라는 예수님을 영접한 이방인들이 받게 될 것임을 말씀하고 있다.

  이 비유는 이사야 5:1-7의 포도원의 노래를 배경으로 한다. 여기서 '포도원'은 이스라엘을, '농부들'은 이스라엘의 종교적 지도자들, 즉 대제사장들과 바리새인들(마 21:45), 그리고 주인이 보낸 '여러 종들'은 하나님이 보낸 여러 예언자들을 상징한다. 그런데 농부들은 이들을 심히 때리고 죽이고 돌로 쳤다. 그래서 주인은 마지막으로 그의 아들을 보내는데, 아들은 예수님을 상징한다.

  그런데 악한 농부들은 그 아들마저 포도원 밖에 내어쫓아 죽여 버렸다. 이 비유는 예루살렘에 입성하여 성전정화사건에 이어서 등장하는 비유 말씀이다. 예수님은 예언자들이 지금까지 겪었던 운명을 동일하게 겪게 될 것이다. 천국 말씀의 씨를 뿌리는 예수님은 포도원 농부들에게 거부당한 예언자들처럼 거부당할 것이다. 이러한 실패 속에는 하나님의 나라를 세우고자 하시는 하나님의 계획이 들어 있다.

  예수님은 버림받은 집 모퉁이의 머릿돌이 될 것이다. 이 비유에서 예수님은 시편 말씀을 인용하셨다. "건축자가 버린 돌이 집 모퉁이의 머릿돌이 되었나니 / 이는 여호와께서 행하신 것이요 우리 눈에 기이한 바로다"(시 118:22-23). 여기서 "모퉁이의 머릿돌"이란 건물을 짓는데 가장 중요한 돌로서 예수님은 이를 자기 자신을 상징하는 것으로 사용하고 있다.

예수님은 "돌(반석)"이라는 이미지를 다양하게 사용하고 있다. "돌" 개념을 새로운 종말론적 성전 개념과 밀접하게 연결시키고 있다. 이 돌은 "시험한 돌이요 귀하고 견고한 기촛돌"(사 28:16)이요, "걸림돌과 걸려 넘어지는 반석"(사 8:14)이다. 또한 스룹바벨의 성전 재건 프로그램(슥 4:4-6)과 관련하여 예수님은 스룹바벨이 하리라고 생각되었던 것, 즉 참된 성전을 세울 참된 기름부음 받은 자라는 것을 보여주고 있다.

이 돌은 하나님 나라를 가져오는 메시아와 종말론적 성전에 관하여 말할 뿐만 아니라 야웨의 백성을 억압하였던 나라들에 대한 메시아의 승리를 가리키기도 한다(단 2:34-35, 44-45). 이 대목에서 가장 충격적인 것 - 그리고 예수님을 체포하려고 한 직후의 시도들을 완벽하게 정당화해 주는 것 - 은 예언에 대한 이러한 다시 읽기를 통해서 현재의 성전과 현재의 체제는 악한 왕국들의 집단의 일부로 간주되었다는 인식이다.

이 비유 말씀은 거부된 아들에서 절정에 달한다. 아들은 건축자들에 의해서 버려졌지만 그 건물에서 최고의 자리를 차지하는 메시아적 돌이다. 그를 반대하는 자들은 그들의 체제(그리고 그들의 성전)가 멸망받는 것을 보게 될 것이고, 아들의 나라는 굳게 세워질 것이다. 포도원 주인이 악한 농부들을 응징할 때 아들은 신원을 받게 될 것이다.[61]

(3) '행위 상징'의 실례: 최후의 만찬

예수께서 행한 모든 행위는 '하나님 나라(천국)'의 진리를 계시하는 상징적 기능을 갖는다. 예수님은 풍부한 상징적 가치를 지니는 행위들을 의도적으로 행하셨다. 당시의 시대와 문화 속에서 예수님이 나귀를 타고 감람산을 내려와서 기드론 골짜기를 지나 성전산에 이른 것은 그 어떤 말보다도 자신이 왕이라는 주장을 강력하게 암시하는 상징적 행위였다(마 21:1-11/ 막 11:1-11/ 눅 19:28-38/ 요 12:12-19; 삼하 15:23-32). 여기서는 '행위 상징'의 실례로서 '최후의 만찬'(마 26:17-29/ 막 14:12-26/ 눅 22:7-23/ 요 13:21-30; 고전 11:23-25)을 살펴보자.

제자들과 함께 한 예수님의 마지막 식사는 의도적인 이중적 드라마였다. 유월절 식사로서의 그것은 뒤로는 애굽으로부터의 구원인 출애굽을 되돌아보고, 앞으로는 미래에 있을 위대한 출애굽, 포로생활로부터의 귀환을 내다보면서 압제로부터의 하나님의 구원이라는 견지에서, 유대인들의 역사에 관한 이야기이다. 그러나 이 식사는 이 위대한 이야기를 또 다른 이야기, 즉 하나님이 계획하신 이 드라마의 중심인물인 예수님 자신의 삶과 그의 다가올 죽음에 관한 이야기와 융합하였다.

공관복음 저자들은 이 식사가 유월절 식사였다고 전제한다(마 26:17/ 막 14:12/ 눅 22:7). 그러나 요한은 이 식사를 유월절 전날에 있었던 것으로 보도한다. 이는 예수님이 "유월절 전날에" 처형되었다는 탈무드의 증거와 일치한다. 요한은 저녁 식사 준비를 위하여 성전에서 어린 양들을 도살하였던 것과 동일한 시각에 예수님이 참된 유월절 어린 양으로 죽임을 당했다는 신학적 요지를 말하기 위하여 이 날로 잡았다. 공관복음 저자들은 이 식사를 그들의 신학 또는 전승에 따라 유월절 식사로 바꾸어 놓았다.

예수님이 그의 사역 전체에 걸쳐서 동시대인들의 상징 세계를 그의 삶과 사명을 중심으로 재조직하였다는 것을 감안하면, 분명히 예수님은 하루 일찍 유사 유월절 식사를 특별하게 준비했다고 생각해 볼 수도 있다. 아무튼 자신의 운명을 이스라엘의 운명과 동일시했던 예수님은 이 유월절 식사를 자기 자신 및 다가올 운명과 결부시켰다.

유월절이라는 배경 아래에서 행해진 최후의 만찬은 무슨 이야기를 말해주는가? 유대인들의 모든 유월절 식사와 마찬가지로 이 사건은 출애굽 사건을 말하고 있다. 주후 1세기 유대인들에게 그것은 예언자들이 말했던 포로생활로부터의 귀환과 죄사함(사 40:1-2; 43:25), 새로운 출애굽(사 43:18-19; 51:9-11), 위대한 언약의 갱신(출 24:8; 렘 31:31-34; 슥 9:9-11)을 보여주는 행위였다. 유월절 식사는 '죄사함', 즉 그의 백성을 구속하기 위하여 야웨께서 돌아오심 및 은유적 의미에서 파라오에 대한 야웨의 승리를 상징하였다. 이것은 이스라엘의 하나님이 곧 왕이 되실 것을 말하는 식사였다.

또한 이 식사는 예수님 자신이 하나님 나라 운동을 그 절정으로 가져다주는 행위였다. 새로운 출애굽이 예수님 자신 안에서 및 자신을 통해서 일어나고 있다는 것을 보여주었다. 예수께서 이 전통적인 식사에 부여한 새로운 의미는 우리가 그것을 그의 성전 행위와 연결시킬 때에 잘 드러난다. 성전 행위와 최후의 만찬은 둘이 합쳐져서 예수께서 실제로 유대교의 상징적 초점인 성전을 그가 새롭게 제정한 유사 제의적 식사로 대체하고자 했다.

예수님은 자기 자신을 유대인들의 기대와 소망의 핵심인 메시아, 곧 위대한 하나님의 해방 행위의 초점으로 보았다. 이제 이스라엘의 삶과 소망의 중심을 이루고 있던 상징들은 예수님 자신을 초점으로 하여 다시 그려졌다. 지금이나 그때나 유월절 식사에서 주인은 출애굽에 관한 이야기를 다시 들려주면서 현재의 무리와 당시 애굽을 떠났던 이스라엘 자손을 결부시키고자 했다.

하나의 행위로서의 최후의 만찬은 매우 강력한 상징성을 내포하고 있으며, 이스라엘의 가장 영향력 있는 이야기들 중의 하나를 강력하게 다시 말하고 있다. 예수님은 유월절 식사를 자기 자신과 관련시켜 재해석하면서 자신을 출애굽 사건으로부터 시작된 이스라엘의 긴 역사의 절정이라고 생각했을 것이다. 유월절은 출애굽사건을 되돌아보고 하나님 나라의 도래를 보여주는 것이었다. 그러기에 최후의 만찬은 예수께서 최후의 위대한 예언적 행위를 통해 상기시키고자 의도적으로 설정했던 상징 행위였다.[62]

3) 요한의 상징세계: 일곱 상징코드

(1) 공관복음과의 관계

모차르트(W.A. Mozart, 1756-91) 음악은 그 선구자들인 바흐(Bach, 1685-1750)와 하이든(Haydn, 1732-1809)의 음악이 없다면 이해할 수 없지만, 모차르트 음악은 그들의 음악과는 두드러진 차이를 보인다. 마찬가지로 요한복음은 공관복음이 없이는 나올 수 없었고, 또한 그것을 전제로 해서만 이해할 수 있다. 하지만 요한복음은 공관복음과는 차원이 다른 두드러진 차이를 보인다.

외견상으로 보면 공관복음과 요한복음은 별로 차이가 없는 것처럼 보인다. 그 까닭은 장르상으로 볼 때 4복음서는 모두 예수님의 일대기를 그린 전기(傳記)이기 때문이다. 그런데 일단 자료상으로 보면 공통 내용 비율이 공관복음의 경우는 마태 58%, 마가 93%, 누가 41%인데 반해 요한은 8%에 불과하고 92%가 고유기사이다. 여기서 중요한 것은 8%의 공통 자료를 어떻게 볼 것이냐 하는 것이다. 세 가지만 실례로 살펴보자.

첫째, 4복음서에 모두 등장하는 유일한 이적인 '오병이어 사건'(마 14:13-21/ 막 6:30-44/ 눅 9:10-17/ 요 6:1-15)을 비교해 보자. 얼핏 보기에는 비슷한 내용처럼 보이지만 자세히 들여다보면 내용도, 표현도, 그 지향하는 방향도 상당히 다르다는 것을 볼 수 있다(제II부의 '표적 상징코드' 중 '오병이어로 오천 명을 먹이심'을 참조하라). 이 같은 차이는 요한이 사용한 기본 자료가 다르기 때문일 수도 있으나 공관복음의 자료를 자신의 신학적 의도에 따라 철저히 변형시켰기 때문이라는 것이 나의 생각이다.

둘째, 성전정화사건(마 21:12-13/ 막 11:15-19/ 눅 19:47-48/ 요 2:13-22) 또한 4복음서에 모두 등장한다. 우선 공생애 말기 사건으로 보도한 공관복음과는 달리 요한은 이 사건을 공생애 초기에 배치한 것부터가 다르다. 그리고 세밀한 면에서 내용도 다르거니와 주제에 있어서 상당히 다르다. 공관복음은 그야말로 성전정화를 주요 내용으로 보도하고 있는 반면, 요한은 이

사건을 부활의 관점(19, 22절)에서 성전을 대체하러 오신 몸 성전(21절)으로서의 예수님을 보여주는 것으로 보도하고 있다. 더욱이 특이한 사실은 이러한 보도를 '사흘'이라는 숫자나 '성전'을 일곱 번 사용하는 '숫자 상징코드'로 기술하고 있다는 점이다.

셋째, 최후의 만찬 기사(마 26:17-30/ 막 14:12-26/ 눅 22:7-23/ 요 13:21-30)는 4복음서가 모두 보도하고 있다. 그런데 이미 언급했지만 요한은 우선 그 날짜도 다르거니와 그 내용이 전혀 다르다. 공관복음은 이 만찬을 유월절 식사 자리에서 새 언약을 맺는 의미로 보도하고 있는 반면, 요한은 이 만찬을 유월절 만찬으로 보도하지 않고 있으며, 그 내용 또한 가룟 유다가 주님을 배반하는 것을 주요 내용으로 하고 있다. 오히려 요한은 공관복음의 새 언약적 의미로서의 성만찬은 6:51-58에서 '생명의 떡' 강화를 통해 보도하고 있다.

(2) 표현 능력(방법)의 차이

진리는 보통 사람도 깨달을 수 있다. 그런데 보통 사람인 범인과 천재의 차이는 그것을 표현하는 '표현 능력(방법)의 차이'에 있다. 20세기 후반 '편집비평(Redaction Criticism)' 이후 학계의 가장 큰 소득 중의 하나는 마태, 마가, 누가가 요한이나 바울 등과 마찬가지로 신학자들이었다는 깨달음이었다. 공관복음 저자들은 소박한 연대기 기술자들이나 필사자들이 아니라 깊이 있고 창조적으로 사고한 저술가들이자 신학자들이었다.

공관복음 저자들은 예수님의 말씀과 행위라는 사건 속에 담겨 있는 상징세계를 알았고, 그것을 나름대로 기술해 놓았다.

요한이 공관복음 저자들과 구별되는 것은 예수님의 사건 속에 담긴 상징을 짜깁기 옷처럼 단지 편집 배열하여 기술해 놓는 수준에 머물지 않고, 전체를 통으로 짠 옷처럼 이중 혹은 다중 의미를 갖는 상징체계로 완벽하게 재구성해 놓았다는 점이다.

다시 말하면 요한은 공관복음 저자들과 달리 여러 상징 사건들을 정형화(양식화)함으로써 에스겔 선지가 말한 "바퀴 안에 바퀴"(겔 1:16)처럼 또 다른 상징적 의미를 갖는 표현 방식을 사용하는 천재성을 발휘하였다. 가령, 일곱 표적은 하나하나가 상징적 사건이지만 일곱 개가 모였을 때 또 다른 의미의 상징적 의미(유대교의 안식일이 기독교의 부활절로 대체)를 갖는다.

소설 ≪다 빈치 코드≫를 보면 주인공이 '성배의 진실'을 알기 위해 계속적으로 암호(暗號)를 풀어 가듯이 요한복음의 진리를 알기 위해 상징적 의미를 담은 '요한 코드'라는 암호를 풀어 가야 한다. 그 실례를 우리는 "통으로 짠 옷"(19:23)이라든가 "예수께서 사랑하는 제자"(13:23)라든가 "이적(뒤나미스)"이라는 말을 쓰지 않고 "표적(세메이온)"이라는 말을 사용한 데서 찾아볼 수 있다. 이 같은 상징어는 현상적인 의미를 넘어서 그 무엇을 암시하기 위해 사용한 상징적 징표이다.

'다 빈치 코드'를 이해하지 못하면 <모나리자>에 나타난 레오나르도의 천재성을 제대로 알 수 없다. 마찬가지로 요한의 '상징 코드'를 이해하지 못하면 요한의 천재성을 제대로 알 수 없다. 라디오는 주파수가 맞을 때 제대로 소리가 난다. 마찬가지로 요한이 사용한 상징코드를 제대로 읽어낼 때라야 요한복음이 말하는 소리를 제대로 들을 수 있고 요한의 천재성을 볼 수 있다. 요한은 인류 최고의 천재 레오나르도보다 무려 1400여년 앞서 다양한 상징코드를 통한 다차원적 세계를 표현해 내는 천재성을 발휘하였다.

(3) 일곱 상징코드

베토벤(Beethoven, 1770-1827)은 "'더욱 아름답기'위해서라면 범하지 못할 규칙이란 하나도 없다"라는 말을 했다. 더욱 깊은 의미를 주기 위해 일반 법칙을 깬 한 실례를 들어보자. 러시아의 상트 페테르부르크에 가면 '에르미타주 박물관'이 있다. 그 안에 렘브란트(Rembrandt, 1606-69)가 그린 <탕자의 귀향>이라는 명화가 있다. 이 그림은 미국 정부가 러시아 1년 예산을 주겠다며 팔라고 했지만 전에 알래스카를 팔고(1867년) 나서 후회한 일이 떠올라 팔지 않을 정도로 유명한 그림이다.

'탕자의 비유'(눅 15:11-32)를 소재로 한 이 그림을 주의깊게 보면 아버지의 두 손이 다르다는 것을 알 수 있다. 한 손은 두텁고 강한 느낌을 주는 아버지의 손이고, 다른 한 손은 부드럽고 자애로운 느낌을 주는 어머니의 손이다. 베토벤의 말처럼 렘브란트는 더 넓고 깊은 하나님의 사랑을 표현하기 위해 일반 법칙을 과감히 깼다.

마찬가지로 요한은 주님을 더욱 잘 드러내기 위하여 일반 규칙을 깼다. 나는 이전에 쓴 ≪요한복음서 재발견≫에서 이런 말을 했다. "요한복음 전체를 꿰뚫고 흐르는 것이 네 가지가 있다. 첫째, 요한복음은 '이야기체(narrative)로 쓰여진 한편의 신학논문'이라는 것, 둘째, 요한복음은 '부활의 신학에 대한 묵상의 산물'이라는 것, 셋째, 요한복음은 '구약적(히브리적)

배경으로 절여져 있는 책'63)이라는 것, 넷째, 요한복음은 '역사의 해체와 재구성을 철저히 사용하고 있다'는 것이 그것이다.

요한은 주님을 보다 잘 드러내기 위하여 이 같은 네 가지 해석의 틀을 통해 공관복음서와 차원이 다른 새로운 복음서를 썼다는 것이 나의 생각이다. 종래의 요한복음 연구는 이 네 가지에 철저하지 못했다. 따라서 내가 이 책을 쓰는 동기는 이 네 가지를 철저히 함으로써 요한복음서를 재발견하고자 하는 데 있다. 아울러 해석의 틀로 삼은 이 네 가지는 밀접하게 상호 연관되어 있음을 밝혀둔다."64) 위에서 언급한 네 가지를 역으로 하나씩 풀어보자.

첫째, 요한복음은 '역사의 해체와 재구성을 철저히 사용하고 있다'는 점이다. 먼저 역사(歷史)란 시간(時間), 공간(空間), 인간(人間)이라는 '삼간(三間)'으로 구성되어 있다. 이 중에서 하나라도 빠지면 그것은 '역사'라고 말할 수 없다. 역사란 일어난 사실이나 사건에 대한 '단순한 기록'이 아니라 그것에 대한 '의미있는 해석'이다.65) 공관복음은 각 복음서 저자에 의해 의미있는 해석이 들어간 역사적 작품이다. 이 같은 역사적 작품인 공관복음을 요한은 적극적으로 재해석하였다. 요한은 공관복음에 나타난 역사를 구성하는 시간, 공간, 인간을 해체하고 재구성하였다. 가령, 시간(절기)을 해체하여 1년 유월절을 3년 유월절로 재구성하였다. 즉 요한은 '절기 상징코드'를 사용하고 있다. 또한 공간(장소)을 해체하여 가나와 가버나움을 대조하여 가나를 신앙의 장소로, 가버나움을 불신앙의 장소로 재구성하였다. 즉 요한은 '지리 상징코드'를 사용하고 있다. 또한 인간(인물)을 해체하여 세례 요한을 모세와 같은 운명공동체로 보고 요단 동편(사망과 멸망의 땅)에서만 사역하는 존재로 그렸다. 즉 '인물 상징코드'를 사용하고 있다.

둘째, 요한복음은 '구약적(히브리적) 배경으로 절여져 있는 책'이다. 요한복음의 사상적 배경을 구약적(히브리적) 배경보다 헬라적 배경으로 보려는 시도에 대해 요한복음은 그 어떤 복음서보다 구약적(히브리적) 배경에 충실한 복음서이다.[66] 가령, 요한이 사용한 일곱 표적은 창세기의 7일간의 창조와 상응한다. 즉 요한은 많은 표적 가운데 일곱 표적만을 의도적으로 선택하여 이를 유대교의 안식일을 대체한 기독교의 부활(절)을 말하는 상징으로 사용한다. 즉 요한은 '표적 상징코드'를 사용하고 있다. 또한 요한은 구약에서 유래한 것이 분명한 예수의 자기계시 말씀, 소위 '에고 에이미' 말씀을 사용하고 있다. 특히 비유적으로 사용된 일곱 개의 '에고 에이미' 말씀을 성막(성전)의 일곱 주요기구와 상응한다. 즉 요한은 '말씀 상징코드'를 사용하고 있다. 한 마디로 요한복음은 구약이라는 용광로 속에 예수님에 관한 모든 자료를 집어넣어 엑기스만 뽑아 놓은 '불후의 명작'이라고 말할 수 있다.

셋째, 요한복음은 '부활의 신학에 대한 묵상의 산물'이다. 요한은 자료를 단순히 사건이 일어난 시간별로 배치한 것이 아니라 자신의 신학적 의도에 따라 자료를 재구성했다. 그 가운데 가장 중요한 특징은 '부활의 신학'을 기독교의 머릿돌로 삼았다는 점이다. 기독교 복음의 두 기둥은 '십자가와 부활'인데, 서구 기독교(가톨릭과 개신교)는 지난 2천 년 동안 '부활의 신학'보다 '십자가 신학'을 강조해 왔다.[67] 이에 대해 요한은 기본적으로 기독교의 머릿돌(기준과 방향을 잡는 돌)은 십자가보다 부활에 있다고 보았다. 그리하여 부활의 관점에서 복음서를 재구성하였다.[68] 세 명의 마리아(예수의 모친, 나사로의 누이, 막달라)를 본론(2-20장)의 첫 장(2장), 한가운데 장(11장), 끝 장(20장)에 배치하고 이 세 장을 부활과 관련된 장으로 구성하였다. 즉 요한은 '구조(주제) 상징코드'를 사용하고 있다.

넷째, 요한복음은 '이야기체(narrative)로 쓰여진 한편의 신학논문'이다. 요한복음은 형식상으로는 '이야기'라는 문학의 형태를 띠고 있지만, 내용상으로는 한편의 신학논문처럼 철저한 방법론을 구사하고 있다. 그리하여 요한은 논문의 목적, 주제, 구조에 기초한 완벽한 한편의 조직신학 논문을 썼다.[69] 가령, 복음서 전체 구조를 교차대구구조를 사용하여 부활의 관점에서 이중구조(1-11장, 12-21장)로, 서론(1장), 본론(2-20장), 결론(21장)의 3중구조로, 또한 본론을 5중구조(2-4 / 5-8 / 9-12 / 13-17 / 18-20장)로, 또한 전체를 '위(예루살렘)에서 아래(갈릴리)'로 다섯 차례의 하강구조(1:1-18 / 1:19-2:12 / 2:13-4:54 / 5:1-7:9(7:10-20:29) / 21:1-23)로 엮어놓았다는 점이다. 또한 논문의 목적을 분명히 밝혀놓고 있으며(20:30-31), 교차대구구조를 사용하여 신학적 주제별로 장들을 상응하게 엮어놓았다(제III부의 '요한의 신학'을 참조하라).

이 같은 네 가지 특징을 언급하면서 사용된 여섯 개의 상징코드 모두에는 기본적으로 '숫자(횟수) 상징코드'가 사용되고 있다. '숫자 상징코드'는 요한복음서 전체에 깊이 깔려 있다. 이는 요한이 얼마나 숫자에 특별한 관심을 가지고 있는가를 잘 말해준다. 그러니까 자연스럽게 요한은 완전수인 일곱 상징코드를 사용하고 있는 셈이다. 요한은 '일곱 상징코드'를 사용하여 통일성있는 완벽한 작품을 엮어내었다. 요한의 천재성의 빛은 일곱 상징코드를 통해 밝히 드러난다.

 일곱 상징코드는 각각 독립적인 것이 아니라 유기적 통일체로 상호 연관되어 있다. 일곱 상징코드는 한 세트처럼 연결되어 있어서 이 중에서 하나라도 빠지거나 각각의 코드를 제대로 풀어내지 못하면 요한복음 이해와 해석은 빗나갈 수밖에 없다. 마치 열 개의 드라크마가 한 세트인 목걸이에서 한 개를 잃으면 전체가 망가진 목걸이가 되는 것과 같다. 우리는 아래에서 일곱 상징코드를 통해 드러난 요한의 천재성을 살펴보도록 하자.

II. 요한의 상징코드

1. 숫자(횟수) 상징코드

요한의 천재성의 중심에는 숫자(횟수) 상징코드가 자리잡고 있다. 한 마디로 일곱 상징코드는 모두 기본적으로 숫자(횟수) 상징코드에 기초하고 있다.

'역사의 해체와 재구성'에 의한 세 상징코드, 즉 '지리(공간) 상징코드', '절기(시간) 상징코드', '인물(인간) 상징코드'는 숫자(횟수) 상징코드에 기초하고 있다.

또한 '표적(징표) 상징코드', '말씀(언어) 상징코드', '구조(주제) 상징코드' 또한 기본적으로 숫자(횟수) 상징코드에 기초하고 있다. 이를 도표('다윗의 별')로 그리면 다음과 같다.

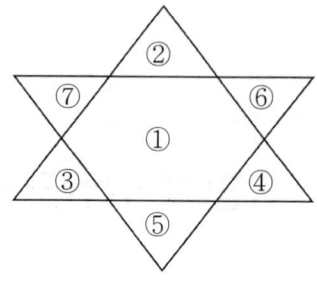

① 숫자(횟수) 상징코드
② 지리(공간) 상징코드
③ 절기(시간) 상징코드
④ 인물(인간) 상징코드
⑤ 표적(징표) 상징코드
⑥ 말씀(언어) 상징코드
⑦ 구조(주제) 상징코드

1) 유대교에 있어서 수(數)의 상징학

"만물은 수(數)다"라고 말한 피타고라스(주전 570년경) 학파 이후 숫자에 대한 관심은 비단 수학에서만이 아니라 모든 학문의 주요 관심사가 되었다. 특히 유대인은 숫자에 대한 관심이 유별나다. 유대 상술의 기본 법칙에 '78 대 22의 법칙'이라는 것이 있다. 엄밀히 말하면 ±1의 오차가 있으므로 이는 때에 따라 79 대 21이 되기도 하고 78.5 대 21.5가 될 수도 있다.

가령, 정사각형의 면적을 100이라 한다면 그에 내접하는 원의 면적은 약 78이 되고 나머지는 22가 된다. 또 공기의 성분이 질소 78, 산소와 기타가 22의 비율로 이루어져 있다. 사람의 신체도 수분이 78, 기타 물질이 22의 비율로 이루어져 있다. '78 대 22의 법칙'은 인간의 힘으로는 도저히 어떻게 할 수 없는 대자연의 법칙이다.

이 대자연의 법칙 위에 유대인의 상술은 기초하고 있다. 유대인들은 '돈을 빌려 주고 싶은 사람 78'에 '빌려 쓰고 싶은 사람 22'의 비율이 성립한다고 생각한다. 무슨 일이든지 성공률은 78이고 실패율은 22이다. 실패율 22를 생각지 말고 나도 하면 78의 성공률 속에 있다는 생각을 가지고 좌절하지 말아야 한다.70)

중세기 때 대표적인 유대교 신비주의인 카발라(Kabbalah, '전승'이라는 뜻)는 ≪조하르(빛남)≫라는 소책자를 통해 숫자의 특성을 잘 보여주고 있다. 이 책에 나타난 카발라 신비주의자들은 하나님의 속성은 '에인 소프(끝이 없음)'라고 보면서 '끝이 없는(에인 소프)' 하나님의 권능을 10개의 쓰피로트(頂點)에서 발산하는 과정에서 찾았다. 그 10개의 정점은 아래와 같다.

맨 꼭대기 정점이 '케테르(왕관)'이다. 마치 왕이 왕관을 쓰고 있는 것처럼 하나님의 속성의 꼭대기를 가리킨다. 그 아래 오른쪽에 '호크마(지혜)'와 왼쪽에 '비나(이해)'가 자리잡는다. 그 아래로 '헤세드(자비)'와 '그브라(공의)'가 한 쌍을 이루며, 그들의 힘이 합해져서 가운데로 이어지는 정점이 '티페레트(아름다움)'이다. 다시 그 아래 양 옆으로 '네짜흐(승리)'와 '호드(영광)'가 한 쌍을 이룬다. 그 사이에 '예쏘드(기초)'로 하나님의 각 속성이 이어져 맨 아래에 형성되는 정점이 '말쿠트(왕국)'이다.

하나님의 왕국이 세상에 이루어지는 것은 이처럼 10개의 정점을 행함으로써 알게 되며, 각 정점에서 그 단어의 뜻이 충분히 발산됨으로써 하나님의 왕국이 실현된다. 이들 신비주의자들은 하나님이 숨겨놓은 지식을 찾음으로써 궁극적으로 살아계신 하나님을 경험한다. 그리고 10개의 정점이 10개로 분산되는 것이 아니라 하나로 집중됨으로써 신비 경험을 한다.

그런데 이 같은 카발라 신비주의는 주후 1-2세기경에 발달했

던 초기 유대교 랍비 신비주의로부터 발전했다. 그 기본틀은
≪창조서, 쎄페르 에찌라(ספר יצירה)≫라는 책에서 발견할
수 있다. 라이첸슈타인(R. Reitzenstein, 1861-1931)에 의하면 이
책은 주전 2세기경에 저작된 것이라고 한다. 이 책 1장 1절을
보면,

    지혜의 신비한 통로 32개로
    만군의 야웨, 이스라엘의 하나님, 살아계신 하나님,
    세상의 왕, '엘 샤다이(전능하신 하나님)', 자비로우시
며 은혜로우시며
    높으시고 존귀하신, 영원히 계시며 그분의 이름은 거룩
하시며
    높으시며 거룩하신 그분께서 금 그으셨다.
    그분께서 세상을 세 책으로,
    책과 숫자와 이야기로 만들어 내셨다.

    여기에서 32개의 통로는 히브리어 철자 22개에다 위에서 설명한 쓰피로트(정점) 10개이다. 지혜의 통로 32개로 하나님이 세상에 금을 그어 하나님의 가르침의 비밀을 세 책으로 드러내었다는 설명이다. 여기에서 '책'은 토라를 말하며, '숫자'는 게마트리아(數値學)와 숫자의 상징성·상징숫자이다. 한 예로, 창조 이전에 일곱 가지(토라, 지옥, 에덴동산, 영광의 옥좌, 성전, 회개, 그리고 메시아의 이름)를 만들어 내었다는 것을 들을 수 있다. 그리고 '이야기'는 예화로 드는 아가다 또는 비유 등을 말한다.

초대교회 문헌에서도 이 세 가지를 찾아낼 수 있다. '책'은 예수님의 어록을 말하며, '숫자'는 복음서에서 여러 숫자(물고기 153마리, 오병이어, 42세대의 예수 족보, 72명의 다른 제자들, 은전 서른 닢 등)로 하나님의 비밀을 무리에게 이해시키는 것을 말한다. 그리고 '이야기'는 예수님의 많은 비유를 들 수 있다.

유대교 신비주의의 기본이 되는 ≪창조서≫는 이처럼 32개의 숫자로 하나님의 비밀을 밝히는 교서이다.[71] 요한이 위에서 언급한 유대교 신비주의에 얼마나 영향을 받았는지는 알 수 없다. 다만 요한 또한 숫자가 갖는 상징적 의미를 철저하게 사용하고 있다는 사실만은 분명하다.

조화를 중시하는 중국인들은 짝수(2,4,6,8)를 좋아한다. 짝수 중에서도 특히 8자를 좋아한다. 그래서 베이징 올림픽도 2008년 8월 8일 오후 8시에 시작되었다 그런데 유대인들은 홀수(1,3,5,7)를 좋아한다. 그 가운데서도 하늘(삼위일체 하나님)의 숫자인 3과 땅(동서남북 사방위)의 숫자인 4가 합쳐진 완전수 7을 좋아한다.

유대인이었던 요한은 숫자에 아주 관심이 많았을 뿐만 아니라 자신이 말하고자 하는 의도를 수의 상징학을 통해 표현하는데 천재성을 보여주었다. 그런데 숫자(횟수) 상징코드는 모든 것을 숫자로 풀려는 알레고리칼(풍유적) 해석[72]과 같은 영해(靈解)에 빠질 위험성을 안고 있다. 따라서 지나친 자의적인 해석을 삼가면서 통전적인 시각에서 조심스럽게 사용해야 할 것이다.

2) 숫자(횟수) 상징코드 모음집

(1) 숫자 3의 상징적 의미

숫자 3은 두 가지 의미를 가진다. 첫째, '부활'의 의미를 가진다. "사흘째 되던 날"(2:1)과 "안식 후 첫날"(20:1)은 3이라는 숫자가 갖는 부활의 의미를 잘 보여준다. 둘째, '삼 세 번'이라는 말처럼 '더 이상은 없다', '끝'이라는 뜻의 '온전함'의 의미를 갖는다(민 22:28; 24:10). 말씀(로고스)(1:1), 그 선지자(1:25; 6:14; 7:40), 메시아(1:41[2회]; 4:25), 디베랴(6:1,23; 21:1), 만나(6:31,49,58) 열두 제자(6:67,70,71), 세 차례의 유월절(2:13; 6:4; 11:55), 카이로스(7:6[2회],8), 출교(9:22; 12:42; 16:2), (부활과 관련된) 세 명의 마리아(예수의 어머니, 나사로의 누이, 막달라 마리아), 니고데모와 관련된 세 장(3,7,19장), 이 세상의 임금(12:31; 14:30; 16:11), 세 차례의 베드로의 예수 부인 예고(13:38)와 목양 사명(21:15-17), 십자가 명패에 쓰인 세 나라말(19:20), 부활하신 주님이 세 번 나타나심(21:14), 세 개의 종결어(11:54-57; 20:30-31; 21:24-25) 등등.

(2) 숫자 5의 상징적 의미

숫자 5는 모세(오경) 또는 유대교를 상징하는 대표적인 숫자이다. 유대교를 대체하신 새 모세 예수님은 5라는 숫자와 긴밀하게 관련되어 나타난다. 포도주(2:1-10), 유월절(5×2=10회; 2:13,23; 6:4; 11:55[2회]; 12:1; 13:1; 18:28,39; 19:14), 니고데모(3:1,4,9;7:50; 19:39), 산(4:20,21; 6;3,15; 8:1), 수군거리다(6:41,43,61; 7:12,32) 열두 제자(6:13,67,70,71; 20:24), (하나

님) 나라(3:3,5; 18:36[3회]), "히브리말로"(5:2; 19:13,17,20; 21:16) 고별설교 다섯 장(13-17장), 성령 대목(14:16-17, 26-27; 15:26; 16:7-11,13-14), 다섯 절기(유월절, 오순절, 초막절, 수전절, 안식일), 1장의 5중구조, 본론(2-20장)의 5중구조, 애제자 대목(13:23-26; 19:25-27; 20:2-10; 21:7; 21:20-24), 진리(5×5=25), "진실로 진실로"(5×5=25), "하늘로부터"(5×2=10회; 6:31,32[2회],33,38,41,42,50,51,58) 계명(명령)(5×2=10회; 10:18; 11:57; 12:49,50; 13:34; 14:15,21; 15:10[2회],12) 등등.

(3) 숫자 7의 상징적 의미

숫자 7은 하늘의 숫자(3)와 땅의 숫자(4)를 더한 완전수로 충만함, 완전함을 상징한다. 빛(1:4-9), 구원(구주)(3:17; 4:22,42; 5:34; 10:9; 12:27,47), 물(4:10-15), 일곱 표적(2-11장), 신앙고백(1:49; 4:42; 6:14; 6:68-69; 9:38; 11:27; 20:28), '마지막 날'(6:39,40,44,54; 7:37; 11:24; 12:48), '에고 에이미'의 비유적 용법(6:35; 8:12; 10:7; 10:11; 11:25; 14:6; 15:5), 증인본문(1:19-51)의 기독론(하나님의 어린 양, 하나님의 아들, 메시아, 모세의 율법과 예언자들이 기록한 그이, 요셉의 아들 나사렛 예수, 이스라엘의 임금, 인자), 문(10:1,2,7,9; 18:16; 20:19,26), 도마 단락(11:16; 14:5; 20:24,26,27,28; 21:2), 빌라도 단락(18:28-19:16), 밤(3:2; 7:50; 9:4; 11:10; 13:30; 19:39; 21:3) 등등.

(4) 기타 숫자의 상징적 의미

숫자 2는 강조의 의미(가령, "진실로 진실로")를 가진다. 숫자 6은 7에서 하나가 모자라는 숫자로서 불완전함을 드러낸다. 6개의 돌 항아리(2:7)는 유대교의 불완전함을 드러낸다. 사마리아 여인의 여섯 남자(4:18)는 하나를 더한 신랑 되신 예수가 필요함을 나타낸다. 8이라는 숫자는 7에서 하나를 더한 숫자로, 새 시대 또는 새로운 시작을 나타낸다. 요한은 같은 의미를 갖는 '보혜사'(14:16,26; 15:26; 16:7)와 '진리의 영(성령)'(14:17,26; 15:26; 16:13)을 8회(각각 4회) 사용하여 성령님을 예수님을 대신하여 새 시대에 오실 분으로 소개하고 있다. 아이가 태어나면 팔 일째 할례(눅 2:21), 한 주간이 시작되는 첫 날(20:26) 등등.

3) 숫자(횟수) 상징코드의 실례

(1) 세 '말씀(로고스)'과 일곱 '빛'(1:1-9)

서곡(1:1-18)[73]에서 주목해 보아야 할 것은 첫 절에 나오는 세 번의 "말씀(로고스)"과 일곱 번 나타나는 "빛"(4,5,7,8[2회],9[2회]절)이라는 어휘이다. 이것은 우연이라기보다는 요한이 철저히 숫자 상징코드를 사용한 것으로 볼 수 있다.

첫 절에서 "말씀"으로 번역된 "호 로고스(ὁ λόγος)"는 3회 나타난다. 요한복음을 시작하는 첫 절에서부터 요한은 숫자 상징코드를 사용하고 있다. 여기서 사용된 "말씀(로고스)"이 곧 하나님(1절)이요, 또 "말씀"이 1,14,18절에 근거하여 '예수님'이라고 할 때 예수님이 곧 하나님이라는 의미가 된다. 숫자 3이 '더 이상은 없다', '끝(마지막)'이라는 의미를 가지고 있으니까 이 "말씀"은 더 이상 없는 마지막이고 유일한 말씀이라는 의미를 지닌다. 그러니까 하나님의 말씀은 온전하며 (시 19:7), 바로 그 하나님의 말씀이신 예수님은 인간을 구원하는데 부족함이 없다는 구원의 유일성을 내포하고 있다 하겠다.

또한 요한은 예수님을 "빛"이라는 상징어로 묘사하고 있다. 예수님은 '생명의 빛'(4절)이요 '진리의 빛'(9절)이요 '세상의 빛'(8:12)이다. 빛은 곧 생명의 원천이며, 그 생명의 원천은 오직 예수께 있다. "나는 부활이요 생명이니"(11:25)라는 예수님의 자기계시의 말씀도 같은 연장선에 있다.

구약성경은 이스라엘을 "이방의 빛"(사 49:6)이라고 하였고, 공관복음은 제자들을 "세상의 빛"(마 5:14)이라고 말한다. 요한은 이스라엘이나 제자들에게 적용된 "빛"을 예수께로 역전시키는 발상의 전환을 시도한다. 요한은 예수님을 '빛의 원형'으로 보고 있다. 그렇다면 왜 요한은 "빛"을 예수께 적용시킨 것인가? 그것은 이스라엘이 이방의 빛으로서의 소명에 실패했기 때문이다.

예수님만이 이방(세상)의 빛으로서의 소명을 온전히 이루신 분이다. 예수님만이 어두운 세상을 밝은 세상이 되게 하실 분이다. 세례 요한이나 모든 제자(신자)들은 '빛의 증언자'나 '빛의 반사체'이지 '빛의 원형'은 아니다. 저들은 빛 되신 예수님을 본받아 세상의 빛으로서의 소명(calling)을 다해야 할 사명(commission)이 있을 뿐이다.

요한의 이 같은 발상은 성전의 촛대, 즉 메노라(menorah)의 일곱 가지에서 비롯된 것으로 여겨진다(출 37:17-24). 촛대는 하나의 몸에 일곱 지체(등잔)가 붙어 있는 형국이다. 요한이 말한 일곱 빛은 '일곱 촛대'라고 말할 수도 있지만, 하나의 촛대(예수님)에 일곱 가지(일곱 교회)라고 말할 수도 있다.

그 일곱 가지에서 나오는 빛은 예수님에게서 나오는 예수빛이다. 예수빛은 말씀빛이요 부활빛이다. 부활빛은 일곱 색깔 무지개빛이다. 시인 윤동주(尹東柱, 1918-45)의 <별 헤는 밤>에서 별 하나에 각각 이름을 붙였듯이, 일곱 개의 부활빛에 각각 이름을 붙여본다. 빨강: 기쁨빛, 주황: 밝음빛, 노랑: 생명빛, 초록: 소망빛, 파랑: 승리빛, 남색: 영광빛, 보라: 창조빛. 주님은 온 누리에 말씀빛, 부활빛을 전하기 위해 이 세상에 오셨다.

홍수 이후에 하나님께서 다시는 물로 심판하지 않을 것을 약속한다는 의미에서 '무지개'를 영원한 언약의 징표로 삼았듯이(창 8:13), 빛(일곱 색깔 무지개빛) 되신 예수님은 '믿음'을 우리와의 영원한 언약의 징표로 삼으셨다. 달리 표현하면 유대교의 핵심에는 야웨 하나님과 이스라엘 간의 언약이 있다. 즉 이스라엘(유대인)은 야웨 하나님과 언약을 맺음으로 선민(選民) '하나님의 백성'이라고 불리게 되었다. 그런데 요한은 하나님이 보내신 예수 그리스도를 영접하는(믿는) 자는 새 언약민(새 선민)인 '하나님의 자녀'가 된다(12절)는 놀라운 말을 하고 있다.

'하나님의 백성'과 '하나님의 자녀'는 어떻게 다른가? '하나님의 백성'은 이스라엘(유대 민족)에 국한된 민족적인 배타성을 지닌다. 그러나 '하나님의 자녀'는 그 어떠한 제한도 없는 세계적인 보편성을 지닌다. 유대인들은 하나님의 선택된 백성이라는 특권에 대해 얼마나 큰 자긍심을 갖는지 모른다. 그러나 그들은 자기들만이 구원받을 자격이 있는 선민이라는 착각에 빠져 하나님의 아들이 자기 땅에 왔으나 그를 영접하지 아니하였다(11절). 그들은 빛 되신 예수 그리스도 대신 어둠을 선택하였다(5절). 그리하여 그들은 빛의 자녀가 아닌 어둠의 자식들이 되었다.

(2) 다섯 날과 다섯 제자(1:19-51)
요한은 증인 본문을 네 개의 단락으로 나누어 기술한다(19-28, 29-34, 35-42, 43-51절). 따라서 서곡(1:1-18)까지 합하면 다섯 단락이 되어 1장은 숫자 5의 상징적 의미를 갖는다. 또한 요한은 첫째 단락(19-28절)에서 예루살렘에 있는 바리새인들이 제사장들과 레위인들을 세례 요한에게 보내어 그가 메시아인지를 다섯 번(20,21[2회], 22, 25절) 묻는다. 이 또한 숫자 5의 상징적 의미를 갖는다. 또한 증인 본문을 자세히 살펴보면 다섯 날로 구성되어 있음을 볼 수 있다(19,29,35,39,43절).
그런데 증인 본문에서 주목할 것이 있다. 요한은 첫 제자를 공관복음의 네 제자(베드로, 안드레, 야고보, 요한)가 아닌 다섯 제자를 부르고 있다는 사실이다. 이것 또한 숫자 상징코드에 해당한다. 숫자 다섯은 유대교나 모세를 상징하는 것으로 첫 다섯 제자가 유대교와 모세를 뛰어넘을 것이라는 상징성(우위성)을 갖는다.
그런데 중요한 것은 수제자로 일컬어지는 베드로보다 안드레가 먼저 부름을 받고 있다는 점이다. 이 대목에서 베드로는 안드레를 통해서 예수님의 제자가 된 사람이기에 부정적 베드로 상(像)의 근거로 삼으려는 것은 잘못된 시각이다. 이 대목은 뒤에 오신 예수님이 세례 요한보다 앞선 분이듯이, 뒤에 제자가 된 베드로가 안드레보다 앞선 제자가 된다는 것을 보여주는 '차자 중시의 원리', 즉 장자보다 차자를 중시하는 원리를 보여주고 있다.

공관복음에서 첫 제자를 부르는 장면과는 달리 시몬 베드로가 안드레보다 뒤늦게 부름을 받은 것은 역사적 사실 여부를 떠나 구약성경의 '차자 중시의 원리(나중 된 자 먼저 된다)'에 따른 것으로 볼 수 있다. 실례를 들면, 가인보다 아벨을, 이스마엘보다 이삭을, 에서보다 야곱을, 요셉의 형보다 요셉을, 므낫세보다 에브라임을, 아론보다 모세를, 다윗의 형보다 다윗을 중시하는 원리가 나타난다(마 20:16; 롬 5:12-21; 히 10:9 참조).

여기서 '차자 중시의 원리'는 안드레가 시몬 베드로의 형제로 불리워지고 있다는 점(40절), 그리고 베드로를 눈여겨 본 예수께서 베드로가 장차 교회의 중요한 지도자가 될 것임을 예언하신 말씀 "네가 요한의 아들 시몬이니 장차 게바라 하리라"(42b절)에서 찾아볼 수 있다(마 16:18-19 참조). 이 같은 예언은 베드로의 지도권과 우위권을 보여주는 21:2에서 성취되고 있다.

끝으로, 서론인 1장 전체에서 주목해 보아야 할 것이 있다. 그것은 요한이 다섯 측면에서 숫자 상징코드를 사용하고 있다는 점이다. 1장 전체가 다섯 단락으로 되어 있고, 서곡

(1-18절)이 다섯을 상징하는 모세 오경(1, 17, 18절)과 관련되어 있고, 증인 본문에서 세례 요한에게 던진 '다섯 번의 질문', '다섯 날'과 '첫 다섯 제자'가 나타나고 있다. 다섯이란 숫자는 모세(오경) 및 유대교를 상징하는 숫자이다. 여기서 우리는 요한이 얼마나 구약적(히브리적) 배경 아래 1장(서론)을 썼는가를 엿볼 수 있다. 다양한 상징코드를 사용하여 1장을 완벽한 작품으로 만든 요한의 천재성에 그저 놀랄 뿐이다. 보다 자세한 내용은 아래 요한의 신학 중 '기독론'(1:1-18)을 참조하라.

(3) 여섯 시와 여섯 남편(4:1-26)

요한은 3장과 4장의 연결 관계를 접속사(οὖν)를 사용하여 표현하고 있다. 요한은 3장에서 유대인이자 바리새인인 니고데모와의 대화를 통해 예수님은 먼저 유대인의 구주가 되시며, 그 다음에는 4장의 사마리아 여인과의 만남을 통해 이방인(사마리아인, 갈릴리인, 헬라인, 로마인)의 구주도 되신다는 것(롬 1:16)을 보여주고 있다.

예수님이 수가라는 동네에 들어갔는데, 그곳에는 야곱이 그의 아들 요셉에게 준 땅이 있었다(5절). "거기 또 야곱의 우물이 있더라 예수께서 길 가시다가 피곤하여 우물 곁에 그대로 앉으시니 때가 여섯 시쯤 되었더라"(6절). 제6시란 우리 시각으로 정오를 가리킨다. 예수께서 빌라도에게 십자가 처형 선고를 받던 시각도 정오였다(19:14). 요한복음에서 이 두 곳에서만 같은 시각을 말하고 있다. 또한 열사의 땅 팔레스타인의 정오의 '목마름'이라는 같은 주제는 단지 역사적 사실을 말한다고

만 볼 수 없다. 이는 숫자 상징코드를 보여주는 대목이다.

삶의 무게에 짓눌려 살아온 한 여인의 타는 목마름과 인류 구원이라는 아버지의 뜻에 순종하기 위해 져야만 했던 십자가 위에서의 타는 목마름이 오버랩 되고 있다. 남에게는 영원히 목마르지 않을 샘물을 퍼주시겠다고 약속하신 분이 자신은 정작 그 부끄러운 십자가 위에서 "내가 목마르다"고 절규하고 있는 것이다. 여기서 우리는 오직 '타인을 위한 존재(Being for Others)'였던 예수님을 보게 된다.

물을 소재로 대화하던 중 예수님(또는 요한)은 전혀 예상치 못한 말을 함으로써 다른 차원에서 이 여인과의 대화를 이어 나간다. "가서 네 남편을 불러 오라"(16절). "여자가 대답하여 이르되 나는 남편이 없나이다 예수께서 이르시되 네가 남편이 없다 하는 말이 옳도다 / 너에게 남편 다섯이 있었고 지금 있는 자도 네 남편이 아니니 네 말이 참되도다"(17,18절). 지금 예수님과 사마리아 여인과의 대화는 일종의 선문답(禪問答: 승려들 사이에서 진리를 찾기 위해 주고 받는 종교적 대화)이라고 할 수 있다.

성서해석의 초기부터 남편의 수 '다섯'이 무엇을 의미하는지에 대해 여러 견해들이 있었다. 동방교회 교부였던 오리겐(Origen)은 사마리아인이 모세오경만을 정경으로 간주한 것을 들어 남편의 수 다섯은 '모세오경'을 의미하는 것이라고 주장하였다. 사마리아 여인은 사마리아 사람을 대표하고 다섯 남편은 사마리아인들이 섬기는 다섯 신을 가리킨다는 견해도 있다.

그런데 이 대화에서 놓치지 말아야 할 것은 남편이 다섯이 아니라 여섯이라는 사실이다. 과거의 남편 다섯에다가 지금 동거하고 있는 남자까지 합하면 여섯 남편이 된다. 그런데 남편이 여섯이 있음에도 불구하고 남편이 없다고 한 여인의 말이나 그 말이 옳다고 하신 예수님의 말씀은 무슨 뜻인가?

예수님이 여인의 말이 옳다고 한 것으로 보아 일단 여인의 말이 옳다고 보아야 한다. 여기서 우리는 숫자 여섯에 주목할 필요가 있다. '여섯'이란 숫자는 완전수인 일곱에서 하나가 부족한 불완전함을 의미한다. 하나님이 사람을 제6일에 창조한 것은 사람은 하나가 더해져야, 즉 '하나님'이라는 한분을 영접해야 온전해진다는 것을 암시한다.

마찬가지로 가나의 혼인잔치 표적에 나오는 돌항아리 여섯(2:6)은 불완전한 유대교를 상징한다. 현재의 본문에서 여섯 남편은 사마리아 종교(또는 유대교)의 불완전함을 상징한다. 그러니까 여기서 요한은 여섯 남편이 있다 하더라도 참 신랑(남편) 되는 '일곱 번째 남편'인 예수님이 없으면 남편이 없는 것과 마찬가지라는 그런 의미로 말하고 있다. 여기서 요한은 숫자 상징코드를 사용하여 예수님이 유대교를 대체하러 오신 분임을 말하고자 한 것이다.

사마리아 여인이 그동안 만난 여섯 남자는 어떤 남자들이었을까? 모든 사람들이 목마르게 찾는 귀한 것들이라고 가정해 보자. 그래서 이 여인이 그러한 것들을 소유한 여섯 남자를 차례로 하나씩 만났다고 가정해 보자. 가령, 첫 번째 남자는 사회적 지위가 높은 권세가 있는 남자, 두 번째 남자는 재물이 많은 부유한 남자, 세번째 남자는 많은 지식을 가진 남자, 네 번째 남자는 육체적으로 만족을 주는 건강한 남자, 다섯 번째 남자는 법이 없어도 살만큼 선하고 착실한 남자, 여섯 번째 남자는 자기만을 알뜰하게 사랑하는 배려깊은 남자였을지도 모른다.

그러나 그 어떤 남자도 근원적으로 목마른 그녀의 영혼의 갈증을 메워줄 수 없었다. 구멍 뚫린 허한 가슴을 메워줄 남자는 만나지 못했다. 메시아라는 유대인 남자를 만나기 전까지는. 요한이 여섯 남편을 말하고 일곱 번째 남편인 메시아 예수님을 말한 것은 이 같은 깊은 뜻이 있다.

예수님은 이 대화의 피날레를 이렇게 장식했다. "네게 말하는 내가 그라"(26절). 이 대목은 그 유명한 '에고 에이미' 말씀 가운데 하나이다. 여기서 주목할 것은 유대인 예수는 니고데모 같은 유명인사에게도 밝히지 않았던 메시아로서의 자신의 정체성을 사마리아 여인에게 처음으로 밝혔다. 이 메시아 발언은 타인이 아닌 본인이, 직접, 처음으로, 그것도 부정한 사마리아 여인에게 밝혔다는 점에서 대단히 중요한 의미를 갖는다.

사마리아인, 여인, 부정한 죄인이라는 근원적인 삼중의 굴레 속에서 목숨을 이어왔던 한 맺힌 삶, 그녀는 얼마나 많은 나날을 삶을 포기하고 싶은 생각을 하며 살아왔을까. 그 누구도 거들떠보지 않는 버림받은 여인, 눈물로 밥을 짓고 한숨을 반찬으로 삼아 살아온 불쌍하고 불행한 여인, 이 같은 여인을 사람 대접 해주며 당신도 사랑을 받아야 할 귀한 존재요 구원을 받아야 할 소중한 존재로 알아주고 안아주신 주님, 주님의 사랑이 눈물겹도록 아름답고 감동적이다.

2. 지리(공간) 상징코드

요한의 천재성은 '공간의 해체와 재구성'에 의한 지리 상징코드를 사용한 데서도 잘 드러난다. 그의 지리 상징코드는 다섯 차례의 하강구도를 포함하여 "갈릴리 對 유대(예루살렘)", "가나 對 가버나움", 그리고 "요단 동편 對 요단 서편"이라는 대조를 통해 잘 드러난다.

공관복음은 땅 및 갈릴리에서 시작하는 데 반해, 요한복음은 하늘 및 예루살렘에서 시작한다는 점에서 대조를 이룬다. 더욱이 공관복음은 한 차례의 유월절을 통해 일차원적이고 선적인 구도로 예수님의 행적을 그리고 있는데 반해, 요한은 세 차례의 유월절을 통해 다중적 의미를 갖는 다차원적이고 입체적인 구도로 예수님의 행적을 그리고 있다.

1) 성육신 교리의 다양한 의미

말씀(로고스)이신 하나님(하나님의 아들)이 인간의 육신을 입고 이 세상에 오셨다(1:14)는 요한의 성육신 교리(로고스 기독론)는 공관복음과는 차원이 다른 다차원적 해석을 가능케 한다. 즉 하나님의 내리사랑, '태어나(낳고) 죽는 존재'가 아닌 '왔다 가는(보냄 받은) 존재'로서의 예수님, 영원과 시간을 비롯하여, 하늘과 땅, 하나님과 인간 등 '시공인(時空人)'의 일원론적 통합, 서곡 내에서의 '성전을 대체한 예수님' 등 다양한 의미를 내포하고 있다. 여기서는 하나님의 내리사랑, '왔다 가는 존재'로서의 예수님을 중심으로 살펴보자.

성육신 교리는 예수님의 본래 고향이 땅이 아닌 하늘임을 말하고 있다. 따라서 예수님은 하늘(위)로부터 오신 분이다 (3:31). 이는 그가 본래 인간이 아니라 하나님(하나님의 아들) 이라는 것(1:18)을 말하고 있다. 예수님은 하늘에 속한 분이요 하나님(하나님의 아들)이기에 그는 세례를 받으실 필요가 없다. 그래서 공관복음에서 예수님이 세례 요한으로부터 세례를 받은(마 3:13/ 막 1:9-11/ 눅 3:21-22) 것과는 달리 요한복음에는 예수님의 세례 기사가 없다.

한편, 요한은 기본적으로 "태어나(낳고) 죽는 존재"로서의 예수님을 그리고 있는 공관복음과는 차원이 다른, "왔다 가는(보냄 받은) 존재"로서의 예수님을 그리고 있다. 공관복음은 예수님을 땅(사람)에서 태어나 십자가에서 죽으신 존재로 그리고 있다. 이와 달리 요한복음은 예수님을 하늘에서 땅으로 왔다가 사명을 다 이루고 다시 하늘로 돌아가는 존재로 그리고 있다. 물론 공관복음에도 예수님이 사명을 이루기 위해 이 세상에 왔거나 아버지로부터 보냄 받았다(마 20:28; 막 1:38; 10:45; 눅 4:43 등)는 대목이 있으나 요한복음과 비교하면 너무도 빈약하다.

요한은 예수님을 철저히 아버지 하나님으로부터 보냄 받은 존재로 이 세상에 오셨다가 아버지의 뜻을 다 이루고(4:34; 19:30) 다시 하늘로(아버지께로) 돌아가신 분(8:23; 13:1; 16:28 등)으로 그리고 있다. 이것을 증명이라도 하듯이 요한은 신약에서 '보내다'라는 의미로 사용된 대표적인 두 단어 즉, 주로 공적 임무를 띠고 파견된 의미로 사용된 '아포스텔로(ἀποστέλλω)'를 20회 이상, 그리고 일반적 의미의 보냄 받았다는 뜻을 지닌 '펨포(πέμπω)'를 30회 이상, 합계 50회 이상 사용하고 있다. 이것은 요한이 예수님을 얼마나 철저히 "왔다 가는(보냄 받은) 존재"로 그렸는가를 극명하게 보여주고 있다.74)

공관복음은 예수님이 유대 땅 베들레헴에서 태어나셨다고 말한다(마 2:1; 눅 2:4). 이것을 기념하는 날이 성탄절(聖誕節)이다. 그런데 요한에 의하면 예수님은 본래 사람이 아닌 하나님이다. 그러니까 예수님은 사람처럼 구체적인 어느 장소에서 태어난 존재로 그릴 수 없다. 그리고 하늘에서 땅으로 내려온 분이기에 성탄절이 아니라 성래절(聖來節)이라고 말해야 할 것이다.

또한 땅에서 태어난 예수님은 십자가 위에서 숨을 거두었다(마 27:50; 막 15:37; 눅 23:46). 여기서 "숨을 거두었다"는 것은 "죽으셨다", "운명하셨다"는 뜻이다. 그러니까 공관복음은 기본적으로 예수님을 '낳고(태어나) 죽는 존재'로 그리고 있다. 사람으로 땅에서 태어나 십자가 위에서 죽으신 예수님이 부활 승천하심으로 하나님의 아들(주와 그리스도, 행 2:36)로 인정되었다는 것이 공관복음의 기독론이다.

이에 반해 요한은 하늘에서 땅(세상)으로 오신 예수님은 땅(세상)에서 그를 보내신 하늘(하나님)의 뜻을 이루고 다시 하늘로 돌아가는 존재로 그리고 있다. 그러니까 십자가 위에서 예수님이 마지막으로 하신 "다 이루었다"(19:30)는 말씀은 이 세상에 오신 목적75), 즉 하늘(하나님)의 사명인 인류의 구원을 온전히 성취(또한 구약의 성취) 하였음을 말하는 것이다. 그러기에 예수님이 십자가 위에서 숨을 거두었다("영혼이 떠나가시니라", 19:30)는 말씀은 '죽었다'는 의미의 공관복음에서와는 달리 '돌아갔다', 즉 본래 고향인 하늘로(아버지께로) 돌아갔다는 의미이다. 본래 하늘에서 선재하신 하나님의 아들 예수께서 사람의 몸을 입으시고 이 세상(땅)에 오셨다가 십자가에 달리시고 부활 승천하여 다시 본래 고향인 하늘로 (하나님의 아들로) 돌아갔다는 것이 요한복음의 기독론이다.

여기서 '낳고 죽는 존재로서의 인생관'과 '왔다 가는(보냄 받은) 존재로서의 인생관'의 차이를 생각해 보자. '낳고 죽는 존재로서의 인생관'은 기본적으로 '자연인의 인생관'이라고 말할 수 있다. 자연인의 인생관에서는 한 사람이 어떤 환경에서 태어났느냐, 즉 어느 나라, 어느 지방, 어떤 부모, 어떤 신분, 그리고 부자 집에서 태어났느냐 아니면 가난한 집에서 태어났느냐 하는 것이 대단히 중요하다. 그리고 죽을 때에도 얼마나 오래 살았느냐, 편안히 죽었느냐 횡사했느냐, 사회적 신분이 높은 자로 죽었느냐 그렇지 않았느냐에 따라 죽음의 의미와 장례의 규모가 달라진다.

이와 달리 '왔다 가는(보냄 받은) 존재로서의 인생관'은 '신앙인의 인생관'이라고 말할 수 있다. 신앙인의 인생관에서는 한 사람이 어떤 환경에서 태어났느냐가 그리 중요하지 않다. 중요한 것은 이 세상에 와서 자신에게 주어진 사명을 온전히 다 이루고 죽었는가 아니면 그렇지 못하고 죽었는가 하는 것이 중요하다. 예수님이 가난한 목수의 아들이요 갈릴리 나사렛 출신(1:45-46)이라고 해서 비웃음 받을 것도 없고 최악의 죽음으로 여겨지는 십자가에서 참혹하게 죽으셨다고 해서 실패한 인생이라고 말할 수 없다.

그러니까 사람의 눈으로 볼 때 얼마나 화려하고 멋지게 성공하고 부귀와 영달을 누리며 오래 살다 죽었다는 것이 중요한 것이 아니라 얼마나 온전히 자기에게 맡겨진 하늘의 사명을 온전히 이루었느냐가 중요하다. 그런 의미에서 "다 이루었다"는 말씀으로 생애를 마감한 예수님은 이 세상의 그 누구와도 비교가 안 되는 온전한 삶을 살다 가신 분이다. "내가 달려갈 길과 주 예수께 받은 사명 곧 하나님의 은혜의 복음을 증언하는 일을 마치려 함에는 나의 생명조차 조금도 귀한 것으로 여기지 아니하노라"(행 20:24)는 사도 바울의 고백은 그가 얼마나 사명에 충실한 삶을 살다 갔는가를 잘 보여준다.

한편, 하늘에 속한 분이 이 땅, 이 세상에 내려오신 것은 죄로 인해 영원히 멸망 받을 수밖에 없는 인간을 구원하기 위해서였다. 이것이 복음 중의 복음이요 인간에 대한 하나님의 사랑을 잘 표현하고 있는 그 유명한 말씀 요한복음 3:16이다. 하늘에서 땅으로 내려왔다는 성육신 교리는 하나님의 사랑의 특성 곧 '하나님의 내리사랑'을 잘 말해주고 있다. 여기서 주목해야 할 사실은 하나님의 성육신적 내리사랑이라는 '하강구도'는 이후에 전개되는 나머지 네 차례의 하강구도의 시발이 된다는 점이다.

서곡은 끝없이 낮아진 바로 그 자리(성육신의 자리)가 "은혜와 진리"가 충만한 자리라고 말씀한다. 왜냐하면 거기에 우리를 사랑하시는 '하나님의 내리사랑'이 잘 드러나 있기 때문이다. 하나님의 내리사랑의 절정이 십자가의 죽으심이다. 서곡에서 보여준 성육신적 내리사랑은 요한복음 전체 구조가 유대(예루살렘)에서 시작하여 갈릴리(사마리아)로 내려가는 '갈릴리 지향적 복음서'의 원형이 된다는 점에서 대단히 중요한 의미를 지닌다.

2) 다섯 차례의 하강구도

공관복음의 지리적 구도는 예수님의 생애를 '한 번의 유월절'에 의한 구도로 그리고 있다. 이에 반해 요한복음의 지리적 구도는 예수님의 생애를 '세 번의 유월절'에 의한 구도로 그리고 있다. 일반적으로 예수님의 공생애를 1년이 아닌 3년으로 보는 것은 요한에 따른 것이다. 여기서 중요한 것은 공생애가 1년이냐 3년이냐가 아니라 이를 통해 각 복음서가 예수님의 생애를 어떻게 그렸느냐 하는 것이다.

공관복음은 갈릴리에서 사역을 시작한 예수님이 유월절에 예루살렘에 올라가 십자가에서 죽임을 당하는 선적인 구도로 되어 있다. 이에 반해 요한은 요한복음을 성육신적 하강구도에 이어 세 차례의 유월절 및 부활하신 주님이 예루살렘에서 시작해서 갈릴리로 내려가는 하강구도로 그리고 있다.

관례상 우리는 서울에서 지방으로 갈 때는 내려가는 것으로, 지방에서 서울로 갈 때는 올라가는 것으로 말한다. 마찬가지로 예루살렘에서 갈릴리로 갈 때는 내려가는 것으로, 갈릴리에서 예루살렘으로 갈 때는 올라가는 것으로 말한다 (2:13; 5:1; 7:10). 그러니까 하늘이 위(上)고, 땅은 아래(下)이듯이, 예루살렘은 위(上)고, 갈릴리는 아래(下)라고 말할 수 있다.

요한은 성육신의 하강구도, 그리고 세 차례의 유월절에 나타난 예루살렘-갈릴리 하강구도, 그리고 예루살렘에서 부활하신 주님이 갈릴리로 내려가는 21장의 하강구도, 이렇게 요한복음 전체를 다섯 차례의 하강구도로 그리고 있다. 이를 정리하면 다음과 같다.

첫 번째-하늘(영원)에서 땅(시간)으로(성육신 사건, 1:1-18)
두 번째-유대(예루살렘)에서 갈릴리로(1:19-2:12)
세 번째-유대(예루살렘)에서 갈릴리로(2:13-4:54)
네 번째-유대(예루살렘)에서 갈릴리로(5:1-7:9)
    (예루살렘 활동기: 7:10-20:29)
다섯 번째-유대(예루살렘)에서 갈릴리로(21:1-23)

이 같은 다섯 차례의 하강구도는 요한복음이 일관된 지리 상징코드로 되어 있다는 것을 잘 말해주고 있다. 불트만을 비롯한 많은 학자들이 현재의 요한복음은 시간적으로나 지리적으로 잘 정리되어 있지 않고 혼란스럽기에 본문의 순서를 바꾸어(가령, 4-6-5-7장 순으로) 읽어야 더 잘 이해가 된다는 주장은 폈다. 그러나 그들의 주장은 요한의 지리 상징코드를 이해하지 못한 불신앙과 무지의 소치이다.

이 같은 다섯 차례의 하강구도에는 요한의 분명한 신학적 의도가 깔려 있다. 다섯 차례의 하강구도가 말하는 지리 상징코드는 다섯이라는 숫자 상징코드의 의미를 갖는다. 다섯이라는 숫자는 유대교, 또는 모세(오경)를 상징한다. 그러니까 요한복음의 전체구도는 모세(오경)를 염두에 둔 구약적(히브리적) 배경 아래 놓여 있으며, 요한은 예수님을 '모세(유대교)를 대체한 새 모세'로 그리려고 했던 것이다.

더욱 중요한 것은 이러한 다섯 차례의 하강구도가 갖고 있는 요한의 메시지이다. 이미 언급했듯이 요한은 이 같은 묘사를 통해 '성육신적 내리사랑'이라는 하나님의 사랑을 보여주고자 했다. 요한은 이를 통해 하나님(예수)의 사랑은 내려가는 것, 즉 내리사랑의 특징을 가지고 있다는 분명한 메시지를 전하고 있다.

내리사랑과 관련하여 가톨릭 사제로서 하버드 교수였던 헨리 나우웬(H.Nouwen, 1932-96) 박사 얘기를 하고 싶다. 하버드 대학의 교수직은 명예와 부가 보장된 자리이다. 그런 자리를 내려놓은 그는 정신지체 공동체인 캐나다 토론토의 데이브레이크 공동체의 직원으로 들어가 10년 동안 정신 지체인들과 함께 생활하다가 세상을 떠났다. 그는 이런 말을 하였다. "나는 그동안 작은 성공의 외로운 꼭대기를 향하여, 작은 인기, 작은 권력의 꼭대기를 향하여 오르막길만을 추구해 왔다. 그러던 어느 날 아담(정신지체자인 한 청년) 군 곁에 앉았을 때, 나는 이런 인간들의 고통에 동참하는 내리막길을 통해서만이 예수님을 알 수 있다는 것을 깨달았다. 오르막길에서는 예수님이 보이지 않는다. 내리막길에서만이 복음서의 진정한 예수님을 만날 수 있다."

3) 지리(공간) 상징코드의 실례

(1) 갈릴리와 예루살렘(유대)

요한의 지리 상징코드는 '갈릴리와 예루살렘(유대)'의 대조를 통해서 잘 엿볼 수 있다. 먼저 예수님 당시에 유대인들이 예루살렘을 어떻게 생각했는가 하는 것을 살펴볼 필요가 있다. 성전을 포함하고 있는 예루살렘은 유대인들의 세계관 및 정체성 그 자체라고 말할 수 있을 정도로 상징적 중요성을 갖는다. 다윗이 예루살렘을 수도로 정하고, 그곳에 솔로몬이 성전을 세운 이래로 예루살렘은 이스라엘의 소망(정체성)을 담은 정치적, 종교적 중심지이자 그 땅의 구심점이었다.

유대인들은 세계를 예루살렘 성전을 중심으로 한 동심원으로 생각하였다. 즉 예루살렘 성전의 지성소로부터 성전의 나머지 부분으로(예루살렘 성전 자체가 동심원적으로 구분되어 있음), 그리고 성전에서 예루살렘 나머지 부분으로, 예루살렘에서 이 땅 전역으로 퍼져나가는 동심원으로 생각하였다.

이에 반해 갈릴리는 "이방의 갈릴리"(사 9:1; 마 4:15)라는 말이 있듯이 같은 유대인이면서도 갈릴리인들은 이방인 취급을 받아야 했고 갈릴리는 소외와 멸시를 당하는 땅이었다. 예수님이 자란 나사렛은 갈릴리 지방이었고 요한을 비롯하여 첫 제자로 부름 받은 사람들은 갈릴리 바다에서 어부 생활을 했던 갈릴리 사람들이었다. 요한이 소외와 멸시를 당하는 갈릴리 출신이라는 사실은 그의 복음서를 이해하는 데 대단히 중요하다.

마태와 마가는 갈릴리에서의 예수님의 생애에 초점을 맞추고 있다. 이에 반해 누가 문서는 예루살렘을 중심으로 예수의 생애를 그리고 있다.

그러면 요한은 어떠한가? 예수님의 대부분의 사역이 예루살렘에서 행해지고 있다고 볼 때 요한은 외견상 누가처럼 '예루살렘 중심적'이라는 인상을 갖게 한다. 그런데 요한이 그린 '유대', 또는 '유대인', 그리고 '예루살렘'은 부정적인 의미로 가득 차 있다. 즉 예수님에게 있어 유대(예루살렘)는 끝없는 논쟁의 장소요 수난과 죽음으로 점철된 장소이다(마지막에는 예루살렘에서 부활하기는 하지만 그것은 갈릴리를 향한 포석의 성격을 갖는다).

이에 반해 갈릴리(사마리아)는 보다 긍정적인 의미로 그려지고 있다. 나아가 지리 상징코드에 나타난 요한의 의도는 예루살렘에 초점을 두지 않고 갈릴리에 초점을 두고 있다. 부활하신 주님은 오래도록 활동하던 예루살렘에 머물지 않으시고 가난한 어촌인 디베랴(갈릴리) 호수로 내려오셔서 제자들을 만나시고 그들에게 목회와 선교의 사명을 부여하셨다. 이것이 주님의 마지막 활동이었다.

전체적으로 볼 때 요한은 예수님의 행적을 "유대(예루살렘)에서 갈릴리로"(또는 "하늘에서 땅으로"), 즉 "위에서 아래로의 지향"으로 그리고 있다. 그러니까 얼핏 보기에 요한복음은 '예루살렘 중심적 복음서'인 누가복음에 가까운 것 같으나 실제적으로는 '갈릴리 지향적 복음서'[76]인 마가복음에 가깝다.

(2) 가나와 가버나움

요한은 지리 상징코드를 사용하여 갈릴리 가나를 신앙의 장소로, 갈릴리 가버나움을 불신앙의 장소로 그리고 있다. 그러니까 요한복음에서 갈릴리는 반드시 긍정적으로만 기술되어 있지 않다(1:46; 4:44; 7:41,52). 갈릴리 가운데 가나는 신앙의 장소로, 가버나움은 불신앙의 장소로 대조적으로 그려지고 있다.

요한은 서곡(1:1-18)에 이은 증인 본문(1:19-51)에서 세례 요한과 예수님의 사역을 유대(예루살렘)에서 시작하는 것으로 그리고 있다. 그러기에 이왕 첫 표적을 행할 바에는 부유하고 많은 사람들이 모이는 유대(예루살렘)에서 행하는 것이 메시아로서의 자신을 잘 드러내고 하나님의 영광을 드러내는 데 더욱 효과적이라고 생각할 수 있다.

그런데 예수님은 첫 표적을 유대(예루살렘)에서 행하지 아니하시고 바삐 서둘러 혼인잔치가 있는 갈릴리 땅, 그곳도 가난한 동네인 가나에 몸소 오셔서 첫 표적(2:1-11)을 행하셨다. 요한은 첫 표적을 가나에서 행하신 예수님이 어머니와 형제들과 함께 고향인 가버나움에 내려가셨으나 그곳에 오래 머무시지 아니하셨다(2:12)고 보도하고 있다.

이어서 요한은 예루살렘에서 시작하여 갈릴리로 마치는 세 번째 하강구도(2:13-4:54)를 보도한다. 여기서 주목할 것은 예수님이 유대에서 사마리아를 거쳐 갈릴리로 가시다가 가버나움에 있는 왕의 신하의 아들이 거의 죽게 되었을 때 가버나움에 친히 가시지 아니하시고 가나에서 말씀으로 치유하시는 두 번째 표적(4:43-54)을 행하셨다는 사실이다. 이것 또한 첫 표적과 마찬가지로 가버나움보다는 가나를 중요시하는 지리 상징 코드를 보여주고 있다.

요한복음 전체의 서론에 해당하는 1장을 마치면서 요한은 "랍비여 당신은 하나님의 아들이시요 당신은 이스라엘의 임금이로소이다"(1:49)라는 나다나엘의 신앙고백으로 대미를 장식한다. 그런데 요한복음의 결론에 해당하는 21:2에 보면 나다나엘은 "갈릴리 가나 사람"으로 보도되고 있다. 여기서도 갈릴리 가나는 신앙의 장소로서 긍정적으로 그려지고 있다.

(3) 요단 동편(건너편)과 요단 서편

요한의 지리 상징코드는 요단 동편(건너편)과 요단 서편을 대조적으로 그리고 있는 데에서도 잘 나타난다. 요한은 지리 상징코드를 사용하여 가나안 땅을 바라보며 모세가 죽었던 요단 동편을 멸망과 죽음의 땅이요 구원 받지 못한 땅으로 상정하고 있는 데 반해, 요단 서편 가나안 땅은 생명과 부활의 땅이요 구원의 땅으로 상정하고 있다. 그러면서 세례 요한을 모세와 운명을 같이 하는 공동운명체로 상정하여 요단 동편(건너편)에서만 사역하는 것으로 규정짓고 있다.

공관복음은 세례 요한의 첫 사역의 장소를 유대 광야(마 3:1), 광야(막 1:4), 또는 "요단강 부근"(눅 3:3)이라고 밝히고 있는데 반해, 요한복음은 "요단강 건너편 베다니"(1:28)라고 밝히고 있다. 그런데 이 지명은 공관복음 어디에도 나오지 않으며, 어떤 문헌에도 요단 동편 베다니의 위치가 정확히 알려져 있지 않다. 이곳은 예수께서 나사로를 살리시기 직전에 머물던 곳으로 한 번 더 언급(10:40)되고 있다.

그런데 요한복음에는 '베다니(βηθανία)'라는 지명이 두 곳 (1:28; 11:1)으로 나타난다.77) 한 곳은 "요단강 건너편 베다니"이고 다른 한 곳은 요단 서편 땅에 해당하는 예루살렘 남동쪽 3km 지점, 감람산 기슭에 위치한 나사로의 집이 있는 베다니 (11:1)이다. 그런데 요단 동편(건너편) 베다니가 실제로 있었는지에 대한 사실성 여부를 떠나 요한은 세례 요한의 사역지를 항상 요단 동편(건너편)으로 규정짓고 있다(1:28; 3:26; 10:40)는 점이다.78) 여기서 주목해야 할 사항은 요한은 왜 세례 요한을 언제나 요단 동편에 머물러 있는 존재로 묘사하고 있는가? 하는 점이다.

요한은 지리 상징코드를 사용하여 세례 요한을 모세와 같은 인물로 그리고 있다. 즉 모세와 세례 요한은 선구자일 뿐이다. 모세는 이스라엘 백성을 애굽에서 가나안으로 인도했지만 자신이 그토록 바라던 약속의 땅(가나안 땅)을 바라볼 뿐 가나안 땅에 들어가지 못하고 요단 동편에서 죽었다.79) 약속의 성취는 여호수아에 의해 이루어진다.

마찬가지로 예수님의 선구자로서 율법시대의 마지막 주자인 세례 요한도 모세처럼 약속에서 성취로 가는 통로일 뿐이다. 요단강을 경계로 모세와 세례 요한은 요단 동편에 머무를 수밖에 없는 운명이다. 약속의 성취(구원)는 복음시대를 열었던 오직 예수님에 의해서만 이루어진다. 똑같이 그 이름이 '구원자'라는 의미를 지닌 여호수아(히브리어)와 예수(헬라어)는 성취자가 되는 셈이다. 세례 요한을 요단 동편의 사람으로 상정한 것은 지리 상징코드를 사용한 것이다. 요한은 (부활하신) 예수님으로만 "영생을 얻었고……사망에서 생명으로 옮겼느니라"(5:24)는 메시지를 들려주고 싶었던 것이다.

이에 대한 좋은 실례가 '요단 동편 베다니'에 머물던(10:40) 예수님이 '요단 서편 베다니'로 자리를 옮겨(11:1) 죽은 나사로를 살리는 기사이다. 지리 상징코드로 보면 예수님이 요단 동편 베다니에서 요단 서편 베다니로 옮겨 가신 행위는 멸망과 죽음의 땅에서 부활과 생명의 땅으로 옮긴 것을 암시한다. 그리고 예수님은 부활과 생명의 땅에서 "나는 부활이요 생명이다"(11:25)라고 말씀하시면서 죽은 나사로를 살렸던 것이다.

요한복음에 나오는 일곱 표적 가운데 "바다 위를 걷는 표적"(6:16-21)은 다섯 번째 표적이다. 이 표적은 네 번째 표적인 오병이어의 표적(6:1-15)에 바로 이어져 나올 뿐만 아니라 길이도 가장 짧다는 특징이 있다. 그래서 이 표적사건은 요한복음의 특징도 많이 발견되지 않고 별로 중요하지 않은 표적으로 생각하는 학자[80]가 있는가 하면, 7대 표적에서 빼고 그 대신 "십자가 사건"을 완전수에 해당하는 일곱 번째 표적으로 넣고 "부활"을 여덟 번째 표적으로 둔 학자[81]도 있다.

그러나 이 표적을 빼는 것은 제1부(1-11장)를 완전수인 일곱 표적으로 구성하고자 하는 요한의 의도를 제대로 포착하지 못한 결과이며, 이 표적사건을 별로 중요하지 않은 것으로 생각하는 것은 지리 상징코드를 제대로 파악하지 못한 결과이다. 이 표적 사건은 요한의 지리 상징코드를 이해하는 결정적 열쇠를 쥐고 있는 아주 중요한 사건이다.

요한과 마찬가지로 마태와 마가는 오병이어 표적(마 14:13-21; 막 6:30-44)에 이어 곧바로 예수께서 물 위를 걷는 사건(마 14:22-33; 막 6:45-52)을 보도한다. 그런데 마태와 마가는 오병이어의 표적을 요단 서편 빈들에서 행한 뒤에 요단 동편인 벳새다(마 14:22; 막 6:45)로 가면서 물 위를 걷는 것으로 보도하고 있다. 이에 반해 요한은 요단 동편(갈릴리 바다 건너편)에서 오병이어를 행한 후에 요단 서편인 가버나움으로 가면서 물 위를 걷는 것으로 보도하고 있다. 마태나 마가의 보도와는 정반대로 예수님의 행위를 보도하고 있는 요한의 의도는 무엇일까? 그것은 요한의 지리 상징코드 때문이다.

이 표적사건의 마지막 구절은 요한의 지리 상징코드를 잘 말해준다. "이에 기뻐서 배로 영접하니 배는 곧 그들이 가려던 땅에 이르렀더라"(6:21). 생명의 주님이 되신 예수님이 탄 배는 요단 동편을 떠나 요단 서편 땅에 이르게 되었다. 요한은 출애굽 때의 '홍해도하 사건'에 이은 '가나안 땅 정착'이라는 상징적 의미를 이 표적사건에 부여함으로써 예수님이 제2의 출애굽과 가나안 땅을 선물로 주는 '새 모세'임을 의도하고자 한 것이 분명하다.

나아가 이 표적사건은 사망의 땅으로 상징되는 요단 동편에서 먹은 떡(만나)은 잠시 배부르다가 다시 허기가 지는 '썩을 양식(육의 양식)'이고, 생명의 땅으로 상징되는 요단 서편에서 행해진 예수님의 가르침(말씀)은 '영생하도록 있는 양식(영의 양식)'이라는 것을 예시한다(6:27).

3. 절기(시간) 상징코드

요한은 '시간의 해체와 재구성'에 의한 절기 상징코드를 사용하고 있다. 요한의 천재성은 요한복음의 전체 구조를 유월절을 비롯한 유대인의 다섯 절기와 '예수의 때'라는 절기(시간) 상징코드를 가지고 구성한 데서도 잘 드러난다.

요한은 자신의 독특한 신학적 의도(관점)를 가지고 예수님의 공생애를 3년으로 구성하였다. 즉 요한의 의도는 연대기적으로 3년 동안의 예수님의 일대기를 쓰자는 데 있었던 것이 아니라 3년으로 상정한 예수님에 대한 완벽한 신학적 논문을 쓰고자 했다. 절기 상징코드로 본다면 '유월절'을 주제로 한 3년짜리 "유월절 복음서(A Passover Gospel)"를 쓰고자 했다.

1) 유월절 모티프

먼저 '유월절'이 무엇인가를 살펴보자. 이스라엘의 최대 명절인 '유월절(פסח, 페사흐)'은 이스라엘이 애굽에서 구원된 해방의 날을 기념하는 절기(출 12장)이다. 유월절은 문자적으로 '넘어가다(pass over)', '지나가다'는 뜻으로 죽음의 사자가 애굽 장자들을 죽일 때 어린 양의 피를 문설주에 바른 이스라엘 백성의 집을 넘어간 데서 유래한다. 칠칠절(오순절), 초막절(장막절)과 함께 이스라엘 3대 절기(출 23:14-17)인 유월절은 니산월(태양력 3-4월경)[82] 14일 저녁에 지켜졌다.

유대인들은 니산월 13일 저녁부터 사실상 유월절 절기를 준비한다. 이날 저녁 등불을 켜면서 집안의 모든 누룩을 제거한다. 다음 날인 14일 저녁에는 유월절 식사를 한다. 이때 어린 양의 고기와 무교병 및 쓴 나물을 먹음으로써 출애굽한 그 날을 기념한다. 구약의 유월절은 신약적으로 말하면 십자가 죽음으로부터 부활 생명을 기념하는 부활절(Easter)에 해당한다.

유월절과 관련하여 주목해야 할 사실은 공관복음이 한 번의 유월절을 복음서 끝부분에 집중적으로 언급하고 있는데 반해, 요한복음은 세 번의 유월절을 고루 펴져 언급하고 있다는 사실이다.[83] 이것은 요한복음 전체가 유월절과 관련하여 전개되고 있음을 시사한다.

숫자 상징에 의하면 숫자 3 혹은 세 차례라는 횟수는 '더 이상은 없다'는 뜻의 '끝', 혹은 '온전함'을 상징한다. 요한이 그의 복음서를 세 차례의 유월절로 구성한 것은 부활하신 주님이 유월절을 온전히 이루신 분이라는 절기 상징코드의 의미를 갖는다.

요한은 "유월절 여섯 전에"(12:1)라는 말로 요한복음의 제2부를 시작한다. 이 날로부터 부활한 주일 날까지 계산하면 요한복음은 절반이 8일 동안 일어난 사건을 기록하고 있는 셈이다. 초대교회 케리그마의 핵심이 '십자가와 부활'이라고 할 때 요한이 초대교회 전통을 얼마나 충실히 따르고 있는가를 잘 보여준다.[84]

한편, 요한은 '유월절' 용어를 통해 요한복음 전체를 둘로 나눈다. 제1부인 11장까지는 유월절 용어가 단순히 "(유대인의) 유월절"(2:13,23; 6:4; 11:55)이라는 말로만 기술되어 있다. 이에 반해 공생애의 마지막 유월절을 시작하는 12장부터는 '유월절' 용어가 구체적이고 다양하게 기술되어 있다. 제2부가 시작되는 12:1에는 "유월절 엿새 전에"라는 말로, 그리고 고별설교가 시작되는 13:1에는 "유월절 전에"(정확하게 말하면 "유월절 전날에")라는 말로, 또 "유월절"(18:28,39), "유월절 준비일"(19:14)로 기술되어 있다.

이 같은 사실은 12장 이전까지의 공생애 초기와 12장 이후의 공생애 말기에 사용된 '시간' 용어를 살펴보더라도 거의 유사하다. 공생애 초기(1-11장)에 사용된 시간 용어들은 대부분 정확하게 언제인지가 분명하지 않다.[85] 공생애 말기(12장 이후)에 사용된 시간 용어들은 그 시간이 언제인지가 구체적으로 명시되어 있다. 예루살렘 입성과 관련된 "그 이튿날"(12:12)은 토요일인 "유월절 엿새 전에"(12:1)에 비추어 볼 때 일요일에 해당한다. 주님이 제자들의 발을 씻던 "저녁 먹는 중에"와 유다가 빵 조각을 받고 나간 밤은 "유월절 전날"(13:1) 저녁과 밤이다.

"닭이 울"(18:27) 때와 예수님을 로마 총독 관정으로 끌고 가던 "새벽"(18:28)은 십자가를 지던 날이다. "이 날은 유월절 준비일이요 때는 제육시라"(19:14)는 니산월 13일로서 성금요일 정오에 해당하는 시간이다. "안식 후 첫날 일찍이 아직 어두울 때에"(20:1)는 주님이 부활하신 날로서 일요일에 해당한다. 공생애 말기부터는 구체적이고 정확한 날짜와 시간을 알 수 있을 정도로 시간 용어 사용이 정확하다. 여기서 우리는 절기 상징코드를 사용하여 마지막 유월절(12장)을 기점으로 제1부와 제2부를 구별하고자 한 요한의 의도를 분명히 엿볼 수 있다.

요한의 유월절 모티프는 당시 요한공동체가 당면한 교회적인 상황에서 설명할 수 있다. 이 공동체는 무엇보다 유대교의 박해 속에서 기독교를 변증해야 하는 형편에 처해 있었다. 이런 가운데서 요한은 유대교의 핵심 인물인 모세와 핵심 절기인 유월절의 빛에서 예수님의 우월성을 옛 질서의 완전한 대형(對型)으로 제시하려고 했다. 예수님은 유대교를 완성하고 성취함으로써 유대교를 능가하고 그리하여 결국 유대교를 대체하신 분이다. 다시 말하면 이스라엘의 구원 사건인 출애굽과 유월절은 새 이스라엘의 구원 사건인 예수님의 부활 사건으로 말미암아 새 출애굽 사건과 새 유월절 사건으로 대체된 것이다.

2) "유대인의 명절"(5:1)

숫자 상징에 의하면 숫자 5는 모세(오경) 또는 유대교를 상징한다. 요한은 11장의 부활장 이전까지, 즉 본론의 2장부터 10장까지를 다섯 절기를 사용하여 기술하고 있다. 여기서 다섯 절기란 유월절(2:13; 6:4), 오순절(5:1), 초막절(7:2),[86] 수전절(10:22), 안식일(5:9; 9:14)을 말한다.[87] 그런데 요한의 다섯 절기는 베데스다 연못가의 병자 치유 사건을 취급하는 5:1의 "유대인의 명절"을 '오순절'(칠칠절)로 보는 데 근거한다.[88]

더욱 주목해야 할 사실은 공관복음에 전혀 나타나지 않는 "초막절"(7:2)과 "수전절"(10:22) 절기를 요한만이 언급하고 있다는 사실이다. 유대인들에게 있어서 오랜 역사적인 전통이자 그들의 일상생활과 밀접하게 관련이 있는 이 같은 절기들을 요한만이 취급하고 있다는 사실은 요한이 얼마나 유대적(히브리적) 배경(전통) 아래 서 있는가를 잘 보여준다.

먼저, 5장 1절의 "유대인의 명절"을 '오순절'로 보는 이유는 이러하다.

첫째, "그 후에 유대인의 명절이 되어 예수께서 예루살렘에 올라가시니라"(5:1)에서 예루살렘에 올라가는 명절은 3대 절기 가운데 하나이다. 요한이 유월절과 초막절은 언급하면서 유대인의 3대 명절 가운데 하나인 오순절을 뺄 리가 없다.

둘째, 이 절기에 속하는 대목(5:1-6:71)은 봄철의 유월절 기간(2:13-4:54)과 가을철의 초막절(태양력 9-10월경) 기간(7:1 이하) 사이에 놓여 있다. 그렇다면 그 절기는 여름철의 오순절(태양력 5-6월경)임이 분명하다.

셋째, 오순절은 모세가 시내산에서 율법을 받은 사실을 축하하는 명절인데, 5장이 안식일 율법과 관련되어 있고, 모세가 언급된 점(5:31-32,46-47)으로 보아 오순절일 가능성이 짙다.

넷째, 요한은 안식일을 9회(5:9,10,16,18; 7:22,23; 9:14,16; 19:31)[89] 사용하는데, 19:31은 유월절 내의 안식일을 다루고 있고, 7-9장의 안식일은 초막절 내의 안식일을 다루고 있다. 그렇다면 5장의 안식일은 어떤 절기의 안식일일까. 그것은 3대 절기의 하나인 오순절 내의 안식일이 아닐까.

다섯째, 요한은 철저한 숫자 상징코드를 사용하는 특성이 있다는 점으로 미루어 볼 때 이를 유월절로 보게 되면 네 번의 유월절이 되기에 이는 숫자 상징코드에 맞지 않는다. 또한 요한은 세 번의 유월절을 말할 때에는 반드시 "유대인의 유월절"(2:13; 11:55) 또는 "유대인의 명절인 유월절"(6:4)이라고 명시하고 있다. 또한 초막절을 언급할 때도 "유대인의 명절인 초막절"(7:2)이라고 말하고 있다. 2장의 "유대인의 유월절"과 7장의 "유대인의 명절인 초막절" 사이에 5장의 "유대인의 명절인 오순절"을 말하고 있다고 보는 것이 자연스럽지 않을까.[90]

아무튼 여기서 "유대인의 명절인 오순절"이라고 썼으면 문제가 없는데 '오순절'이라는 말이 없기에 문제가 되고 있는데, 중요한 것은 요한은 그의 복음서를 통해서 절기를 대체하러 오신 예수님을 말하고자 했다는 데 있다. 어찌 보면 이 또한 레오나르도 다 빈치가 썼던 '스푸마토 기법'(안개 기법)의 일종으로 볼 수 있다.

요한은 "유대인의 명절"(오순절?)에 이어 초막절에 있었던 사건을 통해 광야시절에 있었던 '성막을 대체하러 오신 예수님'을, 그리고 수전절에 있었던 사건을 통해 솔로몬 성전 이래로 유대인의 정신적 구심적이었던 '성전[91]'을 대체하러 오신 예수님'을 밀하고 있다.

3) 절기(시간) 상징코드의 실례

(1) 십자가 처형일

십자가 처형일에 관한 공관복음과 요한복음의 차이는 특히 주목할 만하다. 공관복음에 따르면 예수님의 고별식사가 유대인들의 유월절 식사의 틀 속에서 행해진다. 그러나 요한복음에 따르면 예수님은 이 시점에 이미 운명한 상태였다. 따라서 그 전날 밤에 있었던 예수님의 고별식사(13장)는 유월절 식사의 성격을 갖지 않는다. 역사적으로 어느 것이 더 정확한지는 알 수 없다. 다만 두 경우의 시간 설정에는 다음과 같은 신학적인 의도가 깔려 있다. 공관복음의 시간 설정은 예수님의 고별식사(성만찬)가 새 언약을 체결하는 유월절 식사라는 의미를 지닌 시간 설정인데 반해, 요한복음의 시간 설정은 예수님의 죽음이 참된 유월절 양의 죽음이라는 의미를 지닌 시간 설정이다.

요한은 예수님이 십자가에 달리신 날을 이렇게 보도하고 있다. "이 날은 유월절의 준비일이요 때는 제육시라 빌라도가 유대인들에게 이르되 보라 너희 왕이로다"(19:14). 여기서 "유월절의 예비일(파라스큐에 투 파스카, παρασκευὴ τοῦ πάσχα)"은 니산월 14일 유월절 식사가 시작되기 바로 직전인 니산월 13일이다. 그리고 유대 시간법으로 "제육시"는 우리 시각으로 12시(정오)를 가리킨다. 이 시각은 유월절 양 잡는 시각이다.

따라서 예수님의 십자가 처형일은 니산월 13일 정오였다. 이 날은 아직 목요일(우리 날짜로는 금요일)로서 오후 여섯 시부터 시작되는 금요일 유월절을 예비하는 날이다. 이 예비일은 유월절 어린 양을 잡는 날로서, 세례 요한이 예수님을 보고 "보라 세상 죄를 지고 가는 하나님의 어린 양이로다"(1:29)라고 예언한 말씀이 성취된 것이다.

구약에서 유월절은 하나님의 전능하신 능력으로 애굽의 노예상태에서 이스라엘이 해방을 얻은 출애굽 사건(Exodus)을 기념하는 이스라엘의 최대의 명절이다. 바로 이때에 하나님은 이스라엘의 왕으로 나타나셨고, 이스라엘은 하나님의 백성이 되었다. 이와 상응하게 신약에서 유월절에 예수님이 '세상 죄를 지고 가는 하나님의 어린 양'으로 죽은 것은 이스라엘 민족만이 아닌 모든 민족의 해방이 되는 제2의 출애굽 사건(Second Exodus)이다.

또한 이는 제2이사야(사 40-55장) 예언의 성취이기도 하다. "하나님의 어린 양"이라는 칭호는 증인 본문(1:19-51)에 나타나는 첫 메시아 칭호로서 아래 36절에서 반복해서 언급하고 있다. 이 칭호는 네 개의 "야웨의 고난받는 종의 노래"(사 42:1-9; 49:1-7; 50:4-9; 52:13-53:12) 중 네 번째 노래와 관련되어 있다. 여기서 예수님은 우리의 죄를 짊어지고(사 53:4-6) 우리의 죄 때문에 도수장으로 끌려가는 어린 양(사 53:7-8)으로 비유된다.

예수님의 십자가 처형과 관련하여 메시아의 오심과 죽으심에 대해 다시 생각해 보자. 요한은 19장에서 '(유대인의) 왕'이라는 어휘를 7회(12,14,15[2회],19,21[2회]절) 사용하여 예수님의 죽음이 진정한 메시아적인 '왕적 죽음'이라는 사실을 드러내주고 있다. 그런데 왕이신 주님이 유대 종교와 로마 정치의 야합으로 희생양으로서의 폭력적 죽임을 당한 것이다. 다시 말하면 희생양으로 죽은 예수님은 메시아이면서 동시에 '호모 사케르(Homo Sacer, 종교적이고 정치적인 폭력으로 저주받아 주어진 사회로부터 축출되고 버려진 자)'라는 것을 의미한다. 메시아이자 '호모 사케르'로서의 주님의 죽음은 요한복음 초두에서 이미 예표되었다.

세례 요한이 자기에게 나아오는 예수님을 보면서 행한 제일성은 이것이다. "보라 세상 죄를 지고 가는 하나님의 어린 양이로다"(1:29). 이 구절이 그 다음에 나오는 그의 두 제자들에게 행한 "보라 하나님의 어린 양이로다"(1:36)와 다른 점은 "세상 죄를 지고 가는"이라는 말이 들어 있다는 사실이다. 이 말과 더불어 이 말을 행한 장소가 요단 동편 광야라는 점이다. 그렇다면 이 구절을 통해 요한이 말하고자 하는 진정한 의도는 어디에 있을까? 유대 대속죄일에 '저주 전이의식(curse transmission ritual)'

에 따라 모든 죄와 저주를 뒤집어쓰고 광야로 축출되는 아사셀 희생염소(레 16:6-10)처럼 "세상 죄를 지고 가는" 주님은 호모 사케르의 아사셀 희생염소와 동일시되었다.

호모 사케르로 죽은 주님의 희생적 죽음은 유대교 희생제의에 내재되어 있는 폭력적인 희생양 기제 자체를 폐기하는 역설일 뿐만 아니라 당시 로마법 자체도 적용될 수 없는 예외적 상태의 처참한 죽음을 통해서 로마 통치권의 근원적 모순을 드러내는 기능을 하고 있다. 예수님의 죽음이 호모 사케르로서의 죽음이라면 그를 신원하신 하나님은 로마법에 의해서 결코 보호될 수 없었던 인권의 사각지대에 버려진 사회적으로 낙인찍힌 자들과 연대하여 로마 제국의 근원을 무너뜨리게 된다. 이처럼 예수님의 죽음을 '저주 전이의식의 속죄론적 지평'에서 이해하게 될 때, 이러한 죽음을 당한 주님을 따르는 자들은 이제 천상에서는 하나님의 아들의 지위를 얻게 되고, 지상에서는 '에클레시아(ἐκκλεσία, 교회)'의 구성원으로 인정받게 되는 지위의 역전 현상을 경험하게 된다.92)

우리는 저주받은 자들의 '개죽음(?)'의 끔찍함을 최근 아프가니스탄의 탈레반에 의해서 내동댕이쳐진 인질들의 덧없는 죽음에서 경험하게 된다. 또한 우리는 이 사회에서 법의 이름으로 해고되어 돌아가지 못하는 비정규직 일용노동자와 억울한 재임용탈락자, 자의반 타의반 강제로 사직서를 쓰고 억울하게 직장에서 나온 자들, 명예 살인에 의해서 죽은 자들, 현대 문명의 이기로 인하여 기계와 함께 사고에 의해서 희생된 자들……그리고 무엇보다 법의 이름으로도 불의한 처우의 억울함이 풀리지 않아서 하나님의 정의에 의문을 던지는 사람들……이들의 억울함과 참

혹함을 대변하는 신학을 바울은 이렇게 표현한다: "하나님이 사도인 우리를 죽이기로 작정된 자 같이 끄트머리에 두셨으매 우리는 세계 곧 천사와 사람에게 구경거리가 되었노라(고전 4:9). 우리가 지금까지 세상의 더러운 것(쓰레기-표준새번역)과 만물의 찌꺼기(호모 사케르) 같이 되었도다(고전 4:13)."[93)]

(2) "예수의 때"

요한은 "예수의 때"를 나타내는 어휘로 '호라(ὥρα, 2:4; 4:23; 5:25; 7:30; 8:20; 12:23; 13:1 등)'라는 어휘를 주로 사용하고 있다. 그런데 요한은 '호라'라는 말 외에 '카이로스(καιρός)'라는 말을 3회 사용(7:6[2회], 7:8)하고 있다. '호라' 또는 '카이로스'라는 어휘와 함께 사용되는 "내 때(ὥρα μου[2:4], καιρὸς ὁ ἐμὸς [7:6])" 또는 "그의 때(ὥρα αὐτοῦ[7:30; 8:20])"는 "예수의 때"로서 그의 죽으심과 영광스럽게 되심을 나타낸다.

여기서 중요한 사실은 본론의 전반부(2-11장)에서는 "내(그의) 때가 아직 이르지 않았다"(2:4; 7:6,8,30; 8:20)는 사실을 반복해서 언급하고 있다는 점이다. 그런데 본론의 후반부(12-20장)에서는 "때가 이르렀다"(12:23; 13:1; 17:1)는 사실을 반복하여 선언하고 있다. 이는 요한이 "예수의 때"의 관점에서 그의 복음서를 11장까지를 제1부로, 12장 이후부터를 제2부로 나누고 있음을 시사한다.

한편, 초막절을 맞아 예루살렘에 올라가기 직전 갈릴리에서 예수님이 그 형제들과 함께 나눈 대화 중에 '카이로스'라는 말이 세 차례 나타난다. "내 때는 아직 이르지 아니하였거니와 너희 때는 늘 준비되어 있느니라 / 세상이 너희를 미워하지 아니하되 나를 미워하나니 이는 내가 세상의 일들을 악하다고 증언함이라 / 너희는 명절에 올라가라 내 때가 아직 차지 못하였으니 나는 이 명절에 아직 올라가지 아니하노라 / 이 말씀을 하시고 갈릴리에 머물러 계시니라"(7:6-9).

이 대목에서 3회 나타나는 "때"는 원어로 '카이로스'로서 요한복음에서 이곳에서만 유일하게 나타난다. 요한복음은 예수님의 죽음과 영광을 나타내는 결정적인 순간과 관련하여 '카이로스'와 '호라'를 병행하여 사용한다. 그런데 '카이로스'의 때는 '호라'의 때에 비해서 하나님의 부르심에 따라 결단을 해야 할 종말론적(결정적) 순간의 뜻이 더욱 강조된다고 말할 수 있다.

이 대목에서 주목해야 할 사실은 '호라'가 아닌 '카이로스'라는 단어를 바로 이 7장에서만, 세 차례(끝이다, 더 이상은 없다는 뜻), 그것도 예루살렘이 아닌 갈릴리 땅에서 사용하고 있다는 점이다. 이에 대한 요한의 의도는 무엇일까. 그것은 "하나님 나라가 가까이 왔다"는 종말론적인 기쁜 소식(복음)의 선포(막 1:14-15 참조)[94]가 예루살렘이 아닌 소외와 멸시를 당하는 땅, 메시아의 고향인 갈릴리(7:41,52)에서 시작되었다(지리 상징코드)는 것을 말하려고 한 것이 아닐까.

헬라적 사고에 따른 '결정적 순간(카이로스)'은 '운명에 의해' 결정된다고 한다면, 성경적 계시에 따른 '결정적 순간'은 '하나님에 의해' 결정된다. 예수님의 형제들의 "때(카이로스)"는 스스로의 판단에 따라 움직이지만 예수님의 "때(카이로스)"는 하나님의 뜻을 헤아리고 그 뜻에 따라 움직인다. 하나님의 뜻을 이루는 예수님의 죽음(영광)의 때는 아직 이르지 않았다.

왜냐하면 예수님은 "세상 죄를 지고 가는 하나님의 어린양"(1:29)이기에 초막절이 아닌 유월절에 죽으셔야 하기 때문이다.

세상에 속해 있는 예수님의 형제들은 세상으로부터 미움을 받지 않는다. 그러나 세상으로부터 구별된 예수님은 세상의 미움을 받을 수밖에 없다(15:18-19). 더욱이 예수님은 하나님 나라의 진리를 말하면서(8:26,40; 18:37) 세상(유대 지도자들)에 대하여 그 행사가 악하다(7:7)고 증언하셨다. 그러다 보니 세상(유대 지도자들)은 자신들의 기득권을 위협하는 예수님을 가만히 둘 수가 없었다. 그러니까 예수님의 길은 하나님 나라를 선포하기 시작한 바로 그 시점부터 미움과 박해와 죽음의 길 곧 십자가의 좁은 길이 시작되었다.

(3) 보혜사 성령의 시간

요한은 그의 복음서를 삼위일체 하나님의 사역을 중심으로 성부의 시간, 성자의 시간, 성령의 시간으로 삼등분하여 기술하고 있다. 성부의 시간은 성육신 이전의 아버지와 아들이 함께 동거한 시간이다. 성자의 시간은 성육신하여 이 땅에 와서 활동하다가 십자가에 죽으시고 부활하실 때까지의 시간이다. 성령의 시간은 부활하신 주님이 성령을 보내면서 시작되어 주님이 다시 재림할 때까지의 시간 곧 교회의 시간이다.

요한복음은 성육신으로부터 시작하여 부활에 이르기까지의 예수님의 사역을 다루고 있다는 점에서 대부분 성자의 시간으로 되어 있다. 요한은 성자의 시간을 요한복음의 제1부

(1-11장)와 제2부(12-21장)로, 즉 '크로노스(χρόνος, 수평적-역사적)' 시간을 마지막 유월절을 기준으로 그 이전(제1부)과 그 이후(제2부)로 나누어 기술하고 있다.

요한은 부활 이후의 시간을 성자의 시간과 구분되는 보혜사 성령의 시간으로 규정지었다. 보혜사 성령의 시간은 예수님의 사역을 대신해서 제자들이 복음을 전파하는 시간이요 예수님이 재림할 때까지 계속되는 교회의 시간으로 규정지었다. 이 시간은 보혜사(교회)의 미래적인 직선적 시간과 부활-승귀-영광을 얻으신 예수님의 영원회귀적인 순환적(원형적) 시간으로 나누어진다.

요한은 제자들이 예수님의 말씀을 이해하는 기준점이 되는 시간이 있음을 말한다. 그 시간을 나누는 기준점은 예수님의 부활·승천·영광이다(2:22; 12:16; 13:7; 20:9). 그 시간이 예수님의 영광에 의해서 나누어지는 이유는 예수님의 말씀에 대한 온전한 이해는 성령의 역사에 의해서만 가능한데 성령은 예수님이 영광을 받은 후에 오기 때문이다(7:39 참조). 고별설교에는 보혜사 성령에 관한 다섯 개의 본문이 나타난다. 여기서 요한 문서에만 독특하게 나타나는 '영(πνεῦμα)'의 개념인 '보혜사(παράκλητος)'의 시간을 살펴보자.

첫 번째 보혜사 본문(14:16-17)에서 보혜사의 시간은 예수님의 지상 사역 시간과 대조된다. 예수님은 제자들과 "잠시 동안"(13:1) 머무르는 반면, 보혜사는 그들과 "영원히"(14:16) 머무를 것이다. 보혜사가 제자들과 항상 함께 머무르는 기간이 바로 교회의 시간이다. 예수님이 제자들에게 보혜사로 역할을 했듯이 보혜사 성령은 예수님을 대신해서 제자들에게

'또 한분의 보혜사'(14:16)가 될 것이다. 또한 보혜사의 명칭인 '진리의 영'(14:17)은 예수님이 진리(14:6)라는 요한의 선언을 생각나게 한다.

두 번째 보혜사 본문(14:26-27)도 이러한 시간의 구별을 명확히 보여준다. 보혜사의 시간은 예수님이 영광을 받으신 후에 그가 하나님에 의해서 보내질 때 시작된다(14:13-14). 보혜사가 성령이라고 명확하게 제시된 곳은 이 구절(26절)뿐이다. 여기서 예수님이 그의 지상 현존 기간 동안 그의 제자들에게 교사였다면 보혜사는 오는 세대의 교사로 소개된다. 예수님이 아버지의 계시자였던 것처럼(4:34; 5:43; 10:25), 보혜사는 예수님의 계시자다. 보혜사는 예수님의 본질을 들어내기 위해서 왔다는 측면에서 보혜사의 기능은 그리스도 중심적이다.

세 번째 보혜사 본문(15:26)[95]은 보혜사의 보냄(혹은 오심), 보혜사의 이름(진리의 영, 혹은 성령)과 부활 후의 기독교 공동체에서 보혜사의 기능을 포함하고 있다는 면에서 이전 보혜사 본문의 구성과 비슷하다(14:14-16,25-26). 여기서 보혜사의 파송자가 아버지에서 아들로 바뀐 것은 그렇게 중요한 사항은 아니다. 왜냐하면 요한의 사상에서는 아버지와 아들은 하나이기 때문이다(10:30). 중요한 것은 예수님과 보혜사의 관계이다. 즉 보혜사는 예수님의 영이다. 보혜사의 시간은 예수님이 하늘에 가서 보혜사를 보내줄 때까지는 시작되지 않는다. 여기서 보혜사의 기능은 증거하는 것인데, 이것은 교회 시대에 제자들의 기능이기도 하다는 점에서 중요하다.

네 번째 보혜사 본문(16:7-11)은 예수님이 떠나는 것(7b절)

과 보혜사의 기능(8-11절)에 관한 것이다. 요한에게 있어서 예수님의 지상 사역의 시간과 보혜사의 제자들에 대한 사역의 시간은 겹치지 않는다. 보혜사의 기능을 묘사하는 모든 동사가 미래 시제로 되어 있다는 것은 우연히 아니다. 예수님의 시간과 구별되는 보혜사의 시간이 있는데, 이것은 다름 아닌 부활 후의 신자공동체의 시간이다.

다섯 번째 본문(16:13-15)은 예수님 사역의 대행자로서의 보혜사의 역할을 말하고 있다. 여기서 보혜사는 '진리의 성령'(13절)으로 불리고 있다. 보혜사의 역할은 예수님을 대신해서 제자들을 진리 가운데로 인도하고 장래 일을 제자들에게 알려주며, 예수님의 영광을 드러내며 성부께서 성자에게 주신 모든 것을 제자들에게 알리는 역할을 할 것이다.

지금까지 살펴본 보혜사와 관련된 다섯 본문은 숫자 상징 코드에 의한 것으로 볼 수 있다. 그리고 고별강화에 나오는 보혜사의 기능은 모두 그리스도 중심적이다. "또 다른 보혜사", "진리의 영"과 같은 보혜사의 명칭들은 보혜사의 그리스도 중심성을 보여주는 좋은 예다. 보혜사의 기능은 예수님의 부재시, 즉 교회시대에 예수님의 대리자로서의 기능이다. 지금까지의 고찰을 통해 보혜사 성령의 시간은 예수 부활 이후 예수님을 대신하여 성령이 활동하는 교회의 시간이며, 이 시간은 미래적인 직선적 시간이자 재림주를 기다리는 종말론적 시간이다.

4. 인물(인간) 상징코드

요한의 천재성은 '인간의 해체와 재구성'에 의한 인물(인간) 상징코드에서도 잘 드러난다. 여기서는 인물 상징코드를 다섯 항목으로 나누어 다루고자 한다.

첫째, 요한은 모세와 세례 요한을 운명공동체로 규정지으면서 이 두 인물을 예수님의 선구자로서, 새 시대의 도래를 예비하는 옛 인물로 묘사한다. 그러면서 요한은 메시아로 오신 예수님을 다윗 왕의 모습이 아닌 모세와 같은 선지자의 모습으로 그린다.

둘째, 요한은 마리아라는 이름을 가진 세 명의 여인(예수의 어머니 마리아, 나사로의 누이 마리아, 막달라 마리아)을 통해 '부활의 신학'의 관점에서 요한복음 전체를 구조화시키는 파격을 보여주고 있다.

셋째, 요한은 세 장에 걸친 니고데모 기사(3,7,19장)를 '하나님 나라'라는 주제를 가지고 빌라도와 상응시켜 한 인간의 중생 과정과 그리스도인의 길이 어떤 길이 되어야 하는가를 진술한다. '니고데모와 빌라도'는 이 책의 중심이자 절정이 될 것이다.

넷째, 요한은 스푸마토 기법(안개 기법)을 사용하여 예수께서 사랑하신 제자(애제자)를 등장시켜 이상적인 참 제자도의 길을 제시한다.

다섯째, 디두모라 하는 도마는 조역이지만 요한복음 이해의 중요한 열쇠를 쥐고 있는 히든 카드와 같은 인물이다. 그는 지금까지 '의심 많은 제자'로 불리웠으나 그것은 요한의 글쓰기의 특징 중의 하나인 아이러니 기법을 모르는 데서 온 오해라고 여겨진다. 도마야말로 요한공동체(요한의 교회)의 최고의 신앙 모델로 요한에 의해 상정된 인물이다. 따라서 인물 상징코드에 의하면 도마는 요한의 천재성이 찬란하게 빛을 발하도록 상정된 히든 카드이다.

1) 모세(세례 요한)와 다윗

요한은 세례 요한[96]을 모세와 같은 운명공동체로 그렸다. 이는 예수님을 "새 모세" 또는 "제2의 모세"로 이해하고 있다는 말에 다름 아니다. 그 동안 많은 학자들이 마태복음에 나타난 '모세 유형론'에 대해 자주 언급하였다. 그런데 최근에는 요한복음에도 '모세 유형론'이 강하게 반영되어 있다는 사실을 강조하는 학자들이 많아졌다.

유형론은 보는 관점에 따라서 모세 유형론(Moses Typology), 출애굽 유형론(Exodus Typology), 신명기 유형론(Deuteronomy Typology), 유월절 유형론(Passover Typology)으로 나누기도 한다. 하지만 대체로 모세와 출애굽의 주제를 요한복음의 주요 주제로, 그리고 요한복음의 배경을 헬라적 배경이 아닌 히브리적(구약적) 배경으로 보는 점에서는 의견이 일치하고 있다. 모세는 요한의 기독론에 중요한 배경을 이루고 있다. 이런 생각은 복음서 저자 중에서 요한이 모세[97]를 가장 많이 언급하고 있다는 점에서도 뒷받침되고 있다.

여기서 한 가지 주목해야 할 사항은 요한복음에서 12구절 언급되는 모세에 대한 기사가 9장으로 끝나고, 10장 이후부터는 전혀 그에 대한 언급이 없다는 점이다. 마찬가지로 요한복음에서 무려 22구절에서 언급되고 있는 세례 요한에 대한 기사도 10장으로 끝나고, 11장 이후부터는 전혀 그에 대한 언급이 없다는 점이다. 즉 모세와 세례 요한은 요한복음의 제1부에만 나오고 제2부에는 전혀 언급되지 않고 있다.

그리고 옛 인물로 상징되는 두 인물, 즉 모세(1-9장)와 세례 요한(1-10장)의 역할이 끝난 후 제1부의 절정인 부활을 상징하는 11장 이후 새 시대를 상징하는 두 인물, 즉 도마(11-20장)와 애제자(13-21장)가 등장한다. 이것은 요한이 인물 상징코드를 사용하여 이들을 그렇게 배치했다고 볼 수 있다.

10장은 예수님이 선한 목자로서 십자가에 희생 제물이 되심으로 인간을 구원한다는 것을 상징적으로 보여주는 장이다. 모세는 이 같은 예수님의 역할을 할 수 없는 존재이다. 따라서 모세의 이야기는 10장 이전의 9장으로 끝나야 한다. 또한 11장은 요한복음의 정점으로서 예수님이 죽은 나사로를 살리는 부활을 상징하는 장이다. 세례 요한은 이 같은 예수님의 역할을 할 수 없는 존재이다. 따라서 세례 요한의 이야기는 11장 이전으로 끝나야 한다. 여기서 우리는 요한이 모세와 세례 요한을 공동운명체임을 이 같은 인물 상징코드를 사용하여 보여주고 있음을 엿볼 수 있다.

그런데 여기서 한 가지 짚고 넘어가야 할 중요한 사실은 요한이 모세와 세례 요한을 공동운명체로 보았다면 다윗은 어떻게 보았는가 하는 점이다. 요한복음에서 자주 언급되는 모세와 세례 요한과는 달리 다윗은 단 한 구절(7:42)에 2회 나타날 뿐이다. 공관복음에서 자주 등장하는 다윗 관련 구절

(마 13구절, 막 7구절, 눅 12구절[행 11구절])이 요한에서는 왜 거의 없는 것과 다름없이 취급되는 것일까? 이 문제에 대해서는 많은 신학적 논의가 필요할 것이다.

전승사적으로 공관복음이 남왕국 유다 전통인 '다윗의 제왕 전통'을 따르고 있다면, 요한복음은 북왕국 이스라엘 전통인 '모세의 예언자 전통'에 서 있다고 말할 수 있다. 공관복음은 다윗의 세 측근처럼(삼하 23:8-17) 열두 제자 가운데 세 명의 최측근(베드로, 야고보, 요한)을 보도하고 있다(마 26:37; 막 14:33; 눅 22:8). 그런데 요한은 전혀 이 같은 모습을 보도하지 않는다.

마태는 복음서 첫 절을 이렇게 시작하고 있다. "아브라함과 다윗의 자손 예수 그리스도의 계보라." 마태의 족보가 다윗 중심이라는 사실은 족보에만 다윗의 이름이 5회(1,6,17절) 반복되고 있다는 점과 족보 자체를 '다윗'이라는 이름의 히브리어 세 자음의 숫자의 합(דוד, 4+6+4=14)을 중심으로 14대씩 세 시대로 구분한 점에서도 분명히 드러난다.

그러니까 14대로 이루어진 세 시기는 7세대로 이루어진 여섯 시기를 암시함으로써 예수님이 일곱 번째 시기의 출발점이라는 것을 암시한다. 세 시기는 첫 초점이 아브라함이고, 둘째 초점이 다윗이고, 셋째 초점이 바벨론 포로이다. 그러니까 마태의 족보는 아브라함의 백성에 관한 긴 이야기가 그의 백성을 포로생활로부터 구원할, 즉 "자기 백성을 그들의 죄에서 구원할"(마 1:21) 새 다윗인 예수 그리스도를 통해서 완성될 것이라는 것을 말하고 있다.

누가복음은 기본적으로 사무엘상과의 평행을 보여준다. 누가는 세례 요한의 탄생과 예수님의 탄생 기사를 이스라엘 왕정을 창조한 사무엘과 다윗의 이야기와 평행시킴으로써 사무엘과 다윗의 역할을 세례 요한과 예수님에게 부여하고 있다. 누가는 예수님을 참된 다윗으로 여기면서 다윗과 그의 나라에 관한 이야기의 성취이자 완성으로서의 예수님의 이야기를 들려주고 있다. 누가는 예수님의 탄생을 이렇게 노래하고 있다. "오늘 다윗의 동네에 너희를 위하여 구주가 나셨으니 곧 그리스도 주시니라"(눅 2:11).

마가의 경우는 예수 사역을 탄생이 아닌 공생애부터 시작하고 있는데, 예수 사역의 결정적 의미를 담고 있는 예루살렘 입성의 한 대목을 살펴보자. "찬송하리로다 오는 우리 조상 다윗의 나라여 가장 높은 곳에서 호산나 하더라"(막 11:10). 마태는 이렇게 보도하고 있다. "호산나 다윗의 자손이여 찬송하리로다 주의 이름으로 오시는 이여 가장 높은 곳에서 호산나 하더라"(마 21:9). 이에 반해 요한은 이렇게 보도하고 있다. "호산나 찬송하리로다 주의 이름으로 오시는 이 곧 이스라엘의 왕이시여"(요 12:13).

여기서 요한은 "이스라엘"이라는 어휘를 사용하고 있는데, 이 말은 좁게는 '북왕국 이스라엘'을 말하고, 넓게는 남왕국 유다를 포함한 '전체 이스라엘'을 말하기도 한다. 아무튼 요한은 다윗이라는 말을 의도적이라 할 정도로 자제하고 있는 것을 분명히 볼 수 있다. 그러니까 공관복음은 예수님을 '다윗 같은 왕적 메시아'를 그리고 있는 반면, 요한복음은 '모세 같은 예언자적 메시아'를 그리고 있다고 말할 수 있다. 왜 요한은 이 같이 그렸을까?

첫째, 공관복음은 예수님이 유대인들이 기대하는 세속적 메시아로 오지 않았다고 하면서도 아이러니하게도 그들이 기대하는 다윗 같은 왕적 메시아로 오신 분으로 그리고 있다. 이에 반해 요한은 성육신 하신 예수님은 제2이사야가 그린 야웨의 고난받는 종처럼 세상 죄를 지고 가는 어린 양이기에 세상에서 가장 높은 자리에 속한 왕 같은 모습이 아니라 민중들과 고난을 함께 하는 모세와 같은 모습(히 11:24-26)으로 그리고 있다. 요한은 대중적인 왕적 메시아 기대를 물리치고 예수님이 세상 나라의 왕이 아닌 하나님 나라의 왕이라는 사실에 철저했다(6:15; 18:36 참조).

그러니까 요한은 메시아직의 세 직분 가운데 예언자직을 왕직이나 제사장직보다 앞세웠다고 말할 수 있다. 이 같은 사실은 요한복음을 시작하는 첫 절에서도 엿볼 수 있다. "태초에 말씀이 계시니라 이 말씀이 하나님과 함께 계셨으니 이 말씀은 곧 하나님이시니라." 요한은 구약에 나타나는 '하나님의 말씀의 대언자'인 예언자들처럼 예수님을 예언자를 잇는 '하나님 말씀 자체'로 기술하고 있다. 처음, 첫 절의 중요성을 강조하는 유대인들의 관습을 감안한다면 이 구절에 담긴 뜻은 대단히 깊다. 또한 말씀의 육화 되시는 예수님은 낮은 곳으로 오신 분으로 세상에서 최고의 지위에 있는 왕의 자리에 있는 다윗의 모습과는 어울리지 않는다.

둘째, 주후 1세기 유대 상황에서 유대 백성들이 갖고 있는 메시아에 대한 일반적인 생각은 포로생활로부터 귀환, 시온으로의 야웨의 돌아옴, 성전의 재건이었다. 이것을 다른 말로 하면 '다윗의 나라의 회복'이었다. 이를 위해 그 당시 메시아를 참칭한 이들은 이방 세력인 지금의 로마 제국은 물리쳐야 할 원수들이고, 이것을 가능케 하는 길은 '혁명과 전쟁을 통해서'라는 생각을 갖고 있었다. 그러나 예수님의 메시아관은 유대인들이 갖고 있는 대중적 메시아 기대와는 판이하게 달랐다. 예수님은 자신이 오심으로 포로생활이 끝났으며, 성전의 재건이 아닌 당신 자신이 종말론적 새 성전이며, 시온의 회복이 아닌 자신이 하나님 나라를 안고 오신 분이기에 자기에게로 돌아오기를 선포했다.

셋째, 요한은 로마가 지배하고 있는 상황에서 다윗이라는 왕적 존재를 자주 거론하는 것은 파멸의 길임을 누구보다 잘 알고 있었다. 로마와의 일전을 불사하기로 하고 벌였던 주후 66-70년 유대-로마 전쟁은 이에 대한 좋은 실례가 된다. 요한복음에서 어둠의 세상은 로마인이 지배하는 세상이다. 세상의 어둠은 로마인들의 압제의 결과이다. 그러나 요한복음은 이것을 직접적으로 말하지는 않는다. 로마 제국을 명시적으로 말하는 것은 너무도 위험한 일이기 때문이다. 따라서 이 메시지는 복음서 안에서 코드화되어 숨겨졌다. 그러기에 요한은 사탄을 상징하는 "이 세상의 임금(지배자)"(12:31; 14:30; 16:11)를 3회 사용하는 이 같은 간접적인 방법으로 그들을 비판하고 있다.

2) 세 명의 마리아

요한복음에는 여인들에 대한 기사가 많다.[98] 그 중에서 특히 세 명의 마리아는 요한복음에서 '예수의 부활'과 관련하여 아주 중요한 위치에 포진되어 있다. 세 명의 마리아는 똑같이 각각 두 장씩에 걸쳐 나타난다. 예수님의 모친 마리아는 2장과 19장에, 나사로의 누이 마리아는 11장과 12장에, 막달라 마리아는 19장과 20장에 각각 나타난다.

우선, 이들 세 마리아가 부활장(2,11,20장)[99]과 수난장(12,19장)에서만 나타난다는 사실은 예사로 볼 수 없는 주목할 만한 일이다. 요한이 세 명의 여성을 각각 부활장에 해당하는 본론의 첫 장(2장)과 한가운데 장(11장)과 끝 장(20장)에 배치한 것은 인물 상징코드라는 철저한 신학적 의도에 따른 것으로 볼 수밖에 없다. 이 세 곳 모두에서 '마리아'라는 이름의 여성들은 부활과 관련된 중요한 역할을 담당하고 있다.

이 같은 구조는 요한이 요한복음 전체를 '부활의 신학'의 관점에서 구조화하고, 부활의 빛에서 십자가를 그리고 있음을 암시한다. 결국 요한은 요한복음의 본론을 여성으로 시작해서(2장) 여성으로 절정을 이루고(11장) 여성으로 피날레를 장식하는(20장) 구조로 엮었다. 주후 1세기 고대 근동 상황에서 여성의 위치를 감안할 때 세 명의 마리아로 복음서를 구성한 것은 말 그대로 파격이 아닐 수 없다.

왜 요한은 낮고 천한 연약한 여성을 이토록 중요한 곳에 배치해서 복음서를 구성했을까? 그것은 예수님을 진정으로 사랑하고 그의 말씀에 순종한 여성이 남성보다 부활이라는 큰 기쁨의 선물을 먼저 받을 자격이 있다는 것을 암시하는 사인이 아닐까. 하나님의 사랑의 눈으로 보면 멸시 천대받는 여성들도 남성들과 똑같이 하나님의 형상으로 창조된 존엄한 존재(창 1:26)이다. 그리고 사도 바울의 말처럼 그리스도 예수 안에서는 그 누구도 차별이 없다(롬 3:22). 여성도 하나님 나라를 이루고 확장하는 일에는 남성과 조금도 차이가 없다는 것을 요한은 천재적인 구성과 필치로 역설하고 있다.

첫째, 예수의 모친 마리아다. 갈릴리 가나에 혼인잔치가 있을 때 예수의 어머니가 그곳에 계셨다. 그런데 공교롭게도 혼인잔치상에 마련된 포도주가 떨어지는 난감한 상황에 처하게 되었다. 그러자 그녀는 아들 예수에게 선처를 부탁했다. 그러나 아들로부터 "여자여 나와 무슨 상관이 있나이까"(2:4)라는 말에서 보듯이 냉정하게 거절당하는 수모를 겪었다. 그러면서도 그녀는 하인들에게 "너희에게 무슨 말씀을 하시든지 그대로 하라"는 명령을 내렸다. 이 같은 그녀의 믿음과 순종이 결국 물이 변하여 포도주가 되는 첫 표적을 이루어 내었다.

둘째, 나사로의 누이 마리아다. 그녀는 오라버니 나사로가 죽는 슬픔을 당했을 때 그의 집으로 오고 계신 예수님을 언니 마르다와 함께 맞아들였다. 그리고는 그녀의 특징인 예수님의 발 앞에 엎드리어(11:32, 눅 10:38-42 참조) 오라버니의 죽음을 안타까워하며 예수님께 알렸다. 결국 예수님의 말씀으로 나사로가 살아나는 최대의 표적을 체험하게 되었다. 그것에 대한 감사의 표시로 그녀는 자신의 전부라 할 수 있는 지극히 비싼 향유를 예수님의 발에 붓고 자신의 머리털로 예수님의 발을 닦아드리는 헌신을 하였다(12:1-8).

셋째, 막달라 마리아다. 누가의 기록에 따르면 그녀는 본래 일곱 귀신 들린 여자였다(눅 8:2). 그런 그녀가 예수님에 의해 치유받고 나서 그녀는 십자가 현장까지 예수님을 따라 나선 여제자가 되었다. 그녀는 19:25에 처음으로 등장한다. "예수의 십자가 곁에는 그 어머니와 이모와 글로바의 아내 마리아와 막달라 마리아가 섰는지라." 대부분의 학자들은 이 구절에 나타난 예수님의 어머니 이름을 밝히지 않은 이유라 던가, 십자가 아래에 몇 명의 여인들이 있었는가 하는 데 관심을 집중한 나머지 정작 중요한 문제인 이름을 거명한 순서의 중요성을 간과하고 있다. 고대근동 세계에서 거명 순서는 대단히 중요한 의미를 갖는다.

공관복음에서는 예수의 어머니 마리아가 나타나지 않고, 여러 여인들 가운데 막달라 마리아가 제일 먼저 보도되고 있다(마 27:55-56; 막 15:40-41). 그런데 요한복음에서는 예수의 어머니 마리아가 제일 먼저 등장하고, 막달라 마리아는 제일 마지막에 보도되고 있다. 그리고 공관복음에는 안식 후 첫날에 여러 여인들이 찾아가는 데 반해, 요한복음은 오직 막달라 마리아만이 찾아가는 것으로 보도하고 있다. 나아가 그녀는 부활하신 주님을 가장 먼저 만나는 기쁨과 영광을 얻는다. 그리고 그녀는 부활의 소식을 제자들에게 전하는 부활의 첫 증인이 된다. 요한이 이토록 막달라 마리아를 중요한 인물로 부각시킨 까닭은 무엇일까. 요한은 나중 된 자 먼저 되고 가장 많은 사랑(죄사함)을 받은 자가 가장 예수님을 사랑한다는 것을 보여주고자 한 뜻에서 그렇게 한 것이 아닐까.

3) 니고데모와 빌라도-본서의 중심이자 절정(3:16-21)

복음 중의 복음이라는 요한복음 3:16이 들어있는 요한복음 3장은 요한복음의 핵심장이다. 특히 3:16을 포함하고 있는 3:16-21은 요한이 말하고자 하는 진리의 핵심을 담고 있다는 점에서 요한복음의 중심이자 절정이라고 말할 수 있다. 이에 대해서는 아래에서 자세히 다루기로 하고, 먼저 니고데모와 빌라도 관련 대목을 차례로 살펴보자.

(1) 세 개의 니고데모 기사

요한은 니고데모 이야기를 세 곳(3:1-15; 7:45-52; 19:38-42)에서 언급하고 있다. 이것부터가 숫자 상징코드에 해당하는 중요한 상징적 의미를 갖는다. 이 세 대목을 모두 종합적으로 고려할 때에야 니고데모에 대한 온전한 자화상을 그려 볼 수 있다. 그러니까 3장에 나타나는 니고데모 한 기사만을 가지고 니고데모를 판단하는 것은 빗나간 해석에 빠질 수밖에 없다.

먼저, 첫 대목(3:1-15)부터 살펴보자. 이 대목은 그 유명한 3:16과 관련된 대목이라는 점에서 대단히 중요한 의미를 담고 있다. 1절에는 "니고데모"라는 인물이 어떤 사람인가를 보여주고 있다. 그는 바리새인이요 유대인의 지도자이다(1절). 그리고 예수님에 의해 "이스라엘의 선생", 즉 랍비로 불리우고 있다(10절).

니고데모는 종교적으로 바리새인이다. 바리새인은 당시 6천 명이 넘지 않은 소수 엘리트 집단으로서 모세의 율법을 엄격히 지키며 사는 윤리적이고 도덕적으로 뛰어난 사람을 일컫는다.

또한 그는 정치적으로 유대인의 지도자, 즉 산헤드린 의원이다. 당시 산헤드린 공회는 대제사장을 포함하여 72명으로 구성되어 있었다. 그 중의 한 사람이니까 그는 상류층에 속하는 성공한 사람이다. 또한 사회적으로는 이스라엘의 존경받는 선생, 즉 랍비다.

유대인이었던 그가 헬라적 이름을 가졌다는 것은 헬라 교육을 받았던 지성인이라는 것을 암시한다. 이 정도의 인물이라면 그는 유대 사회를 대표하는 최상류층 인사이자 부자요 세상적으로 부족할 것이 없는 사람이다. 요즘 말로 하면 '잘 나가는 사람'이다.

그런데 니고데모는 공관복음에는 전혀 나오지 않고 오직 요한복음에만 언급되어 있다. 그의 존재 여부를 떠나 그의 이름의 뜻부터가 심상치 않다. '니고데모(니코데모스, Νικόδημος)'라는 이름은 '니코'와 '데모스'라는 말이 합쳐진 것으로, '백성을 정복한 사람' 또는 '(하나님의) 백성의 승리'라는 뜻을 가진다. 요한은 상징적 의미로 이 이름을 사용했다고 보여진다. 즉 지금은 아니지만 나중에 하나님의 백성이 된 니고데모는 '참 승리(성공)의 길을 간 사람'이라는 암시가 그 이름 속에 내포되어 있다.

아무튼 유대 사회에서 최상류층에 속하는 사람이 밤에 예수님을 찾아왔다. 왜 찾아왔을까? 우선은 예수님을 시험하려고 왔다고 볼 수 있다. 2절은 그런 뉘앙스를 풍긴다. "랍비여 우리가 당신은 하나님께로부터 오신 선생인 줄 아나이다 하나님이 함께 하시지 아니하면 당신이 행하시는 이 표적을 아무도 할 수 없음이니이다". 그는 유월절에 예루살렘에서 여러 표적을 행한 예수님에 관한 소식을 듣고 예수님이 어떤 인물인가를 알고 싶어서 예수님을 찾아왔다고 볼 수 있다.

또는 세상에서 좋은 것은 다 쥐고 누려 본 사람이었지만 인생의 의미와 마음의 평안을 얻지 못한 상태에서 진리에 대한 호기심과 영혼의 갈증을 해결하고자 예수님을 찾아왔다고도 볼 수 있다. 이러한 해석은 예수님을 "랍비", 또는 "하나님께로부터 오신 선생"이라는 호칭에서 그런 뉘앙스를 엿볼 수 있다.

그런데 니고데모가 예수님을 찾아온 진정한 이유는 어디에 있을까? 그것은 예수님이 이스라엘을 해방시킬 메시아라고 생각했기 때문일 것이다. 그것을 우리는 그가 "바리새인"이라는 말에서 이 같은 사실을 엿볼 수 있다. 우리는 바리새인들을 토라(율법)에나 관심을 가질 뿐 정치적 혁명 같은 것에는 전혀 관심이 없는 사람들로 생각하기 쉽다.

그러나 열심당원들 가운데는 바리새인들이 많았다. 이들은 무력에 의한 저항(혁명)을 꿈꾼 자들이었다. 강경파 바리새인들(샴마이 학파)에게 장차 도래할 야웨의 나라는 민족해방과 이교도들의 패배와 관련되어 있었다. 그런데 예수에게 있어서 하나님의 나라는 바로 그러한 열망이 예수께로 돌아오는, 즉 회개하는 자에게 주어졌다. 따라서 예수 운동과 바리새 운동은 정면충돌을 일으킬 수밖에 없었다.[100]

바리새파는 주후 135년 이후 정치에 대한 관심을 포기하고 오직 토라 연구와 정결 문제에만 몰두하였다. 그러나 바리새파는 마카비 혁명(주전 164년)과 바르 코크바 혁명(주후 135년) 사이에는 정치에 대한 관심, 즉 하나님 나라와 메시아의 오심에 대해 많은 관심을 가졌다.[101] 그러니까 니고데모는 지금 하나님 나라의 오심, 즉 메시아를 목마르게 찾고 있었던 것이다. 이 사실을 눈치 챈 예수님은 표적 얘기가 나오자 바로 '하나님 나라'(3절) 카드를 꺼내든 것이다.

그런데 니고데모는 왜 당당하게 밝은 대낮에 찾아오지 않고 어두운 밤에 찾아왔을까? 아마도 사람들의 이목이 두려워 밤에 찾아왔을 것이다. 당시 최상류층에 속한 유명인사가 예수와 만난다는 사실이 알려지게 되면 그는 유대 사회에서 매장되기 십상이다. 아니면 율법 공부가 주로 밤에 이루어지기 때문에 바리새인 랍비로서 예수님과 진지한 신학적 토론을 하기 위해 밤에 찾아왔을 수도 있다.

여기서 짚고 넘어가야 할 한 가지는 "밤(νυκτός)"이라는 어휘이다. 이 어휘는 요한복음에 완전수인 7회(3:2; 7:50; 9:4; 11:10; 13:30; 19:39; 21:3) 나타난다. "밤"의 의미는 빛의 반대어인 어둠을 말하는 것으로 예수와 복음을 만나지 못한 죄의 밤, 죽음의 밤, 배신의 밤, 율법의 밤, 영적 무지의 밤, 영혼의 어두운 밤을 말한다.

주목할 것은 요한은 니고데모를 세 대목(3:2; 7:50; 19:39) 모두에서 "밤"에 예수를 찾아왔던 사람으로 묘사하고 있다는 점이다. 이것은 니고데모가 예수님을 만나 진리를 발견하기 전까지 철저히 세상 나라와 유대교에 속한 밤의 사람, 즉 죄와 어둠과 영적 무지의 사람이자 율법에 매인 모세의 제자임을 암시한다. 그런 그가 예수님을 만나 새 모세인 예수의 제자가 되었다는 것은 곧 율법에서 복음으로, 어둠에서 빛으로, 밤에서 새 아침의 인생으로 거듭났다는 것을 상징한다.

밤에 찾아온 니고데모에게 예수님은 그로서는 알아들을 수 없는 엄청난 말씀을 툭 던진다. "진실로 진실로 네게 이르노니 사람이 거듭나지 아니하면 하나님의 나라를 볼 수 없느니라"(3절). 이 구절은 자세한 설명이 필요한 중요한 대목이다. 왜냐하면 한 사람이 어떻게 새로워지느냐 하는 거듭남, 즉 중생의 문제를 하나님 나라와 관련지어 말씀하고 있기 때문이다.

먼저, "진실로 진실로(아멘 아멘)"라는 어휘이다. 이 어휘는 "진리"와 관련된 말로서 이 대화에서 3회(3,5,11절) 사용되고 있으며, 서론인 1:51 이후 본론에서 처음 사용된 어휘이다. 지금부터 하는 예수님의 말씀은 반드시 믿어야 할 중요한 진리의 말씀이다. 그러기에 그 중요한 진리의 말씀을 알려면 중생(重生) 곧 거듭나야 한다는 것이다.

본문에서 "거듭"이라고 번역된 '아노덴(ἄνωθεν)'은 '위로부터' 또는 '새로'('다시')라는 이중의미를 갖는다. '위로부터'란 '하나님으로부터'라는 의미이다. 그러니까 "기듭니다(겐네데 이노덴, γεννηθῇ ἄνωθεν)"라는 말은 영어로 'born again'으로 표현되며, '다시 태어나다', '새롭게 태어나다' 또는 '위로부터 태어나다' '하나님으로부터 태어나다'라는 말이다. 사람은 하나님에 의해 다시 태어나야 새 사람이 된다.

한편, "하나님의 나라(바실레이아 투 데우, βασιλεία τοῦ θεοῦ)"는 "하나님의 왕국"으로, 하나님이 왕이 되어 다스리시고 통치하시는 나라를 말한다. 공관복음에서는 예수님의 선포의 주제로 자주 나타나는데(마 55회, 막 20회, 눅 46회, 총 121회), 요한복음에서는 3:3,5에서만 나타난다. 그리고 18:36에서는 "내 나라" 곧 "예수 나라(예수 왕국)"라는 의미로 3회 나타난다.

여기서 예수님이 말씀하시고자 하는 깊은 뜻은 예수님 자신이 '하나님 나라'라는 것이다. 그러니까 예수님을 보고 이분이 하나님 나라라는 것을 볼 수 있는 눈이 있어야 한다. 그런데 하나님(성령)에 의해 다시 태어나지 않으면, 쉽게 말해 그런 눈이 열리지 않으면 예수에게서 하나님 나라를 볼 수 없다. 더 쉽게 말하면 재물을 많이 가진 관리가 그 재물을 내려놓지 않고는 하나님 나라에 들어 갈 수 없듯이(눅 18:18-30), 세상 나라의 그 무엇이 눈 위에 있는 하나님 나라를 가리면 하나님 나라를 볼 수 없다. 세상 나라를 눈 아래로 내려놓아야 하나님 나라가 그때 제대로 보이는 것이다.

니고데모는 이 말씀의 뜻을 이해하지 못했다. 거듭난다는 말이 무슨 뜻인지도 모르겠고, 더우이 하나님 나라를 볼 수 없다는 말도 이해가 되지 않았다. 그래서 이 같은 엉뚱한 말을 늘어놓았다. "사람이 늙으면 어떻게 날 수 있사옵나이까 두 번째 모태에 들어갔다가 날 수 있사옵나이까"(4절). 지금 니고데모는 '영적 의미로서의 다시 태어남'을 '육적 의미로서의 다시 태어남'으로 오해하고 있는 것이다.

그러자 예수께서 다시 이 같은 설명을 덧붙인다. "진실로 진실로 네게 이르노니 사람이 물과 성령으로 (거듭)나지 아니하면 하나님의 나라에 들어갈 수 없느니라"(5절). 또 다시 예수님은 "진실로 진실로"라는 말씀으로 시작한다. 지금 자신이 하는 말씀은 받드시 믿어야 할 중요한 진리의 말씀이라는 것이다.

우선, "물과 성령"이라는 대목에서 "물"은 무슨 뜻인가? 이는 구약에서 물을 뿌려 정결케 하는 예식을 의미한다고 볼 수도 있고(레 11:32; 민 19:12,19; 31:23; 겔 36:25), 초대교회에서 행한 물세례의 예표로 볼 수도 있다(행 19:3). 또는 요한의 글쓰기의 특징에 따라 "물 곧 성령", 물은 성령을 상징하는 것으로 볼 수도 있다(7:38-39).

그런데 "하나님 나라"와 이어지는 다음 장(4장)과 관련하여 생각해 보면 "물"은 예수님을 말하는 것으로 보는 것이 더욱 설득력을 가진다. 그러니까 예수님과 성령님으로 거듭나야 하나님 나라에 들어갈 수 있다.

이어지는 구절을 보면 보이는 "물"은 사라지고 보이지 않는 "영"에 대한 말씀만 이어진다. 그 까닭은 무엇인가? 예수님은 눈에 보이는 물처럼 잠시 역사 속에 있다가 가셔야 하기 때문이다. 이 후로는 예수님이 보내신 보혜사 성령에 의해 사람은 거듭나게 되기에 이 같이 말씀했다고 볼 수 있다.

"육으로 난 것은 육이요 영으로 난 것은 영이니 내가 네게 거듭나야 하겠다 하는 말을 놀랍게 여기지 말라 / 바람이 임의로 불매 네가 그 소리는 들어도 어디서 와서 어디로 가는지 알지 못하나니 성령으로 난 사람도 다 그러하니라"(6,7절). 이 말씀에서 재미있는 것은 예수님께서 언어 유희를 사용하고 있다는 점이다. "영" 또는 "성령"으로 번역된 원어 '프뉴마'는 히브리어의 '루아흐(רוּחַ)'에 해당하는 말로서 "바람"과 "영"이라는 이중의미를 지닌다. 예수님은 이중의미를 가진 어휘를 가지고 거듭남의 진리를 설명하고 있다.

성철 스님은 "산은 산이요 물은 물이다"라는 말을 했다. 6절에서 예수님은 "육(σάρξ)은 육이요 영(πνεῦμα)은 영이다"라고 말씀하고 있다. 무슨 뜻인가? 하나님 자녀가 보이는 육으로 날 수 없듯이(1:13) 하나님 나라 또한 보이는 육으로 들어갈 수 없다는 것이다. 바람처럼 보이지 않는 영, 성령으로 거듭나야 하

나님 자녀가 될 수 있고, 하나님 나라에 들어갈 수 있다는 말씀이다.102)

중생의 진리는 자연인으로서는 도저히 이해할 수도, 믿을 수도 없는 영적 신비에 속하는 진리이다. 따라서 예수님은 니고데모에게 영으로 다시 나는 것에 놀라지 말라고 하시면서 "바람"이라는 자연 현상을 가지고 설명을 계속한다. 바람이 어떻게 생겨나며, 어디로부터 와서 어디로 가느냐 하는 것은 고대 세계의 사람들에게는 이성적으로 설명하기 어려운 하나의 수수께끼이자 신비였다. 인간이 바람을 조종하지 못하고 그 기원과 방향을 알 수 없듯이, 성령 또한 인간의 의지로 조종하지 못할 뿐만 아니라 그 기원과 방향을 알 수 없다. 성령으로 거듭남은 오직 하나님의 주권에 의한 것이다.

아브라함의 후손이라는 선민사상으로 가득 차 있던 니고데모는 이 같은 예수님의 가르침을 이해할 수가 없었다. 그래서 이렇게 반문했다. "어찌 그러한 일이 있을 수 있나이까"(9절). 니고데모의 영적 무지를 잘 보여주는 대목이다. 그러자 예수님은 니고데모를 질책했다. "너는 이스라엘의 선생으로서 이러한 것들을 알지 못하느냐"(10절). "정말 한심한 선생이로구먼"이라는 뜻을 내포한 말씀이다. 이 말씀을 듣고 니고데모는 얼마나 속이 끓고 얼굴이 불거졌겠는가. 예수님은 예리한 말씀의 칼(히 4:12)로 니고데모의 영혼을 찔렀다. 이 말씀의 칼을 맞은 니고데모는 비틀거리며 집으로 돌아가 많은 생각을 했으리라.

이제는 예수님이 일방적으로 말씀하시고 니고데모는 입을 다물었다. 입에서 나오느니 어리석음이요, 들을 귀가 열리지 않아 들어봐야 무슨 뜻인지 모르니 입을 다물 수밖에. "내가 땅의 일을 말하여도 너희가 믿지 아니하거든 하물며 하늘의 일을 말하면 어떻게 믿겠느냐"(12절). 여기서 "너희"로 대표되는 니고데모는 인간의 공로, 즉 율법의 준수를 통해 구원을 얻는다고 믿었던 바리새파 유대교를 대표하는 인물이었다. 이에 반해 예수님은 하나님(성령)에 의해 다시 태어나는 길만이 인간이 구원을 얻을 수 있는 유일한 길임을 말씀하고 있다.

이 구절에서 "땅의 일"과 "하늘의 일"은 무엇을 말하는가? "땅의 일"이란 중생과 같은 지상에서 이루어지는 일로서, 관찰(감각이나 경험)을 통해서 누구나 다 알 수 있는 일을 가리키는 것으로 볼 수 있다. "하늘의 일"이란 성부의 속죄 계획이나 성자의 성육신, 십자가에서의 죽음과 부활, 승천, 성령에 의한 궁극적인 구원의 성취 같은 계시를 통해서만 알 수 있는 일을 가리킨다고 볼 수 있다. 본문과 아래에서 다룰 빌라도와 관련해 보면 "땅의 일"은 '세상 나라'를, "하늘의 일"은 '하나님 나라'를 대조해서 말하고 있는 것으로 볼 수 있다.

"하늘에서 내려온 자 곧 인자 외에는 하늘에 올라간 자가 없느니라"(13절). 이 구절은 예수님의 정체를 잘 보여주는 대목이다. 여기서 예수님은 하늘에서 내려온 자로서 이스라엘 조상 중에서 모세 및 '하늘에 올라간 자(에녹, 엘리야)'와 대비시켜 자신을 소개하고 있다. 이 구절에서 주목해야 할 것은 미래형이 아니라 현재완료형으로서의 "올라간(아나베베켄, ἀναβέβηκεν)"이다. 이 구절은 부활의 관점에서 성육신과 십자가를 말하고 있는 것으로 '부활의 신학'을 잘 보여준다. 오랜 후에 니고데모가 중생하여 예수님의 장례를 치르는 십자가를 질 수 있었던 것은 바로 이 부활(영생)에 대한 말씀을 믿었기 때문이라고 볼 수 있다.

부활하여 하늘로 올라간(승천한) 예수님은 본래 하늘에 속한 분이다. 그러기에 성육신 하신 분, 즉 인자(사람의 아들)는 땅에서 나지 않고 하늘에서 내려오신 분으로 묘사한 것이다. 이분은 십자가에서 죽었다가 다시 살아나 하늘로 올라갈 것이다. 그러니까 요한은 부활(승천)-성육신-십자가-부활(승천)의 순환과정으로 예수님의 전 모습을 그리고 있는 것이다.

"모세가 광야에서 뱀을 든 것 같이 인자도 들려야 하리니"(14절). 이스라엘 백성을 애굽에서 인도하여 낸 지도자 모세는 광야에서 여호와를 원망하다가 범죄한 이스라엘 백성을 구하고자 놋뱀을 만들어 장대 위에 달고 그것을 쳐다보는 자들을 살게 했다(민 21:4-9). 이 사건은 후일 인류를 구원하기 위해 친히 자기 몸을 내어준 예수 그리스도의 십자가 사건의 좋은 그림자(prototype)였다.

이 구절에서 요한은 일시적 생명을 주는 것으로 끝나는 모세의 놋뱀과 영원한 생명을 주는 새 모세 예수의 십자가를 대조 비교시키고 있다. 이는 유대교에 대한 기독교의 우위를 말함으로써 모세(율법)의 제자인 니고데모로 하여금 예수(복음)의 제자가 되게 하려는 신학적 의도가 깔려 있다.

요한복음에서 "들려야 한다(휩순, ὑψοῦν)"는 말은 십자가의 죽음과 부활, 그리고 승천을 말하는 다의적 표현이다. 그런데 이 대목에서는 특히 인자의 죽음에 적용한다(8:28; 12:32-33). "들리다"는 예수님을 십자가에 매다는 행동과 하나님의 영광으로 높이는 행동이라는 이중의미를 지니고 있다(12:23; 13:31 이하). 이 대목은 야웨의 고난받는 종의 마지막 노래의 시작문장

(사 52:13)을 염두에 둔 것으로 보인다.

"이는 그를 믿는 자마다 영생을 얻게 하려 하심이니라"(15절). 모세는 이스라엘 백성으로 하여금 일시적인 죽음을 면케 하기 위해 놋뱀을 들었다. 그러나 새 모세되시는 예수님은 전 인류로 하여금 영생을 얻게 하기 위해 자신이 십자가에 달렸다. 구속 사건이란 성육신 하신 예수께서 십자가에 달리시고 부활하신 사건을 가리킨다. 따라서 십자가에 달리셨다가 부활하신 주님 안에서 신자는 '영생(하나님 나라의 삶을 사는 것을 일컬음)'을 소유하게 된다.

니고데모와의 대화는 부활과 관련된 "영생"이라는 말로 끝난다. 그러니까 가나의 혼인잔치처럼 니고데모와의 대화는 "하나님 나라(천국)"라는 말로 시작해서 "영생(부활)"이라는 말로 끝난다. 그러니까 기독교가 타종교와 결정적으로 차별화되는 것은 바로 이 '천국과 부활'에 있음을 다시 보여주고 있다. 요한의 천재성을 다시 보는 듯하다. 이제 예수님과 니고데모와의 대화는 더 이상 진전되지 않고 끝났다.

니고데모 기사가 결정적으로 던지는 질문은 이것이다. "복음이 무엇인가?" 이에 대해 요한은 이렇게 대답한다. "천국이 복음이요 부활이 복음이다." 천국이 있다는 것은 부활이 있다는 것이요 부활이 있다는 것은 천국이 있다는 것이다. 예수 그리스도가 복음이다. 왜냐하면 천국과 부활이 예수 그리스도에게 있기 때문이다. 천국과 부활이 있기에 십자가가 복음이 되는 것이다.

어떤 복음인가? 천국의 복음이요 부활의 복음이요 십자가의 복음이다. 주님이 천국과 부활을 믿었기에 십자가를 질 수 있었던 것처럼, 니고데모 또한 천국과 부활을 믿었기에 십자가를 떠안을 수 있었다. 그리스도인이란 곧 천국의 증인이요 부활의 증인이요 십자가의 증인이다.

훗날 니고데모는 그리스도인이 되었다. 니고데모의 중생체험은 회심사건이요 개종사건이요 사명사건이다. 니고데모는 성육신 하신 주님을 믿었다. 그리고 앞으로 부활하실 주님을 믿었다. 그래서 그는 십자가를 질 수 있었다. 훗날 니고데모는 성육신 속에, 십자가 속에, 부활 속에 나타난 하나님의 사랑을 깨닫게 되었다. 그는 변하여 새 사람이 되었다. 그리하여 이전에 지식의 사람에서 '진리의 사람'으로, 율법의 사람에서 '복음의 사람'으로, 말만 많은 머리의 사람에서 사랑을 실천하는 '발의 사람'으로 변했다.

다음으로, 두 번째 니고데모 기사(7:45-52)를 살펴보자. 대제사장들과 바리새인들이 보낸 아랫사람들이 돌아오자 그들은 "어찌하여 잡아오지 아니하였느냐"(45절)며 다그쳤다. 그러자 그들은 "그 사람이 말하는 것처럼 말한 사람은 이 때까지 없었나이다"(46절)라고 대답하였다. 이 대답이야말로 요한이 들려주고 싶었던 메시지가 아닐 수 없다. 아이러니하게도 이 말은 역사적 사실이 되었다. 유사 이래 예수님처럼 말씀한 사람은 아무도 없었다.

바리새인들은 아랫사람들의 말을 듣고는 "너희도 미혹되었느냐 / 당국자들이나 바리새인 중에 그를 믿는 자가 있느냐"(47,48절)고 또 다시 다그쳤다. 이 질문은 "없습니다"라는 대답을 기대하면서 던진 질문이다. 이는 요한의 또 다른 아이러니를 보여주는 사례이다. 왜냐하면 바로 이어지는 대목에서 산헤드린 의원이자 바리새인이었던 니고데모가 등장하기 때문이다.

"율법을 알지 못하는 이 무리는 저주를 받은 자로다"(49절). 이 구절은 일반 백성에 대한 바리새인들의 태도를 반영한다. "율법을 알지 못하는 무리"라는 말은 랍비들의 표현에 의하면 "암 하아레츠(עם הארץ)", 즉 "이 땅의 백성"을 의미한다. 바리새인들은 이들이 율법을 모르고 지키지도 않기 때문에 저주받은 자들(신 27:14-26)이라고 욕했다.

그러자 이전에 밤에 예수께 왔던 니고데모가 저희에게 말했다. "우리 율법은 사람의 말을 듣고 그 행한 것을 알기 전에 심판하느냐"(51절). 모세의 제자로서 율법의 사람이었던 바리새인 니고데모가 지금 율법을 정죄하는, 율법에 대해 회의적인 말을 던지고 있는 것이다. 이 대목은 니고데모가 이전과 달라진 모습을 보이기 위한 신학적 장치라는 뉘앙스를 짙게 풍긴다.

성령의 부어주심과 관계된 초막절 절기를 다루고 있는 7장의 마지막을 니고데모로 장식하는 것은 요한의 의도가 깊이 깔려 있는 것으로 볼 수밖에 없다. 유대 당국자들의 바람(48절)과는 달리 아이러니하게도 당국자들 가운데 전에 예수님을 찾아온 니고데모는 그 후 성령으로 중생하여 은밀히 예수를 믿는 '숨은 그리스도인'이 되어 있었다는 것을 암시한다. 나중에 그는 예수님의 장례에 동참하는 참 제자로 나타나는데(19:39-40), 그에 앞서 그가 새 사람으로 거듭났다는 사실을 언급할 필요가 있었다.

니고데모의 이의제기에 일격을 당한 바리새인들은 "너도 갈릴리에서 왔느냐 찾아보라 갈릴리에서는 선지자가 나지 못하느니라"(52절)로 응수하였다. 이 구절에 나타난 바리새인들의 말은 갈릴리 지역에 대한 경멸의 의도가 담겨 있다. 그런데 과연 갈릴리에서 선지자가 나지 못했는가? 사실상 갈릴리에도 요나(또는 호세아나 나훔)와 같은 예언자가 있었다(왕하 14:25). 그런 의미에서 이 같은 바리새인들의 말은 갈릴리 출신인 예수님에 대한 시기와 질투로 인해 이성을 잃은 모습을 극명하게 보여준다.

끝으로, 세 번째 니고데모 기사(19:38-42)를 살펴보자. 수난사화의 마지막을 장식하는 이 단락은 예수님의 장례가 왕적 장례임을 보여주는 동시에 제자도의 참 모델을 제시한다. "아리마대 사람 요셉은 예수의 제자이나 유대인이 두려워 그것을 숨기더니 이 일 후에 빌라도에게 예수의 시체를 가져가기를 구하매 빌라도가 허락하는지라 이에 가서 예수의 시체를 가져가니라"(38절). 아리마대 출신의 이 요셉은 예수님의 숨은 제자였다 (요 12:42; 마 27:57).[103]

사회적 신분이 높았던 그는 그동안 유대인들이 두려워 자신이 예수님의 제자인 것을 숨기고 살아왔다. 그런데 예수께서 십자가에 달려 운명한 것을 알고는 예수님의 시신을 거두게 내어달라고 빌라도에게 요청하였다.[104] 사회적 신분이 높았던 공회원으로서 신분의 노출에 따른 위험과 불이익을 감수하면서까지 저주받아 죽임을 당한 예수께 동정을 보인 것은 대단한 용기와 결단이 아닐 수 없다. 그의 요청을 빌라도가 받아들여 그는 예수님의 시신을 가져갔다.

한편, "일찍이 예수께 밤에 찾아왔던 니고데모도 몰약과 침향 섞은 것을 백 리트라쯤 가지고 온지라"(39절). 이 구절은 니고데모를 "일찍이 예수께 밤에 찾아왔던 니고데모"라고 표현하고 있다. 이 표현은 현재의 수난사화(18-19장)와 어느 날 밤 중생에 관하여 예수님과 니고데모가 대화를 나누었던 3장을 상응시키고자 한 요한의 의도가 엿보인다.

몰약과 침향 섞은 것을 "백 리트라(백 근)"를 가져왔다고 한다. 몰약과 침향은 값비싼 향료인데, 몰약과 침향을 섞은 것은 왕실의 장례에 사용되었다(대하 16:14). 백 리트라는 약 34kg이 되는 양이다. 이는 보통 사람의 장례에서 쓰는 양 치고는 엄청나게 많은 양이다. 이는 그가 부자였고 주님에 대한 사랑이 그만큼 컸다는 사실을 시사할 뿐만 아니라 예수님의 장례를 왕의 장례로 치르고자 했음을 암시한다.

아리마대 요셉과 니고데모는 예수님의 시신을 가져다가 유대인의 장례법대로 장례를 치렀다(40절). 로마의 장례 관습은 화장하는 방식이고, 애굽의 장례 관습은 미라를 만드는 방식인데 반해, 유대의 장례 관습은 시신을 훼손하지 않고 향품과 함께 세마포로 싸는 방식이었다(11:34,44). 그들은 예수님의 시신을 씻고 향품을 바르고 세마포로 장례를 치렀다.

"예수께서 십자가에 못 박히신 곳에 동산이 있고 동산 안에 아직 사람을 장사한 일이 없는 새 무덤이 있는지라 / 이 날은 유대인의 준비일이요 또 무덤이 가까운 고로 예수를 거기 두니라"(41,42절). 유대인들은 그들이 처형한 사람들의 장사를 거부하지는 않았지만 가까운 가족묘에 묻히는 것을 허락하지 않았다. 그 까닭은 처형된 사람이 이미 묻힌 사람들을 오염시킨다고 믿었기 때문이다. 그래서 도시에서 멀리 떨어진 공동묘지에 매장하도록 장소를 제공했다.

그런데 예수님은 안식일이 닥쳐오기에 속히 매장해야 했다. 마침 십자가에 달리신 곳 가까이에 동산이 있었고 그 동산 안에 아직 장사한 일이 없는 새 무덤이 있었다(마 27:60). 예수님의 시신은 그곳에 안치되었다. 예수님은 마지막 순간까지도 평범한 범죄자의 무덤에 묻힌 것이 아니라 왕적인 품위와 거룩함에 어울리는 새 무덤에 장사되었다(사 53:9). 이로써 해서 수난사화는 끝난다.

요한이 수난사화의 피날레를 니고데모로 끝낸 것은 대단히 중요한 의미를 지닌다. 공관복음에서는 아리마대 요셉이 예수님의 장례를 주도적으로 처리하는 것으로 언급하고 있는데 반해, 요한은 공관복음에는 전혀 나타나지 않는 니고데모를 부각시키고 있다. 예수님의 장례에 요한의 의도가 얼마나 짙게 깔려 있는가를 아리마대 요셉과 니고데모를 비교해 보면 쉽게 알 수 있다.

첫째, 요셉은 요한복음에서 이곳에서 처음 그 이름이 등장하지만 니고데모는 세 장(3,7,19장)에 걸쳐 언급되고 있다. 둘째, 요셉은 마가복음(15:43)에서는 당돌히 빌라도에게 들어가 예수님의 시신을 요구하는 모습으로 나타나지만 본문에서는 예수님의 제자이면서 유대인이 두려워 그것을 숨겼다고 보도되고 있다. 이에 반해 니고데모는 예수님의 제자라는 언급이 전혀 없음에도 불구하고, 바리새인들 앞에서 당당하게 예수님의 행위를 변호하고 있는 7장에서처럼, 본문에서도 유대인을 전혀 두려워하는 모습을 보이지 않는다. 셋째, 요셉은 빌라도에게 단지 예수님의 시신을 요구하는 자에 불과하지만 니고데모는 왕적 예수에 걸맞는 엄청난 양의 향료를 가지고 와서 왕적 장례를 치르는 자로 나타난다. 넷째, 요셉은 니고데모와 함께 장례를 치르지만, 니고데모가 장례의 피날레를 장식하면서 부활장인 20장에 가장 가까이 있는 인물로 그려지고 있다.

(2) 빌라도 기사

빌라도는 제5대 총독으로 주후 26-36년까지 유대 지방을 다스렸다. 총독에게는 사형에 처할 권한도 가지고 있었다. 요한복음의 빌라도 상(像)은 다분히 변증적인 성격을 갖고 있다. 공관복음에서는 짧게 취급하고 있는 빌라도 기사(마 27:1-2,11-14/ 막 15:1-15/ 눅 23:1-5)가 요한복음에서는 양적으로도 길고, 내용적으로도 그 핵심을 이룬다.

요한의 수난설화는 크게 세 단락으로 나누어진다. 예수의 체포와 심문 및 베드로의 예수 부인(18:1-27), 빌라도의 예수 심문(18:28-19:16), 예수의 죽으심과 장사(19:17-42)가 그것이다. 이렇게 나누어 볼 때 수난사화의 구조는 '빌라도의 예수 심문'을 중심으로 정확히 양분되어 있다.[105] 이것은 수난사화의 핵심이 '빌라도의 예수 심문'에 있으며 요한이 신학적 의도를 가지고 이렇게 구성했음을 쉽게 짐작할 수 있다.

요한은 빌라도 기사를 빌라도가 관정 안팎을 불안하게 오가는 일곱 장면으로 그리고 있다. 1. 관정 밖에서의 빌라도(18:28-32), 2. 관정 안에서의 빌라도(18:33-38a), 3. 관정 밖에서의 빌라도(18:38b-40), 4. 관정 안에서의 빌라도(19:1-3), 5. 관정 밖에서의 빌라도(19:4-8), 6. 관정 안에서의 빌라도(19:9-12), 7. 관정 밖에서의 빌라도(19:13-16). 이 같은 정교한 구조는 요한의 치밀한 신학적 의도에 기인한다.

일곱 장면을 내용적으로 검토해 보면, 첫째 장면과 일곱째 장면, 둘째 장면과 여섯째 장면, 셋째 장면과 다섯째 장면이 서로 상응하고 넷째 장면은 한 가운데 자리잡고 있다(18-19장의 정중앙에 위치). 첫째 장면과 일곱째 장면은 예수님에 대한 배척이 주제이며, 둘째 장면과 여섯째 장면은 예수님의 왕국과 왕권이 주제이며, 셋째 장면과 다섯째 장면은 예수님의 무죄 증명이 주제이다. 그러니까 재판 과정 전체가 예수님을 중심으로 그 주위에서 진행된다.

일곱 장면을 상향식 구조로 볼 때 일곱째 장면의 "보라 너희 왕이로다"(19:14)에서 절정에 이른다. 그런데 집중식 구조로 볼 때 넷째 장면(19:1-3), 즉 예수님의 대관식이 제일 현저하게 나타난다. 그러니까 일곱 장면은 왕권이 선명하게 드러나는 순간이 두 번 나오는 셈이다. 이를 통해 수난설화의 핵심은 예수님의 왕권에 있음을 깨닫게 된다. 빌라도의 재판은 겉으로는 예수님이 심문 받는 자이지만 실제로는 예수님이 심판관으로서 빌라도가 심문을 받고 있다. 여기서는 "하나님 나라"와 "진리"의 관계에 대해 빌라도가 예수님을 심문하는 둘째 장면(18:33-38a)만 살펴보기로 하자.

"이에 빌라도가 다시 관정에 들어가 예수를 불러 이르되 네가 유대인의 왕이냐?"(33절). 이렇게 시작되는 이 단락은 예수님의 왕권을 문제 삼고 있다. 마태와 마가는 유대인들에 의해 "이스라엘의 왕"(마 27:42; 막 15:32)이란 표현을 사용하고 있는 데 반해, 누가와 요한은 이방인들에 의해 "유대인의 왕"(눅 23:36-37; 요 18:39; 19:3,15,19)이란 칭호를 사용하고 있다. 유대 지도자들은 예수님을 정치적 반란죄, 즉 메시아를 사칭한 죄로 빌라도에게 고소한 것이다. 그러자 예수님은 빌라도에게 되묻는다. "이는 네가 스스로 하는 말이냐 다른 사람들이 나에 대하여 네게 한 말이냐"(34절). 이 질문은 네가 그렇게 생각하는 것이냐 아니면 다른 사람의 말을 단지 옮긴 것이냐 하는 질문이다.

이에 빌라도는 신경질적인 반응을 보이면서 이렇게 되묻는다. "내가 유대인이냐 네 나라 사람과 대제사장들이 너를 내게 넘겼으니 네가 무엇을 하였느냐"(35절). 이 말은 '나는 이 방인 로마 총독으로서 유대인들의 문제에는 관심이 없다. 다만 네가 사회 질서를 어지럽히고 로마에 반역을 도모했는지 만 관심을 가질 뿐이다'라는 의미이다. 그러자 예수님은 니고데모에게 한 것처럼 "하나님 나라"에 대해 결정적으로 중요한 말씀을 하셨다. "내 나라는 이 세상에 속한 것이 아니니라 만일 내 나라가 이 세상에 속한 것이었더라면 내 종들이 싸워 나로 유대인들에게 넘겨지지 않게 하였으리라 이제 내 나라는 여기에 속한 것이 아니니라"(36절).

우선, "내 나라(바실레이아 헤 에메, βασιλεία ἡ ἐμὴ)"라는 표현이 3회 사용되고 있다. 이는 '숫자 상징코드'라는 중요한 의미를 갖는다. 3장에서 "하나님 나라"가 여기서는 "내 나라" 곧 '예수 나라'로 바뀌어 나타나고 있다. 그러니까 하나님 나라는 곧 예수 나라와 동의어임을 알 수 있다. '나라'라는 말은 '왕국' 또는 '왕권'을 말한다. 예수 나라란 예수가 왕권으로 가지고 통치하는 왕국을 말한다. "내 나라"는 "내 왕국" 곧 '예수 왕국'을 말하며 이는 하나님 왕국과 같은 의미이다.

예수님은 이 구절에서 "내 나라는 이 세상에 속한 것이 아니니라"를 반복해서 분명하게 말한다. 그러니까 "내 나라(예수 나라)" 곧 하나님 나라는 세상 나라 같은 나라가 아니라는 것이다. 즉 세상 나라와 '다른 나라'라는 것을 말하고 있다. 그렇다고 예수 왕국은 지상과 별개의 천상적인 영역을 가리키지 않는다. 예수 왕국은 세상에 속한 것(세속적인 것)은 아니지만, 세상으로부터 떠나버린 영역, 즉 세상 밖의 왕국은 결코 아니다. 하나님 왕국은 정치적이고 세속적인 영역과 무관하다라는 의미로서의 왕국이 아니라 그것을 넘어선 초월적 의미, 영적 의미로서의 왕국을 말한다.

예수님은 만일 내 왕국이 이 세상에 속한 정치적이고 세속적인 왕국이었다면 내게 속한 종들이 싸워 그 왕국을 차지했을 것이라고 말씀하셨다. 정치적이고 세속적인 권력으로서의 왕국에만 익숙해 있던 빌라도는 "내 왕국은 이 세상에 속한 것이 아니니라"는 예수님의 말씀을 전혀 이해하지 못했다. 그래서 또 다시 이렇게 물었다. "그러면 네가 왕(바실류스, βασιλεὺς)이 아니냐"(37a절). 그러자 예수님은 주저하지 않고 말씀하셨다. "네 말과 같이 내가 왕이니라"(37b절). 정확히 직역하면 "내가 왕이라고 네가 말하고 있다." 아이러니하게도 빌라도는 지금 자신도 알지 못한 채 예수님이 왕이심을 증거하고 있는 것이다.

"내가 이를 위하여 태어났으며 이를 위하여 세상에 왔나니 곧 진리에 대하여 증언하려 함이로라 무릇 진리에 속한 자는 내 음성을 듣느니라"(37c절). 이 대목은 아주 중요한 대목이다. 우선, "내가 이 세상에 왔다"는 말씀은 이 세상과 차원이 다른 '또 다른 세상'이 있다는 말씀이다. 예수님은 또 다른 세상으로부터 이 세상에 왔다는 말씀이다. 그리고 예수님은 또 다른 세상에 속하는 "진리에 대하여 증언하러 왔다." 증언자는 자기 말을 하는 사람이 아니다. 단지 보고 들은 것을 전하는 심부름꾼이다. 예수님은 다른 나라, 다른 세상에 속하는, 즉 하나님 나라에서 하나님으로부터 보고 들은 것을 증언하러 오신 분이다(3:32; 8:26 참조).

다음으로, 예수님이 이 세상에 온 목적은 "진리에 대하여 증언하러" 왔다. 그 진리란 예수님이 곧 '하나님 나라'요 '하나님 나라의 왕' 곧 '메시아'라는 진리이다. 그리고 "무릇 진리에 속한 자"란 "물과 성령으로 거듭난 자"(3:5)를 말한다고 할 수 있다. 그런 거듭난 자만이 예수님의 음성 곧 하나님 나라와 메시아라는 예수님이 하신 진리의 말씀을 알아듣게 된다는 그런 말씀이다.

세상 왕국 이외는 알지 못하는 빌라도는 중생하지 못했던 이전의 니고데모처럼 하나님 왕국과 예수의 왕권에 대한 주님의 말씀을 전혀 이해할 수 없었다. 마침내 이 정치적 동물은 "진리가 무엇이냐"(38a절)라는 냉소적인 말을 남기고는 그 자리를 떴다. 빌라도의 이 말은 예수님의 말씀을 전혀 이해하지 못한 동문서답(東問西答)이자 오해 모티프의 전형을 보여준다. 땅(육)이라는 저차원에 속한 자가 어찌 하늘(영)에 속한 고차원의 세계를 알겠는가. 빌라도가 비꼬듯이 되물은 이 질문은 요한이 사용한 아이러니의 극치가 아닐 수 없다. 요한은 빌라도의 입을 통해 그가 요한복음을 통해 하고 싶었던 핵심 질문을 던진 것이다.

이 단락에서 우리가 짚고 넘어가야 할 중요한 몇 가지 사실이 있다. 첫째, "왕"(33,37[2회]절)과 "내 나라"(36[3회]절)와 "진리"(37[2회],38절)가 각각 3회씩 나오고 있다. 이것은 요한이 의도적으로 사용한 숫자 상징코드로 볼 수 있으며, 이 세 가지가 동의어라는 것을 말하고있다는 사실이다.

둘째, 빌라도가 말한 "진리가 무엇이냐?"를 원문으로 보면 '티 에스틴 알레데이아(Τί ἐστιν ἀλήθεια)'로서 관사가 붙어 있지 않은 데 반해 앞 구절인 18:37에 사용된 '진리'는 '테 알레데이아(τῇ ἀλήθεια)'로 두 번 모두 관사가 붙어 있다는 사실이다. 따라서 예수께서 말씀하신 진리는 '그 진리(the truth)', 즉 인간에게 구원을 가져다주는 유일한 복음의 진리를 뜻한다. 영적 지식이 없는 빌라도는 예수께서 말씀하신 유일무이한 진리를 깨닫지 못하고 일반적이고 세상적인 진리(truth)에 대해 묻고 있는 것이다. 복음의 비밀 곧 하나님 왕국(나라)의 비밀을 알지 못하는 빌라도는 진리이신 예수님(14:6)을 앞에 두고 "진리가 무엇이냐"라고 묻는 어리석음을 범했다.

셋째, 요한은 "진리(ἀλήθεια)" 어휘를 25회 사용하고 있는데 "진리가 무엇이냐?"(18:38)라는 빌라도의 질문을 끝으로 더 이상 이 어휘를 사용하지 않는다. 요한은 "진리"라는 어휘를 처음 서곡(1:14,17)에서 사용하고 있다. 그런데 서곡이 후에 편집되어 첨가된 것이라면 본론에서 이 어휘가 처음 사용된 곳은 3:21이다. 이제 우리는 3장과 18-19장의 상응관계(니고데모의 길과 빌라도의 길)를 다룰 시점에 왔다.

(3) 니고데모의 길과 빌라도의 길(3:16-21)

먼저, 3장과 18-19장의 상응관계를 세 가지로 살펴보자.

첫째, 공관복음에 그렇게도 많이 나타나는 "하나님 나라"가 요한복음에는 거의 나타나지 않는다. 그런데 공교롭게도 두 대목, 즉 니고데모와의 대화에서 2회(3:3,5), 그리고 빌라도와의 대화에서 "내 나라"라는 변형된 형태로 3회(18:36[3회]) 등장할 뿐이다. 신학적으로 가장 중요한 주제인 '하나님 나라'가 이 두 곳에서만 나타나고 다른 곳에서는 전혀 나타나지 않는 것 자체가 이상하지 않은가. 이것은 요한의 신학적 의도에 기인한다.

둘째, 수난사화에 속하는 18-19장 끝에 예수님의 장례와 관련하여 니고데모 기사를 다룸으로써 니고데모와 빌라도가 관계가 있음을 암시하고 있다.

셋째, 유대인의 최상류층 인사인 니고데모와 이방인의 최상류층 인사인 빌라도를 대조시키고 있다. 여기에는 '인물 상징코드'라는 요한의 고도의 신학적 전략이 깔려 있다. 요한은 세상 나라에서 최고 지도자(상류층)에 속하는 두 인물, 즉 니고데모(3장)와 빌라도(18-19장)를 대조시켜 비교함으로써 '하나님 나라'에 대한 논의를 화끈하게 끝장냈다.

다음으로, 3:16-21이 갖는 의미와 중요성을 일곱 가지로 요약하면 다음과 같다.

첫째, 무엇보다도 그 유명한 구절인 3:16에서 '하나님의 사랑'을 말하는 '아가파오(ἀγαπάω)' 어휘가 요한복음에서 처음 나온다는 점이다. 게다가 "이처럼"이라는 말을 맨 앞에 둠으로써 하나님의 아가페 사랑을 강조하고 있다.

둘째, "왜냐하면"이라는 접속사를 7회(γάρ 4회, [16,17,19,20] ὅτι 3회[18,19,21절]) 사용(우리말 성경에는 나타나지 않음)하여 심판(멸망)과 구원(영생)의 이유를 분명하게 제시하고 있다. 또한 "영생"이라는 말로 15절과 16절이 연결되어 있다.

셋째, "구원"이라는 어휘를 요한복음에서 처음(3:17) 사용하고 있다. 더욱 중요한 것은 구원(구주)과 관련된 어휘를 요한복음 전체에서 7회(3:17; 4:22,42; 5:34; 10:9; 12:27,47) 사용하고 있다는 점이다.106) 이는 숫자 상징코드로서 진리되신 예수님이 구원을 주시기에 부족함이 없는 참 구주임을 나타내기 위함이다. 18:33-38에서 각각 3회씩 사용된 하나님 나라=왕=진리가 동의어이듯이, 여기서는 요한복음(또는 본론)에서 처음 사용된 하나님 사랑=구원=진리가 동의어로 쓰였다. 여기서도 우리는 요한의 천재성의 일면을 다시 보게 된다.

넷째, 마지막 절(21절)에 사용된 "진리"라는 어휘는 본론에 후에 덧붙여진 서론(1장)을 제외하면 본론에서 처음 나오는 어휘로서 중요한 의미를 갖는다. 그리고 "진리"라는 어휘가 마지막으로 사용된 18:38과 상응한다.

다섯째, "독생자"라는 어휘를 2회(16,18절) 거듭 사용하고 있고, "심판하다"(κρίνω)라는 어휘를 3회(17, 18[x2]절) 사용하고 있다. 이는 숫자 상징코드적 의미를 갖는 것으로 독생자를 믿는 자는 구원과 영생을, 믿지 않는 자는 심판과 멸망을 이미 받았다는 사실을 강조하고 있다.

여섯째, 어둠과 대조되는 "빛(φῶs)"이라는 어휘를 5회(19[2회],20[2회],21절) 사용하고 있다. 이 또한 숫자 상징코드적 의미를 갖는다. 서곡(1:4-9)에서 보았듯이 이 어휘는 예수님을 가리키는 어휘로써 유대교 또는 모세를 대체하는 상징적 의미를 지닌다.

일곱째, "악을 행하는 자"(20절)와 "진리를 따르는 자"(21절)가 대조된다. 악을 행하는 자는 빛(주님)을 미워하여 빛으로 나아오지 않는다. 그 까닭은 자기 행위가 밝히 드러날까 두려워서이다. 이와 달리 진리를 행하는 자는 빛(주님)을 사랑하여 빛으로 담대하게 나아온다. 그 까닭은 그 행위가 하나님 안에서 행한 것임을 나타내려 하기 때문이다.

지금까지의 모든 언급에 기초하여 볼 때 3장과 18-19장은 상응하며, 그 내용은 결국 두 길, 즉 중생한 자의 길(니고데모의 길)과 중생하지 못한 자의 길(빌라도의 길)을 말하고 있다.

이제 '니고데모의 길'과 '빌라도의 길'이 말하는 메시지를 묵상해 보자.

세 곳의 니고데모 기사는 한 사람이 중생하여 새 사람이 된 과정을 그린 신앙의 모델 이야기이다. 요한의 숫자 상징 코드에 의하면, 5회(3:1,4,9; 7:50; 19:39) 사용된 '니고데모'라는 사람은 철저히 유대교에 빠져 있던 세상 왕국의 사람(모세의 제자)이었지만 예수님을 만남으로 하나님 왕국의 사람(예수의 제자)으로 거듭났음을 보여준다.

한 사람이 거듭난다(중생한다)라는 말은 지금까지의 삶, 즉 내 지식, 내 경험, 내 의지, 그리고 세상적인 것들을 내 마음의 왕으로 모시고 사는 삶에서 돌이켜 하나님(예수 그리스도)을 내 마음의 왕으로 모시고 그분에게 나를 맡기고 그분의 주권과 인도하심에 따라 사는 삶을 말한다. 다시 말하면 내 인생의 주인이 내가 아니라 하나님을 내 주인으로 모시고 사는 가치관과 세계관의 대전환을 말한다(마 6:24).

인간적으로 말해 니고데모는 요샛말로 유대 사회에서 '잘 나가는 사람'이다. 그는 얼마든지 그가 가진 것을 마음껏 누리면서 사람들로부터 존경과 인정을 받으며 편안하게 인생을 살다 갈 수 있는 사람이었다. 당시 기독교인이 되기로 결단한다는 것은 오늘날처럼 쉽거나 자연스러운 일이 아니었다. 특히 유대인이 기독교인으로 개종한다는 것은 민족반역자로 취급되기 십상이었다. 그것은 목숨을 건 도박이요 모험이 아닐 수 없다.

니고데모는 예수님에게서 무엇을 보았길래 세상에서 귀하고 좋다고 하는 것을 다 버릴 각오를 하고 기독교인이 되기로 결단한 것일까? 나고데모는 '時間, 空間, 人間(3間)'의 땅에 속한 3차원을 넘어선, 하늘에 속한 '4차원의 靈的(神的) 세계(4間)'가 있다는 사실을 예수님(주님)을 통해 발견하였다.

그 후로 니고데모는 그 무엇과도 주님을 바꾸지 않았고, 다른 어떤 은혜(진리)를 구하지 않았다. 예수님이야말로 그가 목마르게 찾았던 진리(은혜)요 자유였다. 그는 예수 그리스도에게서 하나님의 영광을 보았다. 예수 그리스도의 얼굴에서 하나님의 영광을 본 사람은 세상의 영광에 미련을 두지 않는 법이다(고후 4:6 참조). 그래서 그는 모세의 제자로 누린 세상의 영광을 다 포기하고 참 진리요 복음이 되시는 예수님의 제자가 되기로 결단했다.

중생하기 이전 바리새인이었던 니고데모는 서기관과 같은

'지식의 사람'이었다. 그런 그가 예수님을 만나 천국과 부활의 진리를 보고 들은 후에 그는 '진리의 사람'으로 다시 태어났다. 그리고 십자가에 달리신 예수님을 보면서 그 속에 나타난 하나님의 사랑을 보게 되었다. 그리하여 그는 자원하는 마음으로, 기쁜 마음으로 예수님의 장례라는 십자가를 질 수 있었다.

이에 반해 빌라도는 중생하지 못한 옛 사람, 즉 불신앙의 전형이다. 빌라도의 불행과 비극은 예수님에게서 진리를 발견할 천재일우의 기회를 놓인 데 있다. 만일 빌라도가 예수님에게서 진리를 보았다면 예수님을 십자가에 못 박는 비극의 주인공은 되지 않았을 것이다. 예수님을 십자가에 못 박으라는 군중의 요구가 아무리 거세다 하더라도 그는 예수님을 살릴 수 있는 힘을 가진 위치에 있었다. 그가 진리에 관심을 갖고 진리를 지키고자 하는 마음이 있었다면, 설령 로마 총독의 자리를 잃는다 하더라도 기꺼이 그 길을 택했을 것이다.

그러나 빌라도는 화려한 총독 의상과 그 어깨 위에 붙은 높은 계급장에 취한 나머지 자신이 영적으로 얼마나 가난하고 눈 멀고 벌거벗은 줄을 알지 못했다(계 3:17). 그는 진리에 대해 무관심했다. 그리고 세상 왕국에 집착한 나머지 자기 앞에 진리 되신 예수님이 있어도 보는(영적) 눈이 없어서 보지 못했고, 들을(영적) 귀가 없어서 듣지 못하는 어리석음을 범했다. 이로 인해 그는 2천 년이 지난 오늘날까지 사도신경을 외울 때마다 나오는 주님을 십자가에 못 박은 장본인이라는 불명예를 안게 되었다.

빌라도는 '세상 나라에서의 성공이라는 일등주의'를 선택한 반면, 니고데모는 '하나님 나라에서의 감동이라는 유일주의'를 선택했다. 하나님의 백성 니고데모가 선택한 길이 로마 총독 빌라도의 길을 이겼다. 진리에 무관심한 빌라도가 하나님 왕국의 비밀을 어찌 알랴. 요한복음은 니고데모의 길과 빌라도의 길을 대비시켜 이 두 길의 결국이 어떠한지를 보여주고자 한 '역전 드라마'이다.

산상수훈에서 주님은 이런 말씀을 하셨다. "좁은 문으로 들어가라 멸망으로 인도하는 문은 크고 그 길이 넓어 그리로 들어가는 자가 많고 / 생명으로 인도하는 문은 좁고 그 길이 협착하여 찾는 자가 적음이라"(마 7:13-14). 인생길에는 두 종류의 길, 즉 넓은 길이 있고, 좁은 길이 있다. 예수님을 믿고 따르는 신앙의 길은 좁은 길이며, 예수님을 믿지 않고 자기의 힘으로 사는 불신앙의 길은 넓은 길이다.

두 사람이 다 주류 최상류층에 속하는 유명 인사들이다. 그런데 유대인이자 바리새인인 니고데모는 예수님을 만나 중생한 후 세상 나라의 넓은 길을 버리고 좁은 길로 갔다. 니고데모는 자기의 모든 것을 십자가에 못 박고 십자가에 내어 맡겼다(갈 5:24). 이렇게 자신을 비웠을 때 그는 참 자유를 얻었다. 그는 세상 자랑을 다 버리고 십자가를 자랑하는 자가 되었다(갈 6:14). 그리하여 구원과 영생을 얻었다.

이에 반해 이방인이자 로마 총독인 빌라도는 현세주의에 빠져 세상의 헛된 부귀영화를 버리지 못해 넓은 길을 선택했다. 그 길은 보기에 좋고 화려했지만 결국에는 심판과 멸망의 길이었다. 사람들은 로마 총독 빌라도의 위치와 화려함을 부러워하고 그렇게 되지 못해 안달을 할지 모르나 피를 철철 흘리며 몰골을 하고 있는 예수님 앞에 그의 모습은 한없이 초라하고 불쌍하기만 하다.

빌라도가 세상 것으로 왕 삼은데 반해 니고데모는 진리 되신 예수님을 왕 삼았다. 예수님과 함께 하나님 왕국에서 문지기로 사는 것이 예수님 없이 세상 왕국에서 관원으로 사는 것보다 낫다고 믿은 니고데모는 '세상의 인기' 대신에 '예수의 고독'을 선택했다. 사도 바울의 말로 하면 니고데모는 그리스도를 얻고자 세상을 버렸고(빌 3:7-8), 빌라도는 세상을 얻고자 그리스도를 버렸다(요 19:16).

니고데모의 선택과 결단은 '복을 위한 삶(내가 주인)'에서 '복음을 위한 삶(주님이 주인)'으로의 가치관, 세계관의 일대 혁신, 대전환을 의미한다. 이것을 가능케 한 근저에는 '진리(구원의 복음)'와의 만남, 즉 십자가와 부활에 나타난 하나님의 은혜와 사랑이 있었다. 진리의 길을 선택하고 세상 자랑을 포기한 니고데모는 나를 부끄럽게 한다. 예수님 때문에, 하나님 왕국 때문에 세상에서 기꺼이 '그리스도를 위한 바보'의 길을 선택한 니고데모가 한없이 부럽기만 하다.

주님 가신 길이 십자가의 길이듯이, 제자의 길 또한 십자가의 좁은 길이다(마 16:24; 눅 9:23). 그 길은 세상에 초연(超然), 속세를 초월(超越), 현세를 초탈(超脫)한 '삼초(三超)의 길'이며, 가난을 태연(泰然)하게, 고난을 의연(毅然)하게, 고독을 당연(當然)하게 받아들이는 '삼연(三然)의 길'이다. 그 길을 이렇게 기쁨으로 노래하면서 나아가면 어떨까.

(1절) 주님 뜻대로 살기로 했네(×3) 뒤돌아서지 않겠네.
(2절) 세상 등지고 십자가 보네(×3) 뒤돌아서지 않겠네.
(3절) 이 세상 사람 날 몰라 줘도(×3) 뒤돌아서지 않겠네.

예수께서 이렇게 말씀하셨다. "천국의 비밀을 아는 것이 너희에게는 허락되었으나 그들에게는 아니 되었나니 / 그러나 너희 눈은 봄으로, 너희 귀는 들음으로 복이 있도다"(마 13:11,16). 니고데모는 천국의 비밀을 보는 눈과 귀가 열렸으므로 복 받은 자가 되었고, 빌라도는 눈과 귀가 닫혀져 천국의 비밀을 보지 못하고 멸망의 길로 갔다.

인류 역사는 두 왕국의 싸움, 즉 하나님 왕국과 사탄의 왕국과의 싸움이라고 말할 수 있다. 기독교인은 매일같이 이 두 왕국 사이에서 처절한 영적 전쟁[107]을 하며 살아갈 수밖에 없는 100% 죄인이다. 그런데 오늘 스스로 기독교인이라고 자처하는 사람들의 모습은 어떤가. 루터가 '영적 고뇌(안페히퉁, Anfechtung)'을 통해 어렵게 발견했다는 '믿음으로 구원을 얻는다'는 이신칭의(以信稱義)의 위대한 진리만을 굳게 붙들고 십자가 없는 값싼 은혜 속에 머물고 있지 않는지 정직하게 반성해 보아야 할 것이다. 개혁신학을 오해하고 있는 기독교도들에 대한 키르케고르의 비판을 들어보자. "오늘날 기독교인들은 가능한 고생을 하지 않고서 기독교인답게 보이기 원하는 세속성이 항상 존재하고 있다."

니고데모와 빌라도를 생각할 때 전에 감명깊게 읽었던 크로닌(1896 -1981)의 소설 ≪천국의 열쇠≫가 생각난다. 인내와 청빈과 용기있는 삶으로 일관한 치섬 신부의 생애, 즉 신과 이웃에게 끊임없이 베풀었던 치셤은 성실하고 충성된 하나님의 사제(司祭)였으나, 교회라는 조직 속에서는 인정을 받지 못하고 백안시되고 이단시되고 만다. 치셤은 중국선교사로 수십 년을 봉사했지만 외견상으로는 실패의 연속, 고난의 연속인 삶을 살았다. 그의 삶은 로마 교구청에 붙어 출세의 계단을 요령있게 밟던 안셀모 밀리 신부와는 대조적인 삶이었다. 그러나 '천국의 열쇠'는 안셀모 밀리 신부와 같은 출세주의자에게는 주어지지 않는다는 것을 이 책은 암시하고 있다.108) 하나님의 사랑을 안고 낮은 곳으로 내려가는 발걸음에 하늘복(天福) 있으라!

1997년 7월, 나는 터키-그리스 성지순례를 갔다. 갑바도기아의 데린구유에 있는 지하 예배실과 젤베계곡에 있는 암석을 파서 만든 기도처를 둘러보았다. 이때 함께 갔던 소망교회의 한 권사님이 충격적인 한 마디를 하셨다. "내 신앙은 가짜다."

내 신앙이 진짜인지 가짜인지, 내가 주님의 참 제자인지 아닌지, 나는 하나님 왕국을 따라 사는지 세상 왕국을 따라 사는지 니고데모는 내게 '질문바꾸기'로 도전해 온다. "나는 예수님(예수님을 사랑하기) 때문에 무엇을 얻었고 누리고 있는가가 아니라 무엇을 잃었고 포기했는가?"라고.

설악산 백담사에 가면 시인 고은(高銀)의 시비(詩碑)가 있다. "내려갈 때 보았네 올라갈 때 못 본 그 꽃." 계속 오르기를 원하는 자는 예수님이 본을 보이신 내려감의 경지를 알지 못하는 법. 주님은 좁은 길로 내려가라고 명하셨지만 난 끝없이 넓은 길로만 올라가고 싶으니 "이 뭣꼬!"

4) 예수께서 사랑한 제자(愛弟子)

요한복음의 저자는 누구인가? 그리고 저자의 문제와 관련하여 사도 요한과 "예수께서 사랑한 제자(애제자)"는 어떤 관계인가 하는 것은 늘 문제가 되어 왔다. 요한복음은 21:24에 근거하여 이 책의 원저자를 "예수께서 사랑하시던 제자"라고 말하고 있다.

애제자와 관련하여 요한복음에는 "예수께서 사랑하시던 제자"라는 문구가 5회(13:23-25; 19:26-27; 20:2-7; 21:7; 21:24), 익명의 제자 형태로 3회(1:37-42; 18:15-16; 20:2-10) 나타난다. 초대교회는 21:24을 문자적으로 받아들여서 애제자 세베대의 아들 (사도) 요한으로 보고, 그가 복음서 중에서는 가장 늦은 시기에 에베소에서 요한복음을 기록하였다고 믿었다.

그러면 공관복음에서 전혀 언급되지 않는 이 애제자는 누구인가? 애제자에 대한 나의 생각은 이렇다. 애제자는 역사적 인물인 '사도 요한'이되, '사실적인 사도 요한'이 아닌 '이상화한 사도 요한'이라는 것이다. 이 같이 보는 이유는 다음과 같다.

첫째, 애제자의 죽음을 보여주는 말씀(21:23)에 의거해 볼 때 애제자는 상징적 인물이 아닌 역사적 실제의 인물임을 알 수 있다.

둘째, 만찬석상에서 "예수의 제자 중 하나 곧 그가 사랑하는 자가 예수의 품에 의지하여 누웠는지라"(13:23)에 따르면 애제자는 열두 제자 중의 하나임을 알 수 있다.

셋째, 디베랴 호수가에 나타나신 부활하신 주님을 만난 일곱 제자(21:2) 가운데 애제자가 포함되어 있는데, 베드로와 도마와 나다나엘을 뺀 4사람(세베대의 아들들과 다른 두 제자) 가운데 한 사람이 애제자라는 결론이 나온다.

넷째, 애제자가 등장하는 다섯 문맥 가운데 십자가 아래 (19:26-27)에서만 제외하면 베드로와 애제자는 같이 등장한다.[109] 이처럼 애제자는 늘 베드로와 경쟁관계에 있는 모습으로 나타난다(13:24-25; 20:2; 21:7, 19-22; 참조 1:35-42; 18:15).

다섯째, 공관복음과 사도행전에 보면 베드로와 요한이 같이 등장하는 것을 많이 볼 수 있다(마 10:2; 17:1; 26:37; 막 5:37; 9:2; 13:3; 14:33; 눅 6:14; 8:51; 9:28; 22:8; 행 3:1-11; 4:13,19; 8:14).

이상을 종합해 보면 애제자는 사도 요한임이 분명하다는 것이 나의 생각이다.

그런데 문제는 요한복음에 나타나는 애제자의 모습이 공관복음에 나타나는 사도 요한의 모습과는 사뭇 다르다는 데 문제가 있다. 요한복음에는 그가 불같은 성격의 '우레의 아들' (막 3:17)이 아닌 사랑이 넘치는 온유한 자의 모습으로 나타난다. 그 외에도 공관복음의 요한과 요한복음의 애제자가 등장하는 구절에서 두 인물의 모습은 사뭇 다르다. 이 때문에 애제자가 '사도 요한'이라는 설에 대해 많은 의문점을 가지고 있는 것이 사실이다.

여기서 우리는 요한의 글쓰기에 대해 생각해 볼 필요가 있다. 많은 학자들은 '애제자'가 누구냐, 즉 사도 요한이냐 아니냐에 생각이 매여 있다. 그런데 요한은 애제자가 누구냐에 대한 관심보다는 애제자를 통해 자신이 하고 싶은 메시지를 던지고 싶었다는 것이 나의 생각이다.

요한은 요한의 교회(공동체)로 하여금 참 제자상, 즉 이상적인 제자의 모델을 제시하려는 데 관심을 가졌다. 그래서 요한은 끝까지 예수 곁에서 예수의 사랑을 받으면서 예수에 관해 목격한 모든 사실을 충실히 증언하는 제자로서의 사명을 잘 감당한 자로서 애제자를 그렸다. 따라서 애제자는 이상적인 제자상을 보여준다는 점에서 그는 '사실적인 사도 요한'이 아닌 '이상화한 사도 요한'이라는 것이 나의 생각이다.

여기서 이런 의문을 가질 수 있다. 왜 요한복음 저자는 요한이라는 사도의 이름을 사용하면 더 권위있는 책으로 인정받을 수도 있을 터인데 굳이 애칭(익명)을 사용했는가 하는 점이다. 타이센이라는 학자는 익명성이 공동체의 권위를 강화시켜 준다고 말하고 있다. 예수의 제자 중 특정한 한 명에게 저작을 돌리는 것보다 더 많은 특권적 지위를 이 복음서에 부여하고자 했다는 것이다.[110]

익명성이 가져다주는 권위는 쿰란공동체의 창시자인 '의의 교사(The Teacher of Righteousness)'의 경우도 마찬가지다. '의의 교사'라는 호칭은 쿰란공동체의 가장 높은 가치가 '의'임을 말해준다. 같은 방식으로 '애제자'라는 호칭은 '사랑'이 요한공동체의 최상의 가치임을 말해준다. 익명성을 통해 이 두 역사적 인물들은 자신들의 공동체에 모범이자 상징이 된다.

역사적(실제의) 인물인 사도 요한으로서는 참 제자상의 권위를 가질 수 없다. 요한 또한 베드로처럼 십자가 앞에서 도망간 제자였다(마 26:56). 그 외에도 요한은 많은 실수를 한 제자이기도 하다(마 17:8; 20:20; 26:43; 막 10:35; 눅 9:49,54 등). 따라서 사실적인 사도 요한이 아닌 참 제자상의 모습으로 '애제자'라는 애칭(익명)을 사용하여 요한복음서와 요한공동체의 권위를 높이려고 했으리라는 것이 나의 생각이다.

또는 천재 레오나르도의 스푸마토 기법(안개 기법)을 요한이 사용했다고 볼 수도 있다. 저자를 사도 요한이라고 구체적으로 밝히게 되면 신비감이 떨어질 뿐만 아니라 그가 구상하고자 한 이상적인 제자상에 손상을 입게 된다. 따라서 요한은 스푸마토 기법을 사용하여 요한복음의 깊이와 신비감을 더하려고 했다는 것이 나의 생각이다. 그것이 사실이라면 '애제자' 문제는 요한의 천재성이 잘 드러나는 또 하나의 실례가 될 것이다.

애제자가 처음 등장하는 13장에서 예수님은 새 계명인 사랑의 계명(13:34-35)을 주신다. 특히 가룟 유다가 나간 후에 주시는 이 새 계명에는 요한의 깊은 뜻이 담겨 있다. 참 제자는 주님의 사랑의 계명을 지키는 자요(14:15; 15:10-17) 주님의 사랑 안에 머무르는 자(15:1-9)이기에 주님은 고별강화에서 계속적으로 이것을 강조한다.

여기서 제자도와 관련하여 베드로와 애제자의 문제를 요한복음의 마지막 한 대목(21:19-23)을 통해 살펴보자. "이 말씀을 하심은 베드로가 어떠한 죽음으로 하나님께 영광을 돌릴 것을 가리키심이러라"(19a절). 이 대목은 12:33의 말씀을 거의 그대로 되풀이 한 것이다(18:32 참조). 예수님의 죽음이 하나님께 영광이 된 것처럼(12:27-28; 13:31-32; 17:1), 베드로의 죽음 또한 그러하다고 말씀하고 있다. 십자가를 지심으로 부활의 영광에 참여한 주님처럼, 베드로는 순교함으로 부활의 영광에 참여한 자가 된 것이다(13:36의 성취).

"이 말씀을 하시고 너는 나를 따르라"(19b절)는 이 대목은 그 아래 22절과 더불어 제자도를 언급하는 21장의 핵심부분이다. 그런 의미에서 이 단락은 증인 본문 1장과 상응한다. 첫 장은 세례 요한을 증언자로 묘사하고 있고, 첫 다섯 제자들도 예수님의 부름을 받고 제자가 되어 예수의 증인으로서의 길을 갔다. 끝 장에서 두 제자(베드로와 애제자) 또한 예수의 증인으로의 삶을 살다 갔다.

베드로는 죽음으로 신앙을 증언한 데 반해, 요한은 장수를 하고 평안히 눈을 감았다. 요한도 죽음으로 신앙을 증거했어야 하지 않은가? 어떤 의미에서 이 의문은 요한의 이미지에 그늘을 드리운다. 주님께 가장 사랑을 받은 제자가 베드로만큼 용기가 없지 않았느냐는 힐문이다. 이에 대해 주님은 하나님의 행위에는 누구에게도 구애받지 않는 절대 자유가 있다고 단언하신다.

베드로는 '피 흘리는 순교(김대건 神父의 예)'로 짧게 살다 갔고, 애제자는 '땀 흘리는 순교(최양업 神父의 예)'로서 평안히 오래 살다 갔다. 공통점은 둘 다 주님을 사랑하는 까닭에 예수의 증인으로서의 삶을 살다 갔다는 점이다. 그 결과 베드로는 순교자라는 영광의 면류관을 썼고, 수제자로서의 그의 지도력은 회복되었으며, 뒤따르는 제자들에게 제자도의 모델이 되었다. 그리고 애제자는 영감을 받고 그 어떤 책과도 비교가 되지 않는 '요한복음서'라는 책을 기록한 자로 영원히 기억되었다.

예수님과 베드로의 대화(20-23절)는 두 제자의 경우가 보여주듯 제자도에 있어서 은사와 소명이 각기 다르다는 것을 보여주고 있다. 베드로는 애제자가 주님을 따르고 있는 것을 보면서(20절) "주님 이 사람은 어떻게 되겠사옵나이까?"(21절)라고 애제자의 운명에 대해 물었다. 그러자 주님은 이렇게 대답하셨다. "내가 올 때까지 그를 머물게 하고자 할지라도 네게 무슨 상관이냐 너는 나를 따르라"(22절). 다른 제자들이야 순교하든 말든 네가 상관할 바가 아니고 오직 네게 주어진 순교의 길을 가면 된다는 말이다.

그런데 "내가 올 때까지 그를 머물게 하고자 할지라도"라는 이 말씀을 두고 오해가 있었던 모양이다. "내가 올 때까지"라는 표현은 그리스도의 재림(고전 4:5; 11:26; 계 1:7; 3:11; 22:7,12,20 참조), 특히 그리스도의 임박한 재림을 가리킨다(살전 4:15-17; 롬 13:11). "그를 머물게 하고자 할지라도"라는 이 표현은 요한공동체로 하여금 애제자가 살아있을 때 그리스도의 재림이 이루어진다는 오해를 불러일으켰던 것 같다.

애제자가 그리스도의 재림 전에 죽게 되자 요한공동체는 예수님의 말을 오해했던 것을 스스로 인정하고 이제 올바르게 정정하고자 했다. 그러면서 애제자가 "머물다"라는 말을 그 제자가 죽지 않는다는 뜻으로가 아니라 다른 방식으로 계속 남아 있게 된다는 뜻으로 이해하고 받아들인다. 즉 요한은 애제자가 요한공동체나 요한복음 안에서 정신적으로 머물러 선포하고 증언한다는 사실을 말하고자 한 것으로 이해할 수 있다(21:24 참조).

21장에서 쟁점이 되는 것은 베드로와 애제자의 관계이다. 요한복음에서 애제자는 요한의 신학적 의도가 반영된 제2부에서만 나타난다(13:23-25; 19:26-27,35; 20:2; 21:7,20-24). 요한은 제1부(1:40)에서는 아무 역할도 하지 않는 익명의 제자로 보도하다가 애제자를 이상적 제자의 모델로 제2부(13:23)부터 등장시키고 있다. 그리고 베드로는 일곱 제자(교회)의 대표로서 부활하신 주님과 대화를 하고 있다. 그런데 베드로와 애제자의 관계에 있어서 요한은 이중적 목적을 가지고 21장을 기술했다는 것이 나의 생각이다.

첫째로, 요한은 제자들의 대표인 베드로 공동체(교회)의 주도적 역할을 긍정적으로 인정하고 있다. 요한은 복음서가 기록될 당시에 이미 베드로는 교회의 대표자로서 다른 모든 제자들보다 우위에 있었다는 것을 전제하고 인정한 것이다. 베드로는 21장에서 일곱 제자 가운데 제일 앞서 기술되어 있으며(2절), 부활하신 주님께 제일 먼저 도달하는 자로 묘사되어 있다(11절). 또한 그는 유일하게 주님과 대화하는 제자로서 과거의 실수를 용서받고 지도권을 회복했으며 양 무리를 치는 자로 위임명령을 받았다(15-17절). 그리고 그는 주님처럼 순교를 당함으로써 하나님께 영광을 돌린 예수의 증인이라는 면류관을 획득한 자로 묘사되고 있다(18-19절).

둘째로, 요한은 애제자로 대표되는 요한공동체 또한 베드로공동체 못지않게 중요하다는 것을 여러 방식으로 드러내고 있다. 애제자는 21장에서 부활하신 주님을 제일 먼저 알아보는 영적 지각을 가졌으며(7절), 예수님으로부터 특별히 신뢰

받는 제자로 여겨졌으며(20절), 요한공동체에 잘 알려진 중요한 인물이었으며(23절), 요한복음은 애제자의 권위적인 증언에 근거한다고 말하고 있다(24절). 이는 외적으로는 유대교의 박해에 대처하고 내적으로는 대립이나 경쟁관계로 인한 교회의 통일성을 깨는 혼란을 피하면서 서로 협력을 통한 교회 발전을 이룩해 갈 것을 소망한 것이라고 볼 수 있다. 요한의 의도는 베드로공동체로 하여금 베드로의 권위만을 내세우지 말고 요한공동체를 인정하고 이해하도록 했으며, 요한공동체로 하여금 베드로의 권위를 인정하면서 공동체의 창설자요 스승인 애제자의 명예를 존중하도록 했던 것으로 보여진다.

그렇다면 베드로와 나란히 애제자의 중요성을 부각시키려는 요한의 의도는 무엇인가? 초대교회 당시 베드로와 12제자들을 중심으로 한 예루살렘의 유대 기독교 공동체가 있었고, 바울을 중심으로 한 이방 기독교 공동체가 있었다는 것은 잘 알려진 사실이다. 그리고 "애제자"를 중심으로 한 요한공동체가 있었다는 것을 가정하는 것은 어려운 일이 아니다. 요한복음은 베드로와 12제자로 대표되는 사도공동체와 애제자로 대표되는 요한공동체 간의 관계(통합, 연합 등)가 중요 관심사로 논의 되던 시기에 기록되었을 것으로 보인다.

이런 상황이라면 베드로와 애제자의 관계가 새롭게 정립되어야 할 필요성이 있었을 것이다. 더욱이 애제자가 죽은 후 요한공동체는 자신의 정체성을 확립해야 했고 좀 더 확고한 사도적 전통과 연관성을 맺기 위해 베드로와 같은 잘 알려진 역사적 인물을 필요로 했을 것이다. 사도공동체와 요한공동체를 결속 혹은 통합시키려는 움직임이 요한복음 전체에 특히 21장에서 가장 분명히 나타난다.[111] 요한은 두 공동체의 '하나됨'을 기도하고 있다(17:11,21,22,23). 또한 '새 계명'이란 이름으로 '서로 사랑(형제사랑)'을 강조하고 있다(13:34-35). 이렇게 본다면 요한복음은 1세기 말경에 기독교 공동체에서 싹트고 있었던 통합운동의 한 단면을 보여주고 있는 셈이며, 바로 이 점에서 요한복음은 기독교 통합운동을 위한 최초의 성서적 전거가 되고 있는 셈이다.[112]

"이 일들을 증언하고 이 일들을 기록한 제자가 이 사람이라 우리는 그의 증언이 참된 줄 아노라"(24절). 여기서 "이 사람"은 애제자를 가리키는 것으로 보아야 할 것이다. 이 복음서의 기록은 애제자의 권위적인 증언에 근거한다는 것이다. 즉 요한은 복음서 전체를 최종적으로 마무리 지으면서 그의 증언이 참되다는 것을 말함으로써 "애제자"의 권위를 강조했다. 그리고 여기서 "우리"는 애제자의 후계자인 요한공동체로 보는 것이 무난할 것이다.

여기서 주목해야 할 사실은 제자도의 핵심이 증언(증거)에 있다는 사실이다. 요한복음은 '제자'와 '증언'에 대해 특별히 강조한다.[113] 이는 제자도의 핵심이 증언에 있음을 잘 말해주고 있다. 요한복음이 '부활의 신학'에 기초하고 있다는 사실에 대한 중요한 근거는 바로 이 '증언'이라는 어휘의 사용에 있다. 제자는 예수님을 따라다니면서 자신이 직접 보고 들은 바를 증언하는 예수의 증인이다. 따라서 사도(제자)의 가장 중요한 요건은 '그가 부활의 증인이냐'에 있다(행 1:22).

증인에 해당하는 '마르튀레스(μάρτυρες)'의 원형 '마르튀스(μάρτυς)'에서 영어에 마터(martyr[순교자])가 나왔다. 증인은 사역을 하다가 체포, 비방, 추방, 죽음을 당했기 때문에 증인과 순교자가 동의어가 된 것이다. 제자로 부름을 받는다는 것은 세상적으로 볼 때는 결코 자랑스럽거나 즐거운 일이 아니다. 그것은 죽음을 각오해야 하는 길이기 때문이다. 그러기에 본회퍼(D. Bonhoeffer, 1906-45)는 이런 말을 했다. "그리스도께서 제자를 부르실 때 죽으라고 부르신다."

5) 디두모라 하는 도마(최고의 신앙 모델)

일반적으로 도마는 '의심 많은 제자'라는 부정적인 별명을 갖고 있다. "허물 많은 베드로를 용서하시고 의심 많은 도마에게 확신주시고"라는 찬송 가사도 있다. 그런데 공관복음에는 도마가 열두 제자의 명단에 이름만 언급될 뿐 그에 대한 기사는 전혀 나오지 않는다(마 10:3/ 막 3:18/ 눅 6:15). 또한 예수님의 제자 가운데 하나인 도마가 의심 많은 사람이라는 역사적 증거는 아무 데도 없다.[114]

그럼에도 불구하고 지난 2천 년 동안 도마는 "의심많은 제자"라는 의심을 받아왔다. 이것은 요한복음에 나오는 도마 기사를 근거로 한 일반인의 생각인데, 과연 이러한 일반인의 생각이 요한의 본래 의도와 어느 정도 일치하는지를 면밀히 검토해 볼 필요가 있다. 왜냐하면 도마에 대한 일반인의 생각은 요한의 글쓰기 기법을 제대로 이해하지 못한 선입견에 의한 편견에 따른 것으로 여겨진다. 오히려 요한의 글쓰기를 제대로 파악한다면 정반대의 해석이 가능하기 때문이다.

요한복음의 독특한 특징 중의 하나는 이중 의미로 나타나는 '오해 모티프'와 '아이러니 기법'이다. '오해 모티프'란 예수님과 제자들, 또는 예수님과 적대자들 사이에서 발생한 오해와 이해차이를 말한다. 즉 예수님은 자신을 계시하는 말씀을 하지만 그 상대자는 그 의미를 깨닫지 못하거나 자주 오해하는 것으로 나타나는 것을 말한다. 그 대표적인 본문들은 다음과 같다.

(i) 성전에 대한 말씀(2:19-22)
(ii) 니고데모와의 대화(3:3-10)
(iii) 사마리아 여인과의 대화(4:10-15)
(iv) 제자들의 몰이해(4:31-34)
(v) '생명의 떡'에 대한 말씀(6:48-52)
(vi) 예수의 고난 예고(7:32-36; 8:21-22; 16:16-18)
(vii) 자유에 대한 말씀(8:32-33)
(viii) 영생에 대한 말씀(8:51-59)
(ix) 아브라함에 대한 말씀(8:56-59)
(x) 선한 목자에 대한 말씀(10:7-21)
(xi) "나와 아버지는 하나"라는 말씀(10:25-39)
(xii) 나사로의 소생에 대한 말씀(11:23-24)
(xiii) '애제자'의 죽음에 대한 말씀(21:21-23)

'아이러니(Irony)'는 예수님의 반대자들이 빈정대며 조롱하는 말이 오히려 예수님을 드러내는 작용을 하거나 저들의 무지를 드러내는 효과를 거두는 반어(反語) 또는 역설(逆說)을 말한다. 그 대표적인 본문은 다음과 같다.[115]

(i) 4:12: 사마리아 여인이 예수님께 "당신이 야곱보다 더 크니이까"라고 질문한다. 그 여인은 그렇지 않다고 믿어 빈정대는 말투의 인상을 주나 독자들은 예수님이 야곱보다 지극히 크신 분이라는 것을 안다.

(ii) 7:42: 유대인들이 "성경에 이르기를 그리스도는 다윗의 씨로 또 다윗이 살던 마을 베들레헴에서 나오리라 하지 아니하였느냐"라고 질문한다. 이러한 질문은 저희들이 예수가 다윗의 후손이 아니며 베들레헴에서 출생한 자가 아니라는 관점에서 한 말이다. 그러나 독자들은 그들의 요점 하나하나가 정확하게 적중하고 있음을 알고 있다.

(iii) 11:50: "한 사람이 백성을 위하여 죽어서 온 민족이 망하지 않게 되는 것이 너희에게 유익한 줄을 생각하지 아니하는도다"라고 가야바가 산헤드린에서 언명한다. 가야바의 의도는 예수님을 과격 혁명가로 처형해야 로마 제국이 의혹을 피할 수 있고, 그것이 나라를 살리는 해결책이라는 것이었다. 그러나 독자는 밝히 안다. 그것이 가야바가 자기도 모르는 사이에 예수님의 죽음이 대속적인 죽음이며 그가 유대인만이 아니라 온 인류를 구원하시는 구주인 것을 예언하고 있다는 사실을.

(iv) 18:38: 빌라도가 "진리가 무엇이냐"라고 질문했다. 물론 빌라도의 성격이 교활하고 또 냉소적인 것을 유추할 수도 있으나, 여기서의 초점은 진리가 무엇인지 찾을 수 없다고 한 빌라도의 질문과 상반되는 풍자적인 효과를 독자는 경험한다는 데 있다. 독자들은 그의 바로 앞에 서 계신 예수님이 "길과 진리와 생명"(14:6)이심을 알고 있기 때문이다.

(v) 19:2-3: 병사들이 예수님을 조롱하여 "유대인의 왕이여 평안할지어다"라고 했다. 여기에서 독자들은 이중적 풍자를 경험한다. 병사들이 풍자적으로 유대인의 왕이라고 했으나 독자들은 역으로 그가 진정한 왕이심을 안다.

그런데 오해 모티프나 아이러니의 가장 극적인 실례는 "디두모라 하는 도마"에서 찾아볼 수 있다. 그동안 제자들 가운데 수제자 베드로나 애제자에 대해서는 많은 관심을 가지고 연구되었으나 도마에 대해서는 거의 관심이 없었다. 게다가 도마에게는 "의심 많은 제자"라는 꼬리표가 늘 따라 다녔다.
요한복음을 서사비평으로 접근한 켈페퍼는 도마에 대해 이렇게 말한다. "도마는 예수의 육신은 이해하지만 그의 영광은 이해하지 못하는 제자의 모델이다. …… 의심하는 자라기보다 사실주의자인 도마는 막달라 마리아처럼 지상의 예수를 영접하지만 아직 부활하신 그리스도를 인식하지 못하는 모든 사람을 대표한다."[116] 그러나 나의 생각은 그와 상당히 다르다.
이미 언급했듯이 지금까지 도마에 대한 일반인들의 오해와 빗나감은 요한의 독특한 표현 기법인 오해 모티프나 아이러니 기법을 제대로 이해하지 못한 데서 연유한다. 도마의 엉뚱한 돌출 발언이나 행동은 액면 그대로가 아닌 요한이 즐겨 사용하는 오해 모티프와 아이러니 기법을 통해 볼 때 도마에 대한 종래의 입장과는 전혀 다른 해석이 가능하다.
요한복음에 조연으로 등장하는 도마야말로 요한복음 이해의 결정적 열쇠를 쥐고 있는 중요한 인물이라는 것, 즉 도마는 천재 요한이 비밀리에 숨겨놓은 '히든 카드'이다. 즉 도마는 요한공동체가 걸어가야 할 길이 부활의 복음을 가슴에 안고 예수가 이미 걸었던 십자가의 길임을 보여준 메신저(대사)이자 요한공동체가 본받아야 할 '최고의 신앙 모델'이라는 것이 나의 생각이다. 그 까닭은 이러하다.

도마는 공관복음에서 각각 단 한 번 열두 제자를 소개할 때 아무런 설명 없이 단지 이름으로만 나올 뿐이다(마 10:3/ 막 3:18/ 눅 6:15). 그런데 요한복음에는 도마가 7회("충만함"을 나타내는 상징적 숫자) 나타난다(11:16; 14:5; 20:24,26,27,28; 21:2). 우리는 도마가 완전수를 상징하는 7회 등장하는 것을 주목할 필요가 있다.

그런데 더욱 중요한 사실은 도마는 요한복음 내에서 결정적으로 중요한 순간과 위치에서 나타난다는 점이다. 먼저, 요한의 신학은 '부활의 신학'이 그 핵심이라는 나의 견해대로 도마는 철저히 부활과 관련된 장에서 나타난다는 사실이다. 예수님의 부활을 상징하는 나사로의 소생사건은 요한복음의 정가운데 장인데, 여기서 도마가 처음으로 나타난다(11:16). 도마는 모세와 세례 요한의 옛 시대가 끝나고(1-10장까지), 새로운 시대를 여는 인물로 11장에서부터 등장하고 있다.

요한복음이 이중구조로 되어 있다는 나의 견해에 따르면, 도마가 제1부의 절정인 11장에서 처음으로 등장한다는 것은 매우 중요한 의미를 시사한다. 다음으로, 이 땅을 떠나 아버지께로 돌아가는 예수님의 부활과 승천을 다루고 있는 고별설교(14-16장)의 첫 대목에서 도마가 또다시 등장한다(14:5). 그리고 요한복음의 본론이 끝나는 장면, 즉 부활의 피날레

장면에서 도마가 여러 차례 등장한다(20:24, 26, 27, 28). 그리고 부활 이후 디베랴 호수에서 일곱 제자 가운데 한 사람으로 등장한다(21:2). 그러면 도마가 등장하는 대목들을 하나씩 검토해 보자.

(i) 첫 대목(11:16)을 보자. "디두모라고도 하는 도마가 다른 제자들에게 말하되 우리도 주와 함께 죽으러 가자 하니라." 도마의 이 말은 곧 있을 나사로의 소생사건(11:17-44)의 바로 앞 구절에 위치하고 있다. 예수께서 나사로가 죽었으니 "그에게로 가자"(11:15)라는 말씀에 도마가 응수한 것이다. 지금 이 상황은 예수님을 잡고자 하는 무리를 벗어나 방금 요단강 건너편으로 피신했는데, 죽은 나사로를 방문하기 위해 다시 예루살렘 근방에 있는 베다니 마을로 들어간다는 것은 죽음을 각오하지 않으면 안 되는 상황이다. "우리도 주와 함께 죽으러 가자"라는 도마의 발언은 바로 이 같은 상황에서 한 것이다.

도마가 한 이 말은 생각 없이 무심코 툭 한번 던져 본 돌출발언인가? 나는 그렇게 생각하지 않는다. 이 발언은 이중 의미와 아이러니 기법을 즐겨 사용한 요한의 고도로 계산된 발언이다. 이 발언에 대한 요한의 진정한 의도는 곧 있을 예수의 부활을 상징하는 나사로의 소생사건을 염두에 두면서 부활을 체험한 요한공동체(제자공동체)가 가야 할 길을 제시하고자 했다고 볼 수 있다. 부활하신 주님이 가신 길이 십자가의 길이기에 제자들(요한공동체)도 주님의 발자취를 따라 '부활신앙을 가슴에 안고 십자가의 길로'라는, 즉 '요한공동체의 구호(모토)'적 성격을 띤 발언이라는 것이 나의 생각이다.

(ii) 두 번째 대목(14:5)을 보자. "도마가 이르되 주여 주께서 어디로 가시는지 우리가 알지 못하거늘 그 길을 어찌 알겠사옵나이까?" 이 도마의 발언은 예수께서 제자들을 위해 아버지의 집으로 거처를 예비하러 갔다가 다시 와서 그들을 영접하려 한다고 말씀하시면서 "내가 가는 그 길을 너희가 알 것이다"라는 예수님의 말씀에 대한 도마의 응수이다.

이 질문은 요한이 독자나 요한공동체에 하고 싶은 말을 도마의 입을 통해 드러내고자 하는, 즉 도마로 하여금 예수님의 입으로부터 위대한 말씀을 이끌어내도록 다분히 의도적으로 행한 유도성 질문이라는 것이 나의 생각이다. 이 발언은 앞 대목에서처럼 언뜻 보기에는 무심코 뱉은 말 같으나 그 다음에 나오는 예수님의 말씀을 통해 이 질문이 얼마나 중요한 질문인가를 엿볼 수 있다. "예수께서 이르시되 내가 곧 길이요 진리요 생명이니 나로 말미암지 않고는 아버지께로 올 자가 없느니라"(14:6). 요한의 "이중 말씀" 기법에 따르면 "부활이요 생명이니"(11:25)와 "진리요 생명이니"(14:6)을 결합하면 "진리"는 곧 "부활"이다. 따라서 14:6은 곧 부활과 관련된 구절이라고 말할 수 있다.

유사 이래 이보다 더 심오한 말은 없었다. 그만큼 예수님의 이 말씀은 인류 역사상 최고로 중요한 말씀 가운데 하나이다. 외견상 엉뚱하게 보이는 도마의 질문은 그 이면에 요한의 신학적 의도가 깊이 깔려 있다. 즉 예수님의 입으로부터 이 같이 중요한 말씀을 이끌어내기 위해 치밀하게 계산된 요한의 장치이다.

(iii) 세 번째 대목(20:24-29)을 보자. 이 대목은 예수님의 부활을 다루고 있는 장면으로 요한복음의 본론의 마지막 대목이다. 그 위치 자체만으로도 이 대목은 요한복음의 피날레를 장식하는 중요성을 띤다. 이 같이 중요한 위치에 도마가 등장하고 있다. 부활하신 주님이 제자들을 만나러 왔을 때 하필이면 도마만 그 자리에 없다니! 우선 이것부터 심상치가 않다.

그런데 여드레가 지나서 주님이 다시 제자들에게 나타났다. 주님이 여드레 날에 나타난 것도 심상치가 않다. 여기서 '여드레'란 실제적 사실일 수도 있지만 요한이 의도적으로 상정한 날일 것이다. 이스라엘에서 '여드레' 날은 아기가 출생한 이후 할례를 받는 날이다(눅 2:21). 그러니까 "믿음 없는 자가 되지 말고 믿는 자가 되라"(20:27)는 예수님의 말씀에 비추어볼 때 이 날의 의미는 '믿음의 할례를 받으라'는 의미로 해석할 수 있다. 또한 '여드레'는 부활 주일 이후 다시 주일이 시작되는 날이다. 그러니까 제8일은 새로운 주기의 시작으로서, 유대교를 대체하는 기독교의 새 시대를 여는 날이라는 의미로 해석할 수 있다.

여기서 도마의 얘기를 들어보자. "도마가 이르되 내가 그의 손의 못 자국을 보며 내 손가락을 그 못 자국에 넣으며 내 손을 그 옆구리에 넣어 보지 않고는 믿지 아니하겠노라"(20:25). 그래서 여드레가 지나서 주님이 그에게 나타났을 때 도마는 자신이 말한 대로 행한 후에 주님의 부활을 믿었는가? 그렇지 않다. "네 손가락을 이리 내밀어 내 손을 보고 네 손을 내밀어 내 옆구리에 넣어보라 그리하여 믿음 없는 자가 되지 말고 믿는 자가 되라"(20:27)는 주님의 말씀에 도마는 단숨에 즉각 다음과 같이 고백하였다. "나의 주님이시요 나의 하나님이시니이다"(20:28).

도마의 이 신앙고백은 이중적 의미, 즉 예수님을 십자가에 못 박은 가이사가 '주(퀴리오스, Κύριός)'가 아니라 죽은 자로부터 부활하신 예수님이 '주(퀴리오스)'라는 전복적인 신앙을 담고 있다. 또한 유일신 야웨(신 6:4-5)에게만 부여하였던 '하나님(데오스, θεός)'을 부활하신 예수에게 부여하고 있다. 이 신앙고백은 인류 역사상 최고의 신앙고백이다. 예수가 '주님'일 뿐만 아니라 '하나님'이라고 하는 이 신앙고백은 지금까지 행한 어느 누구의 신앙고백, 즉 베드로의 신앙고백(요 6:68-69; 마 16:16)이나 마르다의 신앙고백(요 11:27), 또는 나다나엘의 신앙고백(요 1:49)보다 더 위대한 신앙고백이다. 한 번 냉정히 생각해 보자. 도마가 본디 의심 많은 사람이라면 예수님의 말씀 한 마디(20:27)에 곧 바로 이 같은 역사상 유례없는 가장 위대한 신앙고백을 할 수 있겠는가.

도마의 신앙고백은 요한복음 전체를 괄호로 묶는다는 측면에서 그 중요성을 더한다. 즉 요한복음은 "이 말씀은 곧 하나님이시니라"(1:1)라는 말로 시작하여 "나의 주 나의 하나님"이라는 말로 끝을 맺고 있다. 이것은 도마의 신앙고백이 요한공동체의 신앙고백이 되기를 바라는 요한의 깊은 신학적 의도를 담고 있다고 말할 수 있다.

또한 "믿음 없는 자가 되지 말고 믿는 자가 되라"(20:27)는 주님의 말씀에 대해서는 이러한 해석이 가능하다. 여기서 도마는 부활한 주님께서 그리스도요 하나님의 아들이라면 그분에 대한 믿음의 여부에 따라 구원과 멸망이 결정된다는 요한복음에서 결정적으로 중요한 구원론을 이끌어내는 역할을 하고 있다. 이 또한 고난당하고 있는 요한공동체에게 흔들림 없는 강력한 믿음을 촉구하는 요청이라고 볼 수 있다.

또한 "너는 나를 본 고로 믿느냐 보지 못하고 믿는 자들은 복되도다"(20:29). 이 말씀은 도마와 나눈 주님의 마지막 '축복의 말씀(beatitude)'이다. 요한복음에서 "복"이라는 말은 이 구절과 13:17에서 단 두 번만 나올 정도로 이 대목은 중요한 의미를 갖는다. 이 말씀은 주님이 떠나면 후대에 예수님을 믿는 자들이 더 이상 표적을 볼 수도 없을 뿐만 아니라 또한 표적 신앙을 넘어선 올바른 신앙을 갖도록 배려하는 주님의 유언과 같은 말씀이다. 그리고 요한공동체를 향한 예수님의 축도와 같은 아주 중요한 의미를 갖는다. 그것이 지금 도마와의 대화 속에서 이루어지고 있다.

여기서 주목할 만한 사실은 요한복음의 저작 목적(20:30-31)이 도마의 신앙고백을 한 바로 이어서 나오고 있다는 사실이다. 지금까지는 이 대목을 주로 부록(또는 후기)으로 취급되는 21장을 제외한 요한복음의 결론으로 생각했다. 하지만 이미 언급했듯이 21장이 요한복음의 결론이고, 이 대목은 부활과 관련된 본론의 종결어라고 볼 경우 도마의 신앙고백이 이 자리에 배치되어 있다는 것은 요한이 도마를 부활 신앙의 중요한 인물로 간주하고 있다는 것을 시사한다.

(iv) 네 번째 대목(21:2)을 보자. "시몬 베드로와 디두모라 하는 도마와 갈릴리 가나 사람 나다나엘과 세베대의 아들들과 또 다른 제자 둘이 함께 있더니." 이 대목은 요한복음의

결론에 해당하는 대목이다. 부활하신 주님이 다시 디베랴(갈릴리) 호수에 나타났을 때 일곱 제자가 거기에 있었다. 여기서 중요한 것은 도마가 시몬 베드로에 이어서 두 번째 순위에 나오고 있다는 사실이다.

열두 제자 명단에서 도마는 여섯 번째(행 1:13), 일곱 번째(마 10:3), 또는 여덟 번째(막 3:18; 눅 6:15)에 위치한다. 그런데 이 대목에서는 도마가 그 유명한 신앙고백을 한 갈릴리 가나 사람 나다나엘(1:45-49; 21:2)보다 앞에 나올 뿐만 아니라 주님의 최측근인 세베대의 두 아들들보다 앞에 나온다. 이 사실은 예사로 볼 수 없는 일이다.

성서적(동양적) 사고방식에서는 사람의 순위를 정할 때 아무렇게나 정하는 것이 아니라 중요한 사람이나 연장자를 앞에 놓는다. 그래서 베드로는 항상 맨 수위 자리에 위치시킨다(마 10:2; 막 3:16; 눅 6:14; 요 21:2; 행 1:13). 그런데 이 대목에서 도마가 예상 밖으로 베드로 다음 자리에 위치하고 있다는 것은 아무 생각 없이 그 자리에 도마를 배치한 것이 아니라 다분히 요한의 신학적 의도가 깔려 있다고 보아야 할 것이다. 즉 요한복음에서의 도마의 중요성을 고려한 자리 배열이다.

끝으로, 한 가지 짚고 넘어가야 할 것은 도마라는 이름 앞에 늘 붙어 다니는 "디두모라 하는"(11:15; 20:24; 21:2) 수식어이다. 한 번만 하면 될 것을 왜 자꾸 반복(세 차례) 하는지 그 이유는 무엇일까? '디두모'는 "쌍둥이"라는 뜻이다. 그렇다면 도마가 정말 쌍둥이였을까. 그 어디에도 이것을 증명할 만한 근거는 없다. 쌍둥이라는 이 말의 뜻을 통해서, 그리고 이 말을 반복해서 하고 있다는 면에서 우리는 여기에 요한의 의도가 들어가 있지 않나 생각해 볼 수 있다. 그것은 요한이 즐겨 사용하는 이중 의미와 아이러니 기법으로 도마를 해석해 주기 바란다는 암시(사인)가 아닐까!

지금까지의 논의를 통해서 "의심 많은 제자의 모델"로서의 도마에 대한 종래의 생각이 얼마나 빗나간, 즉 요한의 의도(글쓰기)를 깊이 고려하지 않은 편견에서 비롯되었다는 사실을 살펴보았다. 오히려 도마는 요한에 의해 요한공동체의 '최고의 신앙 모델'로 창조된 인물이라고 말할 수 있다. "디두모라는 도마"는 요한의 천재성이 찬란하게 빛을 발하는 인물 상징코드가 아닐 수 없다. 요한은 도마를 통해 자신이 하고 싶었던 이야기를 대신하고 있다.

그러면 요한이 도마를 여러 차례 등장시켜 진정으로 하고 싶었던 말은 무엇일까? 요한복음의 절정인 11장에 처음 등장하는 도마는 제일성을 이렇게 발한다. "우리도 주와 함께 죽으러 가자"(16절). 그리고 부활장인 20장은 이러한 말로 피날레를 장식한다. "나의 주님, 나의 하나님"(28절). 요한은 도마의 제일성과 그의 신앙고백을 통해 부활하신 주님은 영원토록 경배와 찬양을 받으시기에 합당한 주님이요 하나님이라는 것, 그러기에 참 제자의 길은 주님을 사랑하는 까닭에 주님이 걸어가신 십자가 고난의 길을 주님과 함께 따라 걷는 것임을 말하고자 한 것이 아니겠는가. 스승 예수와 운명을 함께 하겠다(11: 16)는 도마의 의리가 참으로 아름답고 멋지다.

5. 표적(징표) 상징코드

1) '표적'에 대한 정의

요한의 천재성은 상징적 의미를 갖는 "표적"이라는 용어 사용에서도 쉽게 엿볼 수 있다. 요한은 공관복음이 사용하는 '이적(뒤나미스, δύναμις, 마 12회, 막 10회, 눅 15회)' 용어를 한 번도 사용하지 않고 '표적(세메이온, σημεῖον, 17회)'이라는 용어만을 사용한다. 이것은 요한이 의도적으로 사용한 용어임이 분명하며, 요한복음을 공관복음과 차별화하는 결정적 실마리를 제공한다.

요한복음의 '세메이온'은 히브리어의 '오트(אוֹת)'와 상응하는 용어로서 '징표'로 번역할 수 있다. '표적'은 기적 이상의 더 깊고 복잡한 실체를 가리키는 용어이다. 표적은 그 자체가 목적이 아니라 어떤 '상징적 의미'를 제시하기 위한 수단으로 기능한다. 표적은 물리적이고 현상적인 의미를 넘어선 '상징적 의미체'이다. 가령, 물로 포도주를 만든 표적은 기독교가 유대교보다 훨씬 낫다는 상징적인 메시지를 담고 있다. 예수님의 비유들이 그 양식상 하나님과 이스라엘에 관한 이야기들로 이루어진 유대적 배경 속에 확고하게 위치하고 있듯이, 표적 사건은 '상징적 실천행위를 통한 비유'라고 말할 수 있다.

요한은 많은 기적 이야기를 전해 주는 공관복음과는 달리, 완전함을 뜻하는 상징수인 일곱 표적만을 선별하여 전략적으로 배치한다. 일곱 표적을 열거하면 다음과 같다. 첫 표적:

물로 포도주를 만드심(2:1-11), 두 번째 표적: 왕의 신하의 아들을 고치심(4:46-54), 세 번째 표적: 38년 된 병자를 치유하심(5:1-9), 네 번째 표적: 오병이어로 오천 명을 먹이심(6:1-15), 다섯 번째 표적: 물 위를 걸으심(6:16-21), 여섯 번째 표적: 태생소경을 치유하심(9:1-41), 일곱 번째 표적: 죽은 나사로를 살리심(11:1-44).

그런데 위에서 언급한 일곱 표적만이 아니라 요한복음에서 언급하고 있는 절기(가령, 유월절), 지명(가령, 요단강 건너편), 인명(가령, 디두모라고 하는 도마) 등 수많은 어휘들이 그 어떤 것을 암시(sign)하기 위해 사용되고 있다는 점에서 요한복음은 전체가 '표적(sign)의 책'(1:50; 12:37; 20:30-31; 21:25)이라고 말할 수 있다.[117]

2) 일곱 표적사건

(1) 물로 포도주를 만드심(2:1-11)

요한의 천재성은 첫 표적에서도 잘 드러난다. 이미 언급했듯이 유대인들은 '처음'을 중시한다. 마태는 베드로의 장모의 열병을 치유하는 사건(마 8:14-15)을, 마가와 누가는 귀신들린 자를 고치는 사건(막 1:21-28; 눅 4:31-37)을 첫 이적으로 기록하고 있다. 이와 달리 요한은 가나의 혼인잔치를 첫 표적으로 삼았다. 왜 요한은 그 많은 이적 가운데 일곱 표적을 선별하고 그 가운데서도 가나의 혼인잔치를 첫 표적으로 삼았는가? 그것은 '혼인잔치의 상징성' 때문이다. 즉 이 표적은 기독교가 유대교를 비롯한 타종교와 근본적으로 다른 두 가지('천국'과 '부활')을 말하고 있다.

더욱 놀라운 사실은 '천국'과 '부활'이라는 말을 전혀 사용하지 않으면서도 상징어를 통해 이것을 극명하게 보여주고 있다는 점이다. 여기서 부활과 천국은 동전의 양면이다.[118] 부활은 영원히 사는 것(영원한 생명)을 말한다. 천국은 영원히 사는 곳(영원한 나라)을 말한다. 그러니까 부활은 천국의 내용이요, 천국은 부활의 형식이다.

먼저, 첫 표적은 하나님 나라 곧 천국과 관련된 표적사건이다. 구약에서는 하나님의 구원을, 특히 메시아 시대의 구원을 시온에서 베푼 아주 큰 잔치로 비유했다(사 25:6; 55:1-2). 신약성경은 하나님 나라의 구원을 '혼인잔치'로 자주 비유한다 (마 8:11; 22:1-14; 눅 14:15-24; 요 3:29; 계 19:7-9). 스가랴 선지는 메시아가 오시면 금식이 잔치로 바뀌게 될 것이라고 약속하였다(슥 8:19).

공관복음에 의하면 "요한의 제자들과 바리새인의 제자들은 금식하는데 어찌하여 당신의 제자들은 금식하지 아니하나이까"라고 물었을 때 예수께서는 "혼인집 손님들이 신랑과 함께 있을 때에 금식할 수 있느냐 신랑과 함께 있을 동안에는 금식할 수 없느니라"(막 2:18-19/ 마 9:14-15/ 눅 5:34-35)고 말씀하셨다. 금식은 성전의 파괴를 기념하는 것과 관련이 있었다.

그러니까 세례 요한의 운동이나 유대교는 아직도 이스라엘은 포로 중에 있으며, 성전은 재건되지 않은 상태에 있기에 금식이 필요하다고 보았다. 이와 달리 금식이 아니라 혼인잔치를 통해서 예수님이 보여준 상징은 해방의 때가 찼고 포로

생활은 끝났으며, 메시아인 신랑이 이스라엘의 왕으로 오셔서 이스라엘의 소망(하나님 나라)이 실현되고, 그의 사역을 통해서 성전이 재건되고 있다는 주장을 나타내 주고 있다. 따라서 첫 표적인 가나의 혼인잔치 표적은 이 같은 '하나님 나라'의 오심 곧 천국과 관련된 표적이다.

구약에서 포도나무 또는 포도원은 통상적으로 이스라엘을 나타내는 상징이다(사 5:1-7). 혼인잔치에 사용된 포도주는 포도나무의 산물로서 이는 이스라엘에 대한 상징어이다. 그런데 이 표적에는 "포도주"라는 어휘가 5회(3[2회], 9, 10[2회]절) 나온다. 이는 유대교를 대체한 기독교라는 숫자 상징코드의 의미를 갖는다.

포도주가 떨어졌다는 것은 유대교의 불완전함을 암시한다. 또한 유대인들이 정결 예식을 위해 준비해 놓은 돌항아리 여섯(2:6)도 완전수 일곱에서 하나가 부족한 유대교에 대한 상징이다. 그러니까 물로 포도주를 만든 이 표적사건은 예수님은 이스라엘이 믿고 있는 유대교(모세)를 대체(전복)하러 오신 분임을 암시하고 있다.

다음으로, 첫 표적은 부활과 관련된 표적사건이다. 요한은 이 표적의 첫 마디를 "사흘째 되던 날"이라는 말로 시작한다. 본론의 첫 시작을 이 말로 시작했다는 것은 대단히 주목할 만한 일이다. 초대교회 성도들에게 있어서 제삼일은 예수께서 십자가에 달려 죽으셨다가 부활하신 날을 가리키는 관용적 표현이다(마 16:21; 17:23; 20:19; 눅 9:22; 18:33; 24:7,46; 행 10:40; 고전 15:4).

"사흘째 되던 날"과 1장의 다섯 날과 합하면 제8일이 된다.

예수께서 예루살렘에 입성하던 날(일요일)부터 안식 후 첫날(20:1)인 부활 주일까지가 제8일이다. 팔 일째 되는 날 예수께서 부활하심으로 기독교라는 새 시대가 열렸다. 이렇듯 제8일은 새로운 한 주간이 시작되는 날로서 새로운 국면의 도래를 의미한다.

또한 제8일은 출생한 아이에게 할례를 행하는 중요한 날로서 부활하신 예수께서 도마에게 제8일에 다시 나타나셨다(20:26)는 것은 믿음의 할례를 받고 새 사람으로 출발하라는 의미가 있다. 따라서 이 어구는 예수님의 오심으로 인해 유대교의 옛 시대를 닫고 기독교의 새 시대를 여는 새로운 날이 도래했음을 상징적으로 보여주는 중요한 의미를 지닌다.

"사흘째 되던 날"이란 부활장인 20장의 첫 대목인 "안식 후 첫날"과 상응하는 말이다. 이는 죽으셨다가 살아나신 예수 부활의 신비를 암시(sign)하는 것으로, 2장이 부활장임을 암시한다. 왜 이 사건이 부활과 깊은 관련이 있는가를 유대인의 결혼식과 관련하여 살펴보자.

당시 결혼은 보통 해가 진 후에 진행되었다. 저녁 시간은 이스라엘의 하루가 시작되는 시간으로, 결혼이라는 인생의 새 출발을 하루가 시작되는 시간으로 삼고자 해서 저녁 시간에 진행되는 것이다. 결혼식은 신랑이 신부의 집으로 장가들러 오는 것으로부터 시작된다. 저녁에서 시작하여 밤이 깊어가면서 진행되는 혼인예식은 하객들의 즐거운 혼인잔치가 함께 동반된다. 이때 흥을 돋우기 위해 꼭 필요한 것이 포도주이다. 그런데 잔치 중에 포도주가 떨어졌다. 잔치의 기쁨은 순식간에 사라지고 혼인잔치는 파장을 맞게 되었다. 밤은 깊고 혼인잔치는 슬픔의 시간으로 바뀌었다.

이때 예수님이 나타나 물로 새 포도주를 만듦으로서 파장이 된 혼인잔치는 다시 시작되었고 잔치의 기쁨을 되찾게 되었다. 물로 된 포도주를 맛본 연회장은 그의 놀라움을 이렇게 표시한다. "사람마다 먼저 좋은 포도주를 내고 취한 후에 낮은 것을 내거늘 그대는 지금까지 좋은 포도주를 두었도다"(10절). 여기서 '나중 나온 포도주'가 '먼저 나온 포도주'보다 훨씬 맛이 좋다는 것은 앞선 종교인 유대교보다 나중 종교인 기독교가 훨씬 우월하다는 것을 암시한다.

혼인잔치에 참석한 손님들이 새벽이 되고 아침이 될 때까지 흥겹게 마시고 취함으로써 모두가 다 충만한 기쁨을 누리게 되었다. 저녁에서 시작된 혼인예식은 바야흐로 밤을 지나 새벽과 아침을 맞이하게 되었다. "저녁이 되고 아침이 되니"(창 1:5)라는 바로 그 말씀이 이루어졌다. 하나님이 저녁을 아침 되게 하셨듯이 저녁(밤)의 유대교를 새 아침(새벽)의 기독교가 되게 하신 분이 예수님이다. "저녁에서 아침으로 가는 종교"-이것이 유대교를 대체(전복)한 기독교이다.

창세기 1장은 하나님으로 말미암아 어두운 저녁이 밝은 아침이 되는 새 날을 맞게 되었음을 일곱 차례(5,8,13,19,23,31절)나 반복해서 말씀하고 있다. 여기에는 기독교 복음의 진수, 참 소망의 메시지가 담겨 있다. 즉 기독교는 어둠에서 빛으로, 슬픔에서 기쁨으로, 절망에서 희망으로, 죽음에서 생명으로, 고난에서 영광으로, 십자가에서 부활로, 율법에서 복음으로, 죄인에서 의인으로, 심판에서 구원으로, 옛 사람에서 새 사람으로 가는 종교(시 30:5,11; 욥 8:7; 롬 8:18)이다.

요한이 그 많은 표적 가운데 일곱 표적만을 선택하고 그 가운데 가나의 혼인잔치 표적을 맨 앞에 놓은 데에는 이렇듯 깊은 뜻이 담겨 있다. 요한은 '천국과 부활'이라는 말을 전혀 드러내지 않으면서 이 표적이 그것을 말하고 있다는 것을 보여주는 천재성을 발휘한다.

예수께서 인류에게 끼친 가장 큰 공헌은 '영원'이 있음을 보여 주셨다는 데 있다. '영원'을 담고 있는 것이 바로 천국과 부활이다. 천국은 '영원한 나라'이고, 부활은 '영원한 생명'이다. 그런데 '영원'은 '하늘'에 속한 것이다. 땅에 속한 것은 '영원'한 것이 없다. 모두 일시적이고 유한한 것 밖에 없다. 영원에 속한 천국과 부활을 믿는 그리스도인은 하늘에 속한 자로 이 세상을 사는 사람이다.

천국과 부활이 기독교의 두 기둥이라면 사람들은 이것을 얼마나 믿을까. 이런 이야기가 있다. 어느 겸건한 목사님이 계셨다. 그런데 그 교회에 그 목사님을 힘들게 하는 장로님 한 분이 계셨다. 그 장로님은 시시콜콜 목사님의 목회를 간섭하여 목사님이 스트레스로 인해 신경성 위궤양, 불면증이 생길 정도였다.

그러던 어느 날 그 장로님의 부음 소식이 들렸다. 이 소식은 목사님에게 기쁜 소식 곧 복음이 아닐 수 없었다. 그래서 광고 시간에 아무개 장로님이 돌아가셨다고 환한 미소를 지으며 광고하셨다. 그 광고를 하고 나서 찬양대가 부른 찬양 제목은 "이보다 더 큰 기쁨은 없으리"였다. 드디어 월요일 발인예배가 있었다. 그런데 관에서 꿈틀거리는 소리가 나길래 관 뚜껑을 열어보니 장로님이 살아 있었다. 그 순간 목사님은 얼마나 절망스러웠는지. "하필이면 네가 다시 살아나다니……."

그 후 장로님은 완전히 다른 사람으로 태어났다. 장로님이 천국에 가보니까 예수님이 눈물을 흘리면서 "아무개 장로야, 넌 왜 그렇게 내 종을 귀찮게 했느냐. 보거라, 너에게 상급이 하나라도 있는지를. 너에게 한 번 기회를 주노니 이제는 나의 종을 잘 섬기고 오너라. 그것이 너의 복이니라……."

그래서 눈을 떠 보니까 자기가 관 속에 있더라는 것이다. 그 장로님은 깨어난 후에 인삼, 녹용 등 세상에서 가장 좋은 것을 사가지고 목사님을 찾아가서 무릎을 꿇고 빌었다. "목사님! 제가 천국에 가서 보니까 목사님을 괴롭힌 것이 얼마나 큰 죄인가를 깨달았습니다. 저를 용서해 주십시오. 목사님, 이제부터는 목사님의 종이 되겠습니다."

장로님의 말을 다 듣고 난 목사님은 어안이 벙벙한 표정으로 장로님의 손을 잡고 안방에서 서재로 들어갔다. 그리고는 진지한 얼굴로 장로님에게 이렇게 물어 봅니다. "장로님, 우리 남자끼리 솔직하게 얘기해 봅시다. 천국이 진짜 있기는 있습디까?" 우리가 아무리 이 땅에서 경건하고 정직한 신앙생활을 한다 하더라도 부활과 천국을 믿지 못하면 그 신앙은 가짜다.

우리가 주목해야 할 사실은 예수께서 첫 표적을 유대인들의 삶의 중심지인 '예루살렘'이나 갈릴리 가운데서도 도시인 '가버나움'에서가 아니라 작고 가난한 이름도 없는 '가나'라는 시골 동네에서 행하셨다는 사실이다. 갈릴리 가나는 예수님의 고향인 나사렛에서 북쪽으로 13km 떨어진 가난한 동네이다.

11절에 보면 "예수께서 첫 표적을 갈릴리 가나에서 행하여 그의 영광을 나타내시매"라고 보도하고 있다. 자신이 하나님의 아들 그리스도라는 사실을 드러내기 위해서라면 기왕이면 많은 사람이 모인 크고 부유한 도시 예루살렘에서 행하는 것이 바람직하지 않은가! 굳이 유대 땅으로부터 서둘러 와서 소외와 멸시를 당하는 이방인의 땅 갈릴리, 그것도 작고 보잘 것 없는 가난한 동네 가나에서 행할 것이 무엇이란 말인가!

이 구절은 이방의 갈릴리를 영화롭게 하시고 흑암에 앉은 백성이 큰 빛을 보고 사망의 그늘진 땅에 거하는 자에게 빛이 비추인다(사 9:1-2; 마 4:12-16)는 메시아의 탄생과 통치를 알리는 예언의 성취를 의미한다. 더욱이 이 구절은 '성육신적 내리사랑'을 극명하게 보여주는 구절이 아닐 수 없다. 높고 높은 하늘 보좌를 버리시고 낮고 천한 이 땅, 그것도 척박한 땅 팔레스타인, 그 가운데서도 작고 보잘 것 없는 베들레헴, 그 가운데서도 더럽고 추한 마구간 말구유에 오신 그분이 작고 가난한 동네 갈릴리 가나에 친히 찾아 오셨으니 이 은혜, 이 사랑을 무엇이라 말하면 좋으랴!

또한 첫 표적에서 짚고 넘어갈 중요한 사실은 요한이 갈릴리 가나와 갈릴리 가버나움을 대조시켜 지리 상징코드를 사용하고 있다는 점이다. 12절에 보면 첫 표적을 행하신 후 예수님은 어머니와 제자들과 함께 가버나움으로 내려가셨으나 거기에 여러 날 계시지 아니하셨다고 보도하고 있다. 요한은 이 보도를 통해 가나를 신앙의 장소로, 가버나움을 불신앙의 장소로 규정짓는 지리 상징코드를 사용하고 있다.

(2) 왕의 신하의 아들을 고치심(4:43-54)

이 사건은 요한의 특징을 잘 드러내는 표적이다. 우선, 이 표적은 4장과 5장을 구분 지으면서[119] 본론의 첫 단락(2-4장)을 매듭짓는다는 점에서 중요한 의미를 갖는다. 이 표적사건은 사마리아 여인에 의해 시작된 이방인 선교가 타민족에게까지 더욱 확장되어 갔다는 것을 보여주고 있다. 요한은 그 시작부터 숫자 상징코드를 사용한다.

"이틀이 지나매 예수께서 거기를 떠나 갈릴리로 가시며"(43절). 서두의 "이틀이 지나매"는 가나의 표적 서두에 나오는 "사흘째 되던 날"(2:1)과 같다. 이 문구는 아래 단락과 관련된 부활신앙을 암시하는 상징어의 기능을 한다. 요한복음의 구조가 유대(예루살렘)에서 시작해서 갈릴리로 마친다고 할 때 '거기(사마리아)를 떠나 갈릴리로 가신다'는 이 대목은 구조 상징코드를 보여주는 대목이다.

"친히 증언하시기를 선지자가 고향에서는 높임을 받지 못한다 하시고"(44절). 이 구절은 예수님의 정체성 곧 자신이 하나님의 말씀을 대언하는 선지자이심을 드러내주는 중요한 의미를 띤다. 갈릴리로 가시면서 하신 이 말씀은 예수님의 고향이 갈릴리라는 것을 분명하게 말씀하고 있다(마 13:57; 막 6:4; 눅 4:24).

"예수께서 다시 갈릴리 가나에 이르시니 전에 물로 포도주를 만드신 곳이라 왕의 신하가 있어 그의 아들이 가버나움에서 병들었더니"(46절). 이 표적사건은 가버나움의 왕의 신하의 아들이 병들어 죽어가고 있는데, 예수님이 친히 가버나움에 가시지 아니하시고 갈릴리 가나에서 말씀으로 그 아들을 치유하시는 것으로 보도하고 있다.

여기서 우리는 첫 표적처럼 갈릴리 가나와 갈릴리 가버나움을 대조시키고자 하는 의도, 즉 지리 상징코드가 사용되고 있음을 엿볼 수 있다. 요한은 작고 가난한 동네인 갈릴리 가나는 예수께서 첫 표적을 행한 곳이며(2:1-11), 아래에서 "두 번째(!) 표적"(54절)을 행할 곳으로 예수님이 머물기를 원하는 긍정적인 곳으로 묘사되고 있다. 반면에 크고 부유한 도시인 가버나움은 오래 머물기를 원치 않았고(2:12), 표적신앙을 넘지 못하는 부정적인 곳으로 묘사되고 있다(6:22-66 참조).

이 구절의 "왕의 신하"에서 왕은 누구인가? 당시 갈릴리 지방을 다스렸던 분봉왕 헤롯 안티파스(주전 4년-주후 39년 재위)로 추정된다(마 14:1; 눅 3:1). 왕의 신하는 요세푸스에 의하면 헤롯 왕가의 모든 친척들과 신하들, 그리고 그들의 군대를 묘사하는 데 사용된 용어라고 하였다.

그런데 이 기사는 이방인 로마 백부장 기사(마 8:5-13; 눅 7:1-10)와 평행하는 자료일 가능성이 높다. 그럴 경우 '가버나움의 왕의 신하'는 '가버나움의 로마 백부장'으로 볼 수 있다. 요한은 '이방인'이라는 말을 쓰지 않는다. 그 까닭은 모든 이가 복음 앞에서 동등하다는 의미에서일 것이다. 이는 요한복음이 얼마나 '일원론 지향적 복음서'인가를 잘 보여주는 중요한 단초를 제공한다.

가버나움에 있는 왕의 신하는 아들이 병이 들자 약 34km나 떨어진 가나까지 내려 와서 "내 아들의 병을 고쳐 주소서"라고 예수께 간청한다. 이 간청은 가버나움의 한 로마 백부장이 "주여 내 집에 들어오심을 나는 감당하지 못하겠사오니 다만 말씀으로만 하옵소서 그러면 내 하인이 낫겠사옵나이다"(마 8:8) 했던 것과는 믿음의 차이를 보여주고 있다. 표적에 의존하는 이 믿음은 말씀을 믿는 믿음에 비하면 낮은 단계의 믿음이다.

예수님은 그에게 말씀하셨다. "가라 네 아들이 살아 있다"(50절). 그 사람이 예수님의 말씀을 믿고 내려가다가 길에서 종들을 만나 아이가 살아 있다는 소식을 접하게 되었다(51절). 그래서 그 나은 때를 물으니 어제 일곱 시, 우리 시각으로는 오후 1시에 열기가 떨어졌다고 말하였다. 이 말을 들은 그 사람이 이 시각이 "네 아들이 살아 있다"고 예수께서 말씀하신 그 때인 줄 알고 온 집안이 다 예수님을 믿게 되었다(행 16:31 참조).

이 사건에서 요한은 여러 차례의 숫자 상징코드를 사용하여 자신의 신학적 의도를 잘 보여주고 있다. "유대(사마리아)에서 갈릴리로"가 3회(43,47,54절), "내려오소서"(또는 "내려가는 길에서")도 3회(47,49,51절) 나타나고 있다. 여기에 나타난 숫자 상징코드는 예수께서 성육신적 내리사랑을 실천하시는 모습을 암시한다. 또한 "네 아들이 살아 있다"라는 말을 3회(50, 51, 53절)나 반복해서 말하는 것은 왕의 신하의 아들이 반드시 살아날 것임을 강조하는 말인 동시에 부활이요 생명이신 예수님의 부활을 암묵적으로 말하는 상징어로 볼 수 있다.

(3) 베데스다 못가의 병자를 치유하심(5:1-18)

베데스다 연못가에서 38년 된 병자를 치유하는 이 세 번째 표적사건은 본론의 두 번째 단락(5-8장)을 시작하는 첫 대목으로 절기 상징코드, 특히 안식일 문제와 관련된 표적사건이다. 표적 상징코드의 결론에서 다시 말하겠지만 일곱 표적사건이 말하려는 메시지의 핵심은 예수님이 안식일을 대체하러 오신 분이라는 것이다. 그런 의미에서 이 세 번째 표적사건은 대단히 중요한 의미를 지닌다. 안식일 날에 행한 이 표적이 계기가 되어 예수님은 유대인들로부터 박해를 받기 시작하고 이 문제로 저들이 예수님을 죽이고자 했다면 당시에 안식일 문제가 얼마나 중요한 문제였는가를 쉽게 짐작할 수 있다.

절기 상징코드에서 이미 언급했듯이 1절의 "유대인의 명절"은 오순절로 추측된다. 명절을 맞아 예수께서 예루살렘에 올라가셨다. "예루살렘에 있는 양문 곁에 히브리 말로 베데스다라 하는 못이 있는데 거기 행각 다섯이 있고"(2절). 양문(sheep gate)은 예루살렘 성전의 북쪽에 위치한 성문(느 3:1; 12:39)으로 이 문을 통해 제물로 쓰일 양들이 성전 구내로 들어갔다. 양문 곁에 "베데스다('자비의 집'이란 뜻)" 연못이 있었고, 거기에 다섯 개의 행각이 있었다. 이 행각 안에는 많은 병자들이 모여 있었는데, 그 이유는 가끔 천사가 못에 내려와 물을 휘저어놓을 때 가장 먼저 들어간 사람은 무슨 병에 걸렸든지 낫는다는 민간 전설 때문이었다.

"거기 서른여덟 해 된 병자가 있더라"(5절). 공관복음에는 이토록 긴 기간 동안 질병 속에 있었던 병자에 관한 보도는 없다. 이 구절에서 말하는 38년은 문자적으로 오랜 동안의 실제 질병 기간을 나타낼 수도 있겠지만, 숫자 상징코드에 의한 상징적 의미를 담고 있다고 보여진다. 38년이라는 긴 기간은 이스라엘 백성이 광야에서 방황하던 연수와 같다(신 2:14). 요한은 이를 통해 38년이나 오랫동안 병든 환자처럼 유대교야말로 가나안 땅에 들어가지 못한 채 방황하는 종교임을 암시하려고 이 숫자를 사용했을 것이다.

이 표적사건의 핵심은 9절에 있는 "이 날이 안식일이니"라는 대목이다. 이 대목은 안식일[120] 율법이 큰 문제가 될 것임을 암시한다. 요한은 이 대목을 치유 사역 끝에 언급함으로써 이 사건을 자연스럽게 또 다른 사건과 연결시키고 있다. 요한은 치유사건 자체보다는 그 사건 다음에 나오는 기독론적 논쟁에 더 관심이 있다. 그래서 표적 자체는 간단히 서술하고 이 표적의 상징적 의미에 많은 지면을 할애하고 있다.

안식일은 유대인의 절기 가운데 하나(레 23:2)로서 이 날은 일체의 노동이 금지되었다. 그런데 예수께서 안식일에 환자에게 "네 침상을 들고 걸어가라"고 한 것은 안식일의 금지조항(39가지) 가운데 하나를 어긴 것이다. 그래서 유대인들은 병 나은 사람에게 "안식일인데 네가 자리를 들고 가는 것이 옳지 아니하니라"(10절)고 말하였다. 그들은 수십 년 동안 깊은 좌절 속에 빠져 있던 병자가 고침받고 새로움 삶을 시작할 수 있게 된 이 놀라운 사실에는 관심이 없었다. 그들의 유일한 관심사는 오직 전통에 규정된 안식일 규례 준수 여부에 있었다.

안식일에 행한 일로 인해 유대인들은 예수님을 박해하기

시작하였다. 이에 예수님은 그들에게 이렇게 말했다. "내 아버지께서 이제까지 일하시니 나도 일한다"(17절). 이 구절은 기존의 모든 관념을 뒤집어엎는 폭탄선언이 아닐 수 없다. 그 까닭을 간단히 정리하면 이렇다.

예수님 당시 가난하고 억눌린 일반 백성들은 "땅의 백성", 히브리어로 "암 하아레츠"라고 불렀다. 이들은 먹고 살기에도 바빠 안식일법을 여유가 없는 사람들이었다. 그러다 보니 이들은 자연히 안식일법을 어긴 죄인으로 취급받으며 살아야 했다. 그리고 그것을 당연한 것으로 받아들이며 살아야 했던 불쌍한 사람들이었다. 더구나 질병에 걸린 자들은 하나님으로부터 징벌을 받은 자로 취급받으면서 죄인처럼 살아야 했다.

그런데 안식일법을 지키며 살 수 있는 사람들은 서기관이나 바리새인들처럼 먹고 살만한 여유가 있는 지배계층의 사람들뿐이었다. 그들은 안식일법을 통해 자신들의 기득권을 유지하면서 그것으로 일반 백성들을 죄인으로 몰아 억압하고 지배하는 도구로 삼았다. 이러한 상황에서 주님은 안식일임에도 불구하고 죄인으로 취급당하는 병자를 고쳐주시고 오랜 질병으로부터 자유케 해 주신 것이다.

여기서 주님이 하고자 하신 말씀의 의도는 이것이다. "내 아버지 하나님도 일하시고 나도 일하고 일반 백성들도 열심히 일하는데, 일하지 않고 놀고먹으면서 열심히 일하는 일반 백성들을 죄인으로 정죄하는 너희들은 도대체 어떤 놈들이냐 이 나쁜 놈들아!" 주님은 지금 안식일에도 불구하고 열심히 일하는 일반 백성들이 죄인이 아니라 일하지 않고 놀고먹으면서 그들을 정죄하는 유대 종교 지도자들이야말로 진짜 죄인들이고 진짜 나쁜 놈들이라고 호통을 치고 있는 것이다.

이는 서기관들이나 바리새인들의 위선과 허세를 날카롭게 폭로한 것이다. 그들의 위선과 허세에 메스를 가함으로써 그들의 비뚤어진 정체성을 여지없이 드러내었다. 그들은 자기들의 비뚤어진 정체성이 들통나자 더 이상 주님을 그냥 가만히 놓아둘 수가 없었다. 그리하여 하나님을 친아버지로, 그러니까 자신을 하나님의 아들이라고 말하는 예수가 신성모독을 했다는 죄목으로, 그리고 지배 이데올로기의 마지막 보루였던 안식일법을 범한 중죄인으로 몰아 예수님을 죽이고자 했다(18절).

이 사건에서 짚고 넘어가야 할 한 가지 사실은 안식일이라는 용어가 네 차례(9,10,16,18절) 사용되고 유대인의 명절(1절)을 포함해서 다섯 차례의 유대 절기 용어가 사용되고 있다는 점이다. 숫자 다섯은 모세 또는 유대교에 대한 상징적 숫자로, 유대 절기와 관련된 날에 치유 행위를 하신 세 번째 표적 사건은 주님께서 안식일의 주인(막 2:28)이자 유대 절기를 대체하러 오신 분이심을 잘 보여주고 있다.

(4) 오병이어로 오천 명을 먹이심(6:1-15)

절기 상징코드에서 이미 언급했듯이 6장은 '상징코드'라는 요한의 신학적 의도에 따라 삽입된 장이라는 것이 나의 생각이다. 6장은 요한의 신학적 의도를 극명하게 보여주는 장이다. 6장에 연이어 나오는 두 표적과 이어지는 긴 강화의 말씀은 요한이 얼마나 구약적(히브리적) 배경에 충실히 서 있는가를 잘 보여주는 동시에 유대교에 대한 기독교적 변형 또는 공관복음에 대한 요한적인 변형에 나타난 요한의 천재성을 유감없이 보여주고 있다.

요한은 이 사건을 통해 유월절/출애굽 유형론을 비롯하여 공관복음의 오병이어 이적과는 다른 다양한 상징코드를 사용하여 전승을 창조적으로 변형시키는 탁월성을 보여주고 있다. 이 표적사건을 통해 요한은 예수님이야말로 새로운 유월절, 새로운 출애굽을 이룬 새 모세가 되심을 보여주고 있다.

오병이어 표적사건은 4복음서에 유일하게 다 나오는 이적사건(마 14:13-21/ 막 6:30-44/ 눅 9:10-17/ 요 6:1-15)이라는 점에서 이 사건은 대단히 중요한 표적사건이다. 4복음서에서 오병이어 표적사건과 물 위를 걷는 표적사건은 연이어 나오고 있다(누가복음은 예외). 그런데 공관복음과 비교할 때 요한은 오병이어 표적사건은 길게(마 9구절, 막 15구절, 눅 8구절, 요 15구절), 물 위를 걷는 표적사건은 짧게(마 12구절, 막 8구절, 요 6구절) 기술하고 있다.

그런데 이 표적사건의 내용을 자세히 분석해 보면 요한은 공관복음과 분명한 차이를 보여주고 있다. 그것을 다섯 가지로 나누어서 살펴보자.

첫째, 이미 지리 상징코드에서 언급했듯이 공관복음은 이 사건을 요단 서편에서 시작하여 요단 동편으로 옮겨가는 것으로 보도하고 있는 반면, 요한은 이 사건을 요단 동편에서 시작하여 요단 서편으로 옮겨가는 것으로 그리고 있다. 공관복음과 정반대되는 이 같은 요한의 무대 설정은 예수님의 사역을 사망(요단 동편 모압 땅)에서 생명(요단 서편 가나안 땅)

으로 옮겨 가는(5:24) 상징 행위로 묘사하려는 천재적인 역발상을 보여주고 있다.

둘째, 공관복음 저자들은 오병이어 사건을 예수님의 초기 갈릴리 사역 가운데 하나로서 유대 절기와 아무 관련 없는 사건으로 취급하고 있다. 이에 반해 요한은 "마침 유대인의 명절인 유월절이 가까운지라"(4절)라는 삽입 구절을 통해 이 사건을 유월절 상황이라는 절기 상징코드 아래 해석해 줄 것을 암묵적으로 요청하고 있다.

유월절은 이스라엘 백성들이 애굽의 노예상태로부터 해방된 것을 기념하여 지키는 절기이다. 로마 제국의 지배를 당하고 있는 식민지 상황에서 유대인들은 유월절이 다가오게 되면 왠지 모르게 마음이 들뜨게 된다. 자기 백성을 억압과 질곡으로부터 해방시켜줄 모세나 다윗 왕 같은 왕적 메시아를 간절히 고대하였다. 요한은 이런 상황 아래 이 표적사건을 둠으로써 그들에게 떡을 먹이시는 예수님이 어떤 메시아인가를 보여주려고 하였다.

셋째, 요한은 표적을 행하기에 앞서 예수께서 산에 오르사 제자들과 함께 거기 앉으셨다(3절)고 말씀하시고 표적이 끝난 후 다시 혼자 산으로 떠나 가셨다고 보도하고 있다. 요한은 요한복음에서 "산"이라는 어휘를 5회(4:20,21; 6:3,15; 8:1) 사용하고 있다. 숫자 5는 모세 또는 유대교에 대한 상징어이다. 여기서 요한은 모세가 시내산에서 이스라엘 백성들에게 율법을 반포한 것처럼 예수님을 모세를 대신하여 오신 새 모세임을 보여주려 했음이 분명하다.

넷째, 요한은 이 표적사건에서 인물 상징코드를 사용하고 있다. 요한은 공관복음에 나오지 않는 세 명의 인물(빌립과 안드레와 한 아이)을 구체적으로 언급하고 그들을 통해 메시지를 전하고 있다. 예수님은 빌립에게 "우리가 어디서 떡을 사서 이 사람들을 먹이겠느냐"(5절)고 물으셨고, 요한은 이를 두고 "이렇게 말씀하심은 친히 어떻게 하실지를 아시고 빌립을 시험하고자 하심이라"(6절)는 설명을 붙이고 있다.

이 설명은 예수님께 "주여 아버지를 우리에게 보여주옵소서 그리하면 족하겠나이다"(14:8)라는 빌립의 질문의 의도를 해석하는데 중요한 실마리를 제공한다. 14:8에 나오는 "우리에게"라는 말은 빌립의 질문이 단지 그 혼자만의 질문이 아닌 열두 제자들의 생각을 반영하는 대표성을 띤 유도성 질문의 성격을 갖고 있음을 보여주고 있다.

이에 대해 주님은 이렇게 대답하신다. "빌립아 내가 이렇게 오래 너희와 함께 있으되 네가 나를 알지 못하느냐 나를 본 자는 아버지를 보았거늘 어찌하여 아버지를 보이라 하느냐"(14:9). 그러니까 이 같은 질문은 주님의 위대한 진리의 말씀이나 행위를 드러내기 위한 상징코드의 기능을 한다. 이 질문에 대한 주님의 대답은 주님 자신이 하나님과 동등하신 분(빌 2:6)[121]임을 드러내는 동시에 빌립을 포함한 제자들의 영적 각성을 촉구하는 의미를 갖는다.

여기서 "시험하다"라고 번역된 '페이라존(πειράζων)'은 유혹하다(tempt)라는 부정적 의미보다 믿음을 강화시키려는 좋은 의미의 시험(test)이다. 이 같은 해석은 "친히 어떻게 하실지를 아시고"라는 말씀 속에 담겨 있다. 그러니까 예수님의 질문은 앞에서 언급했던 도마와 마찬가지로 빌립의 '속을 떠

보려고' 한 유도성 질문에 해당한다고 볼 수 있다. 주님의 질문에 대한 빌립의 대답, 즉 "각 사람으로 조금씩 받게 할지라도 이백 데나리온의 떡이 부족하리이다"(7절)는 이미 여러 차례의 표적을 경험하고도 주님의 능력을 모르는 제자들의 미숙한 신앙의 모습을 반영한다.

한편, 안드레는 시몬 베드로의 형제로 소개되고 있는데, 그는 전면에 나서기보다는 뒤에서 봉사하기를 즐겨하는 인물로 소개되고 있다. 그는 전에도 형제 베드로를 예수님께 인도한 사람(1:41-42)인데, 이번에도 한 아이를 예수께 인도하는 역할을 하고 있다(8,9절). 여기에 나오는 빌립과 안드레는 갈릴리 벳새다 사람이다(1:44). 누가에 보면 이 표적사건은 요단 동편 벳새다에서 일어난 사건으로 보도되고 있다(눅 9:10). 그러니까 요한은 벳새다 출신인 이 두 인물을 등장시켜 이 사건이 벳새다에서 일어난 사건임을 간접적으로 암시하고 있다.

다섯째, 요한은 이 표적사건에서 세 개의 대상을 공관복음과 다르게 기술함으로써 보다 깊은 의미를 도출하는 치밀함을 보여주고 있다. 요한은 "보리떡"(9,13절)을 두 번 강조하고 있는데, 여기서 사용한 "보리떡" 용어는 공관복음에 나오는 그냥 "떡"보다는 값이 싼 가난한 서민의 주식이다. 그리고 "물고기"로 번역된 '옵사리온(ὀψάριον)'은 요한복음에 5회(6:9,11; 21:9,10,13) 나오는데, 공관복음에 기술된 '익뒤스(ἰχθύς)'보다는 크기가 '작은 생선'을 가리킨다. 그리고 "한 아이"로 번역된 '파이다리온(παιδάριον)'은 10대 소년을 가리킨다. 그러니까 요한은 작고 보잘 것 없는 이 세 대상을 상정하여 5천 명이라는 큰 숫자와 대조시킴으로써 이 표적사건을 공관복음보다 더 크고 굉장한 사건으로 의미를 확대시키고 있다.

여섯째, 요한은 "먹고 남은 조각이 열두 바구니에 찼더라"라는 말씀을 통해 숫자 상징코드를 보여주고 있다. 이미 언급했듯이 같은 말이라도 그 말이 사용된 상황, 즉 '의미의 장(semantic field)'에 따라 사전적 의미 이상의 의미를 지닌다. 공관복음도 똑같이 먹고 남은 조각이 "열두 바구니"라는 말을 사용하고 있지만 그 말이 '열두 제자'를 가리키는 것으로 분명하게 사용되지는 않는다. 그러나 요한이 사용한 "열두 바구니"는 6장 전체의 맥락에서 볼 때 '열두 제자'의 의미로 사용하고 있음을 엿볼 수 있다.

이 같은 해석의 근거는 우선, 공관복음에 없는 "남은 조각을 거두고 버리는 것이 없게 하라"(12절)는 앞 절의 말씀이다. 이 말씀은 "내게 주신 자 중에서 하나도 잃어버리지 아니하고"라고 요한이 반복해서 하는 말씀(6:39; 17:12; 18:9)과 의미상 상응한다. 그리고 뒤에서 살펴볼 "생명의 떡"(6:35,48,51) 말씀이 성전의 떡상에 놓인 12개의 진설병(이스라엘 12지파)을 의미하며, 이것은 이 장에서만 등장하는 "열두 제자"(67,70,71절)와 상응한다는 점에서 "열두 바구니"는 열두 제자를 의미하는 숫자 상징코드로 사용되었음을 알 수 있다.

일곱째, 요한은 이 사건의 피날레를 최고의 핵심 문제인 하나님 나라와 메시아 문제로 끝내고 있다. 모든 표적은 예수님이 메시아이심을 보여주려는 데 목적이 있다. 여기서 중요한 것은 어떤 메시아냐 하는 데 문제의 핵심이 있다. "그 사람들이 예수께서 행하신 이 표적을 보고 말하되 이는 참으로 세상에 오실 그 선지자라 하더라 / 그러므로 예수께서 그들이 와서 자기를 억지로 붙들어 임금으로 삼으려는 줄 아시고 다시 혼자 산으로 떠나 가시더라"(14,15절). 예수님은 산으로 가셨다. 기도하러 가셨다. 하나님의 뜻을 묻기 위해서. 하나님의 길을 가기 위해서. 무리는 예수님을 "참으로 세상에 오실 그 선지자"(14절)라고 말하고 있는데, 이는 요한이 하고 싶은 말을 무리가 대신 한 아이러니가 아닐 수 없다.

우선, 여기에 언급된 "임금"은 "유대인의 왕"(18:33,39; 19:19,21)이란 말과 동일한 의미로서 요한복음에서는 항상 부정적으로 사용된 용어이다. 그리고 "그 선지자"란 예언자들 가운데 단지 한 예언자(a prophet)를 말하거나 신명기 18장에서 말하는 예언자가 아닌 이스라엘 역사를 마침내 운명적인 절정의 순간에 도달하게 할 사역을 맡은 '종말론적 예언자'라는 의미이다.

요한은 예수님을 "그 선지자(The Prophet)" 곧 '종말론적 선지자'로 그리고 있다. 요한은 "세상에 오실"이라는 표현을 완전수인 7회(1:9; 3:19; 9:39; 11:27; 12:46; 16:28; 18:37) 사용하고 있고 "그 선지자"라는 표현을 3회(1:21; 6:14; 7:40) 사용하고 있다. 여기에 나타난 숫자 상징코드는 대단히 중요한 의미를 지닌다.

주후 1세기 유대적 상황에서 왕은 민족해방이라는 꿈의 구심점이었다. 당시에 유대인들이 고대한 메시아는 그들의 민족적 열망들 곧 로마의 지배로부터 이스라엘을 해방시켜 줄 다윗 왕과 같은 왕적 메시아였다. 따라서 그들이 고대한 하나님 왕국(나라)은 곧 다윗 왕국(나라)의 재현이었다. 기독교 이전의 유대교 내에는 메시아로서 이스라엘 또는 세상을 구속하기 위하여 고난받고 죽게 될 이사야서에 나오는 '야웨의 종'에 대한 신앙 같은 것은 존재하지 않았다. 그러니까 예수 십자가의 고난과 죽음은 전혀 메시아적이지 않은 기이한 메시아의 고난과 죽음이었다.122)

공관복음 저자들은 하나님 나라를 새 다윗의 나라로 그림으로써 그들이 인식했든 못했든 대중의 소망과 타협하는 모습으로 그렸다. 물론 예수님은 왕(18:33)이시며 "만주의 주시요 만왕의 왕"(계 17:14)이시지만 이 땅에 속한 다윗 왕과 같은 세속 왕이 아니다(18:33). 여기서 주목해야 할 사실은 요한(예수)은 메시아 문제에 있어서 유대인들의 민족적 열망과 타협하지 않았다는 사실이다.

요한은 하나님 왕국은 대중들이 기대하는 다윗 왕국의 재현(회복)이 아니라는 것을 분명히 했다. 하나님 왕국은 예수님을 왕으로 모시고 그분을 예배하는 왕국(나라) 곧 '예수 왕국(예수 나라)'이다. 한마디로 공관복음은 하나님 왕국을 다윗 왕국과 코드를 맞추려고 했다. 그러나 요한은 마치 천재가 범인과 차원이 다르듯이, 하나님 왕국은 세상(다윗) 왕국과 차원이 다르다는 사실을 분명히 했다. 요한(예수)의 하나님 왕국과 메시아관은 유대인들의 사고방식(세계관)을 전복하는 역설 중의 역설이다.

요한은 하나님의 나라(메시아 왕국)를 다윗 왕과 같은 '왕적 메시아'가 아니라 모세와 같은 '예언자적 메시아'로 그리고 있다. 즉 예수님을 세속 군주로서 높임을 받고 있는 왕 다윗의 모습이 아니라 민중과 고난을 함께 하는 예언자 모세(히 11:23-29)의 모습으로 그리고 있다. 즉 모세와 같은 예언자적 메시아로 예수님을 그리고 있는 것이다.

그렇다면 왜 요한은 예수님을 대중이 그토록 원하는 왕적 메시아를 거부하고 예언자적 메시아로 그린 것일까? 전승사적으로 말한다면 요한은 남왕국 유다 전통인 제왕(다윗) 전승이 아닌 그가 속한 북왕국 이스라엘 전통인 예언자(모세) 전승에 속하기 때문이라고 말할 수 있다.

그런데 구약의 예언자(預言者)란 하나님의 말씀을 맡은 대언자(代言者)요 하나님의 뜻을 이스라엘에게 전달하는 메신저(messenger)였다. 예수님은 사람들이 듣고 싶어하는 사람들의 말을 전하기 위해 오신 것이 아니라 하나님이 주신 말씀을 전하고 자신의 뜻이 아닌 아버지의 뜻에 온전히 순종하기 위해 오셨다. 그 아버지의 뜻이란 "아들을 보고 믿는 자마다 영생을 얻는 것"(6:40)이다.

이 같은 아버지의 뜻은 폭력 혁명이나 다윗 왕국을 건설함으로 이루어지는 것이 아니라 아버지께서 주신 잔을 마시므로(18:11) 곧 십자가를 지는 사랑의 희생(12:24)으로 이루어지는 것이다. 쉽게 말해 메시아는 다윗처럼 힘있는 세속 왕처럼 오는 것이 아니라 "세상 죄를 지고 가는 하나님의 어린 양"(1:29,36)처럼 그렇게 힘없는 수난의 종처럼 오신다(사 52:13-53:12).

하나님의 말씀을 대언하는 (참) 예언자들은 언제나 사람들로부터 거부를 당하고 고난을 받았다(사 6:9-10; 렘 24:8-9; 겔 3:4-11; 암 7:10; 마 5:11-12/ 눅 6:22-23; 마 23:29-36/ 눅 11:47-51). 마찬가지로 요한은 예수님을 아버지의 뜻을 전하기 위해 오신 "그 선지자" 곧 종말론적 예언자로 그렸고, 예수님은 앞선 예언자들이 받아야했던 사람들로부터의 거부와 고난을 짊어져야 했다.

한편, 유대인들의 세계관의 핵심인 성전과 제사는 왕권과 깊은 관련을 맺고 있었다. 그런데 요한(예수)은 마카비 혁명 이후 마치 자기들이 다윗 왕 가문과 제사장 아론, 양쪽의 합법적인 후계자들이라도 되는 양 제사장적 왕들로 이루어진 왕조(하스모니아 왕조)를 수립하는 것을 보면서, 그리고 그 후에 일어난 수많은 혁명 운동 속에 감추인 인간적 야심과 폭력성을 독수리의 예리한 눈으로 간파하였다.

더욱이 요한은 예수님을 성전과 제사를 대체하러 오신 분으로 보았다. 그러기에 더 이상 왕권에 매일 필요도 없었다. 이는 하나님 나라에 대한 유대인들의 통상적인 메시아관을 전복하고, 하나님 나라 인식에 철저하지 못했던 공관복음 저자들을 뛰어넘는 요한의 탁월한 혜안이 아닐 수 없다. 우리는 여기서 예수님의 하나님 나라와 메시아관을 이해 못하는 무리를 떠나 홀로 기도하시기 위해 산으로 가시는 주님의 쓸쓸한 뒷모습을 본다. 누가 주님의 마음을 알아서 그분이 걸어가신 그 길을 따라 갈꼬.

이 같은 정황에서 갈릴리 바다를 "디베랴 바다"라고 덧붙인 데에는 우연이 아닌 요한의 깊은 신학적 의도가 깔려 있다고 보아야 할 것이다. 즉 황제의 도시인 디베랴 바다에서 '누가 진정한 왕인가' 하는 문제가 그것이다. "디베랴 바다"라는 어휘는 요한복음에서 3회(6:1,23; 21:1) 사용되고 있다.

21장에 사용된 이 어휘는 황제의 논리가 압도하는 로마 식민지 아래에서 사망 권세 이기시고 부활하신 주님이야말로 진짜 왕임을 암시한다. 그러기에 영원토록 그분만을 진정으로 사랑하고 그분께만 경배할 수 있겠는가 하는 물음이 그 속에 깔려 있다. 6장에서 2회 사용된 이 어휘 또한 잠시 있다가 사라질 세상 나라의 왕이 진짜 왕이 아니라 영원한 생명의 양식을 주시는 예수님이야말로 하나님 나라의 왕이시며 진짜 왕이시기에 우리는 그분께 경배와 찬양과 영광을 돌려야 한다는 메시지가 깔려 있다.

첫 출애굽 때 시내 광야에서 하나님이 만나를 먹이셨듯이, 예수께서 첫 출애굽 구원을 기념하는 유월절에 광야에서 오천 명을 먹이셨다. 따라서 유대인들은 당연히 자기들의 관점에서 예수님이 바로 신명기(18:15)에 약속된 모세와 같은 선지자인 '제2의 모세'라고 생각하고 모세가 이루었던 첫 출애굽을 재현한다고 생각했다.

유대인들은 땅의 메시아, 세상 나라의 메시아를 꿈꾸었다. 즉 자신들의 배를 채워주는 경제적 메시아, 로마의 억압으로부터 자신들을 해방시켜줄 정치적 메시아를 기대했다. 그리하여 그들은 예수님을 통해 자신들이 꿈꾸어 온 메시아 왕국을 건설하고자 했다. 이에 반해 예수님은 하늘의 메시아, 하나님 나라의 메시아관을 갖고 있었다. 예수님이 갖고 있던 메시아관과는 너무나도 동떨어진 이 같은 유대인들의 세속적인 메시아 사상이 결국 그들의 메시아를 십자가에 못 박는 비극적 결과를 가져왔다.

(5) 물 위를 걸으심(6:16-21)

이 사건은 길이도 짧고 요한복음의 특징도 많이 발견되지 않는 별로 중요하지 않은 표적으로 생각하기 쉬우나 결코 그렇지 않다. 이 사건은 요한복음을 이해하는 핵심적 열쇠를 쥐고 있는 아주 중요한 표적 사건이다. 요한이 일곱 표적 가운데 여기서만 예외적으로 두 표적을 연속적으로 보도하고 있는 까닭은 무엇인가? 그것은 예수님이야말로 모세(오병이어 표적)와 여호수아(물 위를 걷는 표적)의 예언자적 사역을 재현하신 분이라는 것을 보여주려는 의도 때문이다. 두 표적사건은 예수님이야말로 새 출애굽, 새 약속의 땅을 허락해 주신 새 모세이자 새 여호수아임을 상징적으로 보여주는 사건이라고 말할 수 있다.

예수님보다 앞서 제자들은 먼저 배를 타고 요단 서편 땅인 가버나움으로 가다가 큰 바람과 파도를 만나 어려움에 빠졌다(16-18절). 제자들이 노를 저어 십여 리쯤(약 3-4마일) 가다가 예수께서 바다 위를 걸어 오는 것을 보고 제자들은 두려움에 빠졌다(19절). 이때 예수님은 "내니 두려워하지 말라"(20절)고 하셨다. 여기서 "내니"란 예수님의 신적 자기계시를 표현하는 요한의 전형적인 문구 "에고 에이미(서술적 용법)"로서, 구약(사 41:4; 43:10,13)에서 그 근거를 찾을 수 있다.

물(바다)은 혼돈과 죽음의 상징이다. 다섯 번째 표적인 이 사건은 혼돈과 죽음을 주관하시는 메시아로서의 예수님을 그리고 있다는 점에서 두 번째 표적사건(왕의 신하의 아들 치유표적)과 상응한다. "이에 기뻐서 배로 영접하니 배는 곧 그들이 가려던 땅에 이르렀더라"(21절). 생명의 주님이 되신 예수님이 탄 배는 요단 동편에서 요단 서편 땅에 이르게 되었다.

이 구절을 통해 요한은 요단강 도하사건에 이은 가나안 땅

정착이라는 상징적 의미를 이 사건에 부여함으로써 예수님이 가나안 땅을 선물로 주신 '새 여호수아'임을 예시하고자 했음이 분명하다. 나아가 이 사건은 사망의 땅으로 상징되는 요단 동편에서 먹은 떡은 잠시 배부르다가 다시 허기가 지는 '썩을 양식(육의 양식)'이고, 생명의 땅으로 상징되는 요단 서편에서 행해진 예수님의 말씀은 '영생하도록 있는 양식(영의 양식)'이라는 것을 예시한다(27절 참조).

(6) 태생소경을 치유하심(9:1-41)

소경치유 사건에 대해 요한복음은 공관복음과 커다란 시각차를 보인다. 공관복음에는 여러 맹인치유기사가 있는데, 그 중에서 특히 여리고의 맹인 바디매오의 치유기사(마 20:29-34/ 막 10:46-52/ 눅 18:35-43)가 잘 알려져 있다. 맹인 바디매오의 치유기사가 요한의 태생소경 치유기사와 다른 점은 그 길이에서도 상당한 차이가 나지만, 근본적인 차이는 공관복음이 '시력의 회복'으로서의 치유인 반면, 요한은 '시각의 회복'으로서의 치유라는 점이다. 불교에서는 "참된 눈을 뜨는 것", 즉 개안(開眼)을 강조한다. 마찬가지로 요한은 이 표적사건을 통해 육안(肉眼)을 넘어선 영안(靈眼)이 뜨이기를 역설하고 있다.

요한은 이중 기법을 사용하여 한편으로는 이 사건을 첫 접속사(Καὶ)와 "세상의 빛" 주제로 8장과 연관시키면서도, 다른 한편으로는 5장의 안식일에 38년 된 병자를 고치신 사건과 상응시키면서 새로운 단락(본론의 세 번째 단락)을 시작하는 탁월성을 보여주고 있다. 더구나 요한은 이 사건을 완전수인 일곱 장면(1-7, 8-12, 13-17, 18-23, 24-34, 35-38, 39-41절)으로 구성하는 치밀함을 보여주고 있다.

도올 김용옥 선생은 이 사건을 두고 이렇게 극찬하고 있다. "요한복음을 하나의 문학작품이라고 말한다면, 어디 천만 권의 셰익스피어 작품이 이에 비할 수 있으랴! 감동에 감동을 전하는 완벽한 드라마가 이 한 장에 전개되고 있다. (중략) 참으로 놀라운 유기적 통일성을 과시하는 한 장이다. 본 장의 내용은 그리스도의 사역을 어떤 다른 요한의 담론보다도 더 생생하고 완벽하고 간결하게 그리고 토탈하게 표출시키고 있다. 참으로 놀라운 붓길이다."[123]

무엇보다도 이 사건은 세 번째 표적사건과 다음과 같은 점에서 유사성을 지니고 있다.[124]

(ⅰ) 그 사람의 역사가 기술되어 있다(38년-5:5). / 그 사람의 역사가 기술되어 있다(출생으로부터-9:1).

(ⅱ) 예수가 솔선하여 치료한다(5:6). / 예수가 솔선하여 치료하다(9:6).

(ⅲ) 연못이(베데스다) 어떤 기간 동안 치료의 능력을 가지고 있다.(5:2) / 그 사람은 연못에서(실로암) 씻고 치유된다(9:6).

(ⅳ) 예수께서 안식일에 치료하신다(5:9). / 예수께서 안식일에 치료하신다(9:14).

(ⅴ) 유대인들이 예수가 안식일을 범했다고 비난한다(5:10). / 바리새인들이 예수가 안식일을 범했다고 비난한다(9:14).

(ⅵ) 유대인들이 누가 그를 치료했는지 질문한다(5:12). / 바리새인들이 그가 어떻게 치유되었는지 질문한다(9:15).

(vii) 그 사람은 예수가 어디 계시며 누구인지를 모르고 있다(5:13). / 그 사람은 예수가 어디에 계시는지 모르고 있다(9:12).

(viii) 예수는 그를 찾아가서(5:14) 믿음으로 초청한다. / 예수가 그를 찾아가서(9:35) 믿음으로 초청한다.

(ix) 예수는 죄와 고통이 관계가 있다고 암시한다(5:14). / 예수는 죄를 인간의 고통의 원인으로 설명하기를 거절한다(9:3).

(x) 그 사람은 유대인에게 간다(5:15). / 유대인들이 그 사람을 추방한다(9:34-35).

(xi) 아버지가 일하고 계시기 때문에 예수도 일해야만 한다(5:17). / 예수는 그를 보내신 분의 일을 해야 한다(9:4).

이 태생소경 치유기사는 8:12("나는 세상의 빛이니 나를 따르는 자는 어둠에 다니지 아니하고 생명의 빛을 얻으리라")에 대한 주석의 성격을 갖고 있다. 역사적 배경은 8장과 관련하여 초막절 직후에 속하는 것처럼 보이나 시간이나 장소에 대한 어떠한 언급도 주어지지 않았다. 요한은 초막절이라는 시점에 이 기사를 둠으로써 소경의 눈을 열어준 예수님은 세상의 빛이며, 그런 의미에서 유대교의 초막절을 온전케 한 메시아임을 보여주려고 했다.

이 사건은 치유된 소경이 사마리아 여인처럼 믿음이 한 단계씩 발전해가는 모습을 보여준다. 처음에 예수님으로부터 치유 받았을 때 "예수라 하는 그 사람"(11절)이라고 하였다. 그 후 "선지자"(17절), 그 다음에는 "하나님으로부터 오신 분"(33

절), 그리고 마지막으로 "주님"(38절)으로 고백한다.

이 사건의 압권은 39-41절에 나타난 예수님과 바리새인들 간에 오고간 대화이다. 예수님은 바리새인들을 향해 말한다. "내가 심판하러 세상에 왔으니 보지 못하는 자들은 보게 하고 보는 자들은 맹인이 되게 하려 함이라"(39절). "내가 심판하러 세상에 왔으니"라는 말은 예수님이 세상을 심판하러 오지 않았다는 말씀(3:17; 8:15; 12:47)과 모순되는 것처럼 보인다. 그러나 하나님으로부터 보냄받은 자를 거부하는 자는 자신의 불신으로 이미 심판을 자초한 것이 된다(3:18-21; 12:48). 예수님의 심판은 맹인을 보게 하고 눈뜬 자를 맹인 되게 하는 것이다. 이것이 요한복음의 역설(아이러니)이다. 유대인들은 자기들의 성경인 구약(모세의 율법)이 예수님을 증언하고 있다는 사실을 모른다(5:39,45-46).

예수님의 말씀을 듣고 바리새인들이 "우리도 맹인인가"라고 묻자 예수님은 마지막으로 결정적인 펀치를 날렸다. "너희가 맹인이 되었다면 죄가 없으려니와 본다고 하니 너희 죄가 그대로 있느니라"(41절). 태생소경을 죄인으로 취급하고 눈뜬 자신들은 죄가 없는 의인으로 생각한 바리새인들은 예수님 말씀으로 인해 역전된다. 차라리 눈먼 맹인이라면 애초부터 몰랐기에 죄가 없겠지만 치유된 소경을 통해 예수님이 행한 표적을 분명히 눈을 뜨고 보았음에도 불구하고 예수님을 강력히 거부하는 바리새인들이야말로 맹인이자 죄인이 아닐 수 없다. 예수님은 육적인 맹인만이 아닌 영적인 맹인이 있음을 말씀하고 있다.

9장에서 요한은 치유된 소경이 단지 육체적인 시력이 열리는 것만이 아니라 그의 영적인 신앙의 눈이 점차로 밝아져 가는 모습을 말하고 있다. 또한 율법 지식을 갖고 있다고 자만하는 유대인들, 특히 바리새인들은 육적으로는 눈을 떴다고 하지만 영적으로는 눈이 먼 나머지 예수님을 메시아로 보지 못하여 어둠 속에 머무는 영적 소경에 대해 말하고 있다(계 3:17).

9장은 태생소경 치유사건을 대하는 세 가지 유형의 사람을 보여주고 있다. 첫째로, 유대인들(바리새인들)처럼 모세의 율법에 매여 예수님을 믿기를 거부하는 불신앙의 죄인들, 둘째로, 치유된 소경의 부모처럼 회당으로부터의 출교를 두려워한 나머지 예수님을 메시아로 공개적으로 고백하지 못하는 숨은 기독교인들, 셋째로, 치유된 소경처럼 출교를 당하는 고난을 감수하면서도 예수님을 메시아(주님)로 담대히 고백하는 신앙인들이 그것이다.

태생소경 치유 사건과 관련하여 두 가지 눈에 대해 잠시 생각해 보고자 한다. 어느 정도까지 보이는가 하는 '시력으로서의 눈'이 있고, 어떤 관점에서 보느냐 하는 '시각으로서의 눈'이 있다. 눈으로 어떤 대상을 보는 시력은 중요하다. 우리가 안경을 쓰는 까닭도 보다 잘 보기 위함이다. 그런데 눈으로 어떤 대상을 볼 때 어떤 식으로 보느냐가 더욱 중요하다. 이것을 우리는 시각, 시선, 관점이라고 말한다.

똑같은 것을 보더라도 어떤 시각, 시선, 관점에서 보느냐에 따라 그 결과는 전혀 달라진다. 맹인이라는 똑같은 한 사람을 보면서도 예수님의 눈과 바리새인의 눈이 달랐다는 것은 그 시각, 시선, 관점이 달랐다는 그런 얘기가 된다. 태생소경 치유사건에서 예수님의 시선은 끝까지 따뜻한 시선을 가지고 있었던 데 반해, 바리새인의 시선은 끝까지 차가운 시선을 가지고 있었다.

9장에서 우리는 유대인을 포함한 바리새인들이 얼마나 고정관념에 사로잡혀 있는 사람들인가 하는 것을 엿볼 수 있다. 모세의 제자인 저들은 안식일이라는 고정관념에 매여 새로운 것을 받아들이지 못하고, 정작 더욱 중요한 것을 전혀 보지 못하는 영적 소경들이었다. 반면에 이 세상을 심판하러 오신 주님은 그야말로 '시각교정자'요 '발상의 전환자'이셨다. 즉 주님은 보지 못하는 자들을 보게 하고, 보는 자들은 보지 못하게 하는 시각교정자요 발상의 전환자이셨다.

사람들은 일반적으로 유대인들의 교육방법을 최고로 친다. 이미 언급했듯이 유대인의 교육방법은 '일등주의(一等主義)'가 아닌 '유일주의(唯一主義)'이다. 즉 '남보다 뛰어나게'가 아니라 '남과 다르게'가 그들의 교육방법이다. 예수님은 바로 이것을 우리에게 가르쳐 주셨다. 가령, 수학에서 사각형의 네 각의 합은 360도이다. 그런데 그 바깥의 합은 그보다 세 배인 1,080도이다. 틀 안에 갇혀 그 안에만 보는 사람은 기껏해야 360도의 인생을 살 수 있을 뿐이다. 그런데 그 고정관념의 틀을 깨고 그 바깥을 보는 사람은 그 세 배의 인생을 살 수 있다.

나는 학생들에게 "꼴찌여! 뒤돌아서 뛰라"는 말을 자주 한다. 모두가 앞을 향해 정신없이 달려간다. 그때 하나님께서 이렇게 외친다. "모두 뒤돌아서 앞으로 갓!" 그러면 어떻게 되는가? 첫째가 꼴찌 되고 꼴찌가 첫째 된다. 여기서 우리는 첫째와 꼴찌는 단지 '관점의 차이'일 뿐이라는 사실을 알게 된다. 더 쉽게 말하면 "생각하기 나름"이다. "고정관념을 깨라!"는 말도 따지고 보면 인생과 세상을 하나의 시각으로만 보지 말라는 말에 다름 아니다.

(7) 죽은 나사로를 살리심(11:1-44)

요한의 천재성의 극치(極致), 압권(壓卷)은 예수 부활을 상징적으로 예표하는 죽은 나사로의 소생 표적사건이다. 요한은 이 표적을 완전수인 일곱 번째에 놓음으로써 이 표적이 '표적 중의 표적'임을 보여주고 있다. 동시에 복음서 전체의 정가운데 이 사건을 놓음으로써 이 사건을 요한복음의 절정으로 삼는 탁월함을 보여주고 있다.

요한은 본론의 세 장 곧 첫 장(2장), 정가운데 장(11장), 끝장(20장)을 부활과 관련된 장으로 삼음으로써 요한복음이 구조적으로 '부활의 신학'을 기초로 구성되어 있다는 것을 분명히 하고 있다. 이는 종래에 요한복음의 중심 신학을 '로고스 신학(기독론)'이나 '십자가 신학'으로 본 것에 대한 수정을 요구한다.

이 사건의 의미와 그 중요성을 다섯 가지로 살펴보고자 한다.

첫째, 요한은 이 사건의 첫 절부터 지리 상징코드를 사용하고 있다. "어떤 병자가 있으니 이는 마리아와 그 자매 마르다의 마을 베다니에 사는 나사로라"(1절). 여기서 말하는 "베다니"는 예루살렘 동쪽 3km 떨어진 감람산 기슭에 위치한 마을로 세례 요한이 세례를 베풀던 요단강 건너편 베다니(1:18;

10:40)와는 다른 장소이다.

요한은 앞 장에서 예수께서 요단 동편 베다니에 머물고 계셨다가 나사로가 죽자 요단 서편 베다니로 자리를 옮겨 오는 것으로 그리고 있다. 이는 요한이 지리 상징코드를 사용하여 예수님으로 말미암은 사망에서 생명으로의 전환이라는 메시지를 주고자 한 암시라고 볼 수 있다.

둘째, 요한은 이 사건이 '하나님(하나님의 아들)의 영광'을 위한 표적임을 분명히 하고 있다. "예수께서 들으시고 이르시되 이 병은 죽을 병이 아니라 하나님의 영광을 위함이요 하나님의 아들이 이로 말미암아 영광을 받게 하려 함이라"(4절). "예수께서 이르시되 내 말이 네가 믿으면 하나님의 영광을 보리라 하지 아니하였느냐"(40절). 이 두 구절은 이 표적사건의 목적과 목표가 어디에 있는가를 잘 보여준다.

예수님은 오직 아버지의 영광이 자신의 영광이 됨을 분명히 하였다(5:44; 7:18; 17:5). 나의 모습은 어떠한지. 앞에서는 하나님의 영광을 위한다는 명분을 내세우면서 뒤로는 내 영광을 위하고, 내 야심을 성취하는 데 몰두하는 바리새인의 모습은 아닌지. "누구를 위하여 종은 울리나." 하나님의 영광인가 나의 영광인가. "오직 하나님의 영광을 위하여(*Soli Deo Gloria*)"는 개신교 종교개혁의 모토이다. 이것은 모든 믿는 자들의 모토가 되어야 할 것이다. 사도 바울은 이렇게 말했다. "그런즉 너희가 먹든지 마시든지 무엇을 하든지 다 하나님의 영광을 위하여 하라"(고전 10:31).

셋째, 요한은 이 사건에서 '믿음'을 강조하고 있다. "내가 거기 있지 아니한 것을 너희를 위하여 기뻐하노니 이는 너희로 믿게 하려 함이라"(15절). "항상 내 말을 들으시는 줄을 내가 알았나이다 그러나 이 말씀 하옵는 것은 둘러선 무리를 위함이니 곧 아버지께서 나를 보내신 것을 그들로 믿게 하려 함이니이다"(42절). 요한의 의도는 이 표적사건을 통해 제자들과 무리가 예수님을 하나님이 보내신 아들임을 믿게 하려는 데 있었다. 이는 특히 이 사건의 핵심이라고 할 수 있는 예수님의 자기계시 말씀(25,26절)과 마르다의 신앙고백(27절)에 잘 나타나 있다.

넷째, 요한은 이 표적사건에서 "주(κύριος)"라는 호칭을 많이 사용하고 있다. 요한복음에서 '주' 호칭은 53구절에 69회 사용되고 있다. 그런데 부활장에 관련된 본장에 10구절(12회), 20장에 7구절(8회), 21장에 7구절(16회) 합계 24구절에 36회 사용하고 있다. 그러니까 이 세 장이 '주' 호칭을 절반 이상을 사용하고 있는 셈이다. 초대교회에서 '주' 호칭은 예배의 대상으로서의 부활하신 주님을 언급할 때 주로 쓰는 호칭이다.

죽은 나사로의 소생 표적사건은 예수님이 '부활의 주님'이 되심을 상징적으로 예표한다. 바울의 신앙고백을 들어보자. "하늘에 있는 자들과 땅에 있는 자들과 땅 아래 있는 자들로 모든 무릎을 예수의 이름에 꿇게 하시고 / 모든 입으로 예수 그리스도를 주라 시인하여 하나님 아버지께 영광을 돌리게 하셨느니라"(빌 2:10-11).

다섯째, 요한은 이 표적사건에서 예수님의 인성을 잘 드러내 보여주고 있다. 죽은 나사로로 인해 슬퍼하는 이들과 함께 슬픔을 같이 하는 모습을 보여주고 있다. "예수께서 그가 우는 것과 또 함께 온 유대인들이 우는 것을 보시고 심령에 비통히 여기시고 불쌍히 여기사"(33절). 38절에서도 "다시 속으로 비통히 여기사"라고 말씀하고 있다. 특히 35절의 말씀은 예수님의 인성의 압권이다. "예수께서 눈물을 흘리시더라."

이 구절은 신구약성경에서 가장 짧은 절이다. 영어로는 '두 단어(Jesus wept)', 중국어로는 '네 글자(耶蘇哭了)'인데, 우리말로 가장 짧게 번역하면 "예수는 울었다"가 될 것이다. 사랑하는 자의 죽음 앞에서 무슨 긴 말이 필요하겠는가. 그래서 눈물로 말했다. 이 촌철살인의 문구가 갖는 심오한 의미를 이렇게 되새겨 본다.

모차르트는 서른 다섯이라는 짧은 생애를 살다 갔다. 그의 음악의 특징을 이렇게 말한다. "짧게 짧게 가장 짧게 / 아름답게 아름답게 눈물이 나도록 아름답게." 모차르트의 생애는 너무도 짧았지만 그의 음악은 눈물이 나도록 아름다웠다. 그런데 모차르트에게 했던 이 말 만큼 주님의 생애에 어울리는 말도 다시 없을 것이다.

주님의 생애 33년은 너무도 짧은 생애였다. 그런데 그 짧은 생애는 눈물이 나도록 아름다운 생애였다. 이 세상 그 어느 누가 주님처럼 아름다운 생애를 살다간 사람이 있는가! 그 짧은 생애, 그러나 눈물이 나도록 아름다운 주님의 생애는 눈물로 점철된 생애였다. 주님처럼 슬픈 생애를 살다간 사람은 다시 없다.

높고 높은 하늘의 영광을 버리시고 낮고 천한 베들레헴 말구유에 종의 모습으로 오신 주님은 가장 수치스럽고 고통스러운 십자가 위에서 참혹하게 죽으셔야 했다. 그야말로 눈물에 젖은 말구유에서 탄생하여 눈물조차 말라버린 십자가 위에서 끝난 것이 주님의 일생이었다. "예수는 울었다" – 이 짧은 한절 속에 주님의 생애를, 아니 그보다도 주님의 마음을 더 잘 표현한 말도 성경에 다시 없을 것이다. 요한의 천재성, 요한의 영성이 다시 빛을 발하는 촌철살인의 언어가 아닐 수 없다.

성경에서 표적 중의 표적이 '나사로의 소생사건'이라면 우리가 살아가는 이 세상에서 가장 큰 표적은 무엇일까? 그것은 '당신과 내가 만난 것'이라고 말할 수 있다. 공간적으로 이 무한한 우주 속에서, 시간적으로 이 끝없는 영원 속에서, 인간적으로 하늘의 별처럼 수많은 사람 속에서 지금 여기서 당신과 내가 만났다는 이 사실보다 더 큰 기적은 없다. 그러기에 삶 속에서 내가 만나는 사람은 모두 나의 사랑의 대상일 뿐이다.

3) 일곱 표적사건의 상징적 의미

지금까지 살펴본 일곱 표적에서 주목해야 할 것은 요한은 왜 일곱 표적을 현재와 같은 순서로 배열했는가 하는 점이다. 요한이 선택한 일곱 표적과 그 배열 순서는 구약의 7일간의 창조구조와 상응한다. 이 같은 사실은 요한복음이 "부활의 신학"과 "구약적(히브리적) 배경"과 밀접하게 연관되어 있다는 나의 생각을 가장 극명하게 보여주는 증거가 아닐 수 없다.

우선, 창세기에 나타난 7일간의 창조구조부터 살펴보자. 창세기 1:1-2:3에 나오는 일곱 날의 창조순서는 제7일인 안식일을 중심으로 여섯 날이 그 주변을 형성하면서, 첫째 날-넷째 날, 둘째 날-다섯째 날, 셋째 날-여섯째 날이 대칭을 이루는 구조('다윗의 별')로 되어 있다. 좀더 부연 설명해 보자. 첫째 날은 빛 창조, 대응하는 넷째 날은 빛의 발광체 창조, 둘째 날은 물과 궁창의 분리, 대응하는 다섯째 날은 물에는 물고기, 궁창에는 새를 창조, 셋째 날은 땅과 식물 창조, 대응하는 여섯째 날은 땅에는 인간 창조, 식물에는 동물 창조, 그리고 일곱째 날은 창조 사역을 마치고 안식하셨는데, 이 날이 다른 여섯 날과 구별되는 것은 이 날에만 "거룩하게"(창 2:3)라는 말을 사용하고 있다. 구약에서 '거룩'이라는 개념은 '구별'을 의미하는 말로 사용되고 있다.

따라서 제사장(P) 기자는 7일간의 창조구조를 말하면서 제7일 안식일은 특별히 다른 날과 구별된 날로 삼았다. 이 같은 7일간의 창조구조의 모습은 유대인들의 마인드 속에 깊이 새겨져 있는 '다윗의 별'의 모습을 띠고 있다. 7일간의 창조구조를 '다윗의 별'로 그릴 때의 장점은 중심과 주변을 선명하게 구별해 볼 수 있다는 점이다.

다음으로, 요한복음에 나타난 일곱 표적을 살펴보자.

일곱 표적도 7일간의 창조구조와 똑같이 일곱 번째 표적인 나사로 소생 표적을 중심으로 여섯 표적이 그 주변을 형성한다. 첫째 표적-넷째 표적, 둘째 표적-다섯 번째 표적, 셋째 표적-여섯 번째 표적이 대칭을 이루는 구조 ('다윗의 별')로 되어 있다. 이것을 좀 더 부연 설명해 보자.

첫째 표적은 물로 포도주를 만든 표적인데, 넷째 표적은 오병이어 표적이다. 이 두 표적은 둘 다 자연과 관련된 표적들이다. 둘째 표적은 왕의 신하의 아들 치유 표적이고 다섯 번째 표적은 물위를 걸으신 표적이다. 언뜻 보기에 이 두 표적은 아무 관계가 없는 듯이 보이나 두 표적 모두 죽음이 경각에 달린 혼돈의 상황에서 구원을 얻는 표적을 말하고 있다(성경에서 물 또는 바다는 혼돈과 죽음의 상징으로 제자들이 배를 타고 바다를 건너다가 큰 풍랑을 만나 위험에 처해 있을 때 예수께서 바다 위를 걸어오시면서 그들을 안심시키는 대목이 다섯 번째 표적이다). 셋째 표적은 38년 된 병자 치유표적이고, 여섯 번째 표적은 태생소경 치유표적이다. 이 두 표적은 모두 인간의 질병과 관련된 표적들이다.

그리고 마지막 일곱 번째 표적은 죽었던 나사로를 살리는 표적이다. 이는 나중에 인류 역사상 초유의 사건인 예수의 부활을 상징적으로 예표하는 표적이라는 의미에서 표적 중의 표적이며, 앞의 여섯 표적과 구별된다. "나는 부활이요 생명이니"(11:25)라는 예수의 자기계시 말씀은 부활의 신학을 가장 극명하게 드러내 주는 말씀이다. 여기서 주목해야 할 것은 부활을 상징하는 나사로의 소생사건을 요한복음 전체의 정가운데 장인 11장에 위치시켰다는 사실이다.

7일간의 창조순서와 일곱 표적의 상응관계를 도표로 그려 보면 다음과 같다.

첫째 날 - 넷째 날		첫째 표적 - 넷째 표적
둘째 날 - 다섯째 날	=	둘째 표적 - 다섯째 표적
셋째 날 - 여섯째 날		셋째 표적 - 여섯째 표적
일곱째 날(안식일)		일곱째 표적(부활 주일)

여기서 7일간의 창조의 핵심은 안식일(安息日)인데, 이에 대

해 보다 자세히 살펴보자.

안식일은 유대 절기 가운데 가장 중요한 절기이다. 유대인들이 안식일을 그토록 중요시하게 된 역사적 배경은 이러하다. 이스라엘은 주전 587년에 바벨론에 망하게 된다. 이스라엘은 본디 국가 개념이나 혈통 개념이 아닌 여호와(야웨)를 한 하나님으로 믿는 신앙공동체 개념인데, 신앙공동체인 이스라엘이 그들의 삶과 신앙의 중심이라고 믿었던 예루살렘 성전이 이교도에 의해 파괴되는 상황에 처하게 되었다.

神들의 전쟁에서 이스라엘의 神 야웨가 바벨론의 神 마르둑(Marduk)에게 패했다고 생각한 나머지 이스라엘은 야웨 신앙에 대한 큰 회의에 빠졌다. 더욱이 바벨론에 포로로 잡혀간 많은 사람들이 포로생활을 하는 동안 바벨론 사람들에게 동화되어 갔다. 이렇게 되다 보니 이스라엘이라는 신앙공동체가 붕괴되고 와해되는 위기(危機)에 처하게 되었다. 민족적 위기 상황에서 이를 극복하는 대처 방안으로 나오게 된 것이 두 가지였다.

하나는 조상 대대로 내려온 신앙의 전승들을 모아 책으로 엮어내는 일이었다. 그렇게 해서 포로기 이후에 모세오경으로부터 시작하여 계속해서 역사서, 예언서들이 편찬되어 나오게 되었다. 이러한 책들의 편찬을 통해 이스라엘의 살 길은 "말씀을 붙드는 일", 즉 하나님의 말씀인 율법책을 붙들고 그것에 의지하여 사는 길밖에 없다는 것이 바벨론 포로기 때의 선지자들의 외침이었다(사 40:6-8 등).

또 하나는 안식일을 제도화시키는 일이었다. 이스라엘은 안식일을 제도화시킴으로써 살 길을 찾았던 것이다. 거기에는 세 가지 의미가 내포되어 있다. 첫째, 바벨론 포로상황에서 과중한 노역으로부터 '휴식을 얻기 위하여' 안식일을 요구하지 않을 수 없었다. 둘째, 안식일에 예배를 드림으로써 하나님의 창조와 구속의 역사를 기념할 수 있었다. 셋째, 일주일에 한 번씩 정기적으로 한 장소에 모여 예배 집회를 가짐으로써 야웨 신앙을 의식화하고 '우리는 한 신앙공동체'라는 공동체 의식을 꾀할 수 있었다.

그래서 바벨론 포로기에 편집된 첫 번째 창조이야기(창 1:1-2:3)는 외견상으로는 하나님께서 우주 만물을 창조한 후에 안식하기 위하여 안식일이 생겼다는 이야기이지만, 그것이 바벨론 포로상황 아래에서 보면 이스라엘이 지금 사느냐 죽느냐 하는 생사(生死)의 갈림길에서 '안식일 제도만이 이스라엘이 사는 유일한 길'임을 천명한 이야기이다. 그래서 창조의 7일 가운데 일곱째 날은 특별히 구별하여 "거룩하게"(창 2:3) 하셨다는 말로 창조의 핵심이 안식일에 있음을 보여주고 있다.

또한 창조의 핵심이 안식일에 있을 뿐만 아니라 십계명의 핵심도 사실은 안식일에 있다. 십계명을 둘로 나눌 때에는 1-4계명(하나님과의 관계)과 5-10계명(인간과의 관계)으로 나눈다. 그런데 십계명을 셋으로 나눈다면 1-3계명(하나님과의 관계), 5-7계명(인간과의 관계), 8-10계명(자연 또는 물질과의 관계), 그리고 제4계명인 안식일 계명은 이 셋을 연결하는 계명이라고 할 수 있다.

모든 계명 가운데 안식일 계명이 가장 중요한 계명이라고 말할 수 있는 근거는 이러하다. 첫째, 이 계명이 가장 길게 언급되고 있고(다른 계명은 한 구절 또는 세 구절[제3계명]인데 반해 제4계명은 4구절로 되어 있음), 둘째, 다른 계명과 구별된다는 의미에서 "거룩"(출 20:8,11)이라는 말을 반복해서 사용하고 있기 때문이다.

출애굽기 31:12-17에 보면 안식일 관련 말씀이 나오는데, 이 말씀은 하나님께서 시내산 위에서 모세에게 말씀하시기를 마칠 때에 결론적으로 하신 말씀이다. 그 내용을 한 마디로 말한다면 안식일은 거룩한 날(聖日)인데, 이 날을 더럽히는 자, 이날에 일하는 자는 그 백성 중에서 그 생명이 끊어지리라, 즉 죽임을 당한다는 말씀이다.

안식일이라는 것이 본디 휴식을 취하고 억압으로부터 자유와 해방을 얻기 위하여 주어진 것인데, 이제 그것이 안식일이라는 법 제도가 되면서 이 법 제도를 안 지키는 자는 죽임을 당하는 것으로 바뀌게 되었다. 이렇게 된 까닭은 이스라엘 신앙공동체의 생사가 안식일 제도의 준수 여부에 달려 있었기 때문이다.

그리고 안식일을 지키기 위해서는 모이는 장소가 필요했는데, 그것이 바로 회당(synagogue)이다. 안식일에 회당에 모여 율법의 말씀을 읽고 들음으로써 이스라엘은 그들의 정체성(Identity)을 유지해 나갈 수 있었다. 그리하여 율법(말씀)과 안식일(제도), 이 두 기둥에 의해 생겨난 것이 바로 바벨론 포로기 이후의 유대교(Judaism)라는 종교였다. 여기에 한 가지 더 붙인다면 '할례'가 있다.

이스라엘은 율법과 안식일 그리고 할례의 의해 떠받쳐진, 즉 유대교라는 종교에서 자기들의 정체성을 찾았고 이방 민족에 동화되지 않고 살아남을 수 있게 된 것이다. 그래서 이런 말이 나왔다. "유대인이 안식일을 지킨 것이 아니라 안식일이 유대인을 지켰다."

주전 400년경의 초기 유대교 시절부터 예수 당시의 후기 유대교에 이르기까지 유대교는 "율법(말씀)과 안식일(제도)"이라는 두 기둥에 의해 유지되어 온 종교라고 말할 정도로 안식일 제도는 유대교의 정수였다. 안식일과 관련하여 요한은 셋째 표적과 여섯 번째 표적을 안식일에 있었던 표적(5:9; 9:14)으로 상정함으로써 안식일을 온전케 하신 예수를 말하고자 의도하였다. 즉 예수는 "안식일의 주인"(막 2:28)임을 역설하였던 것이다.

요한이 일곱 표적을 7일간의 창조구조와 상응하는 방식으로 배열한 진정한 의도는 무엇일까? 그것은 '다윗의 별'의 중심이 보여주듯 "유대교의 안식일"이 예수님의 부활로 말미암아 "기독교의 주일"로 대체되었다는 것을 암시한다. 주일은 "주의 날"로서 주님이 부활하신 날을 말한다. 그러니까 매 주일은 주님의 부활을 기념하는 날이다. 그리고 주님의 부활을 기념하는 주일은 기독교의 출발이 되었다.

6. 말씀(언어) 상징코드

요한의 천재성은 말씀(언어) 상징코드에서 특히 잘 드러난다. 요한의 중요한 특징 중의 하나는 예수님이 자신의 정체와 신분을 몸소 밝히는 정형화(양식화)한 말씀 기법, 소위 '에고 에이미(Ἐγώ εἰμι)' 말씀의 사용이다. 또한 요한은 두 어휘를 연이어 반복해서 사용하는 '이중말씀' 기법을 사용하고 있다.

요한은 이 같은 기법들을 다양하고도 정교하게 사용하여 다차원적인 상징적 의미를 드러내 주고 있다. 이 같은 기법들은 공관복음에서는 좀처럼 찾아보기 어려운 요한만의 독특한 문장 기법이다. 특히 요한은 일곱 개의 '에고 에이미'의 비유적 용법을 성막(성전)의 일곱 기구와 상응시켜 새로운 의미를 제시하는 천재성을 발휘한다.

1) "에고 에이미"의 세 용법

'예수의 자기계시 말씀'으로 일컬어지는 '에고 에이미' 말씀은 예수의 신적 권위와 진리를 나타내는 방법 중의 하나이다. 이 문구는 마태 5회(14:27; 22:32; 24:5; 26:22,25), 마가 3회(6:50; 13:6; 14:62), 누가 4회(1:19; 21:8; 22:70; 24:39), 요한 23회, 사도행전 6회(9:5; 10:21; 18:10; 22:70; 24:39), 그리고 요한계시록 5회(1:8,17; 2:23; 21:6; 22:16) 나온다. '에고 에이미' 문구는 요한문서 연구에서 특히 중요하다.

헬라어 '에고 에이미'를 우리말로 옮기면 "나는…이다" 또는 "나는 있다"가 된다. 요한이 사용한 이 표현은 기독론적인 의미를 담고 있으며, 그 용법은 세 가지 형태로 나타난다. 첫째, 술어를 갖지 않는 형태(절대적 말씀들, 8:24,28,58; 13:19). 둘째, 암시적으로 술어를 갖는 형태(서술적 말씀들, 6:20; 18:5,6,8), 셋째, 명백한 술어를 가진 형태(비유적 말씀들, 6:35; 8:12; 10:7; 10:11[14]; 11:25; 14:6; 15:1[5])가 그것이다. 이 용법의 출처를 놓고 많은 이론이 있으나 그 출처는 구약적 배경에서 유래한 것이 확실하다.

첫째, 절대적 말씀들이다. "나는 있다"로 옮길 수 있는 이 용법은 구약성서에서 하나님의 이름으로 모세에게 계시된 '야웨'(출 3:14)와 맥을 같이 한다. 출애굽기 3:14을 히브리어 원문으로 보면 '에흐예 아쉐르 에흐예(אהיה אשר אהיה)'이다. 이 어구를 그동안 서구에서는 주로 존재론적인 시각에서, "나는 스스로 있는 자니라" 혹은 "나는 나다"로 해석해 왔다.

나는 이 어구를 본문 상황과 관련하여 관계론적인 시각에서 해석해야 한다고 보고, "나야 나(나라니까!)"로 해석하였다. 그러면서 본문의 상황과 관련지어 그 의미를 두 가지로 해석하였다. 하나는 야웨 하나님은 '임마누엘 하나님'(출 3:12)이라는 것이다. 신약적으로 이는 우리와 함께 하시기 위해 이 역사 속에 오신 '임마누엘 예수'(마 1:23)의 모습으로 해석하였다.

또 하나는 야웨 하나님은 '히브리인의 하나님'(출 3:18)이라는 것이다. 신약적으로는 이는 가난한 자에게 복음을 전하기 위해 갈릴리에 오신 '나사렛 예수'(눅 4:16-19)의 모습으로 해석하였다.[125] 예수께서 사용한 이 절대적 말씀들은 자신이 출애굽기 3:14의 야웨 하나님의 이 같은 모습을 대신하여 오신 분임을 선언하신 말씀이다.

둘째, 서술적 말씀들이다. "나는 그다"로 옮길 수 있는 이 용법은 출애굽기(3:14)의 용법에서 발전한 형태로 제2이사야(사 40-55장)에서 많이 찾아볼 수 있다: "내가 그다"(사 41:4; 43:10,13), "나는 야웨다"(사 43:11; 45:5,6,18), "나는 하나님이다"(사 43:12; 45:22; 46:9). 여기서 "내가 그다"라는 말은 "내가 야웨다"라는 말이다. 그리고 "야웨는 하나님이다"(사

41:13). 그런데 그 하나님은 이전에도, 이후에도 지음받은 일이 없으신 하나님이다. 그러므로 "나는 하나님이다"는 "나는 유일한 하나님이다"라는 의미를 지닌다. 즉 야웨가 유일한 하나님이라는 '유일신 신앙(Monotheism)'을 말하고 있다.

예수께서 물 위를 걸으실 때 두려워하는 제자들에게 하신 "나다"(6:20)라는 말씀과 기드론 골짜기에서 체포되실 때 "내가 그 사람이다"(18:5,6,8)라는 말씀은 자신을 하나님과 동일시하는 표현이다. 즉 제2이사야의 말씀에 근거해 볼 때 야웨 하나님이 유일하신 하나님이듯이 예수 자신이 창조주요 구속주가 되시는 유일한 "하나님"이라는 것을 선언하신 말씀이다.

셋째, 비유적 말씀들이다. 이 용법은 "나는 … 이다"로 옮길 수 있다. 예수님은 많은 비유의 말씀을 했는데, 요한은 완전수를 상징하는 일곱 개의 말씀만을 선별해서 기록하고 있다. 여기에는 요한의 분명한 신학적 의도가 깔려 있다. 일곱 비유 말씀은 구약성서의 성막(성전)의 일곱 주요기구와 상응한다.

2) "에고 에이미"의 비유적 용법의 상징적 의미

성막(성전)의 일곱 주요기구와 상응하는 '에고 에이미'의 비유적 용법의 일곱 말씀은 다음과 같다.

(1) "나는 생명의 떡이다"(6:35,48) - 떡상(출 25:23-30).
(2) "나는 세상의 빛이다"(8:12) - 등잔대(출 25:31-40).
(3) "나는 양의 문이다"(10:7,9) - 성막문(출 26:1-37).
(4) "나는 선한 목자다"(10:11,14) - 번제단(출 27:1-8).

(5) "나는 부활이요 생명이다"(11:25) - 법궤(출 25:10-22).

(6) "나는 길이요 진리요 생명이다"(14:6) - 분향단(출 30:1-10).

(7) "나는 참 포도나무다"(15:1,5) - 물두멍(출 30:18-21).

성막(성전)의 기본 골격은 3부 구조, 즉 뜰(court), 성소(holy place), 지성소(holy of holies)로 구성되어 있다. 성막(성전)에는 일곱 주요 내용물이 있는데, 입구부터 그 순서를 말하면 다음과 같다. 성막(성전)문, 번제단, 물두멍, 떡상, 등잔대, 분향단, 법궤의 순으로 되어 있다. 여기서 성막문, 번제단, 물두멍은 뜰에, 떡상, 등잔대, 분향단은 성소에, 그리고 법궤만이 지성소에 들어 있다.

성막(성전)의 일곱 기구에 상응하는 예수님의 일곱 비유말씀에 대해 간단히 설명하면 다음과 같다. "생명의 떡"은 이스라엘의 12지파를 상징하는 12개의 떡이 두 줄로 놓여 있는 진설병 "떡상"에 해당한다. "세상의 빛"은 일곱 가지 촛대(메노라, menorah) 모양의 "등잔대"에 해당한다. "양의 문"은 하나밖에 없는 "성막문"에 해당한다. "선한 목자"는 양을 위해 스스로 희생제물이 되신 예수님을 비유한 것으로 이는 희생제물을 태우는 "번제단"에 해당한다. "법궤" 안에는 만나를 담은 금 항아리와 아론의 싹난 지팡이와 언약의 돌판들(히 9:4)이 들어 있는데, "부활이요 생명"은 바로 이 "법궤"에 해당한다.

"나는 길이요 진리요 생명이니 나로 말미암지 않고는 아버지께로 올 자가 없느니라"(14:6)는 말씀이 "분향단"과 상응한다는 것에 대해서는 약간의 설명이 필요하다. "나는 길이요 진리요 생명이니…"에서 접속사 '카이(καί)'를 각각 번역하면 현재처럼 "길과 진리와 생명"으로 번역된다. 그런데 앞의 어휘를 강조하는 이중 말씀에 대한 요한의 글쓰기의 특징에 따라 번역하면 "길 곧 진리와 생명"으로 번역할 수 있다.

여기서 "길"은 이중 의미를 갖는다. 하나는 "길"은 분향단에서 기도를 통해 하나님께 가는 길이다. 또 하나는 "길"은 법궤가 있는 하나님이 임재하시는 지성소로 가는 길이다. 부연해서 설명하면 분향단은 하나님께 기도를 올리는 곳이다. 구약시대에 하나님께 갈 수 있는 길은 (대)제사장이 분향단에서 기도하는 길밖에 없다. 그렇다면 "나는 길이요…없느니라" 하면 될 것을 "진리와 생명"이라는 말을 첨가한 이유는 무엇 때문일까?

요한복음에서 예수는 "진리"(8:32)이며, "부활"(11:25)이기에 "진리"는 "부활의 진리"가 된다. "진리요 생명"(14:6)은 "부활이요 생명"(11:25)과 같은 의미로서 "진리요 생명"은 "법궤"를 상징한다. 그런데 분향단(성소)과 법궤(지성소) 사이에는 휘장이 놓여 있다. 성소와 지성소를 가르는 휘장은 땅과 하늘의 경계로서 휘장과 휘장 너머의 세계를 구분짓는다. 지성소는 하늘로 간주되었고(시 11:4) 공간뿐만 아니라 시간을 초월하는 것으로 그곳에 들어가는 자는 영원에 들어가는 자이며 하늘에 들어간 자이다.

구약시대에 지성소는 제사장도 못 들어가고 오직 대제사장만 1년에 하루 대속죄일에 들어갈 수 있었다. 그러기에 지성소 바로 앞에 놓인 분향단에서의 기도는 휘장으로 가로막혀 있어 불완전한 기도일 수밖에 없었다. 이제 길 곧 진리요 생명이 되신 예수께서 성소(분향단)와 지성소(법궤) 사이를 가로막고 있는 휘장을 십자가로 찢으시고 부활하심으로 하나님께(지성소)로 가는 "새로운 살 길"(히 10:20)을 여신 것이다.

마지막으로 "참 포도나무"는 구약에서 거룩한 이스라엘 백성을 상징하는 것으로 이 비유말씀은 참 이스라엘 사람인 거룩하신 예수께 붙어 있어야 거룩함을 보존할 수 있고 많은 열매를 맺을 수 있음(15:2-5)을 의미한다. 이는 성소에 들어가기 전에 성결을 위해 손을 깨끗하게 씻는 "물두멍"에 해당한다.

그런데 여기서 주목해야 할 사실은 예수님의 일곱 비유말씀이 성막(성전)의 일곱 기구의 순서로 되어 있지 않고 "번제단"을 상징하는 "나는 선한 목자라(네번째 말씀)"를 중심으로 나머지 여섯 기구가 둘러싸고 있는 형국으로 되어 있다는 사실이다. 요한이 번제단을 중심에 둔 것은 선한 목자이신 예수님이 십자가를 지심으로 희생제물이 되사 이제부터는 더 이상 죄사함을 위한 번제가 필요 없음을 말하고자 하는 뜻이 담겨있다.

요한은 일곱 비유말씀을 통해 예수님이 유대교의 성전임을 천명하는 동시에 그 중심에 번제단을 놓음으로써(10장), 즉 자신을 십자가에 화목제물로 내어드림으로써 유대교의 성전제사제도를 대체하신 분임을 역설하고 있다. 나아가 요한은 제1부의 절정인 11장에 예수님의 부활을 상징적으로 예표하는 나사로의 소생사건을 둠으로써, 부활을 기독교가 유대교와 결정적으로 구별되는 잣대로 삼고 있다.

3) 일곱 "이중말씀"

요한은 두 어휘를 연이어 쓰는 "이중말씀"을 7회 사용하고 있다. (1) "은혜와 진리"(1:14,17), (2) "물과 성령(영)"(3:5), (3) "영과 진리"(4:24), (4) "영과 생명"(6:63), (5) "진리와 자유"(8:32), (6) "부활과 생명"(11:25), (7) "길과 진리와 생명"(14:6)이 그것이다.

이 같은 "이중말씀"의 양식화(정형화)는 '예수님의 자기계시 말씀(에고 에이미)'처럼 예수님의 신적 권위를 확대하고 인격을 통합하는 기능을 한다. 공관복음에서 찾아볼 수 없는 이러한 "이중말씀"을 사용함으로써 요한은 그의 복음서 전체를 예수 그리스도께로 통합시키는 천재성을 발휘한다.

여기에 나타난 어휘를 분석하고 종합하면 여덟 어휘가 15회(10+5) 사용되고 있음을 볼 수 있다. 요한복음이 '진리의 책'임을 암시라도 하듯이 "진리"라는 어휘가 가장 많이 사용되고 있다(4회). 그리고 "영"과 "생명"이 각각 3회 나오고, 나머지 다섯 어휘(은혜, 물, 자유, 부활, 길)는 각각 1회 사용되고 있다.

그런데 이 모든 어휘는 예수님을 가리키는 어휘로서 히브리 문장법의 동의적 평행법에 따르면 동의어처럼 바꾸어 쓸 수 있는 어휘이다. "은혜와 진리"는 은혜 곧 진리, "영과 진리"는 영 곧 진리, "부활이요 생명"은 부활 곧 생명이라는 의미이다. 여기에 예수님의 속성인 '말씀'(1:1; 요일 1:1), '빛'(1:9; 8:12; 요일 1:5), '떡'(6:35,48), '사랑'(3:16; 13:1; 요일 4:16), '문'(10:7,9), '목자'(10:11,14), '포도나무'(15:1,5)까지 합하면 요한은 예수님을 15(8+7)개의 상징어휘로 표현하고 있는 셈이다.

(1) "은혜와 진리"(1:14,17)

요한은 서곡에서 "은혜와 진리(χάρις καὶ ἀλήθεια)"를 두 구절에서 반복 사용함으로써 이 말씀을 강조하고 있다. "은혜와 진리"는 출애굽기 34:6의 "인자와 진실이 많은 하나님이라"에서 "인자와 진실"로 번역된 '헤세드 워에메트(חסד ואמת)'에 해당하는 70인역에서 유래한 히브리적 관용어로써 야웨 하나님과 이스라엘 간의 언약 관계를 나타내는 어휘이다(시 40:9-10; 85:10; 잠 3:3; 미 7:20 참조).

"은혜"는 바울 서신에서 율법에 대립되는 개념으로 101회(신약 전체 156회)나 나오는 데 반해, 요한복음에서는 서곡에만 4회(11:14, 16[2회], 17) 나올 뿐이다. 그리고 "진리"는 요한이 즐겨 사용하는 어휘(25회)이다.

먼저, 요한은 성육신 구절(14절)에서 "은혜와 진리가 충만하더라"는 말씀을 하고 있다. "은혜와 진리"라는 이중언어는 '하나님의 내리사랑'을 잘 보여주는 말씀이다. 끝없이 내려가는 그 자리에 은혜와 진리가 충만한 자리라는 말씀은 세상적 논리를 뒤집는 역설이요 역발상의 논리가 아닐 수 없다.

다음으로, "은혜와 진리"는 "율법"과 대조되는 어휘로 17절에서 다시 나타난다. "율법은 모세로 말미암아 주어진 것이요 은혜와 진리는 예수 그리스도로 말미암아 온 것이라." 여기서 "율법"은 모세에, "은혜와 진리" 곧 복음은 "예수 그리스도"에 상응시키고 있다. 요한은 복음(은혜와 진리)이 율법을 넘어선 "은혜 위에 은혜"(1:16)이듯이, 예수 그리스도는 모세를 대체하러 오신 분으로 그리고 있다.

여기서 왜 요한은 "은혜"와 "진리"라는 어휘를 같이 붙여 놓은 것일까? 그것도 은혜가 곧 진리라는 것, 그러니까 기독교 진리는 율법(나의 노력-육의 삶)이 아닌 은혜(하나님의 선물-영의 삶)에 있다는 것을 강조하고자 함이다. 그러니까 8:32의 의미는 이렇다. "은혜(진리)를 알지니 은혜(진리)가 너희를 자유케 하리라."

(2) "물과 성령(영)"(3:5)

요한은 예수님과 니고데모와의 대화(3:1-15)에서 "물과 성령(영)"이라는 이중말씀을 사용하고 있다. 예수님은 "사람이 물과 성령으로 거듭나지 아니하면 하나님의 나라에 들어갈 수 없다"고 말씀하는 맥락에서 이중말씀을 사용하고 있다. 중생(거듭남)하려면 물과 성령으로 다시 나야 한다고 하는데, 여기서 물은 무엇을 가리키는가? 물은 초대교회 상황에서 성령세례와 관련하여 물세례를 상징하는 것으로 볼 수 있다. 또한 "물 곧 성령", 즉 물은 성령을 상징하는 것으로 볼 수도 있다(7:38-39). 그런데 4장의 사마리아 여인과의 대화에서 예수님이 자신을 물(생수)이라고 비유한 것으로 보아 예수님을 가리키는 것으로 볼 수 있다.

그러니까 사람이 중생하려면 예수님과 성령님으로 다시 나야 한다. 그런데 여기서 강조점은 이어지는 구절(6-8절)을 통해서 볼 때 예수님보다 성령님에 있는데, 그 까닭은 예수님은 역사 속에서 잠시 계시다가 떠나야 하기 때문이다. 특히 이 단락에서 요한이 사용한 헬라어 '프뉴마'는 "바람"과 "영"을 뜻하는 이중의미를 지닌다. 따라서 '프뉴마'라는 말의 사용은 언어의 유희이다. 유대인이면서 헬라적 사고에 익숙해 있는 니고데모에게 바람과 성령을 관련시켜 거듭남의 의미를 설명한 것은 탁월한 착상이다.

여기서 "물과 성령"에 대해 보다 깊은 의미를 묵상해 보자. 요한은 말씀되시는 예수님을 입으로 먹고 마시는 떡(6:35)과 물(4:14)로 비유하고 있다. 물 곧 말씀이 먼저(1:1)요 성령이 다음(20:22)인 것은 요한복음이 앞에 있고, 성령행전으로 불리우는 사도행전이 그 다음에 위치해 있는 것과 같다. 말씀의 두루마리를 배에 채워 그것을 토해 내었던 에스겔 선지(겔 3:3)처럼 우리 또한 입으로는 말씀의 떡과 물을 먹고 마시며, 코로는 성령을 가득 마셔야 한다. 그리하여 우리 몸 속에서 말씀과 성령이 부딪칠 때 하나님의 크신 역사가 나타난다.

태풍은 고요한 찻잔에서는 발생하지 않는다. 태풍은 거대한 대양에서 일어난다. 한 여름 뜨거운 태양에 의해 달구어진 바다 표면은 살기 위해서는 자체적으로 온도를 식혀야 한다. 그러기 위해서는 윗물과 아랫물이 뒤집어져야 한다. 그때 발생하는 바람이 거대한 태풍이다. 태풍의 위력은 모든 것을 쓸어버릴 정도로 강하다. 이와 마찬가지로 물이 바다를 덮음 같이 우리들이 말씀의 물을 가득 먹고 성령이 우리를 뜨겁게 달굴 때 우리는 "헥가닥" 뒤집어지는 중생의 역사가 일어나는 것이다.

나는 믿는다. 20-30년 내에 물이 바다를 덮음 같이 중국 땅이 말씀으로 덮일 것이다. 그 후에 오순절 성령의 뜨거운 불이 중국 땅 온 누리에 내리쬘 때 바닷물이 뒤집히듯 중국 땅이 그 뜨거움에 견딜 수 없어 뒤집어지는 역사가 일어날 것이다. 그때 일어나는 강력한 성령의 바람은 선교의 태풍이 되어 중국 땅을 넘어 온 세계에 퍼져나갈 것이다.

(3) "영과 진리"(4:24)

요한은 예수님과 사마리아 여인과의 대화에서 예배와 관련하여 이렇게 말하고 있다. "하나님은 영이시니 예배하는 자가 영과 진리로 예배할지니라." "하나님은 영이시다(Πνεῦμα ὁ θεός)"라는 말은 하나님의 존재 양식126)을 가리키는 것으로, 이 대목에서 "영"을 강조하고자 맨 앞에 두고 있다. 영은 바람처럼 어디에도 매이지 않고 자유자재로서 어디에나 편만하다.

따라서 이 말의 깊은 뜻은 하나님은 아무 것에도 매이지 않으며 예배를 받는 데 있어서 아무런 차별(장벽)을 두지 않는다는 말씀이다. 중요한 것은 '어디에서(장소의 문제)'가 아니라 '어떻게(예배하는 자의 자세)'에 있다는 것이다. 즉 "영과 진리로(ἐν πγεῦματι καὶ ἀληθεία)" 예배드리는 것이 중요하다고 말씀하고 있다. 여기서 "영과 진리로"라는 표현에서 하나의 전치사(ἐν)만을 사용하고 있으므로 각각 독립된 뜻이 아닌 동의어적 의미를 갖는 것으로 볼 수 있다. 즉 '영(성령) 곧 진리', 즉 '진리의 영(성령)'(15:26)이라고 말할 수 있다.

그러니까 예수께서 온 이후로 진리의 성령으로 예배할 때가 이르렀다는 말씀이다. 하나님께서 기뻐하시는 예배는 마음에도 없는 형식적인 예배가 아닌, 마음 깊은 곳에서부터 우러나오는 진리의 성령으로 예배하는 것이 참 예배라는 말씀이다.127) 이 말씀은 장소적 개념인 성전예배를 중심으로 하는 전통적 예배관을 뒤집어엎는 혁파(breakthrough)이다. 이 말씀은 기독교가 성령과 진리의 종교, 즉 말씀, 기도, 은혜, 마음, 인격의 종교임을 선언하는 혁명적 말씀이 아닐 수 없다.

여기서 '참 예배'에 대해 다시 생각해 보자. 예배는 기독교만의 전유물이 아니다. 예배는 모든 종교에 다 있다. 이 점에서 인간은 예배하는 존재이다. 그렇다면 기독교가 말하는 참 예배의 본질은 무엇인가? 그것은 "은혜에 대한 감사"라고 말할 수 있다. 이 요소가 빠진 예배는 죽는 것이 무서워 드리는 예배일 뿐이다. 은혜 밖에서 드리는 이방인의 예배가 바로 이런 예배이다.

가인의 예배와 아벨의 예배(창 4:3-7)의 차이는 무엇일까? 아벨은 아무 것도 얻지 못해고 좋다는 은혜 안에서 예배(하나님 중심예배)를 드렸다면(합 3:17-18 참조), 가인은 무엇인가 얻지 못하면 안된다는 마음으로 은혜 밖에서 예배(자기 중심예배)를 드렸다고 말할 수 있다. 이것이 가인의 예배와 아벨의 예배의 차이가 아닌가 생각된다.128)

인간 사회의 5대 차별을 말한다면 인종차별, 성차별, 지역차별, 빈부차별, 계급차별을 들 수 있다. 이 세상의 모든 차별적인 장벽을 철폐하러 오신 예수, 이 때문에 십자가를 지셔야만 했던 예수, 이 얼마나 멋지고 위대한 모습인가! 우리 주님, 만세! 만세! 만만세!

(4) "영과 생명"(6:63)

요한은 생명의 떡 강화에 이어 이 이중말씀을 사용하고 있다. "살리는 것은 영이니 육은 무익하니라 내가 너희에게 이른 말(ῥήματα)은 영이요 생명이라"(63절). 이 구절에서 "육은 무익하다"라는 말은 "육"은 아무런 소용이 없다는 것을 뜻하지 않는다. 예수님 자신이 "육"으로 오셔서(1:14) 십자가에 죽기까지 헌신(6:51)함으로 세상에 생명을 가져다주었다는 점에서 육은 중요한 의미를 지닌다. 다만 여기서 "영"과 "육"의 대조 (3:6 참조)는 천상적(신적) 영역과 지상적(인간적) 영역의 대조를 비교 언급한 것이다.

주님의 "말씀(ῥήματα)"은 곧 영이요 생명이다. 영과 생명을 가져다주지 못하는 말은 곧 죽은 말이다. 주님이 주시는 "생명의 떡"인 말씀은 유대교의 만나(토라)를 온전히 대체하는 말씀이다.129) 주님의 말씀이 영의 말씀이요 생명의 말씀이라는 사실을 이해하지 못한 무리는 결국 예수님을 떠나버렸다. 예수님으로부터 이스라엘 나라의 회복이나 물질적 축복을 기대했던 사람들은 더 이상 기대할 것이 없다고 판단하고는 예수님을 떠나버렸다.130)

이런 예화가 있다. 16세기경 천사의 상을 조각하는 일로 오래도록 전념한 젊은 예술가가 있었다. 조각이 완성되었을 때 유명한 미켈란젤로를 초대하였다. 미켈란젤로는 조각을 바라보면서 "꼭 한 가지가 빠진 것이 있군" 하고 말하고는 조각가의 방을 떠났다. 젊은 조각가는 심혈을 기울여 만든 작품이 무엇이 결여되어 있는지 몰라 번민하였다. 그래서 그의 친한 친구가 미켈란젤로를 찾아가 무엇이 결여되어 있는지를 물었다. 그때 미켈란젤로는 이렇게 대답했다. "다만 한 가지가 결여되었는데 그것은 다름 아닌 생명이요. 그 작품에 생명이 있었더라면 아마도 하나님이 만드신 것만큼이나 완벽했을 것이오."

그렇다. 아무리 큰 나무도 생명이 없으면 그 나무는 이미 죽은 나무다. 그러나 아무리 작은 씨앗도 그 속에 생명을 갖고 있다면 수천 년이 흐른다고 하더라도 그 씨앗은 살아있고 심으면 싹이 나고 꽃이 피고 열매를 맺는 큰 나무가 될 것이다. '하나님의 말씀(예수님)'은 생명이 깃든 씨앗과 같다(막 4:14; 히 4:12).

토라(성경) 교육의 중요성을 잘 말해주는 유명한 일화가 있다. 주후 70년 로마군의 포위 아래 있던 예루살렘에 최후의 순간이 닥쳐오고 있었다. 이때 유대인들로부터 가장 존경받았던 랍비 요하난 벤 자카이는 어떻게 하면 유대인이 승리할 수 있을까를 생각했다. 군사적 승리는 불가능했다. 그는 로마인의 칼보다 더 강한 무기를 유대인이 가져야만 한다고 생각했다.

벤 자카이는 로마군이 예루살렘에 들어오면 성전부터 파괴할 것이라는 사실을 잘 알고 있었다. 그 이유는 두 가지였다. 금을 찾으려는 물질적 이유가 그 하나이고, 다른 하나는 유대인의 결집과 사상의 중심지가 성전이기에 그것부터 파괴할 것이라는 것이 또 다른 하나였다. 이때 그는 칼보다 강한 것은 교육이라는 결론을 내렸다.

로마인들은 그들의 자손들에게 칼을 전해 줄 것이다. 그러나 유대인들은 칼보다 더 강한 교육을 자손대대로 전해 줄 것이다. 여기서 그가 말하는 교육은 바로 성경 교육, 더 구체적으로 말하면 '토라 교육'이었다. 성경은 유대인의 신앙과 지혜의 원천이기 때문이다. 그는 패배를 빨리 받아들이고 미래를 설계하는 것이 지혜라고 믿었다.

이때 로마군은 예루살렘 성을 완전 포위하고 아무도 빠져나가지 못하도록 지키고 있었다. 게다가 안에서는 가나임이라는 유대인 과격파가 항복파, 아부파가 생길까 봐 물샐틈없이 감시하고 있었다. 이때 벤 자카이는 로마군의 사령관을 만나야 한다는 결론을 내렸다. 담판의 목적은 패배를 인정하고 대신에 학교를 세워 교육을 시키게 해 달라는 조건을 거는 것이었다.

그는 이 목적을 달성하기 위한 방법을 찾았다. 그는 사환을 통해 자기가 중병에 걸려 죽었다는 소문을 내게 하였다. 그리고는 사환에게 명하여 자기가 관 속에 들어가고 그 관을 메고 덩문(The Dung Gate)을 통해 메고 나가게 하였다. 이 문은 쓰레기를 버리는 곳이기에 성안의 과격파들도 시체를 매장하러 나가는 것까지 말릴 수 없어 그대로 나가게 내버려 두었다.

성을 빠져나온 그는 사령관과의 면담을 신청하였다. 사령관 베스파시아누스는 벤 자카이가 훌륭한 학자임을 알고 있었기에 기꺼이 만나 주었다. 그는 사령관을 만나자마자 "황제여!"라고 불렀다. 참으로 해괴한 일이었다. 그는 아직 황제가 아니었기 때문이다. 그러나 둘이 이야기를 나누고 있는데, 한 병사가 달려오더니 로마 황제가 죽고 원로원이 방금 베스파시아누스를 황제로 선출하였다는 소식을 전해주었다.

베스파시아누스는 한편으로는 기뻤고 한편으로는 놀랐다. 벤 자카이가 예언의 능력을 가지고 있음을 알았다. 그래서 그의 말에 더욱 귀를 기울이게 되었고, 자기가 할 수 있는 일이면 무엇이든지 들어주겠다고 약속하였다. 벤 자카이는 "성전만은 파괴시키지 말아 달라"고 부탁하고 싶었지만 그것이 도저히 불가능하다는 사실을 알았다. 그래서 그는 황제에게 아예

학교들이 즐비하게 있는 "야브네 도시만은 파괴하지 말아 달라"고 부탁하였다.

야브네는 지중해 연안에 있는 인구도 적고 보잘것없는 교육 도시였다. 황제는 그의 요구를 선뜻 승낙하였다. 후에 이곳에서 구약 정경화 작업이 이루어지고 유대교의 모든 기초가 형성되었다. 또 탈무드(Talmud)라는 랍비문학의 발상지가 되었다. 성전은 파괴되었어도 학교는 파괴되지 않았다. 그곳으로 옮겨가 교육에만 전 생애를 바친 벤 자카이의 선견지명은 오늘날의 이스라엘을 형성하는 디딤돌이 되었다. 후에 전쟁에서 이긴 로마는 망했지만, 전쟁에서 진 유대인은 승리하였던 것이다.131)

(5) "진리와 자유"(8:32)

"진리를 알지니 진리가 너희를 자유롭게 하리라." 이 어법은 "하나님은 영이시니 예배하는 자가 영과 진리로 예배할지니라"(4:24)라는 어법과 상응한다. "진리와 자유"라는 이중말씀은 "나는 부활이요 생명이니"(11:25)와 "나는 길이요 진리요 생명이니"라는 말씀과 더불어 요한복음에서 예수님이 하신 말씀 가운데 3대 압권에 속한다.

"진리와 자유"라는 이 말은 주님이 유대인들에게 자신은 위에서 났으며 아버지께서 보내셔서 이 세상에 왔다고 역설하자 유대인들 가운데서 주님을 믿는 이들이 생겨나기 시작하는 상황에서 "너희가 내 말에 거하면 참으로 내 제자가 되고"(31절)에 이어서 하신 말씀이다.

요한은 유대인과의 논쟁(8:31-59)에서 숫자 상징코드, 즉 '진리'를 7회(32[2회],40,44[2회],45,46절), '진실로 진실로'를 3회 (34,51,59절) 사용하여 예수님(예수님의 말씀)이 "꼭 믿어야 할 진리"임을 역설하고 있다. 주님이 진리요(14:6), 영이 진리라면 (4:24), 주님을 알 때, 영을 알 때 자유하리라는 그런 말씀이 된다. 그러기에 사도 바울은 "주는 영이시니 주의 영이 계신 곳에는 자유가 있느니라"(고후 3:17)고 했던 것이다.

1636년 메사추세츠의 식민지 개척자들은 자체적으로 세금을 걷어 단과대학을 세우기로 결의했다. 젊은 목사인 존 하버드는 학교설립을 위해 재산의 절반을 기증하였고, 신설 대학은 그의 이름을 따서 '하버드 대학'이라고 명명했다. 하버드 대학은 "진리를 알지니 진리가 너희를 자유케 하리라"(요 8:32)를 교훈(校訓)으로 채택하였다. 자유는 이주민에게 중요한 것이었다. 그들이 위험을 무릅쓰고 신대륙으로 건너온 이유이기도 했다. 하지만 교육을 우선순위에 둔 점에서 알 수 있듯이 이주민은 진정한 자유가 진리에 대한 지식, 즉 하나님의 말씀에 있다는 것을 알았다. 또 모든 진리가 하나님으로부터 비롯되었으므로 진리는 성경에서 출발하여 모든 학문적 연구로 확산된다고 생각했다. 이러한 대학 교육의 초석은 1세기에 살았던 어느 갈릴리 사람의 말 "진리가 너희를 자유케 하리라"는 한 마디였다.132)

그런데 주님이 하신 이 구절의 말뜻을 유대인들은 깨닫지 못했다. 그래서 그들은 이렇게 말했다. "우리가 아브라함의 자손이라 남의 종이 된 적이 없거늘 어찌하여 우리가 자유롭게 되리라 하느냐"(33절). 유대인들은 그들의 말(33절)과는 달리 정치적으로 볼 때 남의 종이 된 적이 많았다. 애굽; 앗수르,

바벨론, 페르샤, 헬라, 로마 등 그들은 참으로 오랫동안 남의 지배를 당한 역사가 있다. 그럼에도 불구하고 유대인들이 남의 종이 된 적이 없다고 말한다. 주님이 하신 이 말의 뜻은 이렇다.

유대인들은 자기네들이 아브라함의 여종이었던 하갈에게서 난 이스마엘의 후손이 아니라 정실인 사라에게서 난 이삭의 후손이라고 생각하였다. 그러므로 우리는 종의 자손이 아니라 자유하는 여자의 후손이라는 그런 주장이다(갈 4:22-23). 이렇듯 유대인들은 아브라함을 육적으로, 즉 혈통적으로 이해했다.

그런데 아브라함을 육적으로 이해하게 되면 그것이 바로 죄를 범하는 것이요, 따라서 죄의 종이 된다는 것이 예수님의 주장이다. 그 까닭은 아브라함의 육적 자리가 바로 죄의 자리이기 때문이다. 즉 아브라함은 본래 이방인으로서 그의 고향인 갈대아 우르는 우상숭배로 가득 찬 죄의 자리였다. 그러므로 아브라함은 육적, 혈통적으로 보면 죄의 종자인 셈이다.

아브라함이 하나님의 말씀에 순종하여 갈대아 우르를 떠났을 때 죄의 자리에서 의의 자리로 옮겨지게 되었다. 그가 자유하는 여자를 통해 이삭을 낳아 후손을 이어갔다고 해서 그것이 의가 되는 것은 아니다. 왜냐하면 육적 아브라함과 그의 후손은 하나님의 말씀을 떠난 죄적 존재이기 때문이다. 다만 영적 아브라함, 즉 그가 하나님의 말씀을 믿고 순종했을 때 그것이 의요 거기에 자유함이 있었다. 따라서 '육적 아브라함'의 자리를 버리고 '영적 아브라함'의 자리로 나아갈 때만이 우리는 '죄의 종'(요 8:34)에서 벗어나 '자유의 종'(갈 5:1)이 될 것이다.

　죄란 다름 아닌 '이기성', '자기중심성'이다. 죄의 기원, 즉 원죄를 말하는 창세기 3장이 이것을 잘 보여준다. 하나님께서 아담에게 동산 각종 나무의 실과는 다 따먹어도 좋지만 선악과만은 따먹지 말라고 명령했다. 그러나 선악과마저도 내 것으로 하려는 이기성, 자기중심성이 결국 하나님의 명령을 거역하는 죄를 범하게 된 것이다. 유대인들은 우리만이 아브라함의 후손이요, 우리만이 선택된 백성(선민)이요 구원을 받을 백성이라는 기득권을 포기하지 못하고 움켜쥐는 이기성, 자기중심성이 그들을 죄의 종에 빠지게 했고, 결국 예수님이 말씀한 진리와 자유를 깨닫지 못하게 되었던 것이다.

　사람들은 개인적 자유, 사회적 자유, 경제적 자유, 정치적 자유 등 할 수만 있으면 더욱 많은 자유를 원한다. 여기서 우리 몸이 자유하려면 어떻게 해야 하는가를 잠시 생각해 보자. 우리 몸은 고체(육체)와 액체(물과 피)와 기체(숨결)로 이루어져 있다. '몸이 쇳덩이처럼 무겁다'는 것은 몸이 점점 고체로 굳어져서 무거워 아래(땅)로 가라앉는 것을 말한다. 반면에 '몸이 깃털처럼 가볍다'라는 것은 몸이 점점 기체로 바뀌면서 가벼워 위(하늘)로 올라가는 것을 말한다.

　이미 언급했듯이 "영"의 원어 '프뉴마'는 '영' 이외에 '바람', '생기', '숨' 등으로 번역되는 말이다. 그러니까 몸이 가벼우려면 몸 속에 기체 곧 바람, 생기, 숨을 많이 불어넣어야 한다. 다시 말하면 몸이 가벼우려면 기체 곧 바람, 생기, 숨인 성령으로 충만해야 한다. 그럴 때 우리는 하늘로 붕 뜨는 가벼움, 곧 자유함을 맛보게 되는 것이다.

건강이 귀한 것이라는 것은 건강을 잃어본 자만이 알 수 있 듯이 자유가 얼마나 소중한 것인가는 자유가 없는 억압된 상황에 처해 보아야 안다. 그러기에 "나에게 자유를 다오, 그렇지 않으면 죽음을 다오!(P. Henry)"라는 말까지 있지 않은가.

우리 주님의 말씀이 얼마나 고마운가. "수고하고 무거운 짐 진 자들아 다 내게로 오라 내가 너희를 쉬게 하리라 / 나는 마음이 온유하고 겸손하니 나의 멍에를 메고 내게 배우라 그리하면 너희 마음이 쉼을 얻으리니 / 이는 내 멍에는 쉽고 내 짐은 가벼움이라"(마 11:28-30). 아멘.

자유란 바람처럼 가벼운 것이다. 아, 바람처럼 살다가 바람처럼 떠날 수 있는 그런 자유함으로 이 세상을 살 순 없을까. 몇 년 전 처음으로 온 가족이 몽골로 여행을 떠났다. 난 몽골의 드넓은 초원에서 신나게 말을 탔다. 바람을 가르는 말의 질주 속에서 난 내 혈관 속에 고구려 후손의 뜨거운 피와 유목민적 자유혼이 흐르는 것을 느꼈다.

그때 난 피부를 스치는 바람에 내 인생을 이렇게 새겼다. "첫마음(初心)으로 예수를 위해 불꽃(聖炎)처럼 살다가 / 부르심(召命)을 다 이루고 바람(聖風)처럼 가리라." 그리고 가슴 깊이 감추어 둔 나의 노래 "선구자(윤해영 시·조두남 곡, 1932년)"를 불렀다.

(1절) 일송정 푸른 솔은 늙어 늙어 갔어도 / 한줄기 해란강은 천 년 두고 흐른다 / 지난 날 강가에서 말 달리던 선구자 / 지금은 어느 곳에 거친 꿈이 깊었나.

(2절) 용두레 우물가에 밤새 소리 들릴 때 / 뜻 깊은 용문교

에 달빛 고이 비친다 / 이역 하늘 바라보며 활을 쏘던 선구자 / 지금은 어느 곳에 거친 꿈이 깊었나.

(3절) 용주사 저녁종이 비암산에 울릴 때 / 사나이 굳은 마음 길이 새겨 두었네 / 조국을 찾겠노라 맹세하던 선구자 / 지금은 어느 곳에 거친 꿈이 깊었나.

(6) "부활과 생명"(11:25)

"사람은 무엇으로 사는가?"라는 질문을 받는다면 난 이렇게 대답하리라. "사람은 감동을 먹고 사는 존재다." 사람은 감동을 받을 때 새 사람으로 변하고, 감동이 위대한 역사 창조의 원동력이 된다고 말하고 싶다. 감동을 말할 때 예술 작품이나 스포츠가 먼저 연상이 된다.

그런데 신구약성경은 이 세상의 그 무엇과도 비교가 안 되는 감동의 산물이다. 먼저 구약성경은 수백 년 동안의 예속에서 해방된 "출애굽의 감동"으로부터 시작된 책이고, 신약성경은 역사상 유례가 없는 죽음을 이긴 "부활의 감동"으로부터 시작된 책이다. 공관복음과 비교할 때 요한의 천재성은 '부활의 신학'에서 잘 나타난다. 요한복음만큼 부활의 감동을 잘 보여주는 책도 없을 것이다.

"나는 부활(復活)이요 생명(生命)이니." 이 소망의 언어, 이 가슴 뛰는 언어를 무엇이라고 표현하면 좋을까. 이 예수의 자기계시 말씀은 영화 〈벤허〉에 나오는 전차 경주의 한 장면처럼 숨막힐 것 같은 압권이 아닐 수 없다. 이 세상의 모든 길이 '로마로 통한다'면, 요한의 모든 길은 '부활로 통한다'고 말할 수 있으리라.

십자가는 '구약의 완성'이며, 부활은 '신약의 시작'이다. 십자가와 부활은 복음의 양면이다. 죽음을 통해 부활이 있고, 부활이 있기 때문에 십자가가 복음이 되는 것이다. 죽음은 하나님과의 단절이요, 부활은 하나님과의 소통이다. 이스라엘의 역사와 이스라엘을 향한 약속들이 예수님 안에서 실현되었다면, 십자가는 예수님 자신이 포로생활을 스스로 겪었다는 것을, 부활은 포로생활로부터 진정한 귀환이 개시되었다는 것을 말한다.

기독교는 부활로 말하는 종교이다. 부활이 말하는 진리는 무엇인가? 부활은 불의와 거짓은 드러나고 의와 진실은 반드시 밝혀진다는 진리이다. 옮겨놓을 수 없을 정도로 크고 무거운 돌로 무덤을 막아 놓는다고 해서 의와 진실까지 가두어 놓을 수는 없다. 로마 군병들이 철통같이 무덤을 지킨다고 해서 거짓과 불의까지 지킬 수는 없다. 새봄에 굳은 땅에서 돌아오르는 새싹처럼 터져나오는 생명의 힘을 그 누가 막을 수 있겠는가. 어느 분이 "닭의 목을 비틀어도 새벽은 온다"고 하자, 다른 분이 "새벽이 왔는데 닭의 목은 왜 비트나" 하였다. 분명한 사실은 "밝아오는 새벽을 그 누구도 막을 수 없다"는 진리이다.

로마에 가면 큰 감동을 자아내는 두 명소가 있다. 하나는 지상에 있는 바티칸 대성당이다. 또 하나는 지하에 있는 카타콤이다. 이 두 곳 가운데 어느 곳이 더 감동적인지 무게를 달아보면 저울추가 카타콤 쪽으로 기운다. 그 까닭은 바티칸 대성당은 화려하지만 곧 사라지고 말 교황이 자리잡고 있는 데 반해, 카타콤은 비참하지만 부활이요 생명인 영원하신 예수 그리스도가 자리잡고 있기 때문이다.

로마 제국이 기독교를 박해하던 시기에 초대교회 신자들은 약 250년 동안 폭 1미터, 높이 3미터 가량의 지하도로인 카타콤에서 불멸의 신앙을 지켜갔다. 현재 이태리에 산재해 있는 카타콤을 합치면 그 전체 길이는 880km, 그 매장되어 있는 신자 수는 약 700만 명에 이른다고 한다. 지하묘지인카타콤이야말로 부활신앙에 관한 가장 감동적인 증거가 아닐 수 없다.

요한의 교회와 같은 고난의 교회에 요구되는 것은 '십자가 신학'이나 '고난의 기독론'이 아니었다. 그런 것들은 기껏해야 예수님을 모범적인 순교자로 전해 줄 뿐이다. 그런 예수님을 전하는 복음이 고난과 핍박 중에 있는 교회에 '기쁜 소식' 곧 "복음(유앙겔리온, εὐαγγέλιον)"이 될 수는 없었다. 여기서 우리는 최초의 복음서인 마가가 그의 복음을 '기쁜 소식'으로 기록했고, 또한 희랍 세계에서 '유앙겔리온'이 본래는 전쟁에서의 '승리의 소식'과 관계되어 가장 널리 사용되던 단어임을 기억해야만 할 것이다.

고난의 교회에 필요했던 것은 승리의 기쁜 소식이었다. 사탄적인 로마 제국의 세력에 붙잡혀 있던 고난의 교회에는 '더 강한 분'의 승리의 복음이 필요했다. 그것만이 참으로 '기쁜 소식'이 될 수 있었고, 또 그런 승리의 복음은 오늘날 이 세상에서도 악한 세력의 억압 밑에서 고난을 당하고 있는 모든 기독교인과 기독교회에 똑같이 '기쁜 소식'이 될 것이다.

기독교인의 생사관(生死觀)은 '부활신앙'에 있다. 예수 부활신앙은 실로 납득하기 어렵지만 이 신앙을 빼면 기독교는 쓰러진다. 사실 기독교는 주후 30년 4월 7일 금요일 오후에 예루살렘 북서부 성 밖 골고타 형장에서 처형되었을 때 태어난 것이 아니다. 예수님의 제자들이 부활을 체험하고, 예루살렘에 있는 마가의 다락방에서 기도하던 중 오순절 성령강림체험을 통해 기독교회가 탄생했다.

그러므로 기독교는 무엇보다 예수부활의 종교이다. 부활신앙이야말로 타력신앙의 전형이다. 다메섹 도상에서 부활하신 예수를 만난 사도 바울은 일생을 부활의 증인으로 살다 갔다. 고린도전서 15장은 바울이 주님의 부활을 노래한 '승리의 찬가'이다. "사망아, 너의 승리가 어디 있느냐 사망아 네가 쏘는 것이 어디 있느냐 / 사망이 쏘는 것은 죄요 죄의 권능은 율법이라 / 우리 주 예수 그리스도로 말미암아 우리에게 승리를 주시는 하나님께 감사하노니 / 그러므로 내 사랑하는 형제들아 견실하며 흔들리지 말고 항상 주의 일에 더욱 힘쓰는 자들이 되라 이는 너희 수고가 주 안에서 헛되지 않은 줄 앎이라"(고전 15:55-58).

예수님의 제자들이 모두 십자가를 지고 순교로 그들의 생을 마칠 수 있었던 것은 부활하신 주님을 만나고 그 후 성령강림을 체험한 이후이다. 즉 부활체험과 성령체험이 없이는 십자가를 진다는 것은 그리 용이한 일이 아니다. 그래서 목회자들과 기독교회는 매 주일이 주님이 부활한 날이라는 사실과 부활신앙을 강조해야 하고, 본시 기독교회의 태동이 성령체험에서 비롯되었다는 사실을 강조할 필요성이 있다.

요한공동체(요한의 교회)는 "부활의 비밀을 간직한 공동체(교회)"였다. 요한공동체는 부활의 신학이 함축하고 있는 그 비밀을 가지고 자신들이 당면한 시대적 문제를 해결했을 뿐만 아니라 오고 오는 세대에 기독교회가 지향해야 할 불변의 진리를 전했다. 오늘 낙망의 자리에서 부활의 나래를 활짝 펴기 원하는 모든 이에게 나는 진정으로 기원한다. "그대에게 부활이 있기를!"

(7) "길과 진리와 생명"(14:6)

"예수께서 이르시되 내가 곧 길이요 진리요 생명이니 나로 말미암지 않고는 아버지께로 올 자가 없느니라." 아멘, 아멘, 할렐루야. 이 말씀은 예수께서 하신 '인류 역사상 가장 위대한 한마디'라고 말하고 싶다. 그 까닭은 이렇다. 하나님께로 가는 길은 땅에서 하늘로 가는 수직으로의 길이다.

그런데 이 수직으로의 길이 아담으로 대표되는 인간의 죄로 인해 막혀버렸다. 이 수직으로의 길은 오직 수직으로 오르내리는 인자되신 예수님(1:51)을 통하지 않고는 갈 수 없는 길이다. 따라서 예수님만이 하늘로 가는 길이 된다. 그리고 그 길만이 진리의 길, 생명의 길, 구원의 길이다. 따라서 구원으로 가는 다른 길은 없다(행 4:12).

동양종교에서는 진리를 찾았거나 진리를 깨달았을 때 "도통(道通)했다"라는 말을 한다. "도가 통했다", 다시 말하면 "길이 뚫렸다"는 것이다. 막혔던 길이 열렸다는 말이다. 여기서 잊어서는 안 될 사실은 "도통했다", 즉 진리를 깨달았다고 해서 인간의 가장 근원적인 문제인 죄와 죽음의 문제가 해결된 것은 아니라는 사실이다. 그리고 이 근원적인 문제가 해결되지 않고서는 인간은 불안, 걱정, 근심, 두려움에서 결코 벗어날 수 없다.

죄와 죽음이라는 이 근원적인 문제를 해결하신 분이 바로 예수 그리스도이다. 죄의 문제를 죄 없으신 주님이 친히 우리 죄를 대신해서 십자가에 달리심으로 해결하시고, 죽음의 문제를 사망 권세 깨뜨리시고 부활하심으로 해결하셨다. 그러기에 예수님을 믿어야 이 근원적인 문제를 해결할 수 있다.

명절 때마다 수많은 귀성차량으로 고속도로는 마비되기가 일쑤다. 이럴 때 헬리콥터가 높은 상공에 떠서 고속도로의 교

통상황을 알려준다. 하늘에서 보면 길이 어디가 막혔는가를 훤히 알 수 있다. 그런데 귀성객들은 어디가 얼마나 막혔는지 몰라 내내 답답해한다. 하늘에서 보아야 땅의 길이 보인다. 하늘의 길이 열려야 땅의 길이 열린다. 수직으로의 길이 열려야 수평으로의 길이 열린다. 인생길이 막힐 때 먼저 하늘의 길을 열어야 한다. 그래야 막혔던 인생길이 열리는 것이다.

우리가 걷는 인생길에는 여러 길이 있다. 거룩한 길, 세속의 길, 사랑의 길, 증오의 길, 생명의 길, 죽음의 길, 신앙의 길, 불신앙의 길, 진리의 길, 거짓의 길, 영생의 길, 심판의 길, 죄악의 길, 순결의 길, 정의의 길, 불의의 길, 축복의 길, 멸망의 길, 성공의 길, 실패의 길, 행복의 길, 불행의 길, 지혜의 길, 어리석은 길, 고난의 길, 영광의 길, 의인의 길, 악인의 길, 충성의 길, 배신의 길, 순교의 길, 복수의 길 등등.

성경에 나오는 인물들은 다 제 길로 갔다. 아브라함의 길, 이삭의 길, 이스마엘의 길, 야곱의 길, 에서의 길, 모세의 길, 아론의 길, 여호수아의 길, 갈렙의 길, 사사의 길, 사무엘의 길, 사울의 길, 다윗의 길, 선지자들의 길, 세례 요한의 길, 주님의 길, 베드로의 길, 바울의 길, 사도 요한의 길, 가롯 유다의 길 등등.

진리의 길을 간 종교개혁자 루터에 대한 유명한 일화가 있다. 루터가 보름스(Worms) 국회 앞에서 행한 연설은 진리에 대한 그의 불굴의 용기를 잘 보여준다. 그는 라틴어로 다음과 같은 감동적인 신앙고백을 했다.

"제가 '성경의 증거'와 '명백한 이성'에 의해 다른 확신을 갖지 않는 이상(왜냐하면 저는 교황이나 공의회의 결정만을 신뢰할 수 없기 때문입니다. 그들은 종종 실수를 저질렀고 서로 모순된다는 사실을 잘 알고 있기 때문입니다.) 저는 제가 인용한 성경에 의해 사로잡혀 있으며, 저의 '양심'은 하나님의 말씀에 포로가 되어 있습니다. 저는 아무 것도 취소할 수 없고, 취소하지도 않을 것입니다. 왜냐하면 양심을 거슬려 행동하는 것은 안전하지도, 옳지도 않기 때문입니다." 거기에다 독일말을 덧붙였다. "하나님이여, 나를 도우소서! 아멘. 제가 여기에 서 있습니다. 저는 달리 어찌할 도리가 없습니다."[133]

주님께서는 서머나 교회를 향해 "죽도록 충성하라 그리하면 내가 생명의 면류관을 네게 주리라"(계 2:10)고 약속하셨다. 안이숙 여사는 "죽으면 죽으리라"(에 4:16)는 일사각오의 정신으로 일제의 신사참배 강요를 끝까지 거부하면서 주님께 대한 순종과 충성을 다하였다. 그가 노래한 "내일 일은 난 몰라요"는 진리의 길을 걸어간 한 신앙인의 위대한 신앙고백이 아닐 수 없다.

(1절) 내일 일은 난 몰라요 하루하루 살아요 / 불행이나 요행함도 내 뜻대로 못해요 / 험한 이 길 가고가도 끝은 없고 곤해요 / 주님 예수 팔 내미사 내 손 잡아 주소서 / 내일 일은 난 몰라요 장래 일도 몰라요 / 아버지여 날 붙드사 평탄한 길 주옵소서.

(2절) 좁은 이 길 진리의 길 주님 가신 그 옛길 / 힘이 들고 어려워도 찬송하며 갑니다 / 성령이여 그 음성을 항상 들려주소서 / 내 마음은 정했어요 변치 말게 하소서 / 내일 일은 난 몰라요 장래 일도 몰라요 / 아버지여 아버지여 주신 소명

이루소서.

(3절) 만왕의 왕 예수께서 이 세상에 오셔서 / 만 백성을 구속하니 참 구주가 되시네 / 순교자의 본을 받아 나의 믿음 지키고 / 순교자의 신앙 따라 이 복음을 전하세 / 불과 같은 성령이여 내 맘에 항상 계셔 / 천국 가는 그날까지 주여 지켜 주옵소서.

7. 구조(주제) 상징코드

요한의 천재성은 구조(주제) 상징코드에서도 잘 드러난다. 천재로 일컬어지는 르네상스의 거장들은 조화와 균형을 중시했다. 그 점에 있어서는 천재 요한도 마찬가지다. 요한은 천재적인 재능을 가지고 요한복음을 조화롭고 균형잡힌 아름다운 건축물로 지었다. 요한복음은 천재가 지닌 완벽함을 잘 보여주고 있다.

요한복음은 대단히 정교한 구조와 방법론(상징코드)을 갖추고 있다는 점에서 완벽한 신학논문이라고 말할 수 있다. 요한복음을 "이야기체(narrative)로 쓰여진 한편의 신학논문"이라고 말한 것은 이러한 사실에 근거한다.

종래의 대부분의 요한복음 연구는 구조에 나타난 요한의 상징코드를 제대로 보지 못했다. 그 결과 요한복음에 대한 이해는 결정적으로 빗나갈 수밖에 없었다. 가령, 하나의 건물을 짓는다고 하자. 그럴 경우 건축가는 우선 설계도를 작성한다. 건축가는 자신이 설계한 그 설계도에 따라 건물을 짓는다. 따라서 설계도는 그 건축가의 모든 것이다.

그러기에 우리가 그 건축가의 설계도를 제대로 읽어내지 못한다면 그 건물에 담긴 의미를 제대로 이해할 수 없다. 구조 파악은 그 건물을 이해하는 열쇠이다. 왜냐하면 구조를 어떻게 보느냐에 따라 전체 해석이 달라지기 때문이다. 그렇다면 종래에는 요한복음의 구조를 어떻게 보았는가. 요한복음 이해에 있어서 '클레오파트라의 코'는 12장에 있다.

1) '클레오파트라의 코'(요 12장)

프랑스의 수학자요 철학자인 천재사상가 파스칼은 이런 말을 했다. "클레오파트라의 코, 그것이 조금만 더 낮았더라면 지구의 전면이 달라졌을 것이다"(단상 162).[134] 이 유명한 말의 의미는 이렇다.

클레오파트라(Cleopatra, 주전 69-30)는 애굽의 여왕으로 미색이 뛰어났다. 그녀의 미색에 빠진 안토니우스는 악티움 해전(주전 31)에서 옥타비아누스(후에 '아우구스투스'가 됨)에 패했다. 이로 인해 로마의 역사가 바뀌게 되었다. 그녀의 코가 조금만 낮았더라면 안토니우스는 그 못 생긴 여왕에게 빠지지 않았을 것이고, 그러면 세계 역사는 다른 방향으로 가지 않았겠느냐 하는 말이다.

파스칼의 이 말은 '작은 차이가 엄청나게 큰 차이를 가져온다'는 것을 일컫는 경우이다. 우리가 흔히 쓰는 '천양지차(天壤之差)'에 해당하는 말이다. 요한복음에서 '클레오파트라의 코'는 12장을 제1부의 끝 장으로 보느냐, 제2부의 첫 장으로 보느냐에 달려 있다.

　이미 언급했듯이 대부분의 학자들은 요한복음을 크게 둘로 나눌 때 12장까지를 제1부로, 13장부터 제2부로 나눈다. 이러한 구분은 "표적과 영광"이라는 주제 아래 2-12장은 "표적의 책"이요, 13-20장은 "영광의 책"이라는 데 근거한다. 이러한 주장이 과연 타당한가?

　요한복음의 구조를 서론(1장)에 이어 예수님의 공적 활동을 증거한다는 의미에서 12장까지를 제1부로 보고 있는데, 여기서 문제가 되는 부분은 12:37-50이다. 대부분의 학자들은 본문 37절에 있는 "많은 표적"[135]이라는 말을 근거로 12장까지를 '표적의 책', 즉 제1부로 보고 있다. 그런데 12장까지를 제1부라고 주장하는 대부분의 학자들도 상황에 전혀 어울리지 않는 대목(44-50절)이 12장 끝에 붙어 있다는 사실 때문에 매우 곤혹스러워 한다.

　이를 두고 어떤 학자는 이렇게 말한다. "예수의 자기계시 말씀으로서 문맥상 매끄럽지 못하게 연결된 대목이다. 왜냐하면 예수의 공적인 계시활동에 관한 보도는 이미 마무리되었고(36절), 예수의 활동에 대한 성과도 앞서 요약 보도되었기 때문이다(37-43절). 따라서 상황이 결여된 예수의 자기계시 말씀이 현 문맥에 잘못 연결된 것으로 보기도 한다. 원래 8:12이나 12:36 또는 12:37에 연결되었을 것으로 추정하기도 한다."[136]

　이는 제1부가 12장에서 끝나는 것으로 보는 견해가 적절치 않다는 것을 반증해 준다. 사실상 이러한 주장은 요한의 구조 상징코드를 제대로 보지 못한 결과에 다른 당연한 귀결이다. 여기서 주목해야 할 것은 외견상 잘 어울리지 않는 것으로 보이는 이 대목을 요한은 왜 이곳에 배치했느냐 하는 것이다. 뒤에서 보겠지만 요한은 9장과 교차대구를 이루게 하려는 의도로 이 대목을 이곳에 배치했다는 것이 나의 생각이다.

아무튼 상황에 어울리지 않는 이 대목을 두고 많은 학자들이 '편집자의 실수'라는 식으로 이 문제를 처리하려고 한다. 그런데 과연 이 대목이 그들의 주장대로 편집자의 실수로 여기에 들어가 있는 것일까? 아니면 이 대목은 요한의 신학적 의도가 깔려 있는 대단히 중요한 의미를 지니고 있는 대목일까? 우선 12장을 제1부로 간주하는 데 따른 몇 가지 문제점부터 살펴보자.

첫째, 이 대목(12:37-50)은 예수님의 수난 기사가 시작되는 앞 대목(12:1-36)과 내용적으로 어울리지 않는다. 둘째, 이 대목이 표적을 요약하는 대목이라면 마지막 표적사건인 11장의 나사로 소생사건 뒤에 놓이는 것이 바람직하다. 셋째, 둘로 나누어진 이 대목(37-43절/44-50절)은 앞 절(36절)과 관련지어 볼 때 오히려 순서가 바뀌어야, 즉 37-43절이 종결어로 와야 더 잘 어울린다.

이러한 사실을 고려해 볼 때 12장까지를 제1부로 보는 것에는 문제가 있다. 그래서 나는 11장을 제1부로 보고, 12장부터는 제2부로 보려고 한다. 그 까닭을 일곱 가지로 설명하면 다음과 같다.

첫째, 절기 상징코드에서 이미 언급했듯이 요한은 마지막 유월절이 시작되는 12장 이전에 사용된 시간 용어(막연한 시간 언급)와 12장 이후에 사용된 시간 용어(구체적 시간 언급)를 구분하여 사용하고 있다.

둘째, 요한은 영광 주제와 관련하여 중요하게 취급하는 예수의 "때"에 대해 12장 이전까지는 "그 때가 아직 오지 않았다"고 말하고 12장부터는 "그 때가 왔다"(23절)고 말함으로써 12장부터 제2부가 시작된다는 것을 암시해 주고 있다.

셋째, 요한은 11장으로 일곱 표적을 마무리짓고, 12:1-8에서 새로운 사건이 전개되는 예수님의 죽음을 예비하는 뜻으로 마리아가 예수님의 발에 향유를 부어 씻기는 장면과 13:1-11에서 예수님이 제자들의 발을 씻기는 장면을 상응시키고 있다.

넷째, 12장 전체의 내용이 예수님의 수난을 말하고 있는데, 특히 예수님의 예루살렘 입성(12:12-19)으로부터 제2부가 시작되는 것으로 보는 것은 공관복음과 관련해서 볼 때도 자연스러운 구분이다.

다섯째, 12장이 둘(1-36절/37-50절)로 나누어지는 결정적 단서는 12:36까지는 구약성서가 "기록된 바…과 같더라(καθὼς γεγραμμένον)"의 형태로 인용(2:17; 6:31,45; 10:34; 12:14; 비교 1:23; 7:38; 7:42)되는 데 반해, 12:37 이하부터는 "말씀(구약성경)을 응하게 하여 함이라(ἵνα πληρωθῇ)"의 형태로 인용(12:38; 15:25; 17:12; 19:24; 19:36; 비교 19:28)되고 있다.[137]

여섯째, 12장 전반부(1-36a절)의 내용이 예수께서 십자가(죽음과 희생)의 길을 걷듯이, 10장의 내용 또한 선한 목자 되신 예수님이 자기를 보낸 아버지의 뜻을 따라 양을 위해 스스로 목숨을 버리는 십자가의 길을 걷겠다는 것(1-21절)과 신성모독죄로 유대인들이 예수님을 죽이고자 돌을 드는 내용(22-43절)으로 되어 있다. 그리고 후반부(36b-50절)는 표적의 책의 결론이라기보다는, 예수의 표적을 믿는 자를 오히려 회당에서 출교시키는 바리새인들을 향하여 이사야의 글을 인용하여 저들의 불신앙(영적 소경)을 책망하면서 빛으로 세상에 오신 예수님을 증거하는 내용으로 되어 있다. 이것은 철저히 9장의 태생소경 치유표적에 상응하는 내용이다. 9장에 나타난 두 부류의 사람들, 즉 시력을 회복한 소경(9:7)과 반대로 본다고 주장하는 유대인들의 소경(9:39)은 12:37-50에 나타난 두 부류의 사람들, 즉 유대인들의 불신앙(12:37)과 관리들 중 많은 이들의 신앙(12:42)과 내용적으로 상응하고 있다.

일곱째, 결정적으로 중요한 사실은 요한이 9장에서 사용한 "출교"라는 용어를 12장 후반부에서 사용하고 있다는 점이다. "출교"라는 말은 유대 기독교인들이 유대 회당으로부터의 축출당하는 요한공동체의 박해상황을 알려주는 중요한 용어이다. 이 용어는 요한복음에 3회(9:22; 12:42; 16:2)가 나오고 있다. 9장이 출교(22절) 상황을 말하고 있으며, 표적을 보고도 예수님을 믿지 않는 유대인들의 불신앙(영적 소경)에 대해 말하고 있다. 마찬가지로 12장 후반부의 내용이 또한 출교(42절) 상황을 말하고 있으며, 선지자 이사야의 말을 인용(12:37-41)하면서까지 빛이신 예수님을 믿지 않는 유대인들의 불신앙(영적 소경)에 대해 말하고 있다. 그런데 이사야 인용에서 '귀로 듣는 것'이 생략되고, 9장의 소경 치유와 관련하여 '눈으로 보는 것'이 강조되고 있다. 따라서 12장 후반부는 9장과 상응관계에 있다.

지금까지의 고찰을 통해 12장부터 제2부가 시작되는 것으로 보는 것이 자연스럽다. 그리고 여기에 나타난 요한의 천재성은 전환장인 12장을 제2부의 시작으로 삼는 동시에, 본론의 다섯 단락 중 세 번째 단락을 종결짓는 장으로 삼는 이중 효과를 드러낸 데 있다.

2) 본론의 5중구조

요한복음은 본론(2-20장)이 5중구조로 되어 있고, 서론(1장)과 결론(21장)을 포함할 경우 7중구조로 되어 있다고 볼 수 있다. 교차대구구조의 관점에서 볼 때 요한복음은 11장을 중심으로 "2막 7장(서론과 결론을 빼면 5장)으로 된 영원한 감동의 드라마"라는 것이 나의 생각이다. 여기서 2막(幕)은 제1부(1-11장)와 제2부(12-21장)를 말하고, 7장(場)은 서론과 결론을 포함하면서 본론이 모세오경처럼 다섯 부분으로 나누어진다는 것을 말한다. 이 같은 구조에서도 우리는 요한의 완벽한 숫자 상징코드를 엿볼 수 있다.

첫째, 9-12장은 예수의 부활을 상징하는 일곱 번째 표적이자 제1부의 절정인 11장을 중심으로 한 단위를 이루고 있다. 신학적 주제면에서 9장(신앙과 불신앙) 및 10장(십자가)이 12:1-36(십자가) 및 12:37-50(신앙과 불신앙)과 교차대구를 이룬다.

둘째, 주목할 것은 세 장(4장, 12장, 17장)은 앞뒤 장의 연결고리로서의 전환장 역할을 한다는 점이다. 교회론적 주제를 가지고 있는 4장은 신학적 주제가 다른 첫 두장(2-3장)과 기독론 대논쟁이 시작되는 5장을 연결하는 전환장의 역할을 한다. 구원론(십자가 신학)을 말하는 12장은 부활의 신학으로 제1부를 마감하는 11장과 고별강화가 시작되는 13장을 연결하는 전환장 역할을 한다. 교회론적 주제를 가지고 있는 17장(고별기도)은 고별강화(13-16장)를 마감하면서 수난과 부활(18-20장)을 연결하는 전환장 역할을 한다.

셋째, 이미 언급했듯이 예수께서 안식일에 병자를 치유하는 세 번째 표적(5장)과 여섯 번째 표적(9장)은 각각 새로운 단락을 시작하고 있다.

넷째, 고별강화인 13-16장은 5-8장(기독론 대논쟁)과 상응한다.

다섯째, 18-20장은 십자가와 부활을 다루고 있다는 점에서 2-3장과 상응한다.

위의 고찰을 정리하면, 본론은 5중구조를 이루되 9-12장을 중심으로 교차대구구조(A-B-C-B'-A')로 되어 있다.

A. 2-3장 (2장[부활]-3장[십자가])
　　전환장: 4장(교회론)
B. 5-8장(기독론 대논쟁)
C. 9-12장(9장[신앙과 불신앙]-10장[십자가]-11장[부활]
　　-12:1-36[십자가]-12:37-50[신앙과 불신앙])
B'. 13-16장(고별설교)
　　전환장: 17장(교회론)
A'. 18-20장(18-19장[십자가]-20장[부활])

여기서 한 가지를 첨언하면 요한복음은 3개의 종결어를 가진 책으로 구성되어 있다는 사실이다. 11장의 끝에 있는 54-57절은 제1부와 제2부를 가르는 종결어 역할을 한다는 점이다. 55절에 기술된 "유대인의 유월절이 가까우매"라는 대목은 제2부를 시작하는 12장 첫 대목인 "유월절 엿새 전에" 앞에서 '유월절'이라는 주제로 후반부 도입을 위한 도입구 역할을 하고 있다.

또한 요한복음의 목적을 기술하고 있는 20:30-31은 본론의 종결어 역할을 한다.[138] 그리고 요한복음 마지막 대목인 21:24-25은 복음서의 종결어 역할을 한다. 이 같은 모습에서 우리는 요한이 3개의 종결어로서 이 책을 구성하고 편집했음을 엿볼 수 있다. 즉 이 3개의 종결어는 이 책의 구조를 파악하는 데 중요한 역할을 한다.

3) 교차대구구조(이중구조)

유대인들은 글을 쓸 때 그들만의 독특한 문장기법을 가지고 글을 쓰는 관습이 있다. 히브리시의 특징 가운데 평행법(parallelism)이라는 문장기법이 있다. 히브리인들은 반복을 좋아하는데, 줄과 줄의 관계를 맞추는 것을 '평행법'이라고 말한다. 평행법에는 여러 가지가 있으나 대표적인 것으로는 '동의적 평행법'과 '반의적 평행법'이 있다.

가령, 시편 1편을 예로 들어보자. "복 있는 사람은 악인들의 꾀를 따르지 아니하며 죄인들의 길에 서지 아니하며 오만한 자들의 자리에 앉지 아니하고"(1절). 여기서 "악인들", "죄인들", "오만한 자들"이 반복되어 나오고, "아니하고"가 반복되어 나타나는 것을 보게 된다. 이 경우 세 개의 줄이 같은 평행(동의적 평행법)을 이루는 것을 볼 수 있다. 또한 "무릇 의인들의 길은 여호와께서 인정하시나 악인들의 길은 망하리로다"(6절). 여기서 "의인들의 길"과 "악인들의 길", "인정하는 것"과 "망하는 것"이 반의적으로 평행(반의적 평행법)을 이루고 있는 것을 볼 수 있다.

또한 히브리인들은 교차대구라는 문장기법을 많이 사용한다. 가령, 창세기 1:1에서는 하나님이 "하늘과 땅(天地)"을 창조하였다고 했는데, 2:4에서는 하나님이 "땅과 하늘(地天)"을 만드시던 때에로 나타나고 있는 것을 볼 수 있다. 여기서 A(하늘), B(땅), B'(땅), A'(하늘), 이런 식으로 하늘과 땅을 교차식(ABB'A')으로 표현하는 문장기법을 '교차대구'라고 말한다. 이것이 다섯 문장일 경우에는 중앙의 C를 중심으로 첫 A와 끝 A', 두 번째 B와 끝에서 두 번째 B', 이런 식(ABCB'A')으로 표현된다.

유대인인 요한은 이 같은 히브리인의 문장기법을 잘 알고 있었다고 여겨진다.[139] 요한은 복음서를 쓰면서 전체 구조를 조직신학적 주제에 의거하여 교차대구구조로 구성하는 방식을 썼다. 원래 교차대구구조는 일정한 작은 단위에 주로 사용된다. 그런데 요한은 작은 단위 뿐만 아니라 큰 단위, 즉 요한복음 전체를 조직신학적 주제에 따른 장과 장 간의 교차대구구조를 사용하였다. 따라서 그가 사용한 교차대구는 기계적인 교차대구 방식이라기보다는 창의적인 교차대구 방식이라고 해야 할 것이다.

요한은 전체 21장을 11장을 중심으로 1장=21장, 2장=20장, 3장=19-18장, 4장=17장, 5장=16장, 6장=15장, 7장=14장, 8장=13장, 9장=12:37-50, 10장=12:1-36, 이렇게 신학적 주제에 따라 상응하게 장들을 배열했다. 여기서 3장이 19-18장과 상응한다는 것은 18장과 19장이 빌라도와의 대화(18:28-19:16)를 중심으로 나누어질 수 없다는 것과 "천국"이라는 신학적 주제로 3장과 18-19장이 서로 상응관계에 있기 때문이다. 그리고 9-10장이 12장(1-36절과 37-50절)과 상응한다는 것은 이미 살펴보았다.

III. 요한의 신학

1. 기독론(20:30-31; 1:1-18; 21:1-14)

1) 본론의 종결어: 저작 목적(20:30-31)

어떤 이는 요한복음에 두 개의 결론이 있다고 한다. 이 단락과 21장이 그것이다. 이 단락이 원래의 결말에 해당하고 21장은 후대에 추가 삽입된 부록이라고 한다. 그런데 요한복음이 한 편의 신학논문으로서 1장이 서론이고, 21장이 결론이라고 볼 경우 이 단락은 결론이 아닌 본론의 종결어 역할을 한다는 것이 나의 생각이다. 이 단락의 중요성은 다른 복음서에서 볼 수 없는 요한복음의 기록 목적이 쓰여 있다는 데 있다.

그동안 이 단락은 1-20장의 마지막 결론으로만 생각한 나머지 이 단락이 두 부활장인 20장과 21장 사이에 있다는 사실의 중요성을 간과하였다. 왜 요한은 복음서의 기록 목적을 말하는 이 중요한 단락을 복음서의 맨 앞이나 21장 끝에 붙여 놓을 수도 있는데 하필 이곳에 배치했는가? 그것은 요한복음을 '부활의 관점에서 해석하라'는 암시라고 보여진다.

부활과 관련된 세 장들의 끝부분(2:23; 11:47; 20:30)에 가서 표적 이야기를 하는 것은 표적신앙과 부활신앙의 대조를 극명하게 밝힐 목적으로 기술되었음이 분명하다. 도마에 관한 기사(20:24-29)는 '보고 믿는 표적신앙'보다는 '보지 않고 믿는 부활신앙'을 역설하고 있다. 이어서 "예수께서 제자들 앞에서 이 책에 기록되지 아니한 다른 표적도 많이 행하셨으나"(30절). 요한은 주님의 지상활동을 "표적"이라는 개념으로 요약하고 있다. 그럴 경우 제1부의 마지막 표적이 나사로의 소생이듯이, 부활은 일련의 표적들 중에서 마지막 표적으로 보아야 한다.

"오직 이것을 기록함은 너희로 예수께서 하나님의 아들 그리스도이심을 믿게 하려 함이요"(31a절). 이 구절에서 "오직 이것을 기록함은"이라는 대목은 부활체험을 고백한 도마의 신앙고백 위에서 이 기록 목적을 생각해야 한다는 것을 말하고 있다. 도마의 신앙고백은 진정으로 부활신앙을 가진 자만이 할 수 있다. 유대인들에게 "메시아"와 "하나님의 아들"은 동의어로 여겨졌다.[140] 따라서 이 구절은 부활하신 주님이 유대인들이 그토록 기다리는 메시아(그리스도)이며, 유대인들이 믿고 예배하는 하나님(하나님의 아들)이라는 사실을 통해 유대교에 대한 기독교의 대체를 말하고자 하는 의도가 숨겨 있다.

"또 너희로 믿고 그 이름을 힘입어 생명을 얻게 하려 함이니라"(31b절). 부활이요 생명이신(11:25) 주님을 하나님의 아들 그리스도로 믿는 자는 생명(영원한 생명)을 얻게 된다는 영생으로의 초대의 말씀이다. 간결하게 요약된 이 기록 목적을 통해서 우리는 주님이 하나님의 아들 그리스도라는 '기독론'과 그를 믿는 '신앙론', 그리고 그를 믿어 생명을 얻는 '구원론'이 함께 연결되어 있음을 볼 수 있다. 요한은 부활장을 통해 나에게 이렇게 도전해온다. "나는 주님의 부활을 확실히 믿는가?"

본서의 목적을 밝혀 놓은 이 구절 속에서 볼 수 있듯이 요한은 '기독론'을 중심으로 요한복음을 전개하고 있다. 요한복음은 전체가 "예수는 누구인가?"라는 기독론의 문제로 가득 차 있다. 요한이 기독론을 강조한 까닭은 주후 1세기 유대교라는 시대적 배경에 기인한다. 즉 유대교와의 대결이라는 절박한 상황에서 모세로 대표되는 유대교보다 예수로 대표되는 기독교가 우월하다는 것을 변증해야 했기 때문이다.

2) 서곡(1:1-18)

요한의 천재성은 요한복음 전체의 요약이라고 할 수 있는 서곡(prelude)[141]에서 잘 나타난다. 첫 절에서부터 그의 천재성은 빛을 발한다. 유대인들은 '첫', '처음'이라는 것을 대단히 중요시 여긴다. 그래서 모세 오경의 각 권의 책의 이름을 첫 절의 한 단어를 따서 책의 이름을 삼았다. 창세기는 "태초에"라는 뜻의 '베레쉬트(בְּרֵאשִׁית)', 출애굽기는 "이름들"이라는 뜻의 '쉐모트(שְׁמוֹת)', 레위기는 "불렀다"라는 뜻의 '와이크라(וַיִּקְרָא)', 민수기는 "광야에서"라는 뜻의 '베미드바르(בְּמִדְבַּר)', 신명기는 "말씀들"이라는 뜻의 '핫데바림(הַדְּבָרִים)'이 그것이다.

이러한 전통은 공관복음 저자들에게도 이어진다. 마태는 첫 절을 이렇게 시작한다. "아브라함과 다윗의 자손 예수 그리스도의 계보라." 마태는 예수님이 아브라함과 다윗의 자손으로 오셨음을 말하고 있다. 마태복음이 신약성경의 처음에 놓이게 된 것은 예수님이 이 같은 구약의 계보를 잇는 분이라는 데에 기인한다.

마가는 첫 절을 이렇게 시작한다. "하나님의 아들 예수 그리스도의 복음의 시작이라." 마가는 이제부터 내가 하는 말은 예수님이 하나님의 아들이 되시며, 예수님의 말씀이 기쁜 소식 곧 복음이라는 것이다.

누가는 첫 절을 이렇게 시작한다. "우리 중에 이루어진 사실에 대하여." 역사가로서의 재능이 뛰어났던 누가는 이제부터 내가 말하는 것은 결코 허구적 창작이 아닌 역사적 사건에 기초한 사실이라는 것이다. 그 역사적 사실이란 우리 중에 이미 일어났던 예수님의 모든 행적과 십자가와 부활과 승천을 말하며, 그것을 순서있게 자세히 쓰기 위해 펜을 들었다는 것이다.

요한 또한 공관복음 저자들 이상으로 첫 절의 중요성을 잘 알고 있었다. 그래서 그는 이 책의 맨 앞에 무슨 말을 놓으면 좋을까를 두고 엄청나게 고심을 했으리라 여겨진다. 그 결과로 나온 요한복음의 첫 절은 공관복음의 첫 절과 비교할 때 차원이 다른 무게를 지닌다.

나는 이런 생각을 해 보았다. 아데미 신상을 비롯한 우상숭배, 특히 황제숭배로 가득한 에베소 도시, 그 디아스포라의 땅에서 요한은 별이 빛나는 밤에 별 하나가 지구를 향해 화살처럼 내리꽂히듯 떨어지는 것을 보는 순간 그의 머리에 섬광처럼 스쳐 지나가는 한 대목이 떠올랐을 것이다. "그래, 바로 이거다." 그것이 "태초에 말씀이 계시니라"로 시작되는 요한복음의 첫 절이라는 생각을 해 보았다. 다양한 의미를 지니고 있는 이 첫 절에서 우리는 요한의 천재성을 본다. 서곡이 갖는 의미와 그 중요성을 다섯 가지로 살펴보자.

첫째, "말씀(ὁ λόγος)"의 의미와 그 중요성이다. "태초에 말씀이 계시니라 이 말씀이 하나님과 함께 계셨으니 이 말씀은 곧 하나님이시니라"(1:1). 여기서 "태초에 말씀이 계시니라"(太初有道)[142]라는 이 문장은 너무나도 유명하여 많은 유사한 표현들이 나왔다. "태초에 행동이 있었다(J. W. von Goethe)" "태초에 권태가 있었다(S. Kierkegaard)", "태초에 관계가 있었다(M. Buber)", "태초에 퍼포먼스가 있었다(J. Crossan)", 나도 한마디 하련다. "태초에 사랑(아가페)이 있었다."

요한이 "태초에 말씀이 계시니라"라는 표현을 통해 정말 하고 싶었던 말은 무엇일까? 요한은 신명기서의 첫 대목인 "모세의 말씀"을 떠올렸을 것이다. 모세는 요단 동편 모압평지에서 이스라엘 백성을 향해 너희들이 가나안 땅에 들어가거든 야웨와 맺은 언약을 기억하면서 성민이면 성민답게 살 것을 간곡히 부탁했다. 그러나 이스라엘 백성은 야웨를 떠나 우상을 섬기면서 성민답게 살지 못했다. 그리하여 결국 이스라엘은 바벨론에 망하고 말았다(주전 587년).

그들이 바벨론 포로지에서 실망 속에 처해 있을 때 하나님은 익명의 선지자를 통해 이 같이 말씀하셨다. "풀은 마르고 꽃은 시드나 우리 하나님의 말씀은 영원히 서리라"(사 40:8). 이스라엘의 실패는 하나님의 말씀에 순종하지 않은 데 있다. 그러기에 그들에게 시급히 요청되는 일은 하나님의 말씀을 붙드는 일, 하나님의 구원의 말씀을 듣고 순종하는 것이다. 이것이 이스라엘 백성의 살 길이요, 온 인류가 사는 길임을 역설하고 있다.

바벨론 유배지에서처럼 로마 식민지 아래에서 이스라엘 백성들은 목자 없이 유리 방황하였다. 그들에게 가장 시급한 것은 살아계신 하나님의 말씀이었다. 여기서 요한은 예수님을 영원한 하나님의 말씀을 안고 오신 분으로 묘사하였다. 따라서 이스라엘의 살 길은 하나님의 말씀이신 예수님을 영접하고 그 말씀을 따르는 데 있음을 역설하였던 것이다.

그런데 "로고스"라는 말이 헬라철학에서 널리 사용된 개념이라고 하여 이 어휘의 사상적 배경을 헬라적 배경이나 영지주의 신화에서 찾으려는 학자들이 있다. 특히 불트만은 1:1의 "로고스"는 구약성서적으로 이해될 수 없다고 주장하였다.143) 그러나 노자가 말할 때의 '인(仁)'은 공자가 말할 때의 '인(仁)'과 전혀 다른 소리이듯이,144) 여기서 사용된 "로고스"라는 말은 헬라철학에서의 '로고스' 개념과는 근본적으로 다르다. 즉 같은 단어를 사용하고 있을지라도 그 의미는 전혀 다르다. 요한복음의 '로고스'는 인격을 갖고 있으며, 영원 전부터 계셨으며, 특히 사람이 되었다는 점에서 헬라 철학의 '로고스' 개념과는 근본적으로 다르다. 오히려 이 말은 구약성경에 사상의 근저를 두고 있다(특히 시 33:6; 잠 8:27-30).

요한은 신명기의 첫 단어인 "핫데바림(말씀)"에 해당하는 헬라어를 찾던 중에 당시 독자들에게 익숙한 개념인 "로고스"를 차용해 온 것뿐이라는 것이 나의 생각이다.[145] 그러니까 "태초에 말씀이 계시니라"라는 문장은 창세기의 첫 단어인 "태초에"와 신명기의 첫 단어인 "말씀"이라는 단어로 이루어진 문장이다. 다시 말하면 이 문장은 모세오경(토라)의 첫 책인 창세기와 마지막 책인 신명기로 되어 있다. 이 말은 천지창조 이전에 토라, 즉 "모세의 율법"이 존재했음을 시사한다.[146]

그런데 이중(다중) 의미의 탁월한 재능을 지닌 요한은 그 다음 문장("이 말씀이… 곧 하나님이시니라")을 통해 그 의미를 반전시킨다. 즉 "모세의 말씀(율법)"[147]을 "예수의 말씀(복음)"으로 전환시킨 것이다. 서곡은 바로 이 사실을 들려주고 있다. 여기서 "모세의 말씀(율법)"은 유대교를 상징하고, "예수의 말씀(복음)"은 기독교를 상징한다. 따라서 요한복음은 "모세의 말씀(율법)"으로 대표되는 유대교를 "예수의 말씀(복음)"으로 대표되는 기독교로의 대체를 말하고자 쓰여진 책이다.

이와 관련하여 17절은 이렇게 말씀하고 있다. "율법은 모세로 말미암아 주어진 것이요 은혜[148]와 진리는 예수 그리스도로 말미암아 온 것이라." 여기서 "율법"은 "은혜와 진리(복음)"와, "모세"는 "예수 그리스도"와 대응한다. 그리고 요한복음에서 처음 나오는 "예수 그리스도"라는 단어는 1절의 "호 로고스"인 "말씀"에 해당한다.

여기서 한 가지 짚고 넘어가야 할 문제는 복음은 은혜이지만, 율법은 은혜가 아니라는 잘못된 생각에 대한 것이다. 하나님의 은혜에 의해 복의 언약이 주어진 후에 율법이 주어졌기에 구약시대는 '율법의 시대'이고 신약시대는 '은혜의 시대'라는 말은 전적으로 틀린 것이다. 창조 때부터 모든 인간들은 '은혜 시대' 속에서 삶을 영위하고 있다. 단지 은혜 시대가 '언약', '율법', 그리고 '복음'으로 우리에게 나타난 것뿐이다. 그리고 그리스도의 복음을 통해 하나님의 은혜가 보다 더 구체적으로 완성되어 나타난 것이다. 그러니까 요한은 두 종류의 은혜를 말하고 있는 것이다. '율법의 은혜'와 '복음의 은혜'가 그것이다.

바울이 구약(유대교, 모세)을 율법, 신약(기독교, 예수)을 복음, 이렇게 이분법적으로 대립시킨 것에 대해 비판하는 이들이 많으나 그는 결코 율법 무용론을 주장한 사람이 아니다. 율법과 복음을 대립시킨 것처럼 보이는 이 같은 모습은 은혜의 복음을 만난 자로서의 감격을 강조한 것에서 비롯된 오해일 뿐이다. 즉 율법 없이 복음은 없다.

우리에게 율법을 주신 것이 하나님의 은혜이다. 율법 대신에(ἀντί) 복음을 주신 것은 "은혜 위에(ἀντί) 은혜(恩上加恩)"이다. 모세를 주신 것이 은혜이다. 이 모세 대신에(ἀντί) 새 모세인 예수를 주신 것은 "은혜 위에 은혜"이다. 그러기에 본문 16절에서는 이렇게 말한다. "우리가 다 그의 충만한 데서 받으니 은혜 위에 은혜러라."

모세와 예수를 대비시키는 본문 1절은 본문 18절과 상응한다. 하나님 아버지 품 속에서 하나님과 얼굴을 맞대고 교제하던 예수 그리스도의 하나님 대면에 비하면 모세는 하나님의 얼굴을 보았다거나 하나님과 대면하여 말을 했다고 볼 수 없다. 이는 모세의 하나님 영광 대면 경험을 상대화시키거나 무효화하는 말처럼 들린다(신 34:10). 이 같은 진술은 모세(유대교)에 대한 예수(기독교)의 비교 우위와 질적 차이를 드러내려는 요한의 신학적 의도에서 비롯된 결과라고 말할 수 있다.

지금까지의 논의를 통해 우리는 서곡의 첫 문장이 모세오경과 관련되어 있으며, 그리고 1절의 첫 단어가 창세기와 관련되고 서곡의 끝인 18절이 신명기의 모세와 관련되면서 서곡 전체가 모세오경과 관련되어 있다는 사실을 엿볼 수 있다. 17절의 "율법은 모세로 말미암아"라는 말이 이 같은 사실을 잘 대변해 준다.

요한은 서곡의 첫 절의 "말씀"과 끝 절의 "독생하신 하나님"이라는 표현을 통해 예수님의 정체성, 곧 그분이 "하나님"이라는 사실을 말하고 있다. 이는 여호와 이외에는 다른 신이 없다는 유일신교(Monotheism)를 신봉하는 유대인들에게는 전례없는 물의를 일으키는 혁명적 발상이자 계시적 사건이 아닐 수 없다.

둘째, 모세나 세례 요한보다 뛰어난 예수 그리스도의 의미와 그 중요성이다. '모세와 예수 그리스도'와의 관계는 '세례 요한과 예수 그리스도'와의 관계에 그대로 적용된다. 이미 언급했듯이 모세와 세례 요한은 운명을 같이 하는 존재들이다. 즉 둘 다 율법시대에 속한 자들이요, 복음시대를 열게 될 예수의 선구자로서의 기능을 하는 존재들이다.

서곡에 나타나는 두 차례의 세례 요한에 관한 기사(6-8,15절)는 이미 언급한 모세에 관한 기사와 동일한 기능을 한다. 모세가 "참 말씀"이 아니듯이, 세례 요한은 "참 빛"이 아니다(9절). 그는 단지 모든 사람들이 자기로 말미암아 "참 말씀"이자 "참 빛"인 예수 그리스도를 믿도록 하기 위해 하나님으로부터 보내심을 받은 사람(증언자)에 불과할 뿐이다(6-8절).

이어서 세례 요한은 이같이 증언한다. "내 뒤에 오시는 이가 나보다 앞선 것은 나보다 먼저 계심이라 한 것이 이 사람을 가리킴이라"(15절). 예수님이 "아브라함이 나기 전부터 내가 있느니라"(8:58)라고 말씀하셨듯이 연대기적으로 세례 요한은 예수님보다 앞서 왔지만 세례 요한은 예수님이 선재하신 분으로서 자신보다 앞선 분이라고 증언한다.

세례 요한의 정체성은 바로 이 같은 증언자의 사명에 있으며, 그의 위대성 또한 자신에게 주어진 사명에 충실했다는 바로 여기에 있다. "그는 흥하여야 하겠고 나는 쇠하여야 하리라"(3:30). 요한은 예수님이 모세보다 뛰어난 분이듯이 세례 요한보다 뛰어난 분이심을 이와 같은 말씀을 통해 증언하고 있다.

셋째, "하나님의 자녀"의 의미와 그 중요성이다. 요한은 13절에서 새 선민이 된 하나님의 자녀는 혈통이나 육정이나 사람의 뜻으로 된 것이 아니라 하나님께로부터 난 자들이라고 진술하고 있다. 십자가 명패(19:20)에 쓰인 세 나라 말(히브리, 로마, 헬라 말)처럼, 유대인들은 선민 아브라함의 후손이라는 '혈통의 순수성'을 자랑하고, 로마인들은 인간적 욕심과 세상적 정욕인 '인간의 힘'을 자랑하고, 헬라인들은 사람의 생각과 이성이라는 '사람의 뜻'을 자랑한다.

그러나 이 모든 것들은 다 땅에서 난 것이요 아래에서 난 것들이다. 오직 위(하늘)로부터 난, 즉 하나님께로부터 난 것만이 진정으로 은혜요 믿음이며, 구원받는 길(엡 2:8)임을 요한은 역설한다.

13절의 말씀은 예수님을 영접하여 하나님의 자녀가 된 자들은 그 존재의 기원이 예수님처럼 땅에 속한 자가 아닌 하늘에 속한 자라는 놀라운 선언(혁명적 교설)이다. 즉 그리스도인이 되었다는 것은 하늘에서 와서 이 땅에 잠시 살다가 다시 하늘로 가는 존재로 신분(기원)이 완전히 변화되었음을 요한은 역설하였던 것이다(요 6:38,62; 8:14,23참조).

그러기에 예수님을 영접한 자의 권세는 땅으로부터, 세상으로부터, 인간으로부터 난 육적 권세가 아니라 하나님께로부터 온 영적 권세(영권)이다. 이 영적 권세는 그 무엇과도 비교가 되지 않는 최고의 권세이자 소멸되지 않는 영원한 권세이다.

여기서 또 다시 요한은 천재적인 발상의 전환을 시도한다. 다니엘 7장에 의하면 인자 같은 이가 옛적부터 항상 계셨던 이에게 나아가매 그로부터 권세와 영광과 나라를 얻는다는 말씀(단 7:13-14)이 있는데, 공관복음은 이 본문을 메시아인 예수께 적용시켰다. 요한은 이를 태초부터 말씀이셨던 예수께만 아니라 그를 믿는 모든 사람에게 부여하였다. 이것은 구약에 나오는 "하나님의 형상"(창 1:26) 개념을 모든 믿는 자에게 부여한 것에 상응한다.

"하나님의 형상" 개념은 '존재 유비(analogia entis)'적인 해석, 즉 사람이 하나님을 닮은 존재로서 사고하고 말하는 이성적 존재라든가 거룩한 속성(영성, 도덕성, 인격성 등)을 가진 존재로 해석할 수도 있다. 그런데 우리가 어떤 말을 할 때 그 말의 참 의미는 그 말을 사용한 상황, 즉 시대와 장소에 따라 사전적 의미 이상의 의미를 가진다. 이것을 영어로 'semantic field', 우리말로 '의미(意味)의 장(場)'이라고 말한다. 가령, '동무'라는 말을 사전에서 찾아보면 '친구나 벗'의 의미로 나와 있다. 그런데 "김 동무, 날래 갑시다례"라고 말할 경우 그 의미는 '반동분자'라는 의미로 변용된다.

그러니까 "하나님의 형상" 용어는 이 말이 쓰여진 고대근동 상황에서 해석할 때 이 용어의 깊고 바른 이해에 도달할 수 있다. 제정일치(신정일치) 시대였던 고대 근동의 이집트나 메소포타미아 지역에서는 왕을 지칭할 때 "하나님의 형상(神像)"이라는 말을 사용한 것을 볼 수 있다.

제사장(P) 기자는 왕에게 부여한 "하나님의 형상" 개념을 하나님이 창조한 모든 사람에게 부여(보편화, 민주화)함으로써 인간의 존엄함과 평등함을 역설하는 혁명적 발상을 시도하였다. 성경에서 "왕 같은 제사장"(벧전 2:9)이라는 말에 해당하는 것이 바로 "하나님의 형상" 개념이다.[149]

그러니까 사람은 누구나 하나님에 의해 절대 권력을 지닌 고대의 왕 같이 모두 존엄하고 평등하게 창조된 지고지선(至高至善)의 존재이다.[150] 마찬가지로 인종과 성별과 빈부귀천을 막론하고 예수를 메시아(그리스도)로 영접하는 자는 누구에게나 왕 같은 권세(나라와 영광)를 지닌 하나님의 자녀가 된다. 요한은 유대인에게만 부여한 '하나님의 백성' 개념을 예수를 믿는 모든 사람에게 부여(보편화, 민주화)하는 위대한 발상의 전환을 시도하는 천재성을 발휘하였다.

가령, 대통령에게서 태어난 아들은 '대통령의 아들'이고, 장군에게서 태어난 아들은 '장군의 아들'이고, 재벌에게서 태어난 아들은 '재벌의 아들'이다. 그런데 그들은 아무리 잘나도 모두 '사람의 자녀'이다. 그런데 요한처럼 어부 출신의 아들도, 방위병출신의 아들도, 구두수선공의 아들도 예수를 그리스도로 영접하기만 하면 '하나님의 자녀'가 된다. 이 크신 은혜와 사랑을 무엇으로 말할 수 있으랴.

도올 김용옥 선생은 기독교는 20세기 우리 문명의 한 주축으로 진입하였는데, 한국에서 기독교의 수용이 성공적일 수 있었던 비결을 이렇게 말하고 있다.

"그것은 인간평등의 이상이라고! 세계종교사에 있어서 기독교가 공헌한 가장 획기적인 패러다임은 바로 인간평등의 존엄성의 실현이었다. 그리고 그것은 바로 예수의 말씀 그 자체로 소급되는 것이다. 근세 시민사회의 이상이 아니라 이미 예수라는 역사적 지평 속에 내재하는 이상이었다. 예수는 당시 한 사회에서 가능한 최하의 소외된 계층에게 기쁜 소식을 가져다주었던 것이다. 유교에도 물론 인(仁)의 사상이라든가 유교무류(儒敎無類: 가르침에는 신분의 차별이 있을 수 없다)의 보편주의적 가치관이 있지만, 그 현실은 역시 사(士)를 중심으로 한 윤리체계였기 때문에 교육받고 벼슬한 남자 중심의 종교라면 종교였다. (중략) 그러나 기독교는 억압받고 가난하고 소외된 그들에게 곧바로 천국을 선포한다. 유교의 신분주의에 찌든 종법사회의 분별적 구분을 전제할 때 기독교의 메시지는 그것으로 이미 하나의 천지개벽이었다. 남녀노소가 신분과 나이, 성별, 학식의 고하를 막론하고 한자리에 앉아 같이 찬송가를 부를 수 있다는 사실 그 자체가 이미 하나의 혁명이었다."[151]

넷째, 서곡의 절정이라고 할 수 있는 '성육신(Incarnation)'의 의미와 그 중요성이다. "말씀이 육신이 되어 우리 가운데 거하시매 우리가 그의 영광을 보니 아버지의 독생자의 영광이요 은혜와 진리가 충만하더라"(14절). 기독론의 핵심이라고 할 수 있는 성육신 교리의 중요성은 많은 설명이 필요치 않다.

먼저 "말씀이 육신이 되어 우리 가운데 거하시매"라는 표현과 "우리가 그의 영광을 보니 아버지의 독생자의 영광이요"라는 표현은 그 근저에 구약적 배경이 깔려 있음을 주목할 필요가 있다. "거하시매"로 번역된 '에스케노센(ἐσκήγωσεν)'은 '천막을 치다'를 뜻하는 '스케노오(σκηνόω)'에서 왔다. 여기서 "천막을 치다"라는 말은 이스라엘 백성이 광야생활 할 때 하나님의 임재의 상징으로 세운 성막(tabernacle)을 반영하는 단어이다.

지상 성전인 성막은 하나님의 보좌인 천상 성전의 대응물이다. 따라서 '천상의 말씀이 지상의 육신이 되었다'는 것은 '천상 성전(말씀)'이 '지상 성전(육신)'이 되었다는 의미로 해석할 수 있다. '성전을 대체하러 오신 예수님'이라는 관점에서 볼 때 이 대목은 대단히 중요한 의미를 갖는다.

또한 "그의 영광[152]을 보니 아버지의 독생자의 영광이요"라는 표현은 광야에서 성막이 건립된 이후 여호와의 영광의 상징인 구름이 성막에 충만한 모습을 상징한다(출 40:34-35). 여호와의 영광이 충만한 그 자리는 "은혜와 진리"가 충만한 자리이다. 따라서 성육신 본문인 14절은 예수님이 구약의 성막(성전)을 대신하여 오신 분이라는 사실을 말해주고 있다.

이 구절은 생각할수록 기막힌 역설이 아닐 수 없다. 성육신 사건을 보도하는 이 구절이야말로 십자가 사건처럼 역설적 진리를 보여주는 또 하나의 중요한 실례가 아닐 수 없다. "말씀이 육신이 되었다." 여기서 "말씀"인 '로고스'는 영원하고 무한하고 거룩하고 성스러운 하나님 또는 하늘에 속한 것을 의미한다. 이에 반해 "육신"인 '사륵스'는 찰나적이고 유한하고 세속적이고 죄적인 인간 세상 또는 땅에 속한 것을 의미한다.

그러니까 "말씀이 육신이 되었다"는 말씀의 육화, 즉 성육신 사건은 하나님이 인간으로, 하늘이 땅으로, 위에서 아래로, 영원한 시간이 찰나적 시간 속으로, 무한이 유한으로, 거룩이 세속으로, 초역사가 역사로, 초자연이 자연 속으로 왔다는 그런 뜻이다.

그런데 이것이 "영광", 즉 아버지의 독생자(예수 그리스도)의 영광이라는 것이다. 세상에 이런 영광은 없다. 인간 세상의 모든 영광은 높은 곳으로 올라가는 상승의 영광이다. 즉 왕의 영광이다. 아래로 내려가는 하강의 영광, 즉 종의 영광이란 없다. 그런데 우리 주님의 영광, 하나님 나라의 영광은 역설적이게도 저 낮은 곳을 향하여 끝없이 내려가는 하강의 영광, 종의 영광을 보여주고 있다.

사도 바울은 겸비한 그리스도 예수의 모습을 초대교회의 그리스도 찬가를 인용하여 잘 표현해 주고 있다(빌 2:5-11). 사도 바울은 부활하신 예수를 만나기 전 구약적 의미에서 십자가를 수치, 고난, 실패, 무능, 어리석음, 멸망의 상징으로 생각했다(신 21:23).

그런 바울이 다메섹 도상에서 부활하신 예수를 만난 후 십자가의 역설적 진리를 깨달았다. 즉 십자가는 자랑, 영광, 승리, 능력, 지혜, 구원의 상징이라는 것이다(고전 1:18). 기독교가 위대하면서도 위험한 까닭은 그 사상의 근저에 세상적 논리와는 상반되는 성육신과 십자가가 갖는 '역설의 논리'를 내포하고 있기 때문이다.

다섯째, 서곡에 나타난 역발상(발상의 전환)의 지혜의 의미와 그 중요성이다. 요한은 서곡에서 두 번의 '하나님화'[153)와 두 번의 '인간화'를 시도한다.

(i) 피조물인 '로고스(말씀)'를 '하나님화' 하는 역발상을 시도한다. 헬라철학에서 널리 사용된 '로고스'라는 말은 이성(理性), 법칙, 생각 등의 뜻을 가지고 있다. 헬라철학에서는 무질서한 세계를 지탱하는 질서의 원칙이나 합리적인 이성의 총체를 '로고스'라고 불렀다. 또한 구약적으로 '로고스'는 '말씀'이나 '지혜'에 해당하는 어휘이다. 그러니까 요한은 피조물의 하나인 '로고스'를 '하나님화'하는 역발상을 시도한다. 로고스는 곧 하나님이다. 그리고 로고스로 오신 하나님이 바로 예수 그리스도(17절)라는 것이다.

(ii) 피조물인 '빛'을 '하나님화'하는 역발상을 시도한다. 여기서 요한은 구약에서 이스라엘에게 적용한 "이방의 빛"(사 49:6)이나 공관복음에서 제자들에게 적용한 "세상의 빛"(마 5:14)을 하나님이신 예수께로 역전시켜 예수님이 곧 생명의 빛(4절), 진리의 빛(9절), "세상의 빛"(8:12)으로 오신 분으로

역발상을 시도한다.

(iii) 하나님께 속하는 권세(단 7:13-14 참조)를 '인간화'하는 역발상을 시도한다. 즉 왕에게 속하거나('하나님의 형상' 개념) 유대인에게 속하는 것('하나님의 백성' 개념)을 '보편화(민주화)'하는 역발상을 시도한다. 로고스(하나님)이신 예수님을 하나님의 아들이요 그리스도(메시아)로 영접하는 자는 '하나님의 자녀'가 되는 권세라는 역발상을 시도한다.

(iv) 로고스이신 하나님을 '인간화'하는 역발상을 시도한다. 하나님이신 로고스가 사람의 몸인 육신을 입고 이 세상에 오셨다, 소위 '성육신'하였다는 것이다. 그러니까 요한은 하나님을 인간화(人間化)하는 역발상을 시도하고 있다. 로고스가 육신을 입었다는 선언은 육체를 부정하는 헬라철학이나 신비한 지식을 믿음으로써 육체의 제한으로부터 탈피할 수 있다고 주장하는 영지주의에 대한 전격적 반격이다.

한편, 요한은 서곡의 짧은 단락 안에 주후 1세기 유대인들의 세계관의 핵심적인 네 상징들을 언급한다. 토라는 1절의 "말씀"에, 땅과 민족적 정체성은 11절의 "자기 땅"과 "자기 백성"에, 성전(성막)은 이미 언급한 14절의 "우리 가운데 거하시매"에 나타난다.

그러면서 요한은 예수님을 유대교의 네 핵심적 상징들을 완벽하게 대체한 분으로 재정의하는 천재성을 발휘한다. 토라를 대체한 하나님의 말씀 자체이신 '예수 복음', 성전을 대체한 성육신하시고 부활하신 몸으로서의 '예수 교회', 이스라엘 땅을 대체한 하나님 나라를 가져오신 자로서의 '예수 나라', 그리고 인종적 정체성을 대체한 자신을 믿는(영접하는) 자에게 하나님의 자녀가 되는 권세를 주신 '예수 신앙'이 그것이다.

3) 결론: 디베랴 바닷가에 나타나심(21:1-14)

현재 우리 앞에 놓여 있는 정경(正經)으로서의 요한복음서는 첫 저자가 복음서를 쓴 이후 오랜 세월에 걸쳐 다듬어지면서 하나의 통일된 작품으로 완성된 최종적 편집물이다. 따라서 21장은 후대에 첨가된 부록임이 분명하지만 최종편집자에 의해 1-20장과의 관계성 속에서 형성된 요한복음의 결론적 성격을 갖는다.

모든 것의 첫 시작이 중요하듯이 마지막 끝도 중요하다. 그 동안 요한복음 연구에 있어서 첫 장(1장)은 중요하게 취급되었으나 끝 장(21장)은 후대에 첨가된 부록으로서 없어도 괜찮을 정도로 소홀히 취급되어 왔다. 그러나 21장은 요한복음 전체의 결론이자 4복음서 전체의 결론이라는 점에서 1장 못지않게 중요한 장이다.[154] 여기서는 세 가지만 간략히 살펴보고자 한다.

첫째, 부활하신 주님의 갈릴리행이다. 예루살렘에서 부활하신 주님은 다시 디베랴 바닷가에 나타나셨다(1절). 예루살렘에서 제자들에게 이미 두 번 나타났으니까(20:19-29) 이번은 '세 번째'(14절) 나타난 셈이다. 끝이요 더 이상은 없다는 의미의 '삼세 번'은 부활하신 주님이 마지막으로 나타난 곳이 '갈릴리'라는 점을 강조하기 위해 굳이 이 말을 썼다고 보아야 할 것이다. 마치 가나에서 왕의 신하의 아들을 고치신 후에 이것은 갈릴리에 오신 후에 행한 두 번째 표적이라고 하면서 '두 번째'를 강조한 것과 같은 의도이다. 여기서도 우리는 요한의 숫자 상징코드를 보게 된다.

부활하신 주님은 예루살렘에서 갈릴리로 내려오셨다. 1장과 상응하는 21장의 중요성은 바로 이 "주님의 하강"에 있다. 요한은 복음서를 다섯 차례의 하강구조로 편집했다. 21장은 마지막 하강구조를 보여주는데, 주님의 모든 사역이 갈릴리에서 마치는 것으로 끝나고 있다. 1장은 선재하신 로고스의 '성육신이라는 주님의 하강'을, 21장은 예루살렘에서 부활하신 주님의 '갈릴리행이라는 주님의 하강'을 보여주고 있다.

둘째, 베드로와 애제자와의 관계이다. 2절은 '일곱 제자'를 언급하고 있다. 이 또한 숫자 상징코드를 보여준다. 시몬 베드로와 디두모라 하는 도마와 갈릴리 가나 사람 나다나엘과 세베대의 아들들과 또 다른 제자 둘이라고 기술하고 있다. 충만함을 나타내는 상징적인 숫자 "일곱"이란 표현은 요한계시록 1:11의 일곱 교회처럼 교회 전체를 대표하는 것으로 볼 수 있다. "세베대의 아들들"은 야고보와 요한을 가리킨다(마 4:21). 이 구절에서 베드로가 맨 앞에 나오고 일곱 제자 가운데 "애제자"(7절)가 포함되어 있는 것으로 볼 때 베드로의 지도권과 우위권을 보여준다.

애제자가 베드로보다 먼저 주님을 알아보고 "주님이시라"고 외친다. 이 장면은 신기하게도 빈무덤에서 있었던 일과 비슷하다(20:4-8). "주님이시라"는 말에 시몬 베드로는 벗고 있던 겉옷을 두른 후에 바다로 뛰어내렸다(7절). 베드로가 겉옷을 입은 것은 예의를 갖추고 부활하신 주님을 만나고자 함이라고 볼 수 있다.

그런데 여기서 문제가 되는 것은 요한이 복음서를 통해 베드로를 부정적인 시각으로 묘사하면서 애제자가 베드로보다 우월하다는 시각에 대한 문제이다. 애제자는 베드로보다 먼저 주님을 알아보았는데 반해, 베드로는 뒤늦게 주님을 알아보았으며 주님을 보자 자신의 벌거벗은 수치(계 3:17 참조)를 가리기 위해 겉옷을 둘렀다는 말에서 우리는 베드로의 영적 빈곤을 엿볼 수 있다. 그러나 이것이 베드로에 대한 애제자의 우위를 드러내는 것은 아니다. 베드로는 영적 지각에서 뒤졌지만 그의 성급한 성격을 보여주듯 바다에 먼저 뛰어들었고 고기가 가득 담긴 그물을 해변에 끌어내면서 주님께 가장 먼저 도달했다.

셋째, '물고기 153 마리'라는 숫자의 상징적 의미이다. 베드로를 비롯한 제자들이 육지에 올라왔을 때 이미 주님은 숯불을 피워놓고 생선과 떡으로 아침식사를 마련해 놓고 기다리고 계셨다(9-13절). 이 장면은 우리가 주님을 사랑하기에 앞서 주님이 먼저 우리를 사랑하사 선택하시고 세워주시는(15:16 참조) '여호와 이레'(창 22:14) 되시는 하나님을 연상케 한다. 이 대목에서 중요한 것은 "그물을 육지에 끌어올리니 가득히 찬 큰 물고기가 백쉰세 마리라 이같이 많으나 그물이 찢어지지 아니하였더라"(11절)는 말씀이다.

여기서 153마리를 실제적인 고기의 숫자로 볼 수도 있으나 요한복음 전체에서 볼 때 이는 요한의 숫자 상징코드가 분명하다. 그렇다면 153이라는 숫자의 의미는 무엇일까? 지금까지 153이라는 숫자에 대해 많은 견해들이 있어 왔다. 대표적인 견해를 소개하면 다음과 같다.

첫째, 153은 당시에 전체 물고기 종류가 153종(種)이었다는 지식에 근거한 견해로 이는 모든 종류의 사람들이 구원받는 것을 의미한다(Jerome).

둘째, 153은 1에서 17까지를 더한 숫자로서 17은 신구약성서의 총화(10은 구약의 십계명, 7은 신약의 성령)의 상징이므로 모든 은혜의 시대에 하나님에게로 돌아올 충만한 사람의 수를 의미한다(Augustine).

셋째, 153은 100+50+3으로서 100은 이방인의 완전수(10×10), 50은 이스라엘의 남은 자의 수, 3은 성삼위의 수를 의미한다(Cyril of Alexandria).

넷째, 153은 에스겔 47:10에 나오는 히브리어 '에글라임(לים עג)'의 수를 의미한다(Emerton, Ackroyd).

다섯째, 153은 헬라어 ΙΧΘΥΣ의 약자인 ΙΧΘ의 수를 의미한다(McEleny).

여섯째, 153은 17(창 7:11; 8:4 참조)을 세 번 더하고 세 번 곱한 수이다(조철수)

그러나 암호 같은 153이라는 숫자는 요한 이외는 그 누구도 정확한 의미를 알 수 없다고 하는 것이 정답일 것이다.

외람되지만 153이라는 숫자에 대한 나의 생각은 이렇다. 나는 우선 네 가지 경우를 전제하고, 이 모두에 적합한 견해를 제시하고자 한다. 첫째, 이 숫자는 당시 독자들이 쉽게 알 수 있는 상징적 숫자라는 것, 둘째, 기독교 선교의 성공적 확장을 의미하는 숫자라는 것, 셋째, 본문의 상황과 관련된 숫자라는 것(물고기라든지, 세 번째라든지), 넷째, 당시 유대교의 박해 상황을 전제로 하고 있는 숫자라는 것이 그것이다.

이 같은 네 경우를 충족시킬 수 있는 것으로 히브리어 세 알파벳(צנק)을 들고자 한다. 히브리어의 각각의 알파벳은 그 자체가 갖는 수치와 이름값이 있다. ℙ(코프)는 100(그 뜻은 '바늘귀'), ℷ(눈)은 50(그 뜻은 '물고기'), ℷ(기멜)은 3(그 뜻은 '낙타')을 나타낸다. 153은 이 세 알파벳의 숫자이자 그 이름값의 종합을 말한다는 것이 나의 생각이다.

이를 부연 설명하면 이렇다. 우선 11절에서 언급된 물고기는 5절의 '고기(프로스파기온, προσφάγιον)'나 9절의 '생선(옵사리온, ὀψάριον)'과는 달리 '익뒤스(ἰχθύς)'라는 단어를 사용하고 있다. 이 단어를 풀어서 한 글자씩을 각각 첫 자로 하면 '예수스 크리스토스 데오스 휘오스 소테르(Ἰησοῦς χριστός θεός υἱός σωτήρ)', 즉 '예수 그리스도 하나님의 아들 구세주'라는 말이 된다. 이 때문에 초대교회 교인들은 물고기 모양을 기독교인을 상징하는 기호로 삼았다.

그러니까 유대교의 박해상황에서 물고기로 상징되는 한 사람의 그리스도인이 된다는 것(예수 그리스도를 하나님의 아들 구세주로 고백한다는 것)은 낙타가 바늘귀로 들어가는 것만큼 어렵다(마 19:24)는 것이다. 그런데 부활의 증인인 제자들로 말미암아 그물(교회의 상징)에 가득 찰 정도로 그리스도인이 많아질 것이라는 희망 섞인 전망(약속)이자 초대교회의 급속한 성장(현실적 반영)을 보여주는 상징적 숫자라는 것이 나의 생각이다. 쉽게 말하면 153이라는 숫자는 하나님의 말씀을 의지하여 그물을 던지는 자는 꽉 찬, 풍성한 수확을 얻으리라는 말씀이리라.

요한은 그물 안에 큰 물고기가 "이같이 많으나 그물이 찢어지지 아니하였더라"라고 보도하고 있다. 이 또한 문자적 의미만이 아닌 상징적 의미가 있다고 보아야 할 것이다. 고기잡이에 나타난 기적적인 풍성한 어획은 기독교회의 예상치 못한 놀라운 부흥이라는 희망 섞인 전망을 말하고 있다.

    요한이 복음서를 쓸 당시 초대교회는 급속히 성장했고, 그 결과 교회 안에 모여든 다양한 사람들로 인한 여러 공동체간의 갈등이 있었다. 이런 상황에서 유대교의 박해라는 외적인 도전만이 아니라 내적으로 공동체 간의 연합과 일치라는 하나됨이 절실히 요청되었다. 따라서 이 대목은 교회의 연합과 일치를 바라는 희망 섞인 전망을 담고 있다고 볼 수 있다(10:16; 17:20-23 참조).

2. 주요 신학적 주제들

1) 신앙론(1:19-51=21:15-23)

    유대인들은 늘 '쉐마'를 암송한다. "이스라엘아 들으라 우리 하나님 여호와는 오직 유일한 여호와이시니 / 너는 마음을 다하고 뜻을 다하고 힘을 다하여 네 하나님 여호와를 사랑하라"(신 6:4-5). 이 말씀에 따라 유대인들은 오직 여호와 하나님 한 분만을 믿는 유일신 신앙을 갖고 있다.

    그런데 예수님은 "나와 아버지는 하나이니라"(요 10:30)라고 했다. 이 구절은 기독교인의 믿음의 대상이 하나님 아버지만이 아니라 하나님 아들 예수님까지 포함하는, 그러니까 이 두 분이 믿음의 대상이 되고 있다. 유대인들은 하나님 이외에 또 하나의 하나님이라고 말하는 예수님을 받아들일 수 없었고, 따라서 예수님을 신성모독을 행한 사람으로 보았다.

요한복음의 기록 목적에서도 보듯이 요한은 예수님을 하나님이 보내신(파견하신) 분으로 "예수께서 하나님의 아들 그리스도이심을 믿게 하려 함이요 또 너희로 믿고 그 이름을 힘입어 생명을 얻게 하려"(20:31)고 이 책을 썼다고 말하고 있다. 구원론이 신앙론과 긴밀히 관련되어 있음을 볼 수 있다. 요한은 기본적으로 세 요소, 즉 '듣는 것'(6:45; 10:27; 18:37; 롬 10:17), '보는 것'(1:14; 12:45; 14:9; 고후 5:7), '아는 것'(6:69; 10:15; 17:3; 마 11:27)을 믿음의 세 요소로 보고 있다.

예수님을 하나님의 아들 그리스도로 믿고 그분을 따르는 자를 '제자'라고 한다. 그러니까 신앙론의 핵심에는 '제자도'가 있다. 1장의 증인 본문은 '제자도'를 다루고 있다. 즉 예수님으로부터 다섯 제자가 부름을 받는 내용이 진술되어 있다. 1장의 증인 본문(1:19-51)과 21장의 마지막 단락(21:15-23)은 제자도와 관련하여 상응한다. 제자도는 예수님을 믿고 따르는 제자의 길을 말하고 있다는 점에서 신앙론에 속한다. 두 본문을 차례로 살펴보자.

(1) 증인 본문(1:19-51)

증인 본문에는 일곱 개의 기독론적 칭호가 나타난다. 하나님의 어린 양(29,36절), 하나님의 아들(34,49절), 메시아(그리스도, 41절), 모세의 율법과 예언자들이 기록한 그이(45절), 요셉의 아들 나사렛 예수(45절), 이스라엘의 임금(49), 인자(51절)가 그것이다. 증인 본문의 일곱 개의 기독론적 칭호는 서곡의 일곱 개의 "빛"이라는 단어와 상응한다.

요한이 완전수인 일곱이라는 숫자를 상응하게 사용하고 있는 것은 예수께서 메시아임을 믿게 하려는 데 조금도 부족함이 없다는 것을 나타내기 위함이다. 증인 본문은 이 같은 기독론 문제와 더불어 주님께서 다섯 제자를 부르시는 제자도를 보여주고 있다. 여기서는 세 단락을 중심으로 살펴보고자 한다.

첫째, '성령 사건'(29-34절)이다. 이 단락에서는 세례 요한이 예수님의 등장과 성령의 역사하심에 대해 "보다"라는 어휘가 5회(29[2회],32,33,34절)나 나올 정도로 '보다'라는 말이 강조되고 있다. 요한은 신앙에 있어서 '보는 것'이 중요하다는 것을 암묵적으로 시사하고 있다. 또한 "성령"이라는 어휘를 3회(32,33[2회]절) 사용하여 성령의 온전한 역사를 보여 주고 있다.

공관복음에서는 예수님의 성령체험사건을 보도하고 있는데(마 3.13-17/ 막 1:9-11/ 눅 3:21-22) 반해, 이 단락에서는 세례 요한의 성령체험사건을 보도하고 있다. "나도 그를 알지 못하였으나"(31, 33절)라는 말씀의 반복을 통해 세례 요한은 본시 예수님이 "하나님의 어린 양"(29절)이요 "성령으로 세례를 베푸는 이"(33절)요 "하나님의 아들"(34절)임을 알지 못했다는 것을 알 수 있다. 그런데 이 같은 예수님을 알 수 있었던 것은 '성령 사건'을 통해서이다(32,33절).

여기서 주목해야 할 사실은 요한은 서곡에서 '말씀 사건'을 다루고, 증인 본문인 이 대목에서 '성령 사건'을 다루고 있다는 사실이다. 요한은 본서의 목적인 "예수께서 하나님의 아들 그리스도이심을 믿게 하려"(20:31)면 이 두 사건이 함께 작동해야 함을 일깨워 주고 있다. 이를 통해 우리가 교훈 받는 것은 건전하고 균형잡힌 신앙은 '말씀 사건'과 '성령 사건'이 함께 작동해야 한다는 사실이다. 예수께서 세례 받을 때에 "이는 내 사랑하는 아들이요 내 기뻐하는 자라"는 말씀과 함께 성령이 임했다. 또한 일곱 교회를 향하여 "귀 있는 자는 성령이 교회들에게 하시는 말씀을 들을지어다"(계 2:29)라는 대목에서도 성령이 말씀과 함께 역사함을 볼 수 있다.

성령은 말씀과 함께 동시적으로 작동한다. 누가는 베드로가 고넬료의 집에서 설교하고 난 이후의 일을 이렇게 보도한다. "베드로가 이 말을 할 때에 성령이 말씀 듣는 모든 사람에게 내려오시니"(행 10:44). 이 구절에서 "이 말을 할 때에" 그 듣는 모든 사람에게 성령이 임했다고 한다. 성령은 홀로 역사하지 않는다. 성령은 항상 말씀과 함께 협력적으로 역사한다. 이것이 '성경론'의 결정적 핵심이다. 성경은 '객관적 계시'이고 성령은 '주관적 계시'이다. 객관적으로 받은 계시를 성령이 임해서 주관적으로 수용할 때 감동을 받고 믿게 되는 것이다. 객관적 계시(성경)가 없는 주관적 계시(성령)는 신비주의에 빠지고, 그 반대로 주관적 계시가 없는 객관적 계시는 효력이 없이 역사적 사실로 남아 있을 뿐이다.[155]

말씀과 성령과 관련하여 한 가지 생각해 보고 싶은 것은 "교회란 무엇이냐?"[156]에 관한 물음이다. 나는 교회란 '말씀의 집'이자 '성령의 집'이라고 정의해 본다. 말씀이 있고 성령이 있으면 그것이 교회이다. 말씀과 성령이 전기의 (-)와 (+)로 결합하듯 결합될 때 회심의 역사와 삶의 변화가 일어난다. '말씀의 칼(꽃)'과 '성령의 불(바람)'이 결합할 때 우주에 창조의 역사 곧 부활 생명의 역사가 일어난다. 우리 주님은 이 시대에 말씀(요한복음)과 성령(누가 문서)이 충만한 교회가 되어 사도행전의 역사를 다시 써 가는 교회(Acts 29)를 기대하신다.

둘째, "무엇을 구하느냐"(35-42절)이다. 세례 요한의 두 제자가 스승의 계시적 증언을 듣고 예수님을 따라갔다(37절). "따라가다(아콜루데오, ἀκολουθέω)"라는 단어는 공관복음 전승에서 제자됨(막 1:16-20; 마 4:18-22; 눅 5:9-11)을 가리키는 전형적인 동사이다. 제자들이란 스승을 따르는 이들이다. 예수님을 따른다는 것은 일차적으로 그의 제자가 된다는 것을 의미한다.

자기를 따르는 두 제자를 향해 예수님이 던진 질문은 이것이다. "무엇을 구하느냐?"157) 이 질문은 요한복음에서 예수님의 입에서 나온 첫 말씀이라는 점에서 대단히 중요한 의미를 지닌다. 요한복음에서 예수님의 마지막 질문은 "…네가 나를 사랑하느냐"(21:15-17)라는 질문이다. 이 두 질문은 '인간의 궁극적 관심에 관한 질문'이다. 따라서 이 두 질문이야말로 예수님이 '온 인류에게 던지는 질문'이 아닐 수 없다.

목마른 사슴이 시냇물을 찾듯 궁극적인 그 무엇을 갈급하게 찾는 존재가 인간(求道者의 人生)이다. 그렇다면 인간이 구해야 할 가장 중요한 것은 무엇일까? 그것은 참 진리와 만나는 일이다. 참 진리 되신 예수 그리스도와 만나는 일이다. 이스라엘에게 있어서 참 진리와 만나는 일은 곧 희년을 안고 오신 메시아를 만나는 일이다. 요한은 "우리가 메시아를 만났다!"(41절)는 말씀을 통해 '메시아를 만나는 일만큼 중요한 일은 없다'는 것을 역설하고 있다.

메시아는 자신의 전 존재를 걸고 찾고 구하고 만나야 할 사랑과 정열의 대상이요 핵심 가치이다. 메시아를 못 만난 인생만큼 불행하고 비참한 인생은 없다. 그런데 어리석은 인생들은 메시아 아닌 다른 모든 쓸데없는 것을 찾고 그것에 목을 맨다. 이런 인생은 '삼 바의 인생', 즉 '**바**람을 잡는 인생'이요 '**바**벨탑을 쌓는 인생'이요 진정 어리석은 '**바**보 같은 인생'이라는 것을 요한은 말하고 싶었던 것이다.

본문의 메시아를 만난 감격과 충격은 우리로서는 실감이 나지 않는 대목이다.158) 마치 8.15 해방의 감격을 해방 이후의 세대가 잘 모르는 것처럼 말이다. 유대인이었던 그들이 메시아를 만났다는 이 한 마디는 초림이 왔다는 얘기이다. 이제 기독교인이 된 신자들은 재림을 기다리는 자들이다. 그런데 아직도 메시아가 오지 않았다고 믿는 유대인들은 초림을 기다리는 자이며, 그런 의미에서 이 말이 갖는 의미는 자못 크다.

여기서 공관복음뿐만 아니라 신약에서 전혀 사용되지 않는 "메시아"라는 단어를 요한만이 3회(41[2회], 4:25) 사용하고 있다는 사실은 그냥 지나칠 수 없는 눈여겨보아야 할 대목이다. 히브리어로 '메시아'라는 말은 '기름부음을 받은 자'라는 뜻으로, 신약성경에서는 '그리스도'159)라고 번역되어 있다.

1:17에서 보듯이 '그리스도'라는 어휘는 '예수'에게 붙는 고유명사가 되었다. 그러나 요한을 비롯한 바울의 서사 세계 전체, 그의 세계관을 집약하는 '그리스도'라는 단어는 단순한 고유명사가 아니다. 그것은 '메시아'를 의미하는 칭호였다.160)

주후 1세기 유대교적 상황에서 '메시아'라는 말 속에는 유대인들이 갖고 있는 '메시아 기대'라는 엄청난 민족적 소망이 깔려 있다. 요한은 이 단어를 의도적으로 사용하여 유대인들이 학수고대하는 메시아가 바로 예수님이라는 사실을 말하고자 하였다. 요한의 탁월한 언어 감각이 돋보이는 대목이다.

셋째, 하나님의 사자들의 오르내림이다(51절). "진실로 진실로 너희에게 이르노니 하늘이 열리고 하나님의 사자들이 인자 위에 오르락내리락 하는 것을 보리라"(51절). 이 구절은 첫 장의 마지막 구절이다. 요한복음에서 25회 중 처음 등장하는 "진실로 진실로(아멘 아멘)"는 히브리어 '아민(אמן)'에서 유래한 말로, 이 말은 기도를 마친 후 그 기도의 진정성을 고백하는 의미로 사용되었다. 이 말은 이어지는 말이 아주 중요하다는 것을 시사하는 본서의 전형적인 표현방식이다. 그렇다면 이어지는 말은 무엇인가? "하늘이 열리고 하나님의 사자들이 인자 위에 오르락내리락 하는 것을 보리라"는 약속의 말씀이다.

이 약속의 말씀은 요한복음 첫 장의 절정을 이룬다. 이 말씀은 창세기 28:12에 근거하고 있다. 옛날 야곱은 형의 눈을 피하여 밧단 아람으로 갈 때에 루스에서 밤에 꿈을 꾸는데, 사다리의 꼭대기가 하늘에 닿았고 하나님의 사자들이 그 위에서 오르락내리락 하는 장면을 보았다. 이 꿈을 꾼 야곱은 그 계시의 장소를 "하나님의 집이요 이는 하늘의 문이로다"(28:17) 하면서 루스였던 그 곳 이름을 '벧엘(하나님의 집)'이라고 새롭게 불렀다(창 28:19).

요한은 이 같은 옛 야곱의 이야기를 통해 무엇을 말하고자 했을까? 이 대목은 2장부터 나오는 요한복음의 '대체 동기 (replacement motif)'를 보여 준다고 말할 수 있다. 즉 예수님은 제2의 야곱, 제2의 이스라엘이 되신다. 실로 옛 은혜를 대체하는 새 은혜요, 옛 유대교를 대체하는 새 기독교이다. 이로써 이 구절은 서론인 1장의 결론이면서 2장부터 전개될 구원의 성취에 대한 예고가 된다.

1장의 마지막을 장식하는 "하늘과 땅을 오르락내리락 한다"는 말은 무엇을 의미하는가? 예수님은 하늘과 땅을 연결하는 사다리로서 오직 예수님을 통해서만 하나님께 갈 수 있음을 의미한다. 그리고 이 말은 시공간의 초월 내지 통합을 내포하는데, 이 말 속에서 우리는 부활 사건(오르락)과 성육신 사건(내리락)을 동시에 보게 된다. 시간이 영원과, 땅이 하늘과 통합된 것이 부활 사건이요, 영원이 시간과, 하늘이 땅과 통합된 것이 성육신 사건이다. 여기에 부활 사건과 성육신 사건의 논리적 상응성이 있다. 따라서 요한복음을 단순도식적 이원론으로 보려는 사고는 수정되어야 한다.

이원론이란 서로 대립되는 두 개의 원리(사물)가 통일되는 일 없이 그 자체로서 그 원리(존재)를 설명하려는 분리되고 닫혀진 체계를 말한다. 일원론은 서로 대립되는 것으로 보이는 두 개의 원리(사물)를 근본적인 것으로 보지 않고 이들을 어떤 하나의 원리로 통일시키려는 개방된 체계를 말한다. 이원론을 한방에 날려버린 결정적 근거가 첫 장 마지막 구절 (1:51)에 나오는 '인자의 오르내림'이라는 한 대목이다.

묵시문학은 종말 개념과 관련하여 두 시대 개념을 가지고 있다. 이 시대와 앞으로 올 새시대이다. 이 두 시대 개념을 중심으로 이원론이 나온다. 요한은 묵시문학적 이원론을 성육신적 일원론으로 극복하였다.

예수님은 구약적이고 바리새적인 분리와 차별의 속성을 지닌 '거룩의 이원론'을 철저히 거부하고, 연합과 하나됨의 속성을 지닌 '사랑의 일원론'으로 일관했다. 예수께서 이원론적 장벽을 허물기 위해 오셨다는 사실을 요한복음만큼 분명하게 보여주는 책도 없다.

요한복음의 일원론을 잘 보여주는 것이 '사랑'에 대한 강조이다. 그리고 성육신(1:14), 예수의 선교(4장), 예수의 기도(17장), 십자가(18-19장), 부활(20장), 베드로공동체(교회)와 요한공동체(교회)의 연합(21장)도 모두 일원론에 기초하고 있다. 따라서 요한복음을 헬라적 사고구조에 따른 단순도식적 이원론으로 보는 주장들은 포기되어야 마땅하다.

"하늘에 있는 것이나 땅에 있는 것이 다 그리스도 안에서 통일되게 하려 하심이라"(엡 1:10)는 말씀처럼, 요한복음은 하늘(위)과 땅(아래), 영원과 시간, 하나님과 인간, 빛과 어둠, 영과 육, 참과 거짓, 생명과 사망, 유대인과 이방인, 예루살렘과 갈릴리, 하나님 나라와 세상 나라가 그리스도 예수 안에 있는 하나님의 사랑에서 하나가 되는 "일원론 지향적 복음서"라고 보아야 할 것이다.

성육신 사건은 하늘에서 땅으로, 우주가 역사 속에, 영원이 시간 속에, 주님이 오심으로 새 시대, 새 세상, 새 창조가 일어난 사건이다. 그래서 주님의 오심은 옛 것이 새 것으로 바뀌는 창조사건이 된다(고후 5:17).

"태초에"로 시작하는 1장 첫 구절(1절)과 창세기 1:1이 상응하고, 하늘이 열리고 인자가 오르락내리락 하는 1장 마지막 구절(51절)이 창세기 28:12과 상응한다는 점에서 1장은 창세기에서 시작해서 창세기로 마치는 구조로 되어 있다. 이는 본론(2-11장)에서 전개될 일곱 표적이 창세기의 7일간의 창조 구조와 구조상 일치한다는 점에서 중요한 의미를 시사한다.

(2) 참 제자도(21:15-23)

이 단락 또한 중인 본문처럼 제자도를 다루고 있다. 부활하신 주님께서 제자들, 특히 베드로를 회복시키시고 목양의 사명을 주신다(15-17절). 이 대목에서 주목해 보아야 할 것은 세 차례나 길게 반복해서 "요한의 아들 시몬아"라는 주님의 질문이다. 요한복음은 베드로를 주로 "시몬 베드로"[161]라고 부르고 있다. 그런데 유독 첫 장(1:42)과 끝 장(21:15-17)에서만 "요한의 아들 시몬"이라는 호칭을 사용하고 있는 까닭은 무엇인가?

주님은 베드로의 신앙고백이 있은 후 "갈대"라는 뜻의 "시몬"에게 "반석"이라는 뜻의 "베드로"라는 새 이름을 주셨다. 베드로라는 새 이름을 주신 후 주님께서 베드로를 "시몬"이라고 부른 적은 단 한번 뿐이다(눅 22:31). 왜 요한은 그냥 "시몬아" 또는 "베드로야"라고 부르면 될 것을 베드로라는 호칭을 쓰지 않고 번거롭게 이 같은 호칭을 반복해서 사용하는 것일까?[162] 여기에는 깊은 뜻이 있으리라는 것을 쉽게 짐작할 수 있다. 베드로라는 새 이름을 받기 이전 갈릴리 해변에서 예수님을 처음 만났을 때, 즉 "요한의 아들 시몬"(1:42)이었을 때를 생각하라는 것이리라.

주님과 처음 만났던 갈릴리 해변은 어떤 곳인가? 하늘에는 갈매기 떼 한가로이 나르고, 들판에는 빨간 빛깔의 예쁜 백합화가 피어 있는 곳, 처음으로 주님을 만나 그림 같은 사랑을 했던 곳, 가슴 속에 깊이 감추어 두었던 꿈과 비전이 주님을 만나 포도송이처럼 아롱아롱 영글던 곳, 순수함과 열정으로 가득 찼던 그 시절, 주님과 함께 하면서 맛보았던 구원의 감격, 마음의 평화, 사랑의 맹세, 기적의 체험들을 간직한 곳, 그야말로 갈릴리 해변은 잊을래야 잊을 수 없는 첫사랑의 날카로운 추억을 간직한 곳이었다.

그런데 갈릴리에서 가졌던 그 순백의 마음이 언제부터 누런 빛깔로 퇴색되었는가? 그것은 시몬이 '베드로'라는 새 이름을 얻고 예루살렘으로 향할 때부터였다. 예루살렘에 가서 출세하고 성공하고 명예와 권력을 얻겠다는 인간적 야망으로 가득 찼을 때부터였다. 갈릴리의 마음이 예루살렘의 마음으로 바뀌자 갈릴리에서 가졌던 순백의 색깔은 누렇게 퇴색되고, 첫사랑의 향기는 역겨운 타락의 냄새로 변해버렸다. 이 같은 사실을 아신 주님은 제자들에게 부활 후에 첫사랑의 장소인 "갈릴리에서 만나자"(막 14:28)라고 약속했던 것이다.

따라서 "요한의 아들 시몬아"라는 호칭은 첫사랑의 날카로운 추억을 간직한 곳 — 아름다운 갈릴리 바닷가에서 처음 예수를 만났을 때의 그 미천한 어부시절, 베드로(믿음의 반석)라는 그 귀한 이름을 받기 이전 요한의 아들 시몬(연약한 갈대)이었던 그때의 그 초심(初心)으로 돌아가라, 첫 눈에 반해버린 연인처럼 그 첫사랑의 떨리던 순간을 잊지 말라(계 2:4)는 사랑의 권면이자 경고가 아닐까.

2) 구원론(2장=20장; 3장=18-19장; 10장=12:1-36)

인간에게 있어서 가장 큰 문제는 죄의 문제와 죽음의 문제이다. 죄와 죽음으로부터 구원을 얻는 문제 곧 구원론의 문제가 인간에게 가장 큰 문제라고 말할 수 있다. 하나님은 인간을 지극히 사랑하사 죄와 죽음으로부터 고통을 당하는 인간에게 이 문제로부터 해결을 받을 수 있는 길을 열어주셨다. 초대교회 케리그마(설교와 선포)의 핵심이 '십자가와 부활'인데, 이는 곧 죄와 죽음의 문제와 관련된 설교와 선포에 다름 아니다.

요한은 18-19장(십자가 신학)에서 죄의 문제를 다루고, 20장(부활의 신학)에서 죽음의 문제를 다루고 있다. 그러니까 18-20장은 구원론의 문제를 다루고 있다. 20장과 상응하는 2장은 부활의 신학을, 3장은 18-19장과, 10장은 12:1-36과 상응하면서 십자가 신학을 보여주고 있다. 부활의 신학에 이어 십자가 신학을 차례로 살펴보자.[163]

(1) 부활의 신학(2장=20장)
(i) 성전정화사건(2:13-22)
가나의 혼인잔치 표적이 부활과 관련되어 있다는 것을 이미 살펴보았다. 여기서는 성전정화사건을 중심으로 부활의 신학을 살펴보자.

성전은 유대교(유대인)의 종교적, 정치적 중심상징으로서의 기능을 하였다. 공관복음(마 21:12-17/ 막 11:15-19/ 눅 19:45-48)과 비교할 때 요한이 취급한 성전정화사건은 그 길이에서부터 차이가 난다. 공관복음이 4-6구절 정도로 다루고 있는데 반해, 요한은 10구절에 걸쳐 다루고 있다. 이는 요한이 얼마나 이 문제에 깊은 관심을 갖고 있는가를 간접적으로 시사해 준다.

성전정화사건을 다룸에 있어서 먼저 고려해야 할 두 가지 사항이 있다. 하나는 성전정화사건이 놓인 위치가 공관복음과 요한복음이 서로 다르다는 문제이다. 또 하나는 왜 예수는 성전을 정화하려고 했는가 하는 동기문제이다.

먼저, 첫 번째 문제부터 살펴보자. 이 사건은 공관복음에서는 공생애 말기에 있었던 사건으로 보도되고 있는데, 요한복음에서는 공생애 초기에 있었던 사건으로 보도되고 있다. 이 차이를 어떻게 설명해야 할 것인가? 결론부터 얘기하면 이 사건이야말로 요한이 사용한 '역사의 해체와 재구성'을 잘 말해주는 가장 구체적인 실례라고 말할 수 있다.

4복음서를 조화시킨다는 의미에서 이 사건이 공생애의 초기와 말기, 이렇게 두 번 일어난 사건으로 볼 수도 있다. 그런데 과연 공생애를 시작하자마자 이 엄청난 사건을 저지르고 나서 사역을 계속할 수 있겠는가? 성전 체제의 중요성에 비추어 볼 때 유대 당국과 로마 당국이 과연 예수를 그냥 놔둘 수 있겠는가? 상식적으로 생각할 때 일단 어렵다는 결론이 나온다.

그런데 공관복음의 경우 예수님이 성전에서의 충격적인 행위를 했으면서도 현장에서 체포되지 않았다는 사실에 대해 학자들은 혼란스러워 해 왔다. 다른 경우에는 로마와 유대의 군대들이 개입을 했었다(눅 13:1-3; 행 4:1-4; 21:30-36). 그렇다면 예수님의 성전정화 행위는 체제 전체를 통제하거나 개혁하고자 했던 군사적 쿠데타나 그 어떤 시도가 아니라 전광석화와 같은 '상징 행위'로 보아야 할 것이다.

그러한 순간은 금방 끝났다. 군대가 눈치를 챘을 때는 이미 예수님은 자기가 하고자 했던 것을 다 마치고 흥분한 청중을 향하여 장황한 말을 늘어놓고 있었고, 환전상들은 그들의 동전을 주워 모으고, 매매하는 자들은 푸드덕거리거나 놀라서 도망가는 짐승들을 잡고 있던 중이었을 것이다.[164]

그러나 공관복음의 경우 예수님의 행위가 상징적인 행위라고 할지라도, 공관복음에 없는 "너희가 이 성전을 헐라 내가 사흘 동안에 일으키리라"(2:19)는 요한복음의 말씀에 근거할 경우 성전 모독으로 인해 예수님은 계속해서 사역을 계속 할 수 없는 상황에 처했으리라는 것은 자명하다.

공관복음에 의하면 예수께서 예루살렘에 입성한 후 제일 먼저 하신 일이 성전정화였다. 그리고 이때부터 유대 당국은 예수님을 죽이고자 혈안이 되어 있었다. 성전의 권위에 도전한 이 사건이 도화선이 되어 예수님은 곧 체포되어 심문받고 처형된다.[165] 이것이 자연스러운 이야기의 흐름이다.

그러기에 이 문제는 이렇게 정리해 볼 수 있다. 첫째, 이 사건은 두 번이 아니라 단지 한 번 일어났다. 둘째, 그것은 예수님의 생애의 마지막 주에 일어났다. 셋째, 요한은 그 사건의 중요성을 부각시키기 위해 그것을 시작부에 배치했다. 마치 누가가 예수님의 나사렛 방문에 대한 보고를 갈릴리 사역의 시작부(눅 4:16-30)에 배치시킨 것처럼 말이다.

요한이 성전정화사건을 본론이 시작되는 첫 장에 배치한

것은 이 사건이 예수님의 전 생애와 사역의 핵심이라 믿었기 때문이다. 따라서 이 사건은 본서 해석의 열쇠를 제공한다는 점에서 대단히 중요한 사건이 아닐 수 없다. 그렇다면 이 사건에 대해 요한이 갖고 있는 신학적 의도는 무엇인가? 그것은 가나의 혼인잔치와 마찬가지로 성전정화사건 또한 부활의 관점에서 다루고 있다는 것을 보여주고자 한 것이다(21-22절). 이 같은 의미에서 2장은 부활장인 20장과 상응한다.

다음으로, 왜 예수님은 성전을 정화하려고 했는가 하는 동기문제이다. 이미 언급했듯이("주후 1세기 사회정황" 참조) 예수 당시 예루살렘 성전은 종교적 기능뿐만 아니라 정치적, 경제적 기능에서도 절대적인 영향력을 행사하였다. 성전을 정화하는 예수님의 모습은 구약의 예언자의 모습을 연상케 한다. 그런데 이 둘의 차이는 구약의 예언자들이 단지 성전을 비판한 것과는 달리 예수님은 성전을 자신으로 대체하려고 했다는 점이다. 그러기에 성전 사건에 나타난 예수님의 상징행위는 성전정화를 통해 성전을 개혁하고자 한 것이 아니라 성전의 파멸과 심판을 통해 자신을 새 성전으로 대체하려 한 행위였다.

여기서 주목할 대목은 14절의 성전은 전체 성전 복합체를 의미하는 '토 히에론(τὸ ἱερόν)'이다. 그런데 19-21절에 세 차례 나오는 성전은 '호 나오스(ὁ ναός)', 즉 '성소'이다. 이 세 차례의 성전(호 나오스)은 16-17절에 세 차례 나오는 "집"에 해당하는 '오이콘(οἶκον)'과 상응한다(우리말 성경에는 "집"이 "전"[17절]으로 번역되어 있음). 이 모든 것을 합하면 일곱이 된다. 여기서도 요한의 숫자 상징코드를 읽을 수 있다. 여기서 요한은 성육신하시고 부활하신 예수님이야말로 참된 성전이라는 사실을 숫자 상징코드를 통해 암묵적으로 말하려고 했다.

"내 아버지의 집으로 장사하는 집을 만들지 말라"(16절)는 대목 또한 주목해야 할 대목이다.166) 이 대목에서 예수님은 하나님을 "내 아버지"라고 함으로써 자신이 하나님의 아들임을 간접적으로 들어내었다(눅 2:49 참조). 그리고 "내 아버지의 집"과 "장사하는 집"이 대조되고 있다. 성전은 하나님이 임재하시고 하나님께 예배를 드리는 거룩한 장소인데, 사람들이 세속적 이익을 위해 장사하는 곳으로 변질시켰다. 이는 신성 모독에 해당하는 행위였다. 예수님의 성전 숙정은 잘못된 관행에 경종을 울리고 하나님에 대한 참된 예배를 되찾고자 한 데서 비롯된 의분이었다.

성전정화는 '하나님의 거룩성의 회복'이다. 포로기 이전 예루살렘 성전은 혼합주의(syncretism), 즉 야웨만을 위한 것이 아니라 여러 이방 신상으로 채워짐으로써 야웨의 거룩한 이름이 더럽혀졌다. 야웨가 성전을 멸망시키고 자기 백성을 포로가 되게 하신 것은 더럽혀진 야웨의 거룩한 이름을 정결케 하기 위함이었다(겔 36:22-23).

"유대인들이…네가 이런 일을 행하니 무슨 표적을 우리에게 보이겠느냐?"(18절). 여기서 "유대인들"167)에 해당하는 어휘 '이우다이오이(Ἰουδαῖοι)'는 요한복음에서 주로 예수님에 대한 적대세력을 가리키는 문맥에서 사용된다. 유대인들은 참 선지자와 거짓 선지자를 구분할 때, 전통적으로 표적을 통해 했다(신 18:22). 따라서 유대인들은 예수께 만일 하나님께서 이 일을 하도록 그를 보냈다면 초자연적 표적을 보여 자신의 정당성을 입증해 보라고 요구하였던 것이다.

표적을 보이라는 유대인의 요구에 예수님은 다음과 같은 말로 응수하였다. "너희가 이 성전을 헐라 내가 사흘 동안에 일으키리라"(19절). 이 구절은 요한복음에서 이중의미 또는 오해기법을 잘 드러내주는 대표적인 실례이다. 보통 요한복음에 나온 오해들(3:4-12에서와 같이)은 요한에 의한 부연 설명으로 바로잡아진다. 이 구절에서는 "예수는 성전 된 자기 육체를 가리켜 말씀하신 것이라"(21절)는 해설로 그렇게 한다.

예수께서 이렇게 말씀하셨다. "악하고 음란한 세대가 표적을 구하나 선지자 요나의 표적 밖에는 보일 표적이 없느니라 / 요나가 밤낮 사흘 동안 큰 물고기 뱃속에 있었던 것 같이 인자도 밤낮 사흘 동안 땅 속에 있으리라"(마 12:39-40). 여기서 요나의 표적이 말하는 상징은 예수님이 죽으셨다가 사흘만에 부활하신다는 것을 암시한다. 또한 역사적으로 볼 때 이 말씀은 성전 파괴와 깊은 관련이 있는 예언의 말씀이다. 요나가 40일이 지나면 니느웨가 멸망할 것이라고 말했던 것처럼, 요나의 표적 말씀을 통해 예수님은 암묵적으로 40년이 지나면 예루살렘 성전은 멸망할 것이라고 예언한 것이다.

예수께서 성전 된 자신의 육신을 가리켜 헐라고 말씀하신 것은 앞으로 유대 교권주의자들에게 의해 자신이 십자가의 죽음을 당하게 될 것을 예언한 것이다. 그러나 아무도, 심지어는 제자들까지도 이 말씀의 참 의미를 깨닫지 못했다(22절). "성전을 헐라"고 말씀하신 것이 바로 자신의 죽음을 암시했듯이, "사흘 동안에 일으키리라"는 예언은 바로 예수님이 삼일 만에 부활하여 다시 사심을 암시한다.

이 대목은 예수 자신에게 부여된 죽고 부활할 수 있는 자유나 권능도 시사한다(10:18). 그뿐 아니라 예수님의 "몸"이 "성전" 곧 하나님께 예배드리는 장소이기에 "영과 진리 안에서" 하나님께 예배드리는 시간이 예수와 함께 시작되었다고 말할 수 있다(4:23). 부활한 그리스도의 몸은 영과 진리 안에서 하나님께 예배드리는 중심이요(4:21-22), 하나님 현존의 장소이며(1:14), 생명수가 넘쳐흐르는 영적 성전이 된다(7:37-39; 19:34).

이러한 사실은 "일으키리라"란 표현 가운데 잘 드러난다. 이에 해당하는 '에게로(ἐγερῶ)'는 '에게이로(ἐγείρω)'의 미래시제로서 잠자는 사람을 깨운다는 것이 기본적인 의미이나 비유적으로 죽은 사람을 다시 살리는 것을 나타나는 데 종종 쓰인다(마 10:8; 요 5:21; 행 5:30). 이는 당시 유대 종교 지도자들에 의해 죽었던 예수께서 스스로 부활하실 것임을 예언한 말씀이다. 그러나 그들은 이러한 비유적 표현을 전혀 이해하지 못했다. 오히려 그들은 예수님의 이 말씀을 신성 모독죄로 삼아 예수님을 정죄하고 사형을 언도하는 근거로 사용하였다(마 26:61).

"사흘 동안에 일으키리라"는 예수님의 말씀에 유대인들은 "이 성전은 사십육 년 동안에 지었거늘 네가 삼일 동안에 일으키겠느냐"라고 반문한다(20절). 예수께서는 상징적, 암시적으로 말씀하셨는데, 그들은 문자적, 표면적으로 이해한 것이다. 당시까지의 성전의 역사는 이러하다. 제1성전인 솔로몬 성전은 주전 957년에 예루살렘에 지어졌다. 이 성전은 주전 587년에 바벨론 군대에 진멸되었다.

그 후 바벨론 포로에서 귀환한 유대인들은 주전 515년경 제2성전인 스룹바벨 성전을 지었다. 그러다가 대헤롯(Herod The Great)에 의해 제3성전인 헤롯 성전이 지어졌다. 이 성전 공사는 주전 19년에 시작되었으니 주후 27년경에는 건축을 시작한지 46년이 된 셈이다. 이 성전건축은 그 후에도 계속되어 주후 63년에 완공되었다. 그러나 이 성전은 70년 로마의 티투스(Titus) 장군에 의해 철저히 파괴되고 말았다.

이렇듯 46년 동안 많은 사람을 동원하여 건축했어도 아직 미완료된 성전을 어떻게 사흘 동안에 짓겠다는 것인가. "그러나 예수는 성전 된 자기 육체를 가리켜 말씀하신 것이라"(21절)고 요한은 해설을 덧붙인다. 요한복음이 기록된 시기가 주후 90년 이후라고 본다면 이미 성전이 파괴된 지 20년이 지난 후였다. 유대인들의 삶의 중심이었던 예루살렘 성전의 파괴는 그들에게 엄청난 충격을 안겨주었다. 이런 상황에서 요한은 성전을 새롭게 해석해 줄 필요가 있었다.

성전은 하나님이 임재하시는 장소요 예배를 통해 하나님을 만나는 장소이다. 이제 성전이 없는 상황에서 어디서 예배를 드릴 것이며 하나님을 만날 수 있을 것인가? 돌로 만든 성전이 아니라 성육신 하신 예수님이 바로 성전이라는 것이다. 그리고 몸 성전인 예수님을 통해서만 하나님께 나아갈 수 있으며, 부활하신 주님을 예배함으로 하나님을 만나고 구원을 얻을 수 있다는 것이다(요 3:16; 행 16:31). 실로 예수님은 성전의 주이시며 성전보다 더 크신 분이다(마 12:6).

"죽은 자 가운데서 살아나신 후에야 제자들이 이 말씀하신 것을 기억하고 성경과 예수께서 하신 말씀을 믿었더라"(22 절). 처음이 중요하듯 또한 마지막이 중요하다. 2장의 첫 기사와 두 번째 기사가 모두 제자들이 예수님(예수님의 말씀)을 믿었다는 것으로 끝나고 있다(11절과 22절). 성전정화사건을 마무리 지으면서 요한이 결론적으로 한 이 해설은 전후 문맥(1-11절과 23-25절)과 관련하여 중요한 의미를 갖는다.

제자들은 성전과 관련된 예수님의 말씀을 전혀 이해하지 못했다. 그러다가 예수님의 부활 이후, 성령을 받고 난 후에(14:16) 비로소 예수님의 계시 말씀을 상기하고(19절) 구약성경과 예수님의 말씀을 믿게 되었다(12:16; 눅 24:45). 즉 보이는 '표적신앙'에서 보이지 않는 '부활신앙'을 갖게 된 것이다. 제자들이 첫 표적을 보고 믿게 된 신앙은 초보신앙인 표적신앙이었다(11절). 이제 부활 승천 이후 성령강림을 통해 제자들은 보이지 않는 분을 믿는 부활신앙(22절)을 갖게 되었다.

2장에 나오는 가나의 혼인잔치 표적과 성전정화사건을 연결하여 주목해야 할 사실이 있다. 그것은 "사흘(삼일)"(1,19,20절)이라는 말과 "표적"(11,18,23절)이라는 말이 각각 세 차례씩 등장한다는 사실이다. 여기서 사흘(삼일)은 '부활신앙'을, 표적은 '표적신앙'을 연상케 한다.

그러면 표적신앙과 부활신앙의 차이는 무엇인가? 보지 않고 믿는 부활신앙은 죽음(수치)을 이긴 영생(영광)의 신앙이다. 영생과 영광을 담지한 부활신앙은 자기 몫에 태인 십자가를 능히 질 수 있는 십자가신앙(순교신앙)을 가능케 한다.

그러나 표적신앙은 예수님의 능력을 이용하여 물질적 이득이나 정치적 야망을 이루려는 세속적 동기가 크게 작용할 수 있다. 표적신앙은 믿을만한 신앙이 못되기에 예수님은 표적을 보고 믿는 자들을 참된 신앙인으로 믿지 않으셨다(23-25절).

표적신앙은 신앙의 고난이 닥쳐올 때 이를 감당할 수 없어 고난(십자가)을 피해 달아날 가능성이 많다. 나의 신앙은 십자가 앞에서 무서워 도망가는 표적신앙인가? 아니면 십자가를 담대히 지고 가는 부활신앙인가? "너는 나를 본 고로 믿느냐 보지 못하고 믿는 자들은 복되도다"(20:29).

(ii) 부활하신 주님(20:1-29)

요한복음은 주님의 부활에 관해 두 장(20-21장)을 할애하는데, 이것은 공관복음의 두 배의 분량이다. 그리고 그 중간에 복음서 전체의 저작 목적이 삽입되어 있다. 본론의 첫 장(2장)과 정가운데 장(11장)과 끝 장(20장)이 부활과 관련되어 있다는 점에서 요한복음은 기본적으로 "부활의 신학"으로 엮어진 책이다.

요한복음의 부활 기사는 공관복음처럼 빈 무덤 기사로 시작하나 여러 면에서 사뭇 다르다. 전자는 유대 지방 중심인데, 후자는 갈릴리 중심이다. 전자는 막달라 마리아가 중심인데, 후자는 갈릴리 여인들이 중심이다. 여기서는 세 대목을 중심으로 살펴보고자 한다.

첫째, 막달라 마리아에게 나타나심이다(11-18절). 요한복음에는 여인들에 대한 기사가 많다.[168] 그 가운데서도 세 명의 '마리아'는 요한복음에서 '예수님의 부활'과 관련된 아주 중요한 위치에 포진되어 있다. 이 같이 여인의 역할을 중요시한 요한은 부활장인 20장에서 막달라 마리아 이야기를 싣고 있다. 단지 싣지만 않고 그녀를 아주 중요한 인물로 부각시키고 있다. 초대교회 전승(고전 15:5; 눅 24:34)과 달리 부활하신 주님께서 막달라 마리아에게 제일 먼저 나타나시고, 그녀는 부활의 소식을 제자들에게 전했던 부활의 첫 증인이 된다.

부활하신 주님은 천하디 천한 막달라 마리아를 만나주시고 부활의 증인으로 삼았다. 4복음서는 막달라 마리아(또는 그와 함께 한 다른 여자들)를 예수 부활의 첫 증인으로 보도한다. 이것은 여자는 증인이 될 수 없다는 당시의 관습에 비추어 볼 때 매우 놀라운 일이다. 이는 여인을 차별하는 당시의 관습의 장벽을 넘어 그리스도 부활의 '기쁜 소식(복음)'을 선포하는 데 있어서 아무 차별을 두지 않았음을 의미한다.

둘째, '보냄의 형식'이다(21절). 부활하신 주님의 나타나심은 항상 선교 명령으로 막을 내린다(마 28:16-20; 막 16:14-18; 눅 24:44-49; 행 1:6-8; 갈 1:15-16). 요한복음에서 이 선교 명령은 "보냄의 형식"으로 표현된다(17:18 참조). "아버지께서 나를 보내신 것 같이 나도 너희를 보내노라"(21b절). 선교 명령은 "샬롬"이라는 반복된 인사말에 뒤이어 나온다. 그러니까 샬롬의 말씀은 자신만이 홀로 누리는 단순한 위로의 말씀이 아니라 제자들의 사명 수행과 관련된 말씀이다.

여기의 "보내다"라는 말에서 '보냄을 받은 자'라는 뜻의 '사도(使徒)'의 원어 '아포스톨로스(ἀπόστολος)'라는 말이 나왔다. 당시 제자들에게 주어진 명예로운 칭호인 '사도'는 단순히 그냥 보내는 것이 아니라 사명을 주어 파견하는 것을 말하는 용어이다. 주님 자신이 하나님으로부터 '보냄을 받은 자'이듯이 제자들은 주님으로부터 '보냄을 받은 자들'이다.

예수께서 아버지로부터 보내심을 받은 존재라는 파견사상은 요한복음의 일관된 주제이다(3:34; 5:36; 7:29; 13:20; 16:28; 17:3,8). 이 구절은 유대인들의 권한 위임 법칙을 잘 반영해준다. "보냄 받은 자는 그를 보낸 자와 같다"(사 6:8; 렘 1:7; 겔 3:4-7). 보냄 받은 자는 보낸 자의 전권 대사이다. 예수께서 보냄 받은 아들로서 보내신 아버지의 전권을 대행하듯이 '보냄 받은 제자들(곧 교회)'은 보내는 예수의 전권을 대행하는 대리인으로서 세상 속으로 나아가야 할 때가 되었다(13:20).

셋째, '성령 수여'이다(22절). 요한복음에서 그리스도의 죽음, 부활, 그리고 승천은 본질적으로 하나의 행위이며, 성령의 수여는 부활절 사건에서 앞의 세 가지 일과 밀접한 관계를 이룬다. 누가는 부활이 발생한 지 40일 이후에 승천이 일어났고, 오순절에 성령이 임했다고 말한다. 여기서 부활절과 오순절(성령강림)을 분리하여 다루는 누가복음과 하나로 취급한 요한복음의 차이를 어떻게 보아야 할 것인가? 누가가 집단적 차원의 성령강림(행 2:1-13)을 보도하고 있다면, 요한은 개인적 차원의 성령체험(요 20:22)을 보도하고 있다고 말할 수 있다. 요한은 두 권의 성경을 기록한 누가와는 달리 (부활의 관점에서) 단 한 권만을 남겼다.

"이 말씀을 하시고 그들을 향하사 숨을 내쉬며 이르시되 성령을 받으라"(22절). 이 구절은 요한복음에서 부활의 중요성을 단적으로 보여주는 결정적 실마리를 제공한다. 부활절은 죽음을 이긴 새 생명이 탄생하는 새 창조의 날로서 십자가와 접촉점을 갖는 날이다. 동시에 유대교의 옛 시대를 닫고 기독교의 새 시대를 여는 날이다. 또한 부활절은 제자들이 성령을 받는 날로서 오순절과 연결되며 성자 시대를 접고 성령 시대가 열리는 날이다. 또한 제자들이 선교적 사명을 받고 온 세상을 뒤집기 위해 세상으로 나아가는 날이다.

"숨을 내쉬며"라는 표현은 구약성경에서 '생명'을 주는 상징적 의미로 사용되었다. "숨"은 히브리어 '루아흐'에 해당하는 말로, 이 단어는 바람, 생기, 하나님의 영 등을 의미한다. 하나님은 흙으로 사람을 지으시고 생기를 그 코에 불어넣으심(창 2:7)으로 생명을 창조하셨다. 또한 에스겔은 마른 뼈들에 생기가 들어가서 살아 일어나는 환상을 보았는데(겔 37:9), 이는 이스라엘 민족의 회복(부활)과 관련된 환상이었다.

부활하신 주님은 제자들에게 성령을 불어 넣어 주셨다. 이 것은 자신이 높임 받은 후 성령을 주시겠다고 말씀한 약속의 성취이다(7:39; 16:7). 성령은 '예수의 영'(행 16:6-7), 또는 '그리스도의 영'(롬 8:9)으로서 '숨'으로 표현되었다. 주님께서 제자들에게 성령을 주신 것은 사람을 살리는 일, 세상을 구원하는 일에 헌신하도록 하려는 데 있었다.

(2) 십자가 신학(3장=18-19장; 10장=12:1-36)

요한은 18-19장과 상응하는 3장에서 모세가 광야에서 뱀을 든 것 같이 예수님도 십자가에 달리심으로(14절) 하나님의 지극한 사랑을 보여주신 '십자가 신학'을 전개하고 있다. 이미 언급한 니고데모 기사를 제외하고 여기서는 예수님의 유일성을 말하고 있는 3:31-36을 중심으로 살펴보고자 한다.

(i) 예수의 유일성(3:31-36)

이 대목은 위치상 어울리지 않는 자리에 있기에 편집상의 실수로 보는 이들도 있고, 3:16에 지나치게 집중한 나머지 그 중요성을 간과하는 이들도 있다. 그러나 이 대목이야말로 1-3장의 결론으로 아주 적절한 위치에 있을 뿐만 아니라 예수(구원)의 유일성이라는 관점에서 깊은 관심을 가져야 할 대단히 중요한 대목이다.

3:31-36은 세례 요한의 최종 증언에 대한 요한의 해설이다. 이 단락은 요한복음 1-3장까지의 내용을 요약 정리한 것이다. 그 구조는 위에 계신 이들이(부활) 아래로 내려와(성육신) 아버지께 순종했다(십자가)는 내용이다. 결국 세례 요한의 메시지는 예수님의 유일성, 즉 예수님만이 구원을 가져다주는 유일한 존재라는 것이다. "다른 이로써는 구원을 받을 수 없나니 천하 사람 중에 구원을 받을 만한 다른 이름을 우리에게 주신 일이 없음이라"(행 4:12). 이 말씀의 뜻은 이렇다.

신랑 되신 예수 이전의 세례 요한을 포함한 모든 성인들은 다 '신랑을 위한 들러리'이다. 즉 그들은 모두 참 진리(구원)라는 최종 목표를 위한 과정에 있는 사람들에 불과한 존재들이다. 율법(인간의 행위)으로는 사람이 구원을 얻을 수 없다. 복음(십자가와 부활)만이 인간을 구원한다. 여기에 예수님의 유일성, 즉 "왜 예수님이어야만 하는가?"라는 질문에 대한 답변

이 있다.

하나님께서는 신랑 되신 예수님이 오시기 전 5-6백 년 전부터 신랑의 들러리로서 이 세상에 성인들을 보내주셨다. 석가, 공자, 노자, 소크라테스, 그리고 바벨론 포로기의 삼총사인 예레미야, 에스겔, 제2이사야 등 위대한 선지자들을 이 시기에 집중적으로 보내 주셨다. 율법시대에 속한 이들은 모두 신랑 예수님의 오심을 준비하기 위해 예비된 사람들이다.

모세의 출애굽 사건이 있기까지 400-430년 동안의 고난의 기간이 있었다. 마찬가지로 새 모세의 새 출애굽 사건이 있기까지 400-430년 동안의 예언자가 없는 긴 침묵의 암흑시대가 있었다. 드디어 침묵을 깨고 하나님께서는 율법시대의 마지막 주자인 세례 요한을 보내어 예수님을 증언하도록 하셨다.

"위로부터 오시는 이는 만물 위에 계시고 땅에서 난 이는 땅에 속하여 땅에 속한 것을 말하느니라 하늘로부터 오시는 이는 만물 위에 계시나니 / 그가 친히 보고 들은 것을 증언하되 그의 증언을 받는 자가 없도다"(31,32절). 여기서 우리는 "위(하늘)로부터 오시는 이"와 "땅에서 난 이"가 대조되는 것을 볼 수 있다.

예수님은 바로 "위(하늘)로부터 오시는 이"이다. 이에 반해 예수님 이외의 다른 모든 인간은 다 "땅에서 난 이"("땅에 속한 자")이다. 땅에 속한 자는 땅에 속한 것을 말할 수밖에 없다. 이에 반해 하늘에 속한 자는 하늘에 속한 것을 말할 수밖에 없다. 예수님은 바로 하늘에서 친히 보고 들은 것을 증언하러 이 땅, 이 세상에 오신 분이다. 그러나 이 세상은 하늘의 말씀을 처음 듣는 소리인지라 예수님의 증언을 받을만한 사람이 없었다. 그러기에 그의 증언을 받는 자는 하나님이 참되시다 인쳤던(33절) 것이다.

또한 34절은 이를 더욱 잘 설명해준다. "하나님이 보내신 이는 하나님의 말씀을 하나니 이는 하나님이 성령을 한량없이 주심이니라." 이 구절에서 하나님이 보내신 이는 하나님의 말씀을 한다고 했다. 예수님 외에는 하나님이 하늘에서 직접 보내신 분이 없으며, 예수님 외에는 하나님의 말씀 자체를 대신할 분이 없다. 오직 예수님만이 하나님이 하늘에서 직접 보내신 분이요 따라서 하나님의 말씀 자체를 대신할 유일한 분이다. 이는 하나님이 성령을 한량없이 그에게 부어주셨기 때문이다. 예수님은 하나님이 한량없이 부어주신 성령의 능력으로 하나님의 말씀 자체를 들려주셨고, 커다란 표적을 행하셨던 것이다.

이어서 35-36절은 이렇게 말씀하고 있다. "아버지께서 아들을 사랑하사 만물을 다 그의 손에 주셨으니 / 아들을 믿는 자에게는 영생이 있고 아들에게 순종하지 아니하는 자는 영생(생명)을 보지 못하고 도리어 하나님의 진노가 그 위에 머물러 있느니라." 이 말씀을 쉽게 풀이하면 이렇다.

예수님의 아버지 되시는 하나님은 온 우주 만물을 창조하시고, 역사를 주관하시는 분이다. 아버지 하나님은 당신께서 창조하신 이 세상을 지극히 사랑하셨다. 그래서 자신이 가장 사랑하는 아들 예수를 이 세상에 보내셨고 십자가에 내어주셨다가 살리셨다. 부활하신 주님은 본래의 고향인 하늘로 다시 올라가셔서 하나님 우편에 앉아 계신 분이다. 그리고 아버지를 대신해서 아들이 구원과 심판의 전권을 맡고 계신다.

아들이 아버지께 순종하여 십자가를 스스로 지심으로 영원한 생명에 들어간 것처럼 아버지 하나님이 보낸 아들 예수를 믿는 자는 영생을 얻게 될 것이다. 이것이 바로 하나님의 구원이다. 그러나 아들 예수의 말씀에 순종하지 않는 자는 아들 예수를 믿지 않는 고로 아버지 하나님의 진노가 그에게 머물게 될 것이다. 이것이 바로 하나님의 심판이다. 그 유명한 요한복음 3:16은 바로 이것을 말씀하고 있는 것이다.

신명기(28-30장)에서 생명과 복, 사망과 화가 하나님의 말씀인 토라의 순종 여부에 달려 있듯이, 요한복음에서 영생과 심판은 하나님의 말씀이요 하나님 나라를 안고 오신 예수 그리스도에 대한 믿음의 여부에 달려 있다. 모세의 율법(유대교)으로는 구원을 얻을 수 없고, 오직 하나님의 사랑의 징표인 십자가와 부활의 복음(예수 그리스도)만이 구원을 준다. 요한복음 3장은 바로 이 같은 '예수(구원)의 유일성'을 말하고 있다는 점에서 성경의 핵심장이다.

요한은 첫 석장(1-3장)에서 대단히 중요한 문제를 다루고 있다. 1장의 서곡에서 하나님의 말씀(1절)되신 예수님은 '토라보다 큰 이'가 되시며, 2장의 성전정화사건에서 새 성전되시는 예수님은 '성전보다 큰 이'가 되신다. 그리고 요한은 그 사이에 가나의 혼인 표적사건(2:1-11)을 두어 기독교가 유대교와 결정적으로 다른 것은 '부활과 천국'에 있다는 사실을 역설한다. 그리고 3장에서는 '모세보다 크신 이'(14절)로서의 예수님을, 4장에서는 '야곱보다 크신 이'(12절)로서의 예수님을 다루고 있다.

(ii) 수난사화(18-19장)

수난사화인 18-19장은 '십자가 신학'에 기초한 '구원론'을 말하고 있다는 점에서 3장과 상응한다. 4복음서가 공히 수난사화를 두 장에 걸쳐 다루고 있으나 그 분량을 검토해 보면 상당히 다르다. 요한의 수난사화는 상당히 짧고 그 대신 부활사화는 오히려 길게 서술되어 있다.169) 더욱이 요한의 수난사화는 공관복음서와 비교할 때 전체적인 흐름은 비슷한 것 같으나 자세히 들여다보면 내용적으로 아주 많이 다르다.170) 특히 주목할 만하게 차이가 나는 부분은 '빌라도의 예수 심문'에 관한 기사이다.171)

더욱 중요한 사실은 요한의 수난사화에 나타난 예수상은 공관복음에 나타난 예수상과는 아주 다른 모습을 보여주고 있다는 사실이다. 요한의 예수상은 힘없이 끌려가 죽임을 당하는 '수난의 예수상'이 아니라 전쟁에서 승리하고 돌아온 개선장군이나 왕처럼 위엄있고 당당하게 죽음을 향해 전진하는 '부활의 예수상'을 보여주고 있다.

이 같은 요한의 특성은 어디서 비롯된 것일까? 그것은 요한의 신학적 의도 때문이다. 여기서도 요한은 '역사의 해체와 재구성'을 확실하게 보여주고 있다. 그는 기존의 공관복음이 다루는 사건들을 거듭 언급하려는 목적에서가 아니라 새로운 관점을 가지고 예수님의 수난을 새롭게 재해석하고자 했다. 그는 부활에 대한 깊은 묵상을 통해 십자가에 대한 새로운 관점을 갖게 되었다. 이 같은 새로운 관점은 교회(요한공동체)가 박해를 당하는 위기 상황에서 비롯되었다고 보여진다. 여기서는 세 대목을 중심으로 살펴보고자 한다.

첫째, 예수님의 체포이다(18:1-11). 요한은 수난사화의 첫 부분부터 공관복음에 나타나는 '고난당하시는 예수'와는 달리 '왕으로서의 예수'를 그려주고 있다. 따라서 왕다운 예수의 위엄과 품위에 어울리지 않는 모습들은 과감히 생략한다.[172]

"예수께서 이 말씀을 하시고 제자들과 함께 기드론 시내 건너편으로 나가시니 그 곳에 동산이 있는데 제자들과 함께 들어가시니라"(1절). 여기서 "기드론 시내 건너편으로 나가시니"라는 대목은 일찍이 다윗 왕이 압살롬의 반란을 피해 예루살렘을 떠날 때 기드론 시내를 건너는 장면을 연상케 한다(삼하 15:23). 요한만이 구체적으로 장소를 언급하고 있는데, 그 까닭은 예수님의 수난과 관련하여 예수님을 왕다운 위엄있는 모습으로 묘사하려는 요한의 신학적 의도 때문이다.

"예수께서 그 당할 일을 다 아시고 나아가 이르시되 너희가 누구를 찾느냐"(4절). 예수님이 모든 것을 미리 다 아는 것은 요한의 전형적인 기독론적 표현이다(1:47-48; 2:24-25; 13:1 등). "너희가 누구를 찾느냐"는 예수님의 물음은 막달라 마리아에게 부활하신 주님이 "누구를 찾느냐"(20:15)나 첫 제자들에게 "무엇을 구하느냐"(1:38)를 생각나게 한다. 여기서 예수님은 원치 않게 체포된 것이 아니라 체포의 주도권(initiative)을 쥐고 상황을 당당하게 주도해 나가는 의연한 모습으로 그려지고 있다.

그들이 "나사렛 예수"를 찾는다고 하자 예수님은 "내가 그니라"(5절)라고 말한다. "내가 그니라(에고 에이미)"라는 문구는 요한복음에서 예수님의 신적 본질을 나타낼 때 흔히 쓰이는 예수님의 자기계시 말씀이다(6:20; 18:5,6,8). 즉 자신이 하나님이라는 것을 간접적으로 표현한 말이다. 이 문구가 이 단락에서 3회(더 이상은 없다는 뜻)나 언급된 것은 예수님의 신적 본질을 강조하기 위해서이다.

이 말에 "그들이 물러가서 땅에 엎드러지는지라"(6절). 죄인인 인간이 거룩한 하나님의 임재 앞에서 느끼는 감정은 두려움이다. 이것을 종교학적으로 '누미노제(numinose)' 체험[173]이라고 한다(출 3:6; 19:16; 사 6:5; 눅 5:8-10; 요 6:19-20; 19:8). 예수님을 잡으러 온 무리는 한 불법자인 "나사렛 예수"를 체포하려고 왔다. 그런데 예수님은 "내가 그다", 즉 "내가 바로 하나님이다"라고 당당하게 말하자 신적 권위에 눌려 그들은 두려워 떨면서 순식간에 뒤로 물러나 땅에 엎드린 것이다. 이것은 예수님이 힘이 없어서 고난을 당하는 것이 아니라 하나님의 뜻을 이루기 위해 주도적으로 고난의 길을 택하셨다는 것을 보여준다.

예수님은 고난을 주도적으로 스스로 선택한 것이지 수동적으로 힘이 없어 당한 것이 아니다(10:18; 막 10:45). 예수님은 자신에게 일어나는 모든 일(고난)이 어떤 인간의 계획, 즉 유다의 배신이나 유대인들의 모략에 의한 것도 아니고, 그렇다고 베드로의 칼부림 같은 인간의 노력으로 막을 수 있는 것도 아닌, 전적으로 아버지 하나님의 뜻과 경륜 속에서 이루어지고 있다고 보았다.

둘째, 베드로가 스승 예수를 부인하다(18:12-27). 공관복음은 베드로의 세 차례의 부인을 한꺼번에 보도하고 있지만, 요한복음은 시차를 두고 두 차례(1차와 2,3차)에 걸쳐 나누어 보도하고 있다. 요한의 이 같은 샌드위치 방식은 독자들로 하여금 베드로의 예수 부인에 대한 주의를 다시 한번 환기시키려는 데 그 목적이 있다고 볼 수 있다.

예수님은 적대자들 앞에서 용감하게 세 차례나 "내가 그니라"(18:5,6,8)고 자신의 신분을 드러냈지만, 베드로는 비겁하게 세 차례나 "나는 아니라"(18:17,25,27)고 하면서 예수님의 제자됨을 감추었다. 요한이 공관복음 전승을 어떻게 변형했는가를 잘 보여주는 '베드로의 스승 예수 부인'(마 26:69-75/ 막 14:66-72/ 눅 22:54-62/ 요 18:15-18,25-27) 기사를 다섯 가지 측면에서 요약하면 다음과 같다.

a. "추운 고로"(18:18) 첨가. 빛 되신 예수님과 함께 하지 않으니 추울 수밖에 없다.

b. "종과 아랫사람과 함께"(18:18) 첨가. 예수님과 함께 해야 할 시간에 베드로는 하찮은 사람들 무리에 끼어 그들과 함께 하고 있다.

c. "서서 불을 쬐더니"(18:18,25). 앉아서가 아니라 서서 불을 쬐고 있는 것은 도망치기에 더 적합한 자세이다.

d. '문지키는 여종'의 질문에서 '종과 하인들'의 질문으로, 마침내 '귀가 잘린 말고의 친척'의 질문으로 진행되면서 점점 확정적인 단서로 나아가고 있다(18:25-26).

e. "닭이 울더라"(18:27). 요한은 '그리고 아무 말도 하지 않았다'("밖에 나가서 심히 통곡하니라"가 없다. 베드로는 눈물 한 방울 흘리지 않았다. 철저히 배신했다). 상황 끝.

셋째, 예수님의 죽으심이다(19:28-30). "예수께서 모든 일이 이미 이루어진 줄 아시고 성경을 응하게 하려 하사 이르시되 내가 목마르다"(28절). 예수님의 사명은 성경의 모든 예언을 이루는 것이었다. 이제 자신의 사명을 모두 완성할 시간이 다 가온 줄 아신 예수님은 성경에서 자신에 대해 예언한 모든 말씀을 이루려고 하셨다. 사람이 인생의 마지막에 관심을 가져야 할 일은 하나님께서 내게 주신 사명을 다 이루었느냐 하는 것이다.

"내가 목마르다"라는 이 짤막한 말은 시편 69:21을 응하게 하려 함이다. 십자가상에서 겪는 예수님의 이 육체적 갈증은 지독한 고통이자 쓰라린 슬픔이다. 이 말씀은 이어지는 "다 이루어졌다"(30절)라는 예수님의 마지막 말씀과 연결지을 때 더 깊은 의미를 갖는다. 요한복음에 따르면 예수님의 "음식"은 자신을 파견하신 아버지의 뜻을 행하고 그분의 일을 다 이루는 것이다(4:34). 또한 예수님은 아버지께서 자신에게 주신 "잔"을 마셔야만 한다(18:11).

"예수께서 신 포도주를 받으신 후에 이르시되 다 이루었다 하시고 머리를 숙이니 영혼이 떠나가시니라"(30절). "다 이루었다"의 원어 '테텔레스타이(Τετέλεσται)'는 완료수동태 3인칭 단수형으로 '그 일이 이루어졌다(It is finished, KJV, NASA, NIV)'라는 식의 수동태로 번역되어야 한다. 예수님은 '자신이' 어떤 일을 성취하였다는 의미로 말씀하신 것이 아니라 '하나님께서' 자신을 통해서 이루고자 하신 '그 모든 일들이' 온전히 이루어졌다는 의미로 말씀하신 것이다. 예수님은 오직 모든 영광을 하나님께만 돌리는 겸손함을 보였다.

이때 예수께서 이루신 것은 창세 전에 계획된 전 인류와 온 우주에 대한 구속 사역이었다. 예수님의 죽음으로 이 일은 단번에 완전히 이루어졌다(롬 6:10; 히 7:27). 이는 또한 구약에 나타난 구원에 관한 하나님의 모든 약속과 예언이 성취된 것이기도 하다. 예수님의 죽음은 대속과 새 언약의 제사이므로 예루살렘 성전제의의 모든 의미와 기능을 다 성취한 것이기도 하다. 이 짧으면서도 장엄한 한 마디는 십자가상에서의 예수님의 죽음이 인간 역사의 절정이요 인류의 모든 희망의 근거라는 사실을 온 세상에 천명한다.

"영혼이 돌아가시니라(παρέδωκεν τὸ πνεῦμα)". 정확한 번역은 "숨을 넘겨주시니라"이다. "돌아가시니라"로 번역된 '파레도켄'은 '내놓다', '포기하다'라는 의미로 능동태가 사용되었다는 점에 주의할 필요가 있다. 예수님은 자신의 영혼을 아버지에게 능동적으로 내어놓으셨다(눅 23:46). 예수님이 죽으신 것은 빌라도에 의해서도, 대제사장들에 의해서도 아니고, 스스로 버린 것이다(10:18). 예수님의 죽음은 말씀을 성취한 자발적 죽음이었다(사 53:12).

18-19장의 수난 이야기는 예수님의 수난이 힘이 없어서 당한 것이 아니라 하나님의 깊은 경륜에 따라 자발적으로 선택한 수난이다. 요한은 예수님의 수난을 왕적 메시아의 등극으로 그리고 있다. 아울러 예수님의 수난 이야기는 하나님이 이스라엘을 구원(출애굽)하기 위해 요셉을 죄악의 땅 애굽으로 먼저 보냈듯이(창 45:7-8; 50:20-21), 새 이스라엘을 구원(새 출애굽)하기 위해 예수님을 죄악의 나무인 십자가에 달게 하심으로 인류를 구원한 위대한 구원(감동)의 드라마이다.

악으로 선을 이긴 것을 환호하며 자축하는 우리를 슬프게 하는 이 세상에서, 선으로 악을 이기기 위해 고난을 스스로 선택한 십자가 사건은 '수난은 곧 영광'이라는 아이러니의 극치,

인류 최대의 역설, 통쾌한 역전 드라마가 아닐 수 없다. 이 감동의 드라마를 연출한 우리 하나님은 참으로 멋진 하나님이시다.

(iii) 선한 목자이신 예수(10:1-21)

10장과 12:1-36의 핵심 주제는 '구원론'으로, 구원을 이루기 위한 예수님의 죽음이라는 '십자가 신학'이 그 배경에 깔려 있다는 점에서 이 두 장은 상응한다. 10장의 전반부(1-21절)는 예수님의 자기계시 말씀인 '에고 에이미'의 비유적 용법 두 개("나는 양의 문이다"와 "나는 선한 목자다")가 동시에 나타나는데, 그것들은 구원론과 관련되어 있다. 그리고 10장의 후반부(22-42절)는 수전절에 있었던 사건으로 구원론의 기초가 되는 기독론 논쟁이 다시 등장한다. 여기서는 선한 목자와 도둑(삯꾼 목자)을 비교하고 있는 대목(10-18절)을 중심으로 살펴보고자 한다.

"도둑이 오는 것은 도둑질하고 죽이고 멸망시키려는 것뿐이요 내가 온 것은 양으로 생명을 얻게 하고 더 풍성히 얻게 하려는 것이라"(10절). 이 구절은 예수님의 오심을 잘 말해주고 있는데, 그 기본 사상은 요한복음의 요절이라고 할 수 있는 3:16과 같다. 여기서 "도둑"은 하늘로부터 온 자들이 아닌 거짓 선지자나 거짓 메시아로서 이들은 양들을 도둑질하고 죽이고 멸망으로 이끄는 자들이다. 오직 하늘로부터 온 하나님의 아들 예수 그리스도만이 양들의 목자가 되어 그들에게 꼴을 먹여 주고 더욱 풍성한 하늘 양식(영원한 생명)을 제공해 주는 구주가 된다.

"나는 선한 목자라 선한 목자는 양들을 위하여 목숨을 버리거니와 / 삯꾼은 목자가 아니요 양도 제 양이 아니라 이리가 오는 것을 보면 양을 버리고 달아나나니 이리가 양을 물어 가고 또 해치느니라"(11,12절). 구약에서 하나님과 이스라엘 백성 간의 언약 관계를 말할 때 '목자와 양'의 관계로 표현하기도 하였다.174) 특히 이 대목에 나오는 "선한 목자"와 "삯꾼"의 대조는 에스겔 34장에서 그 단초를 엿볼 수 있다.

"나는 선한 목자라"라는 예수님의 자기계시 말씀은 '에고 에이미'의 비유적 용법 일곱 개 중 네 번째, 즉 한가운데 자리하고 있다는 점에서 중요한 의미를 갖는다. 성막(성전)의 일곱 기구와 관련해서 볼 때 이 말씀은 "번제단"에 해당하는 말씀이다. 선한 목자는 자신의 양들을 위하여 자신의 목숨을 내놓는다. 우리의 선한 목자 되시는 예수 그리스도는 우리를 위해 십자가를 지심으로 자신의 목숨을 내놓았다. 이러한 모습이 선한 목자와 악한 목자, 참 목자와 거짓 목자를 구분하는 기준이다.

이와는 달리 삯꾼은 삯을 받고 고용된 일꾼이기에 양을 위해 희생을 감수할 마음이 없다. 따라서 이리가 오는 것과 같은 위험한 상황이 닥치면 양을 버리고 도망쳐 버린다. 이때 아무런 보호를 받지 못한 양들은 이리의 밥이 되고 만다. 양들을 보호해야 할 결정적인 순간에 도망가는 삯꾼은 악한 강도(목자가 아님)일 뿐이다. 양들(백성들)에게 생명을 가져다주지 못하고 모세의 율법으로 양들을 억압하고 자신들의 기득권을 지키면서 예수님과 그를 믿는 공동체를 해치는데 열중하는 유대 지도자들(바리새인들)이야말로 삯꾼과 같은 악한 강도들(이리

떼)이다.

"나는 선한 목자라 나는 내 양을 알고 양도 나를 아는 것 / 아버지께서 나를 아시고 내가 아버지를 아는 것 같으니 나는 양을 위하여 목숨을 버리노라"(14,15절). 여기서 "안다"는 것은 머리로 아는 이성적이고 합리적인 앎이 아니라 상호 간의 인격적이고 체험적인 앎을 말한다. 목자는 양을 위해 자기의 목숨을 버릴 만큼 이들의 관계는 깊고 친밀하다(암 3:2; 신 7:6-11).

이 단락에는 "나는…목숨을 버리노라"는 말이 4회(11,15,17,18절)나 나타난다. 이것은 구원이 저절로 이루어지는 것이 아니라 예수님의 십자가 죽음이라는 값비싼 대가가 있어야 이루어진다는 것을 시사한다. 예수님의 죽음과 관련된 "위하여"의 원어 '휘페르(ὑπὲρ)' 전치사는 양들을 대신하여 죽는 목자의 대속적 죽음의 의미를 갖는다.

"또 이 우리에 들지 아니한 다른 양들이 내게 있어 내가 인도하여야 할 터이니 그들도 내 음성을 듣고 한 무리가 되어 한 목자에게 있으리라"(16절). "다른 양들"(모든 민족)을 불러모으는 목적은 한 목자 아래 두기 위함이다(11:50-52; 17:20-24). 새로운 공동체인 '한 목자 아래 한 양떼'는 예수님과 제자들에 의한 이스라엘의 선교(마 10:5-6)와 이방인 선교(20:21; 마 28:18-20)를 통해 이루어질 것이다.

"내가 내 목숨을 버리는 것은 그것을 내가 다시 얻기 위함이니 이로 말미암아 아버지께서 나를 사랑하시느니라 / 이를 내게서 빼앗는 자가 있는 것이 아니라 내가 스스로 버리노라 나는 버릴 권세도 있고 다시 얻을 권세도 있으니 이 계명은 내 아버지에게서 받았노라"(17,18절). 아버지께서 아들을 사랑하시는 것은 아들이 자신의 목숨을 자발적으로 내놓기 때문이다. 요한은 예수님의 자발적 순종을 특히 강조한다(5:30; 7:28; 8:28,42; 14:10).

예수님이 자발적으로 목숨을 버리는 것은 목숨을 다시 얻는 부활이 뒤따르기 때문이다. 여기서 요한복음의 특징은 '죽음과 부활'이라는 양자의 결합을 보게 된다(2:19-21; 3:14-15; 8:28; 12:31-32).175) 예수님의 죽음은 그의 아버지에게로의 복귀를 의미하며, 예수님의 부활은 아버지에 의해 그가 영화롭게 되는 것을 의미한다(17:1,5,11).

자신의 목숨을 버릴 권세도 있고 다시 얻을 권세도 있다는 말은 아버지께로부터 위임받은 예수님의 절대적인 주도권이나 신적 권한을 표현하는 말이다(3:35; 13:3; 17:2). 그리하여 요한복음에 나타난 예수님은 수난사화에서 보듯이 힘이 없어서 체포되고 끌려가서 죽는 나약한 모습이 아니라 주도적으로 수난을 향해 나아가고 당당하게 죽는 왕자다운 늠름한 모습으로 그려진다(요 18-19장).

(iv) 겟세마네 기도(12:27-33)

12:1-36은 요한복음의 제2부가 시작되는 장으로써 마지막 유월절 한 주간의 사건을 시작하는 장이다. 이 장은 예수님의 죽음을 준비하는 나사로의 누이 마리아가 예수님의 발에 향유를 붓는 사건과 예루살렘 입성 및 하나의 밀알로서의 예수님의 죽음이 갖는 의미를 보도하고 있다. 이 모든 보도는 인간을 구원하기 위한 예수님의 십자가 수난의 길을 보여주고 있

다.

이미 언급했듯이 12장은 요한복음의 제2부가 시작되는 장이면서 본론의 세 번째 부분(9-12장)을 마감하는 전환장이기도 하다. 12장은 인류 구원을 위한 예수님의 수난과 죽음(십자가)이 시작되는 장으로, 이 부분의 핵심주제는 '십자가 신학'에 기초한 '구원론'이다. 그런 의미에서 '구원론'(십자가 신학)을 말하는 10장과 상응한다.

순전한 나드 한 근을 예수님의 발에 부은 마리아의 희생적 행위는 자신의 목숨을 양을 위해 희생하는 선한 목자 예수와 상응하는 모습이다. 반면에 마리아의 희생적 행위를 비난하는 유다는 돈을 훔쳐가는 도둑으로 이리가 오면 양들을 버리고 달아나는 삯꾼의 모습이다. 이런 모습은 이 단락이 10장과 상응함을 말해준다. 여기서는 이미 언급한 부분을 제외하고 겟세마네 기도를 보여주는 12:27-33을 중심으로 살펴보고자 한다.

이 단락은 성전정화사건과 더불어 요한의 글쓰기를 이해하는 데 있어서 결정적으로 중요한 단서를 제공한다는 점에서 대단히 중요한 대목이다.

요한복음에는 공관복음의 '겟세마네 기도'가 생략되어 있다는 일반적 주장에 대해, 27-33절이 바로 '겟세마네 기도'와 그에 대한 요한의 해석을 말해 주고 있다는 것이 나의 생각이다. 다만 공관복음과 비교할 때 그 위치와 내용에서 상당히 다를 뿐이다. 그 차이는 요한이 신학적 의도를 가지고 '겟세마네 기도'를 이곳에 배치했으며, 예수님의 십자가(수난과 죽음)를 예수님의 부활(영광과 승리)의 관점에서 재해석한 데 기인한다.

"지금 내 마음이 괴로우니 무슨 말을 하리요 아버지여 나를 구원하여 이 때를 면하게 하여 주옵소서 그러나 내가 이를 위하여 이 때에 왔나이다"(27절). "지금 내 마음이 괴로우니"라는 대목은 요한복음에서 3회(11:33; 12:27; 13:21) 나온다. 여기서 요한의 '숫자 상징코드'를 고려할 때 '더 이상은 없다'는 의미의 숫자 3은 예수님의 인간적인 면을 완벽히 드러냈음을 암시한다(히 4:15).

나는 요한복음에 나타난 예수님을 아무런 인간적 감정도 없는 부동의 신(神)처럼 다루려는 견해에 강력히 반대한다. 천하보다 귀한 목숨을 내놓아야 하는 상황에서 고민하지 않는 사람이 있겠는가? 그런 사람이 있다면 그는 자신(자기 생명)을 진정으로 사랑하지 않는 사람이다. 문제는 죽음 앞에서 어떤 자세를 갖느냐이다.

"아버지여 나를 구원하여 이 때를 면하게 하여 주옵소서." 이 기원에서 중요한 것은 공관복음은 "이 잔을 내게서 옮기시옵소서"(마 26:39/ 막 14:36/ 눅 22:42)라는 인간적 측면이 강조된 반면, 요한복음은 "이 때를 면하게 하여 주옵소서"라는 시간적 측면이 강조되고 있다는 사실이다. 여기서 요한은 예수님이 수난과 죽음이 없기를 바라기보다는 그것을 기꺼이 받아들이되 그때가 지금인지에 대해 아버지의 뜻을 묻고 있는 것으로 묘사하고 있다. 다음 대목이 이러한 사실을 잘 말해준다.

"그러나 내가 이를 위하여 이 때에 왔나이다." 예수님은 자신이 이 세상에 온 목적과 사명을 분명히 자각했다. 이 고백은 아버지가 원하시는 때가 지금이라면 기꺼이 받아들이겠다는 결연한 의지를 반영한다. 예수님의 고뇌에 찬 기도에 이은 이 같은 고백은 아버지의 뜻을 확인하고 그 뜻을 겸허히 받아들이겠다는 절대 순종의 자세이다.

"아버지여, 아버지의 이름을 영광스럽게 하옵소서 하시니 이에 하늘에서 소리가 나서 이르되 내가 이미 영광스럽게 하였고 또다시 영광스럽게 하리라"(28절). 이 구절은 겟세마네 기도를 영광의 관점에서 해석한 요한의 신학적 의도를 잘 보여주고 있다. '거룩은 하나님의 내적 본질'이고 '영광은 하나님의 외적 현시'로서, '아버지의 이름'은 주기도(마 6:9/ 눅 11:2)의 첫 자리를 차지하는 가장 중요한 간구이다. 예수님은 자신의 수난과 죽음이 아버지를 영화롭게 하는 것이 되기를 기원했다.

그러자 하늘에서 소리가 났다. 이 소리는 요한복음에서 하늘로부터 들려온 유일한 소리이다. 세례 받을 때(마 3:17/ 막 1:11/ 눅 3:22)와 변화산의 변모 때(마 17:5/ 막 9:7/ 눅 9:35)에 하늘로부터 들려온 소리는 모두 예수님이 하나님의 아들이라는 소리였다. 공관복음과는 달리 예수님의 죽음과 부활을 강조하는 요한은 바로 이 수난과 죽음의 상황에다 하늘의 음성을 둠으로써 예수님이 하나님의 아들이며 영광의 메시아임을 분명하게 드러내려는 의도를 가지고 있었다.

"이제 이 세상에 대한 심판이 이르렀으니 이 세상의 임금이 쫓겨나리라"(31절). "이제"에 해당하는 원어 '눈(νῦν)'이 27절에 이어 거듭 사용된 것은 결정적인 종말적 심판이 이르렀음을 시사한다. "이 세상"은 어둠과 거짓과 죽음의 영역으로, 불신앙의 세계를 가리킨다(8:23-24; 15:18-19; 16:8-11). "이 세상 임금"은 사탄(악마)을 가리키는 어휘로, 요한복음에서 3회 (12:31; 14:30; 16:11) 나타나는데, 숫자 상징코드에 의하면 예수 그리스도에 의한 사탄의 완벽한 패배를 암시한다.

"내가 땅에서 들리면 모든 사람을 내게로 이끌겠노라 하시니 / 이렇게 말씀하심은 자기가 어떠한 죽음으로 죽을 것을 보이심이러라"(32,33절). 요한복음에서 "들어올려지다"(3:14; 8:28; 12:32, 34)라는 표현은 예수님의 죽음 뿐만 아니라 부활과 승천을 모두 포함한다. 특히 이 구절에서는 3:14처럼 십자가에 달리신 예수님의 죽음과 관련해서 사용되고 있다. 예수님은 우리를 구원하고자 십자가에 달리신 한 알의 밀이 되셨다.

3) 교회론(4장=17장)

4장은 요한공동체의 '교회론'을 다루고 있다는 점에서 17장과 상응한다. 교회의 두 본질적 사역은 예배(모이는 교회)와 선교(흩어지는 교회)인데, 4장과 17장은 이 같은 교회의 두 본질적인 사역을 잘 보여주고 있다. 3장의 니고데모와 4장의 사마리아 여인은 여러 가지 면에서 대조를 이루고 있다. 그 차이점을 대조하면 다음과 같다.

때(시간): 밤중 / 대낮(정오), 곳(장소): 유대(예루살렘) / 사마리아, 대화의 발단: 계획적인 방문 / 우연히, 접근한 사람: 니고데모 / 예수님, 인종: 유대인 / 사마리아인(혼혈인), 사회적 신분: 바리새인이자 산헤드린 공회원 / 부정한 과거를 가진 여자, 대화의 주제: 거듭남 / 참된 예배, 대화의 결과: 처음에는 예수님의 말씀을 잘 깨닫지 못했으나 나중에 거듭나 예수님의 장사를 도움 / 예수님이 메시아임을 깨닫고 이웃에게 전도함.

요한은 구원의 순서로 3장에서 유대인의 구원을 언급하고, 4장에서 이방인의 구원을 언급하고 있다(롬 1:16). 즉 3장에서는 한 사회의 최상류층에 속하는 유대인 남자인 니고데모를 통해 '구원론'을 전개한 요한은 4장에서는 한 사회의 최하류층에 속하는 사마리아 여인을 통해 '교회론'을 전개하고 있다. 이는 구원에 있어서 그리고 교회 구성원에 있어서 차별이 없다는 의미에서 3:16의 "누구든지"에 대한 구체적 실례를 보여주고 있다.

예수님과 사마리아 여인과의 대화는 복음서들 가운데 유일하게 요한복음에서만 나타난다. 마태(제자파송설교[10:1-42])는 사마리아 전도에 부정적이다. 누가(사마리아 사람의 비유[10:25-37], 사마리아인의 감사[17:11-19])는 사마리아인에 관심을 보이기는 하나 전체적으로 볼 때 사마리아 선교에 소극적이다. 이에 반해 요한은 사마리아 전도에 적극적이다.

2장에서 "옛 성전과 예수님의 몸인 새 성전"이 대조되고, 3장에서 "이스라엘의 선생 니고데모와 하늘에서 오신 선생 예수님"이 대조되듯이, 4장에서는 "야곱의 우물에서 나온 물과 예수님이 주는 생수"와 "유대인의 예루살렘 성전 예배와 사마리아인의 그리심산 예배", "성전 예배와 영적 예배"가 대조되고 있다. 여기서는 이미 언급한 사마리아 여인과의 대화는 생략하고 34-35절을 중심으로 흩어지는 교회로서의 선교에 대해 살펴보고자 한다.

(1) 선교: 흩어지는 교회(4:34-35)
'예배 문제'로 귀결된 유대인 남자 예수와 부정한 사마리아 여자간의 대화는 '선교 문제'로 이어진다(27-54절). 여기서 주목해야 할 대목은 34-35절이다. "예수께서 이르시되 나의 양식은 나를 보내신 이의 뜻을 행하며 그의 일을 온전히 이루는 이것이니라 / 너희는 넉 달이 지나야 추수할 때가 이르겠다 하지 아니하느냐 그러나 나는 너희에게 이르노니 너희 눈을 들어 밭을 보라 희어져 추수하게 되었도다." 이 말씀의 뜻을 쉽게 풀이하면 이렇다.

사람이면 누구나 매일같이 거르지 않고 먹어야 할 양식이 있다. 그것은 빵이다. 그런데 예수님이 매일 먹는 양식은 빵보다도 자신을 이 세상에 보내신 아버지 하나님의 뜻, 하늘의 뜻을 행하는 것이다. 그것도 "적당히"가 아니라 "온전히" 이루는 것이다. 그 아버지 하나님의 뜻, 하늘의 뜻은 때가 되면 밭의 작물을 추수하듯 영혼에 대한 추수 곧 구령(救靈)에 있다. 영혼 구원은 육안으로 볼 때는 천천히 해도 괜찮다고 생각할지 모르나 영안으로 보면 시급한 일이 아닐 수 없다.

하나님이 가장 기뻐하시는 것, 하나님의 궁극적 목적은 만민이 구원을 받아 만민으로부터 예배(경배와 찬양)를 받는 일이다. "주의 도를 땅 위에, 주의 구원을 모든 나라에게 알리소서 / 하나님이여 민족들이 주를 찬송하게 하시며 모든 민족들이 주를 찬송하게 하소서"(시 67:2-3). 이를 위해 우리가 해야 할 시급한 일은 만민에게 복음을 전하는 일 곧 '선교'다.

나는 나의 신학의 방향을 '2M의 신학'으로 정했다. 여기서 말하는 2M은 Message(설교)와 Mission(선교)의 약자다. 신학은 기본적으로 '교회를 위한 학문'이자 '세계를 위한 학문'이어야 한다. 교회를 위한 학문으로서 가장 중요한 것은 예배다. 그런데 예배의 모든 요소 중 가장 중요한 요소는 하나님의 말씀 곧 '설교'에 있다.

따라서 교회를 위한 신학은 Message의 신학 곧 '설교를 위한 신학'이 되어야 한다는 것이다. 그리고 신학은 교회를 넘어 세계를 위한 신학, 곧 설교 말씀을 통해 은혜 받고 세계로 나아가 복음을 전하는 Mission의 신학 곧 '선교를 위한 신학'이 되어야 한다. 이 같은 나의 '2M의 신학'은 결국 오늘의 본문인 요한복음 4장이 말하는 '예배와 선교의 신학'에 다름 아니다.

사람에게 있어서 뜻을 세우는 것만큼 중요한 일도 없다. 공자는 열다섯 살에 학문에 뜻을 두었고, 서른 살에 자신의 입장이 섰다고 했다. 그런데 그가 세운 뜻은 정치적으로 출세하고 성공하는 것이었다. 그런데 이 세상에서의 출세나 성공이라는 것은 정말 헛되고 헛된 것에 지나지 않는다. 공자가 노년에 더 높고 고상한 뜻을 가졌다고 하더라도 별반 차이가 없다.

주님의 일생은 한마디로 자신을 이 세상에 보내신 아버지 하나님의 뜻 곧 하늘의 뜻을 온전히 이루는 것이었다. "뜻이 하늘에서 이루어진 것 같이 땅에서도 이루어지이다"(마 6:10). "나의 뜻대로 마옵시고 아버지의 뜻대로 되기를 원하나이다"라는 겟세마네 동산에서의 주님의 기도는 예수님이 얼마나 자기의 뜻보다 아버지의 뜻에 철저히 순종했는가를 잘 보여준다.

하늘 아버지의 뜻만이 영원한 뜻이다. 그것만이 허무한 인생 속에서 허무하지 않는 인생을 사는 길이다. 그것만이 영원한 인생을 사는 길이다. 그런데 하늘 아버지의 뜻은 무엇인가? 4장은 만민이 다 함께 모여 아버지께 영과 진리로 예배를 드리는 일이라고 말씀하면서 이를 위해 시급히 복음을 전하는 일, 즉 전도와 선교라고 말씀하고 있다. 부활하신 주님께서 승천하시면서 마지막 유언처럼 제자들에게 부탁하신 것도 바로 복음을 전하는 일이었다. 다른 말로 예수의 증인이 되는 일이다(행 1:8; 막 16:15; 마 28:19-20).

"뜻을 얻으면 침묵한다(得意忘言)" - 이것이 동양사상이다. 그러나 우리 믿는 자들은 뜻을 얻으면 가만히 앉아 있을 수 없다. 예수의 증인이 되어, 보고 들은 것을 말하지 않을 수 없다. 사마리아 여자가 메시아를 만나자마자 물동이를 내던지고 곧바로 예수의 증인이 되었던 것처럼, 우리 또한 예수의 증인된 선교적 사명을 한시도 잊어서는 안 될 것이다.

간디(M. Gandhi, 1869-1948)와 관련된 유명한 일화가 있다. 간디가 영국에 유학을 가서 주일 날 교회에 가게 되었다. 그런데 교회에 들어가려고 하는 데 문지기가 막았다. "왜 그러느냐?"고 했더니 "그것도 모르느냐?"고 하면서 "너는 흑인이잖아" 하였다. 즉 유색인종이라 교회에 들어갈 수 없다는 것이었다. 그 후 간디는 다시는 교회에 가지 않았다고 한다. 간디는 이런 말을 했다. "나는 예수는 좋지만 교회는 싫다." 그때 간디를 친절하고 따뜻하게 맞아주어 그가 기독교인이 되었다면 어떻게 되었을까? 간디로 인해 인도가 복음화되는 엄청난 역사가 일어나지 않았겠는가.

(2) 예수의 고별기도(17:1-26)

예수님의 고별기도(17장)는 고별설교(14-16장)의 대미를 장식하는 끝자락에 위치하고 있다. 나는 고별설교의 끝장인 16장은 18장의 수난사화로 이어지고, 17장(고별기도)은 괄호 속에 넣을 수 있는 전환장(요한공동체의 교회론)으로 생각한다.

이 기도를 "대제사장의 기도"라고도 한다. 예수님이 하나님과 제자들 사이에서 중보의 기도를 하고 있으며, 스스로를 거룩케 하고 제자들을 거룩케 해달라(17,19절)고 기도하는 내용은 예수님에게 대제사장적 역할이 부여되고 있다는 점에서 이 명칭을 쓰는 것은 무리가 없다고 본다.[176]

교회의 두 기둥이 '모이는 교회(예배공동체)'와 '흩어지는 교회(선교공동체)'라고 규정할 때, 고별기도의 핵심 주제는 이 세상으로부터의 "보전"(11,12,15절)과 제자와 신자들 사이의 "하나됨"(21,22,23절)이다. 즉 예배공동체인 요한의 교회는 외적으로 '거룩공동체'로 "보전(보호)"되어야 하고, 선교공동체인 요한의 교회는 내적으로 '사랑공동체'로 "하나됨(일치)"을 이루어야 한다는 것이 이 기도의 핵심 주제라고 말할 수 있다.

이 같은 교회론적 관점에서 17장의 구조를 분석하면 세 부분으로 나눌 수 있다. 첫 부분(1-5절)은 부활하실 주님 자신을 위한 기도와 부활공동체인 요한공동체의 기도로서 핵심어는 "영광(영화)"이다. 둘째 부분(6-19절)은 제자들을 위한 예수님의 기도와 예배공동체인 요한공동체의 기도로서 핵심어는 "보전(거룩)"이다. 셋째 부분(20-26절)은 신자들을 위한 예수님의 기도와 선교공동체인 요한공동체의 기도로서 핵심어는 "하나됨(사랑)"이다.

고별기도는 이미 부활하신 주님을 믿는 부활공동체로서의 요한의 교회가 유대교(회당)를 이기는 길이 무엇이며, 어떤 공동체가 되어야 하는가를 제시하고 있다. 즉 17장의 예수의 고별기도는 요한공동체의 기도이자 공동체의 염원을 담은 '선언서(Manifesto)'로서 요한공동체의 '교회론'이다.

기본적으로 부활공동체, 예배공동체, 선교공동체인 요한공동체는 여덟 가지 특징을 지닌 공동체를 지향하고자 한다: 영광공동체(1,4,5절), 영생공동체(3절), 말씀공동체(6,17절), 거룩공동체(11,14,16절), 기쁨공동체(13절), 진리공동체(17,19절), 사랑공동체(21,22,23,26절), 정의공동체(25절)가 그것이다. 여기서는 예수님의 기도의 특징인 "아바 아버지여"를 중심으로 살펴보고자 한다.

예수님은 하나님을 언제나 "아버지여"[177]라고 부르며 기도를 시작한다. 여기서 "아버지(파테르, Πάτερ)"는 아람어로 "아바(Abba)"로서 예수님이 하나님을 부르는 호칭으로 사용된 예수님의 언어였다. 복음의 핵심이자 가장 혁명적 주제에 대해 어떤 이는 이렇게 말한다. "성경에 가장 충격적인 메시지는 예수 그리스도를 믿으면 하나님의 자녀가 되는 권세를 갖는다는 것이다. 하나님을 '아빠'라고 부르는 것은 우리 인생에 있어서 가장 혁명적 사건이다."[178]

'아바'는 어린아이가 자신의 아버지를 향해 부를 때의 호칭 "아빠"에 해당하는 말이다. 예수님은 기도할 때 하나님을 항상 "아빠 아버지"[179]라고 불렀다. 이 호칭은 아들(예수)과 아버지(하나님)와의 '친밀성'을 잘 보여주는 것으로, 기도의 '은

밀성'(마 6:5-6)과 함께 예수님의 기도의 두 특징이라고 말할 수 있다.

예수님 기도의 특징인 '아바' 호칭은 하나님에 대한 이해를 완전히 뒤집어 놓은 혁명적 사건이다. 유대인들은 자신들이 하나님이라고 부른 여호와를 "가까이 하기에는 너무나 먼 당신"과 같은 그런 분으로 생각했다. 하나님은 하늘 위에 높고 높은 곳에 계신 분, 가까이 할 수 없는 거룩하시고 근엄하신 분, 항상 노여워하시고 죄를 가만히 보시지 않으시고 심판하시는 분, 사람의 손에 닿지 않는 멀리 계신 분으로 생각했다.

그러나 예수님의 하나님 이해는 유대인들과 달랐다. 하나님을 아버지와 같은 분, 더 정확하게 말하면 "아빠"와 같은 그런 분으로 보았다. 집에 계신 아빠처럼 늘 가까이 계시고 다정다감하시고, 아이의 모든 필요를 채워주시는 사랑의 아빠로 보았다. 하나님을 '아빠로서의 아버지'로 호칭한 것만큼 하나님의 정체성을 구체적이고도 생생하게 묘사한 말은 다시 없다. 이것은 유대인들이 볼 때 위험천만한 불경죄가 아닐 수 없었다. 예수님이 보여주신 기도의 호칭에서 우리는 요한이 아버지와 아들, 즉 성부 하나님과 성자 하나님의 친밀한 부자관계에 얼마나 깊은 관심을 가지고 있는가를 쉽게 엿볼 수 있다.

4) 신론(5장=16장)

요한복음 5-8장은 '유대인을 향한 긴 강화'이고, 13-16장은 '제자들을 위한 긴 강화'라는 점에서 상응한다. 5장의 신학적 핵심 주제는 아버지와 아들의 관계를 다룬 '아들 기독론'이고, 16장은 아들과 성령의 관계를 다룬 '아들의 영-성령론'이다. 따라서 5장과 16장은 함께 묶여져 '삼위일체론'을 취급하고 있다.

5장은 유대인들에 의한 예수님의 박해가 본격적으로 시작되는 장으로, 아버지에 의한 아들의 위로를 말씀하고 있다. 그리고 유대 회당에 의한 제자들의 출교가 본격화되는 16장은 보혜사 성령에 의한 제자들의 위로를 말씀하고 있다. 5장은 예수시대에 세상(유대인들)과 예수 간의 대립(예수에 대한 박해)이고, 16장은 교회시대에 세상(유대인들)과 제자들 간의 대립(제자에 대한 출교)을 묘사하고 있다는 점에서 5장과 16장은 서로 상응한다.

5-10장은 유대인의 절기에 생명을 불어넣은 예수, 유대인의 절기를 온전케 하신 예수를 보여주고 있다. 5장은 안식일과, 6장은 유월절과, 7-9장은 초막절과, 10장은 수전절과 관련된 예수의 사역과 가르침을 다루고 있다. 나아가 5:1-7:9은 예루살렘에서 갈릴리로의 네 번째 하강구조를 보여주고 있다. 여기서는 예수님에 대한 증인들을 언급하는 5:31-40을 중심으로 살펴보고자 한다.

(1) 예수의 세 증인(5:31-40)

예수님에 대한 증인들을 언급하는 이 단락은 구약의 제2이사야에 나타나는 이스라엘의 하나님과 이방신들 간의 재판 장면을 연상시킨다(사 43:8-13; 44:6-11). 소송을 성사시키려면 두 사람 이상의 증인이 필요하다(신 19:15). 이 단락에서 첫째 증인은 세례 요한(33-35절), 둘째 증인은 아버지 하나님(36-38절), 셋째 증인은 구약성경(39-40절)이다. 세 증인이 예수님의

하나님의 아들됨을 증언하고 있다. 여기서 "셋"은 온전하다는 뜻의 '숫자 상징코드'의 의미를 갖는다

첫째, 예수님에 대해 증언하는 세례 요한은 이미 진리에 대하여 증언하였다(33절; 1:19-34; 3:27-30). 예수님도 진리에 대하여 증언하러 이 세상에 왔다(18:37). 그러나 예수님은 사람에게서 증거를 취하지 않는다(34절). 이 점에서 세례 요한의 증언은 예수님의 증언에 비해 상대적 가치를 지닐 뿐이다. 예수님은 빛(1:5)이시지만 세례 요한은 단지 빛을 증언하는 등불(35절)에 지나지 않는다(1:7-8).

둘째, 예수님의 증언은 참인데, 그 까닭은 아버지 하나님께서 대신 증언하시기 때문이다(31,32절). 예수님에게는 요한의 증거보다 더 큰 증거가 있는데 그것은 아버지로부터 부여받아 행한 표적들이다(5:17,19). 이 "일들"은 특히 예수님이 아버지로부터 파견되었다는 사실을 증언해준다(8:28-29; 9:30-33; 10:25,32,37-38; 12:37; 15:24).

셋째, "너희가 성경에서 영생을 얻는 줄 생각하고 성경을 연구하거니와 이 성경이 곧 내게 대하여 증언하는 것이니라"(39절). 이 구절이야말로 요한복음 연구방법론 - 구약적(히브리적) 방법론 - 을 암시하는 구절이라는 의미에서 대단히 중요한 구절이다.

예수님은 유대인들이 영생을 얻기 위해 연구하는 구약성경이 바로 자신에 대한 증언이라고 말씀하고 있다. 요한복음에서 성경의 각 "말씀"은 예수님에게서 이루어진다(12:38; 13:18; 15:25; 17:12; 19:24,36). 예수님은 성경의 핵심이요 목적이다(1:45; 2:22; 5:39, 46; 12:16,41; 19:28; 20:9).

따라서 이 구절은 구약성경에 대한 초대교회의 기독론적 성경해석의 기초가 되는 구절이라는 점에서 결정적인 중요성을 갖는다. 그런데 유대인들은 생명을 얻기 위해 열심히 구약성경을 연구하지만 구약성경이 예수에 관한 책이며, 예수 안에 생명이 있다는 사실을 모르기 때문에 예수께로 오기를 원치 않았다(40절).

5장에서 한 가지 짚고 넘어가야 할 사실은 "아버지" 어휘가 빈번히 나타난다는 점이다. "아버지" 어휘가 1-4장에서는 한 구절(1:18; 2:16; 3:35; 4:23)씩만 나오는 데 반해, 5장에서는 무려 12구절(17,18,19,20,21,22,23,26,36,37,43,45절)에 걸쳐 나온다. "아버지"에 대한 강조는 다음과 같은 효과를 가져왔다.

첫째, 예수님이 하시는 모든 말씀과 일은 하나님 아버지와의 관계 속에서 이루어진 것이다. 이를 통해 하나님의 아들로서의 정체성이 분명해졌다. "내가 아무 것도 스스로 할 수 없노라"(5:30). 둘째, 유대인들의 박해가 본격적으로 시작되자 아버지께서 함께 하신다는 임마누엘 신앙을 통해 예수님과 제자들은 위로와 격려를 얻고 박해를 이길 힘을 얻게 되었다. "나를 보내신 이가 나와 함께 하시도다"(8:29). 셋째, 유대인들이 예수님을 박해하고 죽이고자 한 것은 아버지와 아들(의 관계)을 알지 못해서였다는 것을 드러내준다. "나와 아버지는 하나이니라"(10:30).

(2) 이 세상을 이기는 비결(16:32-33)

5장과 상응하는 16장은 '이 세상을 이기는 비결'을 두 가지로 보여주고 있다. '임마누엘 신앙'과 '부활신앙'이 그것이다.

이것을 잘 보여주는 대목이 32-33절이다.

32절은 '임마누엘 신앙'을 보여주고 있다. "보라 너희가 다 각각 제 곳으로 흩어지고 나를 혼자 둘 때가 오나니 벌써 왔도다 그러나 내가 혼자 있는 것이 아니라 아버지께서 나와 함께 계시느니라"(32절)." 이 구절의 앞 대목은 스가랴 13:7을 배경으로 한 말씀이다(막 14:27; 마 26:31). 예수님이 수난을 당할 때 제자들은 예수님을 버리고 흩어져 각기 제 길로 갔다(막 14:50). 그러나 아버지는 아들 예수와 언제나 함께 하신다(8:29). 이 '임마누엘 신앙'으로 이 세상을 능히 이길 수 있었다.

33절은 '부활신앙'을 보여주고 있다. "이것을 너희에게 이르는 것은 너희로 내 안에서 평안을 누리게 하려 함이라 세상에서는 너희가 환난을 당하나 담대하라 내가 세상을 이기었노라"(33절). 여기서의 평안은 세상이 주는 편안함이 아니라(14:27) 부활신앙으로 영생을 소유한 자로서의 죽음을 이기고 세상을 이긴 데서 나오는 평안이다. 수난과 죽음을 앞두고 승리자처럼 혼자서 당당하게 적진을 향해 나아간 예수님의 멋진 모습, 이것을 가능하게 했던 그 비밀(비결)은 바로 죽음을 능히 이기고 부활하심으로 이 세상 임금인 사탄의 세력을 이긴(16:11) '부활신앙' 때문이다.

그러기에 예수님은 "세상에서는 너희가 환난을 당하나 담대하라 내가 세상을 이기었노라"고 소리 높여 외치면서 당당하게 왕 같은 모습으로 십자가의 길로 나아갔던 것이다. "이기었노라(네니케카, νενίκηκα)"는 완료형으로, 예수님이 세상을 '이길 것'이 아니라 '이미 이겼다'고 말하고 있다. 예수님은 부활하심으로 사망 권세를 이겼고, 세상 임금은 이미 심판을 받았다.

당시 요한은 세상(유대인들)에 의해 박해와 순교를 요구당하고 있는 상황에서 어떤 환난을 당한다 할지라도 두려워말고 담대할 것을 주문하고 있다. 예수님이 이미 세상(죽음)을 이긴 것처럼 그리스도 안에서 승리에 대한 확신을 갖고 담대하게 살면서 복음을 증거할 것을 주문하고 있다.

바울은 외쳤다. "누가 우리를 그리스도의 사랑에서 끊으리요 환난이나 곤고나 박해나 기근이나 적신이나 위험이나 칼이랴 / 기록된 바 우리가 종일 주를 위하여 죽임을 당하게 되며 도살당할 양 같이 여김을 받았나이다 함과 같으니라 / 그러나 이 모든 일에 우리를 사랑하시는 이로 말미암아 우리가 넉넉히 이기느니라 / 내가 확신하노니 사망이나 생명이나 천사들이나 권세자들이나 현재 일이나 장래 일이나 능력이나 / 높음이나 깊음이나 다른 어떤 피조물이라도 우리를 우리 주 그리스도 예수 안에 있는 하나님의 사랑에서 끊을 수 없으리라" (롬 8:35-39). 할렐루야! 아멘.

5) 성례론(6장=15장)

오병이어 표적에 이어 생명의 떡 강화를 언급하고 있는 6장은 '성례전'을 핵심 주제로 다루고 있다. 이는 포도나무 강화를 통해 예수님과 제자 간의 일치를 언급하는 15장과 상응한다. 성례전 문제는 요한복음 해석에 있어서 가장 논란이 많이 된 문제 중의 하나이다.[180]

최후의 만찬에 대한 말씀은 4복음서와 바울에 나타나는데, 크게 두 갈래로 나누어진다. 마태 판(26:26-29)과 마가 판(14:22-25)은 거의 같고, 누가 판(22:14-20)과 바울 판(고전 11:22-26)은 유사하다. 그런데 요한 판 최후의 만찬은 6:51-58에서 가장 현저하게 나타난다.

3장과 18-19장은 두 곳에서만 유일하게 등장하는 "하나님 나라" 개념을 통해 서로 상응관계에 있듯이, 6장과 15장은 두 곳에서만 유일하게 등장하는 성만찬이 갖는 새 언약관계로서의 "상호 거주(이중적 거함)"라는 개념을 통해 서로 상응관계를 이루고 있다. 요한복음에서 "거하다"라는 구절은 14회 등장한다(1:14,39; 5:38; 6:56; 8:31,35; 10:40; 12:46; 14;17; 15:4,6,7,9,10). 이 중에서 상호 거주(이중적 거함)는 6장과 15장에서만 나타난다(6:56; 15:4,7,10).

6장과 15장은 성례전에 참여함이 갖는 참 제자의 의미(6:60-71; 15:8-25)가 무엇인지를 밝혀주고 있다. 특히 말씀 상징코드인 '에고 에이미(비유적 용법)' 문구가 6장("나는 생명의 떡이다")에서 처음 나타나 상응관계에 있는 15장("나는 포도나무다")에서 마치고 있다. 요한은 본론의 전반부에 '표적 상징코드'를 2-11장에 배치하고, 표적 상징코드를 네장씩 물리어 '말씀 상징코드'를 6-15장에 배치함으로써 본론의 전반부와 후반부를 연결하고 있다. 여기서 또다시 요한의 천재성을 보게 된다. 여기서는 요한복음의 성례전을 잘 보여주고 있는 6:51-58을 중심으로 살펴보고자 한다.

(1) 성만찬 말씀(6:51-58)

"나는 하늘에서 내려온 살아 있는 떡이니 사람이 이 떡을 먹으면 영생하리라 내가 줄 떡은 곧 세상의 생명을 위한 내 살이니라"(51절). 요한은 "하늘에서 내려온"이라는 어휘를 6장에서 10회(31,32[2회],33,38,41,42,50,51,58절)나 사용하면서, 예수님의 정체성이 하늘에 있음을 강조한다.

요한은 "몸(σῶμα)"이라고 하지 않고 "살(σάρξ)"이라는 어휘를 사용한다. 이는 요한이 성육신의 실제성(1:14), 특히 19:34에서와 같이 성육신 하신 자의 죽음의 실제성을 강조하고 있음을 반영한다. '휘페르(ὑπέρ, "…위한")'라는 어휘는 타인을 위한 예수님의 희생적 죽음을 표현할 때 사용된다(10:11,15에서는 양 떼, 11:50-51; 18:14에서는 유대 백성, 11:52에서는 전 인류, 15:13; 17:19에서는 제자들). "세상의 생명을 위한 내 살"이라는 표현은 "많은 사람을 위하여 흘리는 피"(막 14:24; 마 26:28)와 비교되는 말이다.

이스라엘 백성들은 출애굽한 후 광야에서 어려움을 당하자 하나님과 모세를 원망했을 뿐만 아니라 모세와 다투었다(출 17:2; 민 20:3). 마찬가지로 그들의 계승자인 유대인들은 예수께 투덜대다가 그의 말씀에 대해 서로 격렬한 다툼을 하였다. "이 사람이 어찌 능히 자기 살을 우리에게 주어 먹게 하겠느냐"(52절). 이 대목은 예수님의 말씀을 문자적으로만 듣고 오해 내지 불신하는 유대인들의 모습을 잘 드러내 주고 있다. 그러자 예수님은 본격적으로 성찬의 의미를 피력하셨다.

"진실로 진실로 너희에게 이르노니 인자의 살을 먹지 아니하고 인자의 피를 마시지 아니하면 너희 속에 생명이 없느니라"(53절). "진실로 진실로(아멘 아멘)"라는 표현은 다음에 나오는 말이 중요하다는 것을 시사한다. 이 구절에서 먼저 주목해야 할 대목은 "인자의 살"과 "인자의 피"이다. 이 같은 표현은 다른 어떤 최후의 만찬 기사에서도 볼 수 없는 구체성(실제성)을 띤 표현이다.

공관복음은 "살" 대신에 "몸"으로, "피" 대신에 "잔"이라는 표현을 쓰면서, "잔"을 "언약의 피"(막 14:24; 마 26:28; 눅 22:20; 고전 11:25)로 보도하고 있다. 요한은 "내(인자의) 살"과 "내(인자의) 피"라는 어구를 각각 4회씩 사용하여 성만찬의 실제성(구체성)을 표현하고 있다.

요한은 27절에서 사용한 "인자" 칭호를 여기서 다시 사용하고 있다. 이 칭호는 예수님의 희생적 죽음을 의미한다. 지금 예수님은 유월절에 제자들과 최후의 만찬을 나누면서 자신의 임박한 죽음을 "인자(사람의 아들)"로서의 죽음으로 말씀하고 있다.

"내 살을 먹고 내 피를 마시는 자는 영생을 가졌고 마지막 날에 내가 그를 다시 살리리니 / 내 살은 참된 양식이요 내 피는 참된 음료로다"(54,55절). 최후의 만찬에 나오는 모든 것은 상징성을 띤다. 그 죽음의 의미를 '떡(인자의 살)'을 부수어 나누어줌으로, 그리고 '빨간 포도주(인자의 피)'를 부어 마시게 함으로 극화(劇化)하여 설명하고 있다. 다가오는 자신의 죽음을 새 유월절 죽음, 즉 출애굽 구원의 종말론적 성취로 설명하고 있다.

예수님은 자신의 임박한 죽음을 두 개의 범주로 해석했다. 하나는 '대속의 제사'(사 53:10-12)이고 다른 하나는 '새 언약의 제사'(출 24:8; 사 42:6; 49:8; 렘 31:31-34)이다. '대속의 제사'를 통해 백성의 죄를 씻어 의롭게 해서 그들을 하나님과의 올바른 관계로 회복한다. '새 언약의 제사'를 통해 하나님의 새 백성을 창조한다. 시내 언약이 이스라엘의 자녀들을 하나님의 언약백성으로 삼았다면, 십자가의 새 언약의 제사는 새 이스라엘의 자녀들을 하나님의 새 언약백성이 되게 한다. 따라서 인자(예수)의 피는 옛 언약 곧 구약(舊約)을 대신할, 새 언약 곧 신약(新約)의 피(눅 22:20; 고전 11:25)가 된다.

"내 살을 먹고 내 피를 마시는 자는 내 안에 거하고 나도 그의 안에 거하나니"(56절). 이 구절은 이 강화의 절정에 해당하는 구절이라고 말할 수 있다. 이 구절에서 사용된 '거주하다(메노, μένω)'라는 단어는 중요한 의미를 지닌다. 이 단어는 아버지와 아들과 성령의 관계(1:32,33; 14:10; 15:10) 뿐만 아니라 예수님과 신자 간의 인격적 관계(5:38; 8:31; 15:4,7,9,10)를 규정한다. 예수님과 제자들의 서로 거함은 포도나무 비유(15장)에서 자세히 설명되고 있다.

성찬은 예수님의 살(떡)과 피(포도주)를 먹고 마시면서 예수님과 신자가 인격적 일치로서의 '상호 거주'를 이루는 거룩한 행위이다. 이것은 바울의 코이노니아(κοινωνία, 교제) 개념과 매우 흡사한 신앙의 개인적 관계성을 가리킨다(갈 2:19-20). 먹고 마시는 그 자체가 중요한 것이 아니라 먹고 마심으로써 그리스도와의 인격적인 일치를 이루는 결속관계(15장의 포도나무와 가지와의 관계)가 중요하다.

"살아 계신 아버지께서 나를 보내시매 내가 아버지로 말미암아 사는 것 같이 나를 먹는 그 사람도 나로 말미암아 살리라"(57절). 여기서 아버지[181]와 아들[182]의 관계는 아들과 신자의 관계와 연결된다. 아들이 아버지로 인해 사는 것 같이 신자들은 예수님과의 일치를 통해 산다. 아버지는 당신 안에 "생명"을 가지고 계시기에 "살아 계신" 분이고, 아버지는 아들을 파견하여 그 안에 "생명"을 가지도록 하셨기 때문에 아들은 "아버지로 말미암아 산다." 또한 아들은 이제 성찬을 통해 자기를 먹는 신자, 즉 자신을 믿고 받아들이는 자에게 바로 그 생명을 주어 "자기로 말미암아" 살도록 해준다.

요한은 생명의 떡 강화(6:22-59)와 포도나무 강화(15:1-17)를 길게 다루고 있다. 그 까닭은 무엇인가?

초기 공동체의 삶의 가장 두드러진 특징은 성례전 곧 '세례와 성찬'이다. 세례는 이스라엘의 역사, 특히 출애굽이라는 상징과 직접적으로 결부되어 있었다. 세례는 어느 집단에 들어가기 위해서 누구나 통과해야 하는 관문이었다. 따라서 세례는 예수님 자신 및 그분의 죽음과 부활이라는 구체적인 역사적 토대 위에서 이 둘을 묶어 주는 상징적 행위였다.

성찬도 세례와 동일한 내용으로 말할 수 있다. 성찬은 유월절, 출애굽, 다윗의 나라라는 유대적 배경과 직접적으로 결부되어 있다. 유월절이 일 년에 오직 한 번 거행되는 점을 제외하면 성찬은 유대인 공동체 속에서 유월절이 점하는 것과 비슷한 위치를 차지하고 있었다. 이렇게 성찬은 초기 기독교의 삶을 이스라엘의 역사적 삶과 아주 단단하게 묶어 주는 역할을 하였다. 초기 기독교 내에서 세례와 성찬은 예수님에 대한 예배로 이끄는 표지이자 상징적 실천 행위였다.

일단 세례를 받고 성찬에 참여하게 되면 그 사람의 기본적인 가족은 그의 동료 기독교인들이다. 그리하여 초대교회는 가족적인 공동체로서의 특성을 강하게 띠게 되었고, 기독교인은 유대인도 아니고 이방인도 아닌 오직 '그리스도 안에서' 새로운 가족, 즉 '제3의 종족'이 되었다. 그리고 이제 '성전과 토라에 대한 충성'은 또 다른 왕이신 '예수에 대한 충성'으로 대체되었다. 이것은 그 밖의 다른 모든 사항들을 능가하는 것이다. 이것은 유대 종교적 입장에서 뿐만 아니라 로마 정치적 입장에서도 가이사를 비롯한 여러 군주들이 요구한 충성 맹세를 근본적으로 전복시키는 성격을 띠었다.

초대교회는 많은 박해를 받았는데, 그 까닭은 어디에 있는가? 이에 대한 대답은 여러 가지가 있을 수 있다. 네로가 희생양을 원했기 때문이다. 또한 기독교인은 황제에 대한 충성 맹세를 거부하였고, 음란하거나(결혼한 사람들끼리도 서로 형제자매라고 부르는 행위), 은밀하게 악한 짓을 저지르거나(성찬을 사람의 살과 피를 먹는 식인종 관습으로 오해), 무신론자들(하나님을 표현하는 동상이나 상징물을 만들지 않음)로 오해 받았기 때문이다.

그러나 이러한 이유들은 어느 정도 일리가 있지만 당국자들이 아닌 일반 사람들조차 기독교인을 끊임없이 박해했다는 사실을 잘 설명해 주지 못한다. 그들이 그토록 예민하게 반응한 이유는 이미 언급한 '대안적 가족으로서의 기독교'의 존재 자체가 유대 사회나 이교 사회의 근본적인 전제들을 위협하는, 즉 그들의 토대 자체를 흔드는 일이 되었기 때문이다. 다시 말하면 기독교인들이 유대인과 이방인들의 세계관에 도전하고 그 상징적 세계를 끝장내려고 한다는 인식 때문이었다.[183]

여기서 그리스도 안에서 대안적 가족이 된 한 일화를 소개하고자 한다. 1911년 눈이 몹시 내린 겨울날, 북간도 명동촌에 이동휘(1873-1935) 선생이 부흥 전도사로 왔다. 그는 사흘 내내 출애굽기로 설교하다가 여성해방과 관련된 한 마디를 토해내었다. "새가 어떻게 날개를 하나만 가지고 날 수 있으며, 수레바퀴가 하나로 굴러갈 수 있는가?" 이를 계기로 이름이 없거나 천한 이름을 가진 여성들이 '주님 안의 자녀'라는 뜻의 "믿을 신(信)"자 돌림의 이름을 갖게 되었다. 며칠 사이 명동촌에 '신'자 돌림의 여성이 50명이나 되었다. 고만례였던 문익환(1918-94) 목사님의 어머니는 '김신묵'이 되었다. '신' 자 때문에 가문 족벌의 장벽을 훨훨 떨쳐버리고 신(信) 자 항렬의 한 동기가 되어 한 공동체 의식, 한겨레 의식이 확인, 확산되었던 것이다. 이는 문 목사님이 두고두고 찬탄해마지 않는 여성들의 부활이었다.184)

(2) 친구 사랑(15:13-16)

15장은 포도나무 강화를 통한 예수님과 제자 간의 일치(하나됨) 그리고 이어지는 제자와 세상과의 관계를 말하고 있다는 점에서, 성만찬이 갖는 예수님과 제자 간의 일치(하나됨) 그리고 이어지는 생명의 떡 강화 말씀에 대한 제자들의 반응을 말하는 6장과 상응한다. 6장은 성만찬을 통해, 15장은 포도나무 강화를 통해 새 언약의 말씀을 하고 있다는 점에서 6장과 15장은 상응한다. 여기서는 친구 사랑을 언급하고 있는 13-16절을 중심으로 살펴보고자 한다.

"사람이 친구를 위하여 자기 목숨을 버리면 이보다 더 큰 사랑이 없나니 / 너희는 내가 명하는 대로 행하면 곧 나의 친구라 / 이제부터는 너희를 종이라 하지 아니하리니 종은 주인이 하는 것을 알지 못함이라 너희를 친구라 하였노니 내가 내 아버지께 들은 것을 다 너희에게 알게 하였음이라"(13-15절). 여기서 예수님은 "친구"라는 말을 세 번 사용하면서 자신과 제자의 관계를 주인과 종, 또는 스승과 제자라는 수직적 관계가 아닌 친구 사이라는 수평적 관계로 말씀하고 있다.

지금까지 "서로 사랑하라"는 새 계명을 주신 예수님은 여기서 더 큰 사랑을 말한다. 그것은 '친구 사랑'이다. 부모와 자식, 형제 관계는 혈육 관계이기 때문에 종종 목숨을 버리면서까지 사랑하는 일이 있다. 그러나 피 한 방울 섞이지 않은 친구를 위해 목숨을 버리는 일은 쉽지 않다. 그러기에 주님께서는 이보다 더 큰 사랑이 없다고 말한 것이다.

역사상 위대한 성인들은 그 수하의 문도들을 상하 관계, 즉 스승과 제자 관계로 대했다. 제자를 수평적인 친구 관계로 대한 성인은 찾아보기 어렵다. 그런데 예수님은 높고 높은 하늘 보좌를 버리고 이 세상에 와서 "세리와 죄인의 친구"(눅 7:34), 제자들의 진실한 친구가 되었다.

주인과 종의 수직적 관계에서는 서로 깊은 인격적 관계를 가질 수 없다. 명령과 복종의 관계가 있을 뿐이다. 거기서는 참된 인격적 대화가 어렵다. 수평적 친구 관계가 될 때만이 진정한 인격적 대화가 가능하다. 예수님은 자신이 아버지께 들은 것을 친구인 제자에게 모두 알려 주는 참 좋은 친구이다.

"너희가 나를 택한 것이 아니요 내가 너희를 택하여 세웠나니 이는 너희로 가서 열매를 맺게 하고 또 너희 열매가 항상 있게 하여 내 이름으로 아버지께 무엇을 구하든지 다 받게 하려 함이라"(16절).

야웨 하나님께서 고대 근동 지방을 떠돌아다니던 히브리 백성을 선택하여 하나님의 백성인 이스라엘 백성 곧 선민(選民)이요 성민(聖民)이요 언약민(言約民)을 삼은 것은 하나님의 전적 사랑과 은총이었다(신 7:6-10; 시 118:22-23). 이것은 하나님이 주도권(initiative)을 쥐고 행한 일이다.

마찬가지로 예수님은 주로 천하디 천한 갈릴리 어부였던 제자들을 선택하여 하나님의 새 백성(새 이스라엘 백성) 삼은 것은 주님의 전적인 은혜와 사랑이었다(고전 1:26-31). 제자들이 예수님을 선택한 것이 아니라 예수님이 친히 먼저 찾아와 그들을 만나 주시고 친구삼아 주셨다. 찬송가 가사처럼 주님은 "주 예수 내가 알기 전 날 먼저 사랑했네 저 포도비유 같으니 참 좋은 나의 친구"이다. 주님께서 그들을 제자 삼으신 까닭은 세상에 나가 많은 열매를 맺도록 하기 위함 때문이다. 그리고 예수님은 자기 이름으로 무엇을 구하든지 다 받을 수 있도록 중보적 역할을 해 주는 정말 좋은 친구이다.

함석헌(咸錫憲, 1901-89) 선생께서는 정말 좋은 친구 김교신(金敎臣, 1901-45) 선생이 있었다. 함석헌은 친구 김교신이 죽은 지 넉 달 후에 8·15해방을 맞았을 때 "아! 김교신, 아! 김교신" 하면서 친구 김교신이 없는 해방된 조국을 슬퍼했다. 함석헌은 친구 사랑과 관련하여 <그 사람을 그대는 가졌는가>라는 시를 썼다.

만리길 나서는 날
처자를 내 맡기고 맘 놓고 갈 만한 사람
그 사람을 그대는 가졌는가.

온 세상 다 너를 버려 마음이 외로울 때에도
"너뿐이야" 하고 믿어주는
그 사람을 그대는 가졌는가.

탔던 배가 가라앉을 때 구명대를 서로 양보하며
"너만은 제발 살아다오" 할
그 사람을 그대는 가졌는가.

잊지 못할 이 세상을 그만두고 떠나려 할 때
'너 하나 있으니'하며
빙그레 웃으며 눈 감을 수 있는
그 사람을 그대는 가졌는가.

6) 성령론과 종말론(7장=14장)

요한은 7장과 14장에서 '성령론'을 '종말론'과 관련지어 진술하고 있다. 7장은 초막절에 있었던 예수님과 유대인들과의 충돌을 언급하면서 종말론적 표현인 "때"(6,8,30절) 주제가 본격적으로 나타나기 시작함과 동시에 "왔던 곳으로의 귀환"(33-34절) 주제가 처음으로 나타나기 시작한다. 요한은 초막절의 의미를 신자들이 '앞으로 받을 성령'(38-39절)과 관련지어 진술하고 있다.

14장은 고별설교가 본격적으로 시작되면서 "왔던 곳으로의 귀환" 주제(4-5,28절)와 아울러 예수님의 종말론적 사역을 대신할 또 다른 보혜사인 성령의 도래를 처음으로 언급하고 있다. 이 같은 '종말론'과 '성령론'을 핵심 주제로 다루고 있다는 점에서 7장과 14장은 상응한다.

(1) 초막절 끝날에 있었던 사건(7:37-44)

5-6장의 예수님과 유대인 간의 첫 충돌에 이어 7-8장은 초막절에 있었던 두 번째 충돌을 다루고 있다. 7장에서 이러한 충돌이 더 깊어가다가 8장에서 최고조에 달한다. 7:10에서 20장까지 긴 이야기가 예수님의 예루살렘(유대) 활동을 다루고 있는데, 첫 시작인 7장부터 예수님의 종말론적 죽음(영광)의 때가 본격적으로 언급되고 있다. 7장에서 특히 주목해 보아야 할 대목은 초막절 끝 날에 있었던 사건이다.

"명절 끝날 곧 큰 날에 예수께서 서서 외쳐 이르시되 누구든지 목마르거든 내게로 와서 마시라 / 나를 믿는 자는 성경에 이름과 같이 그 배에서 생수의 강이 흘러나오리라 하시니 / 이는 그를 믿는 자들이 받을 성령을 가리켜 말씀하신 것이라(예수께서 아직 영광을 받지 않으셨으므로 성령이 아직 그들에게 계시지 아니하시더라)"(37-39절). 초막절을 성취하신 예수님을 말하는 이 대목은 종말론과 성령론이 결합된 대단히 중요한 대목이다.

"명절 끝날 곧 큰 날"은 제7일인지 제8일인지 분명치 않으나 제8일은 휴식의 날이므로 명절 행사가 계속되는 제7일로 보는 것이 좋을 것이다. 이 날을 "큰 날"이라고 하는 것은 이 날에 마지막 중요한 초막절 행사가 행해지기 때문이다. 이 날 아침에 제사장들은 실로암(9:7) 못에 가서 물을 길어다가 무리가 환호하는 가운데 제단에 일곱 번 물을 붓는 예식을 거행한다.

이 예식은 출애굽 당시 므리바의 바위에서 샘물이 터져 나온 기적(출 17:1-7)을 기념하며, 오는 한 해도 하나님께서 물을 넉넉히 공급해 주셔서 목축과 농업을 풍성케 해 달라고 하는 일종의 기우제이다. 초막절을 포함한 모든 유대 축제는 출애굽 때의 구원을 기념하면서 동시에 종말에 출애굽 구원의 재현을 바라는 것이다. 초막절은 종말론적 실체를 가져오는 메시아를 모형론적으로 그려준다.

그래서 선지자들은 메시아 시대에 누리게 될 성령의 축복을 강(또는 샘물)으로 상징하여 예언했다(사 12:3; 44:3; 겔 47:1-12; 욜 3:18; 슥 14:8). 실로암에서 물을 길어다가 성전 제단에 뿌리는 의식은 종말에 하나님께서 성령 부어주심(욜 2:28-29)을 고대하는 의미가 있었다. 이런 초막절 행사가 행해지는 순간에 예수님은 자신이 바로 그 물을 공급하는 자(고전 10:4)라고 선언하였던 것이다.

"성경에 이름과 같이 그 배에서 생수의 강이 흘러나오리라"(38절)에서 "그 배"는 누구의 배인가에 대해 동방교회는 주로 "신자의 배"를 주장하는 반면, 서방교회는 주로 "그리스도의 배"를 주장한다. 예수께서 성령을 주신다(20:22)는 요한 사상에 따라, 그리고 "생수의 강"이 "성령"을 가리킨다(39절)는 요한의 해설에 의거할 때 일단 '그리스도의 배'로 볼 수 있다.

그런데 문제는 "나를 믿는 자는"이라는 어구가 문장 앞에 붙음으로써 문제는 단순하지 않게 되었다. 나는 두 주장을 결합해서 이 구절을 "나(예수)를 믿는 자는 예수께서 주실 성령을 받아 누리게 될 것이다"라는 종말론적 약속의 말씀으로 해석하고자 한다.

요한은 이것을 가리켜 예수께서 영광 받으신 후에 우리에게 주실 성령을 가리키는 것으로 해석하였다. 성령은 이미 구약시대부터 활동하셨지만(창 41:38; 민 27:18; 삿 3:10; 삼상 16:13 등) 그때에는 특별한 사람에게만 제한되었다. 그러나 신약시대에는 요엘의 예언처럼(욜 2:28) 믿는 모든 이들에게 허락되었는데, 그 시기는 부활절(오순절) 이후이다(요 20:22). 요한에 의하면 성령은 예수님 대신 오는 분이기 때문에(16:7) 이때에는 아직 저희에게 오지 않았다는 것이다.

초막절 끝날에 있었던 예수님의 발언을 두고 의견이 첨예하게 갈리었다. 긍정적인 한 부류의 사람들은 예수님이 "그 선지자"(40절), 또는 "그리스도"(41절)라고 말하는가 하면, 부정적인 다른 부류의 사람들은 "그리스도가 어찌 갈릴리에서 나오겠느냐 / 성경에 이르기를 그리스도는 다윗의 씨로[185] 또 다윗이 살던 마을 베들레헴에서 나오리라 하지 아니하였느냐"(41,42절)라고 말하였다. 예수님으로 말미암아 무리 중에서 쟁론이 있었고(43절) 그 중에서 예수님을 체포하고자 하는 자들도 있었다. 그러나 예수님의 권위에 압도되어 예수께 손을 대는 자는 없었다(44절).

7장은 초막절의 의미를 온전케 하신 예수님을 다루고 있다. 5장에서부터 계속된 유대인들과의 충돌은 7장에 와서 더욱 고조된다. 그리하여 7장은 예수님의 사로잡힘과 관련된 종말론적인 '카이로스'의 때가 다가오고 있음을 본격적으로 다루고 있다. 이 같은 '종말론' 주제를 초막절이 갖는 의미를 통해 '성령론'과 관련시키고 있다.

(2) 평안의 약속(14:27-31)

엄밀히 말해 '고별설교'는 14장부터 시작된다. 예수님의 고별설교와 구약의 모든 고별설교(창 49장; 신 31-33장; 수 22-24장; 대상 28-29장) 사이에는 근본적인 차이가 있다. 후자의 경우에는 유언한 자가 모두 죽었지만 전자의 경우에는 죽었다가 다시 살아났다.

그러기에 예수님의 고별설교는, 부활의 빛 아래에서, 그리고 성령의 오심을 통해 재해석된, 요한의 교회를 향한 그리스도의 설교라고 말할 수 있다. 14장은 예수님의 떠나심과 다시 오심이라는 '종말론'과 예수님의 사역을 대신할 보혜사 성령의 도래라는 '성령론'을 다루고 있다.

제자들은 스승 예수의 떠나심에 대해 근심하고 두려워하나 예수님은 평안을 선포하면서 자신의 떠나심이 갖는 두 가지 의미를 설명하고 있다. 하나는 예수님의 떠나심은 그들을 위한 하늘의 거처를 마련하는 일이요, 또 하나는 예수님의 떠나심은 자신의 사역을 대신할 성령의 도래를 의미한다는 것이다. 성령에 관한 논의는 절기 상징코드에서 살펴보았기에 여기서는 예수께서 떠나시면서 제자들에게 주신 평안에 관한 대목(27-31절)을 중심으로 살펴보고자 한다.

"평안을 너희에게 끼치노니 곧 나의 평안을 너희에게 주노라 내가 너희에게 주는 것은 세상이 주는 것과 같지 아니하니라 너희는 마음에 근심하지도 말고 두려워하지도 말라"(27절). 평안을 언급하는 이 구절은 14장의 시작부(14:1)와 관련되며, 15-16장의 고별강화의 결론(16:33)과도 관련된다.

"평안(에이레네, εἰρηνη)"은 히브리어의 "샬롬(שׁלוֹם)"의 번역어이다. "샬롬"(20:19,21)은 유대인들이 만날 때나 헤어질 때 하는 인사말이다(삼상 1:17; 20:42; 29:7). 그런데 여기서 예수님이 하신 "평안"의 말씀은 종말론적 구원 개념으로써 예수님은 이것을 위해 세상에 오셨고, 떠났다가, 다시 오실 것이다.[186]

로마의 첫 번째 황제였던 아우구스투스는 '로마의 평화(Pax Romana)'를 외치면서 '아라 파시스(Ara Pacis)' 곧 '평화의 제단'을 세웠다. 그러나 거기에는 평화의 구호만 있었을 뿐 진정한 평화는 없었다. 예수님이 오심으로 이 땅에 진정한 평화가 임했던 것이다(눅 2:14). 세상이 주는 평안은 재물, 지위, 권력과 같은 환경에서 오는 일시적이고 피상적인 평안일 뿐이다. 예수님이 주시는 평안은 하나님과의 화목에서 오는 진정한 평안(롬 5:1)이자 성령이 주는 하나님 나라에 속한 항구적인 평안이다 (14:17).

마음의 근심을 털어내고 많이 웃자. 내일 죽을망정 오늘은 웃자. 웃음이 행복을 가져오고 근심을 쫓아낸다. 갓난아이들은 하루에 적어도 500-600번을 웃는다고 한다. 세상 죄악의 때가 덜 묻었기 때문에 많이 웃는 것이다. 이에 반해 어른은 하루에 많이 웃어야 15번, 적게 웃으면 5-6번밖에 안 웃는다고 한다. 그만큼 사람이 자라면서 완악해지기 때문이다.

사람이 죽으면 이 생에서 만났던 영혼들이 전부 한자리에 모인다고 한다. 그런데 그들은 삶에서 자신이 겪은 일들을 뒤돌아 보며 한바탕 배꼽을 잡고 웃는다고 한다. 자신들이 너무 심각하게 살았다는 것이다. 삶이 하나의 즐거운 놀이이며, 지구라는 별에 잠시 여행을 온 것인데도 그것을 잊고 아무 것도 아닌 일에 집착하면서 영원히 살 것처럼 너무 심각했다는 것이다. 삶을 살아가면서 언제나 다가오는 것은 마음의 평화에 대한 문제다. 우리는 곧잘 삶의 고통에 대해 외부의 것들에 그 원인을 돌리지만, 사실 그것은 거의 전적으로 우리의 마음에 달려 있다.187)

여기에 평생을 기도할 때마다 "오, 내 주여, 나의 전부여"라고 고백했던 나사렛 예수의 화신 성 프란치스코(St. Francisco, 1182-1226)의 <평화의 기도>를 옮겨 적는다.188)

주여, 나를 평화의 도구로 써 주소서
미움이 있는 곳에 사랑을, 상처가 있는 곳에 용서를,
분열이 있는 곳에 일치를, 의혹이 있는 곳에 믿음을 심게 하소서.
주여, 나를 평화의 도구로 써 주소서.
오류가 있는 곳에 진리를, 절망이 있는 곳에 희망을,
어둠이 있는 곳에 광명을, 슬픔이 있는 곳에 기쁨을 심게 하소서.
위로받기보다는 위로하며, 이해받기보다는 이해하며,
사랑받기보다는 사랑하며, 자기를 온전히 줌으로써
영생을 얻기 때문이니,
주여, 나를 평화의 도구로 써 주소서.

7) 죄론(8장=13장)

　8장은 간음녀라는 '죄론'의 문제와 죄로부터 구원을 주시는 예수님은 누구인가라는 '기독론'의 문제를 유대인들과의 논쟁을 통해서 잘 보여주고 있다. 8장은 예수님의 정체성에 관한 그동안의 모든 논쟁에 종지부를 찍는 장이라고 해도 과언이 아닐 정도로 예수님과 유대인 간의 논쟁이 최고조로 달한 모습을 보여준다. 예수님의 정체에 대해 묻는 유대인들의 질문(25,53절)이나 3회 반복되는 '에고 에이미' 말씀(24,28,58절)이 그것을 잘 반영해 준다.

　간음하다 현장에서 잡힌 여인에 대한 기사(7:53-8:11)는 원래 요한복음의 일부가 아니었다는 것이 본문 비평학자들에 의해 보편적으로 받아들여지고 있다. 여기서 주목할 것은 왜 이 기사가 이곳에 배치되었는가 하는 점이다. 그것은 '죄론', 즉 예수께서 제자들의 발 씻김과 유다의 배반을 말하고 있는 13장과의 상응을 이루기 위해서라는 것이 나의 생각이다.

　13장은 예수님의 세족식을 통한 '죄론'과 그 상징 행위가 갖는 구원론적 의미를 윤리적 모범("서로 사랑하라"는 새 계명 수여)과 연결시켜 다루고 있다. 13장이 예수님의 세족 행위를 유다의 배신과 거듭 관련시킨 까닭이 여기에 있다. 여기서 죄란 빛 되시고 진리 되신 예수님을 모르는(떠나는) 것이다. 그리고 하나님이 보낸 예수님을 알고 믿는 것이 죄에서 자유함을 얻는 길임을 말씀하고 있다. 나아가 예수의 제자는 스승 예수가 명한 사랑의 새 계명을 지켜야 함을 역설하고 있다.

　한편, 5장에서 시작된 '생명' 주제는 8장까지 이어지고 있다.

5장은 '생명의 주님'(14절), 6장은 '생명의 떡'(35, 48절), 7장은 '생수의 강'(38절), 8장은 '생명의 빛'(12절)을 말씀하고 있다. 여기서는 간음하다 잡힌 여인을 언급하고 있는 8:1-11을 중심으로 살펴보고자 한다.

(1) 간음하다 잡힌 여인(8:1-11)

서기관들과 바리새인들은 간음하다가 현장에서 잡힌 여자를 예수님 앞에 세우고는 "모세는 율법(신 22:22-24; 레 20:10 참조)에 이러한 여자를 돌로 치라 명하였거니와 선생은 어떻게 말하겠나이까?"(5절)라고 물었다. 이를 두고 요한은 이렇게 해설을 붙였다. "그들이 이렇게 말함은 고발할 조건을 얻고자 하여 예수를 시험함이러라"(6a절). 그들의 질문은 예수님을 진퇴양난(올무)에 빠뜨리고자 한 질문이었다.

만일 예수님이 돌로 치라고 하면 그들은 예수님을 로마법 위반자로 고소할 것이다. 당시 유대인들은 산헤드린 공회에서 사형을 구형할 수는 있으나 집행에는 로마 총독의 허락이 있어야 했다(18:31). 뿐만 아니라 평소 사랑과 자비를 선포한 예수님 자신의 가르침과 모순되어 대중들로부터 반감을 사게 되는 결과를 초래할 것이다. 반대로 예수님이 이 여자를 용서해 주라고 말한다면 모세의 율법을 거슬린 죄목으로 산헤드린 공회에 의해 고발당하게 될 것이다.

"예수께서 몸을 굽히사 손가락으로 땅에 쓰시니"(6b절). 예수의 이 같은 행동은 구약 예언자의 상징적 행동을 연상케 한다. 예언자들은 말로만이 아닌 '상징적 행동(symbolic action)'으로도 하나님의 말씀을 전달하였다.

이사야는 3년 동안 맨발과 거의 벌거벗은 몸으로 지냈다(사 20장). 호세아는 음란한 여인 고멜과 결혼생활을 계속하였다(호 1-3장). 예레미야는 베띠를 새로 사서 이것을 바위틈 사이에 묻어버린다(렘 13장). 또한 질그릇을 하나 사서 그것을 많은 사람들이 보는 앞에서 산산이 부숴버린다(렘 19장). 에스겔은 예리한 칼로 자신의 머리카락과 수염을 잘라 그것을 셋으로 나누어 불로 태우고, 칼로 치고, 바람에 날려버린다(겔 5장). 또한 390일 동안은 왼편으로 누워 자고, 40일 동안은 오른편으로 누워 자는 괴팍한 행동을 한다(겔 4장). 이 같은 예언자들의 상징적 행동은 메시지를 효과적으로 전하기 위한 극적인 전달 방법이었다.

"그들이 묻기를 마지 아니하는지라 이에 일어나 이르시되 너희 중에 죄 없는 자가 먼저 돌로 치라"(7절). 예수님의 대답을 빨리 듣고 싶었던 그들은 초조한 나머지 계속해서 예수님께 물었던 것이다. 그러자 예수님은 말없는 행동에서 말로 자신의 의사를 표현하였다. "너희 중에 죄 없는 자가 먼저 돌로 치라". 먼저 돌로 치는 자는 증인이 된다(신 17:7). 예수님의 언사는 하나님 앞에 죄인인 주제에 다른 사람을 죄인으로 정죄하지 말라는 메시지를 선포한 것이다(마 7:1; 눅 6:37).

예수님은 다시 몸을 굽혀 손가락으로 뭔가를 땅에 쓰고 있었다(8절). 그러자 "그들이 이 말씀을 듣고 양심에 가책을 느껴 어른으로 시작하여 젊은이까지 하나씩 하나씩 나가고 오직 예수와 그 가운데 섰는 여자만 남았더라"(9절). "너희 중에 죄 없는 자가 먼저 돌로 치라"는 예수님의 비수와 같은 한 마디가 그들의 가슴에 내리꽂힌 것이다. 말씀의 칼을 맞은 그들은 양심의 가책을 받아 어른부터 젊은이까지 차례로 그 자리를 떴다.

왜 그랬을까? 그들은 모세의 율법에 비추어볼 때 자신들도 결코 의롭지 못하다는 사실을 그들의 양심이 말하고 있었기 때문이다. 그들은 그 똘똘 뭉친 죄성을 꼭꼭 숨기고 싶었다. 그리고 남에게, 즉 연약한 여자에게 돌을 던짐으로써 자신들의 죄로부터 자위하고자 했다. 그런데 예수께서 그 꼭꼭 숨어 있는 죄성을 밝은 대낮에 온 세상에 밝히 드러낸 것이다.

그들이 떠난 후에 예수님은 용서받은 여인을 향해 "너를 정죄한 자가 없느냐"(10절) 물었고 "주여 없나이다"라고 그 여인이 대답하자 "나도 너를 정죄하지 아니하노니 가서 다시는 죄를 범하지 말라"(11절)고 말하는 것으로 이 기사는 끝난다. 여기에 사죄의 기쁨이 있다. "그러므로 이제 그리스도 예수 안에 있는 자에게는 결코 정죄함이 없나니 / 이는 그리스도 예수 안에 있는 생명의 성령의 법이 죄와 사망의 법에서 너를 해방하였음이라"(롬 8:1-2).

이 사건이 말해주는 메시지는 이것이다. 이 사건은 예수님이 본래 영원에 속한 선재하신 분이요 위로부터 오신 하나님의 아들 되시기에 인간의 죄를 사하실 수 있는 분임을 시사한다. 그리고 잘못과 실수가 있는 사람에게 필요한 것은 차가운 비판의 화살이 아니라 따스한 사랑의 터치(touch)이다. 오늘날 이 세상이 이토록 시끄럽고 메마른 것은 찬송가의 가사처럼 '사랑 없는 까닭'이다. 사랑이 없기에 온 세상이 탄식하며 신음하고 있는 것이다.

(2) 새 계명 수여(13:34-35)

죄로부터의 구원을 다루는 데 있어서 8장이 그 죄를 사하는 "예수님은 누구인가"라는 수직적 차원의 '기독론'을 강조하고 있다면, 13장은 "구원받은 제자들은 어떻게 행하여야 하는가"라는 수평적 차원의 '기독교 윤리학'을 강조하고 있다. 고별설교가 시작되는 13장은 본론의 네 번째 단락(13-16장)의 첫 장이다. 이 장에서 우리가 주목해야 할 한 대목은 "새 계명에 관한 구절"이기에 이를 중심으로 살펴보고자 한다.

"새 계명을 너희에게 주노니 서로 사랑하라 내가 너희를 사랑한 것 같이 너희도 서로 사랑하라 / 너희가 서로 사랑하면 이로써 모든 사람이 너희가 내 제자인 줄 알리라"(34,35절). 이 대목은 본서에만 있는 말씀으로 15:12-17에서 부연되고 있다. 흔히 사도 요한을 가리켜 "사랑의 사도"라고 부르는 것은 새 계명, 곧 "서로 사랑하라"는 이 말씀에서 연유한다.

시내 언약에 따라 모세의 옛 계명(십계명)이 주어졌듯이, 새 모세인 예수님은 새 언약에 따라 새 계명("서로 사랑하라")을 주셨다. 요한은 "계명(명령)"에 해당하는 어휘(ἐντολή)를 10회 (10:18; 11:57; 12:49,50; 13:34; 14:15,21; 15:10[2회],12) 사용하여 구약의 십계명을 선포한 모세를 대신하여 예수님을 새 계명을 주시는 새 모세로 묘사하고 있다.

이웃 사랑에 관한 계명(레 19:18)이 이미 있는데, 예수께서 제자들에게 준 계명을 "새 계명"이라고 한 까닭은 무엇인가? 예수님의 사랑 계명이 "새롭다"는 것은 예수님의 사랑이 세족행위(13:4-17)에서 보여주었듯이 자기 비하의 사랑, 즉 윗사람(강한 자)이 아랫사람(약한 자)을 섬기는 하나님 나라의 윤리를 보여주고 있기 때문이다.

예수님은 모든 계명을 두 마디로 요약하였다. 전심을 다해 하나님을 사랑할 것과 이웃을 내 몸과 같이 사랑하라는 것이다(마 22:34-40/ 막 12:28-31). 세족 행위를 통해 참 사랑의 모범을 실천으로 보여준 예수님은 제자들 간의 '서로 사랑'을 강조했는데, 제자들이 서로 사랑할 때 세상은 우리가 진정 예수님의 제자인 것을 알게 될 것이다. 진리 되신 예수께서 "서로 사랑"을 말씀하신 데에는 진리는 먼 데 있는 것이 아니라 가까이 있는 네 형제(또는 아내와 남편)를 사랑하는 것임을 암묵적으로 역설하고 있는 것이 아닐까.[189]

오래 전에 감동적으로 읽은 소설 ≪동의보감≫에 보면 이런 글귀가 있다. 의원 유의태는 의원이 되려는 그의 아들에게 이렇게 말한다. "의원의 소임은 생명을 다루는 것임에서 세상 그 어느 생업보다도 고귀한 직업이다. 하여 의원이 의원이고자 하는 공부의 시초는 1천 5백 92가지 약재의 이름을 외우고 오미(五味: 辛鹹苦甘酸)의 맛과 그것이 신체에 미치는 영향이며 희노우사비경공(喜怒憂思悲驚恐) 그 칠정(七情)의 신(神)의 허실(虛實)을 다 알았다 한들 마지막 한 가지를 알지 않고서는 진실로 의원일 수 없다. 그것은 사랑이다. 병들어 앓는 이를 불쌍히 여기고 동정하는 마음."[190]

3. 요한의 대답: "메시아 예수가 진리다"-본서의 피날레

1) "진리"와 "진실로 진실로" 어휘의 상관관계

요한은 공관복음과 결정적으로 다른 두 어휘를 사용하고 있다. "진리(ἀλήθεια)"와 "진실로 진실로(Ἀμήν ἀμήν)"라는 어휘가 그것이다.[191] 요한은 이 두 어휘를 '똑같이' 25(5×5)회씩 사용하고 있다. 숫자 상징코드를 분명히 보여주고 있는 이 두 어휘야말로 요한의 천재성을 가장 극명하게 드러내는 어휘가 아닐 수 없다. 그러면 이제 두 어휘를 차례로 살펴보자.

요한은 "진리" 어휘를 25회(1:14,17; 3:21; 4:23,24; 5:33; 8:32[2회], 40, 44[2회], 45, 46; 14:6, 17; 15:26; 16:7, 13[2회]; 17:17[2회], 19; 18:37[2회], 38) 사용하고 있다. 그가 사용한 "진리" 어휘의 주요 용례를 다섯 가지로 살펴보자. 첫째, '예배'와 관련(4:23, 24), 둘째, '구원'과 관련(5:33,34; 14:6), 셋째, '자유'와 관련(8:32, 44), 넷째, '성령'과 관련(16:13, 14), 다섯째, '거룩'과 관련(17:17,19)하여 사용되었다.

그런데 이보다 더욱 중요한 것은 진리가 '예수 자신'과 관련하여 사용되었다는 점이다. 그러면서 "진리가 무엇이냐" 할 때에 진리는 첫째, 하나님 말씀(1:1; 17:17), 둘째, '하나님의 은혜'(1:14, 17), 셋째, '하나님 사랑'(3:16,21), 넷째, '하나님 나라'(3:3; 18:36-37), 다섯째, '하나님 아들(메시아)'(20:31)과 동의어로 사용되고 있다. 이 같은 진리의 내용을 알고 깨닫게 해주시는 이는 진리의 영 되시는 보혜사 성령이다(4:24; 15:26; 16:13).

한편, 요한은 "진실로 진실로(아멘 아멘)" 어휘를 25회(1:51; 3:3, 5, 11; 5:19, 24, 25; 6:26,32,47,53; 8:34, 51, 58; 10:1, 7; 12:24; 13:16, 20, 21, 38; 14:12; 16:20, 23; 21:18.) 사용하고 있다. "아멘(진실로)"이라는 말은 공관복음에서 50여 회나 사용될 정도로 예수께서 즐겨 사용하는 어법이다. 그런데 요한복음은 "아멘"이란 말을 두 번 거듭해서 사용했다는 점이 공관복음과 다르다.

더욱이 요한의 독특한 점은 이 어구를 "내가 너희에게 말한다(λὲγω ὑμῖν)"와 연결시켜 "진실로 진실로 너희에게 이르노니(Ἀμήν ἀμήν λὲγω ὑμῖν)"라는 정형화된 어구로 사용하고 있다는 점이다. 이런 표현은 구약 시대 선지자들이 자주 사용한 표현 "여호와께서 이같이 말씀하신다(코 아마르 야웨, כה אמר יהוה)" 인데, 이는 그들의 말이 자신들의 사상이나 지혜가 아닌 '하나님으로부터 온 메시지(神託)'임을 강조하기 위한 것이다.

그러므로 예수께서 이 말씀으로 이야기를 시작하신 것은 자신의 말씀이 신적인 권위, 즉 명백한 하나님의 말씀(진리)임을 선언하는 상징적 의미로 사용한 것이다. 따라서 요한이 똑같이 25회씩 의도적으로 사용된 이 두 어휘를 결합하면 "내가 말하는 것은 진리다. 그러니까 내 말을 믿으라"라는 의미를 갖는다.

2) "진리란 무엇인가? – 인생이란 무엇인가?"

학부 시절 철학과 교수님이 수업시간에 하신 말씀이 생각난다. 이 교수께서 어느 날 아침 교문 앞에서 정신없이 뛰어가고 있는 한 학생을 붙들고는 물었다. "왜 그렇게 뛰느냐?" 그러자 그 학생은 "수업에 지각을 하지 않기 위해서입니다" 라고 대답하는 것이었다. 교수님은 그 학생에게 또 물었다. "지각을 안해서 무엇하려고?" "좋은 성적 받기 위해서죠?" 교수님은 그 학생에게 계속 물었다. "그 다음에는?" "좋은 직장 취직하기 위해서죠?" "그 다음에는?" "돈 많이 벌어야죠." "그 다음에는?" "예쁜 여자 만나서 결혼해야죠." "그 다음에는?" "자녀들을 잘 길러야죠." "그 다음에는?" "건강하게 오래 잘 살아야죠." "그 다음에는?" "글쎄요, 병들어 죽게 되겠죠." 그렇다면 결국 죽기 위해 그 고생하며 죽어라고 뛰는 것인가.

　이것이 인생이라면 얼마나 슬픈 인생인가. 뛰던 발걸음을 멈추고, 바쁜 일손을 멈추고, "인생이란 무엇인가?", 또는 "나는 누구인가?"라는 근본적인 문제에 대해 다시 한 번 깊이 생각해 보아야 하지 않겠는가. '진리란 무엇인가'라는 물음은 '인생이란 무엇인가'라는 물음에 다름 아니다. '인생이란 무엇인가'라는 물음은 '삶이란 무엇인가' 또는 뒤집어서 '죽음이란 무엇인가'라는 물음에 다름 아니다.

　내 젊은 시절을 온통 사로잡았던 러시아의 대문호 도스토예프스키(Dostoevski, 1821-81)는 '뻬뜨라셰프스끼 서클'이라는 이념적 독서회에 참가했다가 1849년 4월 23일 체포되어 사형언도를 받고 집행장에 끌려갔다가 사형 직전에 살아난 경험이 있다. 그는 이 죽음의 체험을 그가 가장 애정을 갖고 쓴 ≪백치≫라는 소설의 '5분 남은 사형수 이야기'를 통해 묘사하고 있다. 이 사건은 그의 생애에 최대의 심적 변화를 가져왔다. 이때부터 그는 인생을 죽음의 관점에서 바라보게 되었고, 이 사건에 의한 혹독한 고통과 정신적 고독은 그로 하여금 불가마 속에서도 헤쳐갈 수 있는 결의에 찬 인간으로 성숙시켰다.

2000년 6월 나는 러시아의 모스크바와 상트 페테르부르크를 여행했다. 그때 톨스토이(Tolstoi, 1828-1910) 생가가 있는 야스나야 폴랴나를 방문하였다. 그곳에 가면 톨스토이 무덤이 있는데 그 무덤은 내게 신선한 충격을 주었다. 그의 무덤은 울타리도 없이 길가에 한 평도 안 될 정도로 작은 무덤이었다. 네모난 관 모양에, 예쁘게 잔디로 단장되어 있는 그의 무덤은 땅 위로 몇 십 센티 솟아올라 있었고, 무덤 앞에는 누군가가 갖다 놓은 빨간 꽃바구니가 놓여 있었다.

그때 난 갑자기 대학 시절에 읽은 "사람에게는 얼마만큼의 땅이 필요한가"라는 그가 쓴 글이 갑자기 생각났다. 해가 떠서 해가 질 때까지 하루 종일 뛰어서, 뛴 만큼 땅을 갖기로 하고 뛰기 시작했는데, 주인공 바홈은 지나치게 욕심을 부리다가 그만 출발선에 돌아오자마자 쓰러져 죽고 말았다. 결국 그는 한 평도 안 되는 땅에 묻히고 말았다. 톨스토이가 태어나서 죽은 야스나야 폴랴나의 그의 영지가 무려 490ha(147만 평)이나 되는데, 그의 무덤은 한 평 정도밖에 되지 않는다고 하니!

그해 드라마 <허준>이 인기리에 방영되고 있었다. 그 드라마에 이런 한 대목이 나온다. "사람마다 생사의 운명이 정해졌을 것인데 그것을 거스리고 발버둥치면 추해질 뿐이요… 내 행복으로 다른 사람이 고통받을 수 있다는 것을 생각하지 못했소… 이제 알 것 같소. 고통의 시작은 집착이라는 걸, 욕심을 버리면 한없이 편하다는 것, 이제 죽음을 목전에 두고서야 느끼고 있소." 빈 손으로 와서 한 세상 잘 놀다 갔으면 수지 맞은 것 아닌가. 그런데 왜 그리도 쓸데없는 욕심은 많은지. 우리는 죽을 때 아무 것도 가져가지 못한다는 이 처절한 진실을 정직하게 직시할 필요가 있다.

역사(인생)는 이중구조를 가진다. 역사는 한편으로 인간의 의지를 요구하지만, 다른 한편으로 인간의 겸허를 요구한다. 이 모순된 이중구조 속에 역사의 비밀이 있다. 우리가 인생을 정확하게 파악하려면 삶과 함께 죽음을 볼 줄 알아야 한다. 역사에 있어서의 무상감(無常感)이란 인생에 있어서의 죽음과 같은 것이다. 결국 삶과 죽음, 역사와 무상감은 한 수레의 두 개의 바퀴라 할 수 있다. 이러한 두 바퀴는 한편으로 인간의 의지를 요구하면서도, 다른 한편으로는 인간의 겸허를 요구한다.192)

지금으로부터 17년 전 한국탐험대가 지구 최북단 극지 탐험에 성공한 적이 있다. 그때 대장을 맡았던 최종열 씨는 북극점을 확인하는 순간의 감회를 이렇게 술회하였다. "1991년 5월 7일 새벽 1시 내가 지구촌 제1의 극지인 북극점에 서는 순간 허무감, 허탈감뿐이었다. 내가 무엇 때문에, 무엇을 얻기 위해 그 숱한 어려움을 겪으며, 목숨까지 내던질 각오로 지구의 꼭지점을 향해 3년이라는 긴 세월을 허비했단 말인가." 그는 목표를 이룬 순간에 허무감, 허탈감에 치를 떨었다.

이 세상은 "쓰리 허(허상, 허무, 허망)다." 그 속에서 느끼는 것은 허탈감이요 공허함 뿐이다. 그러기에 네덜란드의 철학자 스피노자(Spinoza, 1632-77)는 "영원의 상하(相下)"라는 말을 했다. 인생과 사물을 영원의 시각으로 보라는 것이다. 그럴 때 우리는 초연한 인생관을 가질 수 있다.

이 세상의 영광이라는 것이 얼마나 허망한 것인가 하는 것을 잘 보여주는 장면이 있다. 그것은 '로마 교황 대관식' 장면이다. 로마 교황은 전 세계 10억 이상을 헤아리는 가톨릭 교도로부터 최고의 목자로서 추앙을 받는 종교계의 정신적 영도자일 뿐만 아니라 정치적으로도 막강한 영향력을 행사하는 사람이다. 그런데 교황이 서거하면 전 세계에 산재해 있는 추기경들이 로마 바티칸에 집합하여 추기경만의 비밀회의를 열어 다음 교황을 선출한다. 그리고 선출된 교황은 교황의 자리에 오르기 전에 수많은 하객들이 지켜보는 가운데 성대한 대관식을 갖는다.

새 교황은 덩을 타고 수만의 군중의 환호소리에 답하면서 교황은 강복을 내리기 위해 성 베드로 대성당의 문을 나선다. 이때 일단 행렬은 멈춘다. 멈춰선 교황의 덩 앞에서 의전을 맡은 계원의 한 사람이 한 묶음의 짚을 태운다. 잘 마른 짚은 삽시간에 타올라 순식간에 한 줌의 재로 화한다. 이때 의전을 맡은 사람이 라틴어로 다음과 같은 한 구절을 드높이 영창한다. "시크 트란싣 글로리아 문디(이 세상의 영광은 이토록 허망하다)". 이 한 장면은 대관식 중에서도 가장 인상적인 장면이다. 로마 교황이라는 그 높은 영광의 자리가 이처럼 허망한 것이라면, 이 세상의 그 나머지 것들에 대해서는 말해서 무엇하랴.

조선조 임진왜란 때 우리나라를 쳐들어왔던 일본의 도요토미 히데요시(豊臣秀吉)는 62세의 일생을 마감하면서 이런 말을 남겼다. "이슬처럼 떨어졌다가 이슬처럼 사라지는 것이 인생이런가. 세상만사(世上萬事) 모두가 일장춘몽(一場春夢)이로세." 초로인생(初露人生)이라는 말이 있듯이, 풀잎에 맺힌 아침 이슬처럼 잠깐 영롱하게 빛났다가 아침 햇살이 비치자 금방 사라져 버리고마는 그토록 허무하고 덧없는 것이 우리네 인생이다.

그렇다면 어떻게 사는 것이 지혜롭고 행복한 인생을 사는 것일까? 세상의 온갖 부귀영화를 다 누려 본 솔로몬이 '전도서(Ecclesistes)'를 통해 들려주는 하나님의 음성에 귀기울여 보자.

"전도자가 가로되 헛되고 헛되며 헛되고 헛되니 모든 것이 헛되도다"(전 1:2).

"만물의 피곤함을 사람이 말로 다 할 수 없나니 눈은 보아도 족함이 없고 귀는 들어도 차지 아니하는도다"(전 1:8).

"그러므로 내 소견에는 사람이 자기 일에 즐거워하는 것보다 나은 것이 없나니 이는 그의 분복이라…"(전 3:22).

"네 헛된 평생의 모든 날 곧 하나님이 해 아래서 네게 주신 모든 헛된 날에 사랑하는 아내와 함께 즐겁게 살지어다 이는 네가 일평생에 해 아래서 수고하고 얻은 분복이라"(전 9:9).

"일의 결국을 다 들었으니 하나님을 경외하고 그 명령을 지킬지어다 이것이 사람의 본분이니다"(전 12:13).

3) "메시아 예수가 진리다"

요한은 도도히 흐르는 거대한 인간 역사(또는 하나님의 구원사) 속에서 역사의 절정을 이룬 예수 그리스도는 누구이며, 진리는 무엇인가에 대해 깊이 궁구하였다. 마침내 요한은 모든 인간의 '궁극적 관심(ultimate concern)'은 진리의 문제라는 것을 통찰하였다. 그리하여 요한은 진리의 문제에 해답을 얻기 위해 자신의 전 인생을 걸었다. 그러기에 요한복음은 "진리가 무엇이냐?"라고 묻고 그 물음에 대답한 진리의 책이다.

요한이 발견한 인생의 진리는 이것이다. "메시아 예수가 곧 진리라고." 요한은 이 한 마디를 말하고자 요한복음을 썼다. 이것을 좀 더 풀어 말하면 이렇다. 인생에 있어서 무엇보다도 중요한 것은 예수님을 진리로, 즉 우리를 구원할 하나님의 아들 곧 메시아(그리스도)로 만나야 한다는 것(1:41), 그 예수님 안에 하나님 나라(영원한 나라)가 있음을 발견하는 것(3:3), 그 하나님 나라 속에 깃든 하나님의 은혜와 사랑을 깨닫는 것(3:16), 그리고 율법에 따른 나의 노력과 능력과 헌신이 아닌 은혜에 따른 예수 그리스도 안에 머물면서(15:5) 그분이 주시는 풍성한 생명을 누리는 것(10:10)이라고.[193]

그렇지 않으면 세상에서 좋고 귀하다고 하는 모든 것을 소유하고 정복했다 하더라도 인생이 갖는 허무감, 공허감, 무상감(無常感)에 치를 떨게 될 것이다. "이 진리를 발견하기 전까지 그대는 결코 자유할 수 없으리라".

이 세상에서 가장 무섭고 가장 강한 자는 진리를 발견한 사람이다. 왜냐하면 그는 아무 것에도 매이지 않는 자유인(自由人)이기 때문이다. 일생을 두고 끝없는 욕망에 사로잡히거나 자기를 남과 비교하면서 우월감 내지는 열등감에 사로잡힌 사람이 있다. 아니 어쩌면 대부분의 사람들이 그럴지도 모른다. 남과 비교하면서 시기와 질투의 노예가 된 사람은 결코 행복할 수도, 자유로울 수도 없다. 자신도 불행할 뿐만 아니라 남도 불행에 빠뜨리게 된다. 내가 하나님의 사랑 안에서 하나님의 형상대로 창조된 유일무이한 존재요 남도 그렇다는 것을 인정할 때만이 진정으로 서로가 행복하고 자유로울 수 있다.

진리의 세계는 생존이 필요 없는 세계를 말하지 않는다. 진리의 세계는 생존을 넘어선 초월(超越)과 경지(境地)의 세계를 말한다. 진리의 나라인 하나님 왕국은 세상 왕국을 넘어선 초월과 경지의 세계(영원한 나라)이다. 세상 왕국은 인간적 욕심을 채우기 위해 끝없이 올라가는 왕국이다. 하나님 왕국은 하나님 사랑 때문에 끝없이 내려가는 왕국이다(요 1:14). 세상 왕국은 내가 살기 위해 남을 죽이는 힘의 왕국이며, 내가 높아지기 위해 남을 짓밟는 폭력의 왕국이다. 그러나 하나님 왕국은 남을 살리기 위해 내가 죽는 사랑의 왕국이며, 남을 높이기 위해 내가 낮아지는(남의 발을 씻어 주는) 섬김의 왕국이다(13:14).

그리스도인의 삶이란 차원이 다른 세계가 있다는 것, 그래서 차원이 다른 삶을 산다는 것, 즉 매일같이 하나님 왕국을 호흡하며 살아가는 삶(천국의 삶)을 사는 것을 말한다. 십자가의 진리(복음)는 십자가에 달리신 주님을 통해 나타난 하나님의 사랑을 깨닫는 것이고, 부활의 진리(복음)는 잠(무지의 어둠)에서 깸(자각의 빛)이다(11:11).

진리는 꼭 당(唐) 나라에 있는 것은 아니다. 진리는 꼭 많은 사람이 모인 곳에 있는 것은 아니다. 진리는 꼭 부귀영화를 누리면서 오래 사는 데 있는 것은 아니다. 진리는 꼭 세상의 온갖 지식을 많이 아는데 있는 것은 아니다. 행복이 가까운 데 있듯이, 그리고 하나님 나라가 우리 가운데 있듯이(눅 17:21), 진리는 아주 가까운 데 있다. 곧 예수 그리스도가 진리다(엡 4:21).

예수님을 만났다는 것은 진리(복음)와 만났다는 얘기다. 그렇다면 그 진리(복음)는 어떤 진리(복음)인가? 하나님 나라(천국)의 진리(복음)이자(눅 4:43), 하나님 은혜의 진리(복음)이다(행 20:24). 그것은 이 세상의 그 누구도, 그 무엇도 우리에게 줄 수 없는 가장 소중한 구원과 천국(영생)을 하나님께서 예수 그리스도를 통해 값없이 우리에게 선물로 주신 것을 말한다.

그러기에 그리스도인의 삶이란 "하나님을 영원토록 영화롭게 하며 영원토록 그를 즐거워하는 것"[194]이다. 그리고 그리스도인에게 있어서 진리의 삶이란 '예수 그리스도를 닮아가는 삶' 곧 예수 그리스도를 본받아 그분처럼 사는 데 있다.

따라서 그리스도인에게 필요한 것은 '예수의 얼'이다. 얼은 문자(文字)가 아니다. 얼(정신, 넋, 혼)은 문자로 설명할 수 없다. 기독교에 있어서는 지식, 학설, 신학, 교리, 건물이 중요한 것이 아니다. '얼'이 살아 있느냐, 예수 그리스도의 얼이 내 속에 살아 있느냐가 큰 문제이다. 성령은 그리스도의 영,

그리스도의 얼이다. '얼'이 없는 사람을 '얼빠진 사람', '얼간이'라 부른다. 됨됨이가 모자라고 덜된 사람을 일컫는다. 나사렛 예수의 얼이 빠져버린 기독교인들은 얼빠진 기독교인들, 얼간이 교인들이다.[195]

왕양명은 진리는 밖에 있는 것이 아니라 "내 안에 있다"는 깨달음을 얻었다. 원효는 진리는 마음에 있다라는 사실을 깨달았다. 그러나 요한은 진리는 내 밖에 있는 것도, 내 안(마음)에 있는 것도 아니라 "예수 그리스도 안에 있다"는 것을 깨달았다. 요한이 붙든 일생의 화두(話頭)는 메시아 예수였다. 그러기에 요한이 하고 싶었던 마지막 말은 이것이다.

"내가 진실로 진실로 너희에게 말하노니
메시아 예수가 참 왕이요 참 진리니라."

에필로그(Epilogue)

진리의 사람 요한에게서 배운 교훈

1. 예수학(Jesustics) - 구약학과 신약학의 통합

요한은 말한다. "너희가 성경에서 영생을 얻는 줄 생각하고 성경을 상고하거니와 이 성경이 곧 내게 대하여 증거하는 것이로다"(5:39). 여기서 '성경'은 구약성경을 일컫는다. 모든 길이 로마로 통하듯이 요한에게 있어서 모든 것은 "예수 그리스도"에게로 통한다. 신앙적으로 말하면 "오직 예수(Only Jesus)"다. 신학적으로 말하면 "예수학(Jesustics, 지저스틱스)"이다. 요한은 주후 1세기에 이미 학문의 통섭(統攝)[196]을 말한 천재(진리의 사람)였다.

포스트 모더니즘(post-modernism) 시대인 21세기는 모든 경계가 허물어지는 해체주의 시대이다. 과학 기술의 산물인 인터넷(internet)은 해체주의를 가속화시켰고, 온 세계를 네트웍(net-work)으로 연결하는 국제화, 세계화 시대를 열었다. 이는 학문 분야에서도 예외는 아니다. 모더니즘 시대는 학문의 세분화, 전문화를 특징으로 하는 시대였다. 그런데 포스트 모더니즘 시대는 학문의 경계를 넘어 지식을 대통합하는 통섭을 특징으로 하는 시대이다.

지금까지 성서학 분야는 크게 구약학과 신약학으로 나누어졌고, 구약학과 신약학은 그 내부에서도 여러 분야로 세분화되고 전문화되어 왔다. 이러한 전문화와 세분화가 학문의 발전에 기여하기도 하였지만 이것이 인간과 세계를 전체적이고 통전적인 시각에서 보지 못하게 하는 부정적 영향을 가져다 준 것도 사실이다.

새로운 세기는 성서학 분야에 있어서도 대통합을 요청하고 있다. 신구약성서는 '예수 그리스도'를 주제로 한 '한 권의 책'이다. 그런 의미에서 지금까지 구약학과 신약학으로 이분화하거나 또는 더욱 많은 분야로 세분화하던 태도를 지양하고 성서학의 대통합을 이루어야 할 시점에 와 있다. 구약학과 신약학의 통합을 나는 '예수학'이라고 부르고자 한다.

2. 요한복음 - 제3의 종교개혁의 텍스트

요한은 말한다. "이 병은 죽을 병이 아니라 하나님의 영광을 위함이요 하나님의 아들로 이를 인하여 영광을 얻게 하려함이라"(11:4). 요한에게 있어서 예수의 길은 "오직 하나님의 영광을 위하여(Soli Deo Gloria)"였다. 즉 "모든 영광은 하나님께"(8:50)였다. 이것이야말로 개신교 종교개혁의 모토(슬로건)이었다.

지난 2천년 동안의 기독교회의 역사는 약 500년 단위로 분열과 개혁의 길을 걸어왔다. 프로테스탄트 종교개혁이 있은 지 500년이 되어가고 있다. 그런데 많은 이들이 지금이야말로 또 다시 종교개혁이 필요한 때라고 말하고 있고 나도 이에 동의한다. 제1의 종교개혁은 예수께서 하셨다. 유대교에서 예수교(예수의 종교)로의 종교개혁이 그것이다.[197] 제2의 종교개혁은 루터에 의한 가톨릭('베드로의 종교')에서 개신교('바울의 종교')로의 종교개혁이다.

그런데 모든 종교개혁은 "아드 폰테스(ad fontes)", 즉 근원으로 되돌아가는 데 있다. 제3의 종교개혁도 근원으로 되돌아가는 데 있다. 그 근원이란 바로 '성경 말씀'과 '예수 그리스도'이다. 우리 신앙의 초점은 우리 자신이 아니라 '예수 그리스도'와 '성경 말씀'이 되어야 한다. 그러기에 제3의 종교개혁의 구호는 "성경 말씀으로 돌아가자(sola scriptura)", "예수 그리스도께로 돌아가자(solus Christus)"이다. 이것을 한 구절로 가장 잘 말하고 있는 것이 요한복음 1:1의 "태초에 말씀(성경 = 예수)이 계시니라"이다. 따라서 요한복음이야말로 앞으로 있을 '제3의 종교개혁의 텍스트'라고 하는 것이 나의 생각이다.

　제2의 종교개혁에서 제3의 종교개혁으로의 패러다임의 전환은 한 마디로 서구 기독교, 즉 바울서신에 기초한 '바울의 종교'에서 복음서에 기초한 '예수의 종교'로의 전환이다. 그 예수의 종교(예수교)는 지난 2천년 동안의 '서구 기독교'의 모습이 아닌 본래 아시아에서 시작된 '아시아 예수교'의 모습으로 되돌아가는 데 있다. 이를 도표로 그려보면 다음과 같다.

```
     (主後 1世紀)            (主後 16世紀)              (主後 21世紀)
  First Reformation  →   Second Reformation  →    Third Reformation
   (Jesus' Religion)        (Paul's Religion)        (Jesus' Religion)
  Jesus(New Moses)     M. Luther(Rom.1:16-17)        John(Jn. 1:1)
          ↑                       ↑                        ↑
        Moses                中世 Catholic              Ad Fontes!
    Religion of Law        (Peter's Religion)       (Return to Bible[Jesus])
       (Judaism)     →   (Western Christianity)  →  (Asian Jesusianity)
```

　지난 2천년 동안 서구 기독교는 '십자가 신학'에 바탕을 두고 전개되었다. 이제 21세기 아시아 예수교 시대에 요한복음은 '부활의 신학'에 바탕을 둔 '제3의 종교개혁의 텍스트'가 되어야 할 것이다.

3. 주후 1세기(초대교회 100년) - 가장 위대한 세기

요한은 말한다. "우리가 다 그의 충만한 데서 받으니 은혜 위에 은혜러라 율법은 모세로 말미암아 주신 것이요 은혜와 진리는 예수 그리스도로 말미암아 온 것이라"(1:16-17). 율법의 은혜 시대에서 복음의 새 은혜 시대로, 모세의 유대교에서 새 모세 예수 그리스도의 기독교 시대로의 전환, 요한은 이것이야말로 구원사의 절정으로서의 하나님의 비밀에 속한 경륜이라고 역설하였다.

바울은 말한다. "때가 차매 하나님이 그 아들을 보내사"(갈 4:4) "그 뜻의 비밀을 우리에게 알리신 것이요 그의 기뻐하심을 따라 그리스도 안에서 때가 찬 경륜을 위하여 예정하신 것"(엡 1:9)이라고 말하고 있다. 도도히 흐르는 거대한 인간 역사 속에서 하나님은 인간을 구원하기 위해 비밀에 속한 경륜을 가지고 계셨다. 그것은 먼저 이 세상에 예수 그리스도를 보내시고, 이어서 교회를 통해 그 뜻의 비밀을 이어가는 것이었다(엡 1-3장). 이 같은 구원의 경륜에 따른 구원사의 절정이 바로 예수 그리스도가 이 세상에 오신 주후 1세기였다.

주후 1세기(초대교회 100년)는 이전에도 이후에도 없을 인류 역사상 가장 위대한 세기로 불리어 마땅하다. 왜냐하면 그 한 세기는 인류 사상의 최대 보고(寶庫)인 구약성경이 완성되고 신약성경이 탄생함으로 더 이상의 새로운 진리가 없는 진리의 종언을 고한 시대였기 때문이다.

예수 그리스도를 통해 진리의 말씀이 선포되고 십자가에 달리신 이가 다시 살아나는 사상 초유의 부활사건이 일어났다. 이어서 성령이 강력한 태풍이 되어 말씀을 받은 자(십자가와 부활을 체험한 자) 위에 불어 닥치자 예수 교회가 탄생하였고, 선교의 영인 성령에 의해 온 세상이 뒤집어지는 역사가 일어났다.

　구원은 율법의 행위에 의한 것이 아니라 하나님의 은혜에 의한 선물이라는 진리(엡 2:8-9), 세상 나라의 가이사(권력, 돈, 명예)가 왕(王)이요 주(主)가 아니라 예수(하나님의 아들)가 왕이요 주시라는 하나님 나라(神國)의 진리(요 18:37)는 이전에도 이후에도 다시없는 세계관과 가치관의 일대변혁을 일으켰다.

　주후 1세기를 역사상 가장 위대한 세기로 만든 인물들이 있었다. 주인공 예수를 필두로 베드로-바울-요한으로 이어지는 4인방(J-P-P-J)이 그들이다. 성령이 주도한 초대교회 4인방의 활동은 새 생명, 새 역사를 탄생시킨 위대한 복음의 시대였다. '하나님 나라(神國)의 복음'(눅 4:43)과 '하나님의 은혜의 복음'(행 20:24)을 말한 주후 1세기는 더 이상의 새로운 진리, 새로운 사상이 없는 진리와 사상의 종언시대였다.

　천국의 복음, 은혜의 말씀, 성령의 강권적 역사, 회개와 중생, 나눔과 섬김의 사랑공동체, 임박한 재림과 종말신앙, 기독교인에 대한 핍박과 순교가 어우러져 빚어낸 주후 1세기, 초대교회 100년은 역사상 가장 드라마틱한 시대였다. 이제 우리는 구원사(사상사)의 절정을 이루었던 그 가슴뛰는 시대 "초대교회로 돌아가자(Return to the Early Christianity)". 이것이 제3의 종교개혁이다.

4. 요한의 영성(靈性) - 은혜와 부활의 영성(신학)

요한은 말한다. "내가 왕이니라 내가 이를 위하여 났으며 이를 위하여 세상에 왔나니 곧 진리에 대하여 증거하려 함이로라 무릇 진리에 속한 자는 내 소리를 듣느니라 하신대 빌라도가 가로되 진리가 무엇이냐 하더라"(18:37-38). 여기서 요한은 '인간은 진리를 위해 살고 진리를 위해 죽어야 한다'고 가르치고 있다. 요한에게 있어서 예수의 오심은 하나님 나라의 오심이요 진리의 오심이다. 예수는 곧 진리이다. 더 이상의 진리는 없다. 요한은 진리의 종언을 고했다.

진리의 구체적 내용은 이렇다. 요한에게 있어서 진리는 곧 은혜(1:14,17)의 진리요, 부활(14:6=11:25)의 진리였다. 신앙(종교)의 본질이 영성(spirituality)에 있다면 요한의 영성의 핵심은 말씀(요 1:1; 6:68)과 영(4:24; 6:63)에 기초한 '은혜의 영성'(1:14; 5:30 등)과 '부활의 영성'(11:25; 16:33 등)이다. 요한복음이 다른 책(서신)과 달리 유달리 밝고 따뜻하게 느껴지는 것은 '은혜와 부활의 영성'에 기인한다. 여기서 은혜의 영성은 곧 '하나님의 은혜의 복음'(행 20:24)과 통하고, 부활의 영성은 '하나님의 나라의 복음'(눅 4:43)과 통한다.

먼저, '은혜의 영성'부터 살펴보자. 요한에게 있어서 '은혜의 영성'이 갖는 의미를 두 가지로 나누어 생각해 볼 수 있다.

첫째로, 아버지(성부)와 아들(성자)의 관계에서이다. 아들(예수)은 아버지로부터 보냄을 받은 자이며, 아무 것도 독자적으로 하지 않고, 아버지의 뜻(때)에 따라 철저히 순종하며, 아버지 안에 거하면서 아버지께서 위임하신 대로만 행하는 전적 의존의 삶을 사셨다. 요한복음은 이 같은 아버지와 아들의 은혜의 관계를 보여주는 구절들로 가득하다(5:19, 30; 7:16; 8:28, 42; 12:49; 14:24 등).

둘째로, 예수님과 제자들과의 관계에서이다. 아버지와 아들의 관계가 은혜의 관계이듯이, 예수님과 제자들간의 관계 또한 은혜의 관계가 되기를 원하신다. 아버지가 아들을 세상에 보냈듯이, 예수님도 제자들을 다시 세상 속으로 보내면서 성령의 지배를 받는 은혜의 삶을 살기를 원하셨다(15:5; 20:21-22 등). 이 같은 은혜의 영성은 '하나님의 사랑'으로 나타난다. 예수님을 아버지 하나님이 보내신 아들로 믿는 자는 누구든지, 즉 지위 고하, 남녀노소, 빈부귀천을 막론하고 구원과 영생을 베풀어주신다(요 3:16). 이것이 하나님의 은혜요 하나님의 사랑이다. 은혜의 영성에 깊이 침몰한 요한이 '사랑의 사도'로 불리게 된 것은 그만큼 그가 주님의 사랑을 많이 받았기 때문이다.

요한복음에서 하나님의 은혜와 사랑을 잘 보여주는 한 실례를 들면 첫 표적인 가나의 혼인잔치 표적이다. 예수님은 철저히 아버지의 뜻(때)에 따라 움직이시는 분이다. 그런데 혼인잔치 자리에서 포도주가 떨어져 난감해 하고 있는 주인의 심정을 헤아려 예수님은 "내 때가 아직 이르지 않았음"(요 2:4)에도 불구하고 첫 표적을 행하는 하나님의 은혜와 사랑을 보여주셨다. 이 같은 은혜의 복음(영성)은 당시에 모세의 율법(행위와 노력)에 기초한 유대교와의 대결에서 기독교가 사상적 우위를 점하는 강력한 무기가 되었다.

다음으로, '부활의 영성'을 살펴보자.

"나는 부활이요 생명이니"(11:25)라는 예수님의 자기소개 말씀에서도 볼 수 있듯이, 요한의 영성은 철저히 부활의 영성(또는 부활의 복음, 부활의 신학)에 기초하고 있다. 당시에 기독교는 정치적으로는 로마제국에, 종교적으로는 유대교에 박해를 당하고 있었다. 이러한 상황에서 사탄의 최대 무기인 사망 권세를 이기고 살아나신 예수의 부활 소식은 가장 기쁜 소식 곧 '복음(유앙겔리온)'이었다. 사상 유례가 없는 예수 부활이라는 승리의 기쁜 소식(복음)은 기본적으로 '부활의 복음'을 일컫는 말이었다.

요한은 예수님의 최측근(베드로, 야고보, 요한) 가운데 한 사람이었다. 그는 개인적으로 회당장 야이로의 딸의 소생(막 5:35-43)과 나사로의 소생(요 11:1-44)을 직접 목격했다. 나아가 예수님의 부활을 최초로 목격한 증인(요 21:8)이었다. 이 같은 부활 체험을 갖고 있는 요한은 '부활'이 갖는 의미의 중요성을 굳게 붙들었고, 이것으로 그의 복음서 전체를 엮었다. 요한에게 있어서 '부활의 영성(복음)'이 갖는 의미를 두 가지로 나누어 생각해 볼 수 있다.

첫째로, 부활 어휘는 그 자체 내에 다양한 의미, 즉 생명(영생), 영광, 능력, 빛, 기쁨, 승리, 소망 같은 의미를 내포하고 있다. 따라서 요한이 사용한 이 같은 다양한 어휘들은 곧 부활과 관련되어 있는 어휘라는 사실을 기억할 필요가 있다.

둘째로, 부활 어휘는 그 자체 내에 하늘 또는 하나님의 나라(천국)를 내포하고 있다. 부활 승천하신 분은 지금 하늘에 계시며, 하나님 우편에 앉아 계신다. 이는 그분이 말씀한 하나님 나라(천국)가 있다는 것이며, 또한 그분의 고향이 본래 땅이 아니라 하늘이었다는 사실을 간접적으로 시사한다. 그러니까 예수님은 본래 아버지 하나님과 함께 하늘에 계시던 분인데, 인간을 구원하시기 위해 이 세상에 오셨고(성육신), 십자가에 달리셨다가 부활하셔서 다시 본래의 고향인 하늘로 돌아가신 분이다(요 16:28).

부활의 영성(복음)은 예수님의 전 생애 곧 성육신, 공생애, 십자가 모두에 근저를 이루는 영성(복음)이다. 이 같은 부활의 영성(복음)은 세상을 능히 이긴 영성(복음)으로써(요 16:33), 복음의 증인으로 살고자 하는 초대교회 제자들(성도들)에게 능히 고난의 십자가를 질 수 있는 가장 강력한 힘이 되었다.

5. 예사빠전(耶思波戰) - 만절필서(萬折必西)

요한은 말한다. "너희가 넉 달이 지나야 추수할 때가 이르겠다 하지 아니하느냐 내가 너희에게 이르노니 눈을 들어 밭을 보라 희어져 추수하게 되었도다"(4:35). 예수의 길은 자신을 보내신 아버지의 뜻(일)을 온전히 이루는 것이었다. 그분의 뜻(일)이란 아버지께서 자신에게 주신 하나님의 자녀를 한 사람도 잃지 않고 마지막 날(종말의 때)에 다시 살리는 것(6:39)이었다. 이 같은 예수의 구령에 대한 열정과 시급함을 요한은 이렇게 표현했던 것이다.

나는 이 시대에 우리에게 주어진 하나님 나라 건설을 위한 영적 전쟁과 관련하여 '예사빠전(耶思波戰)'과 '만절필서(萬折必西)'라는 두 조어(造語)를 만들어 사용하고자 한다.

먼저 '예사빠전(耶思波戰)'이란 '예수 사상에 빠진 전사'라는 뜻이다. 이는 이슬람의 전사(무장 게릴라)인 '무자헤딘(Mujahedin)'에 대응하는 것으로 '예수교 전사'를 일컫는 말이다. '무자헤딘'은 자신들의 조국과 그들이 신봉하는 이슬람을 위해 거룩한 전쟁(聖戰), 즉 지하드(jihad)에 용감히 뛰어드는 자들이다. 그리고 지하드를 행하다가 죽으면 순교자(殉敎者), 즉 샤히드(shahid)가 된다고 확신하는 자들이다.

앞으로 21세기에 기독교의 최대의 난적은 이슬람이 될 것은 너무나도 자명하다. 그렇다면 이슬람과의 영적 전쟁에서 이기기 위해서 우리 기독교인들은 어떤 자들이 되어야 하는가. 예수 그리스도의 영적 전사, 거룩한 전사인 '예사빠전'이 되어야 하지 않을까. '예사빠전'으로서 복음의 증인이 되어 예수 그리스도를 위해 싸우다 죽으면 더없는 영광이 아니겠는가.

다음으로, '만절필서(萬折必西)'란 '1만 번 꺾이어도 복음은 서쪽으로 흐른다'는 뜻이다. 이는 '만절필동'(萬折必東)이라는 말에서 유추해낸 조어이다. 중국의 황하 강은 청해성에서 시작하여 5,464km를 흘러 마침내 황해로 빠져나갈 때까지 굽이굽이 1만 번 꺾이어도 동쪽으로 흐른다. 이를 두고 '만절필동'이라고 한다. 그런데 기독교 선교의 역사는 서진화(西進化)를 그 특징으로 한다. 복음의 진행방향이 서쪽을 향하여 나아가리라는 것을 하나님은 아브라함에게 일찍이 일러 주셨다. "롯이 아브람을 떠난 후에 여호와께서 아브람에게 이르시되 너는 눈을 들어 너 있는 곳에서 북쪽과 남쪽, 그리고 동쪽과 서쪽을 바라보라 / 보이는 땅을 내가 너와 네 자손에게 주리니 영원히 이르리라"(창 13:14-15).

예루살렘에서 시작된 복음의 역사는 계속적으로 서쪽을 향해 나아갔다. 소아시아를 거쳐 그리스와 로마 그리고 유럽 전역으로 뻗어나갔다. 미국으로 건너간 복음은 다시 태평양을 건너 한국을 비롯한 아시아로 뻗어나갔다. 이제 철의 실크로드를 따라 한국에서 시작된 복음의 서진화는 중국-몽골-중앙아시아-러시아-동유럽으로 뻗어나갈 것이다. 이렇듯 복음의 물줄기는 굽이굽이 꺾이어도 서쪽을 향해 중단없는 전진을 계속하고 있다. 이를 두고 '만절필서'라고 부르고자 한다.

□ 부록 □

사상사(진리투쟁사)로 본 세 종류의 삶

인류 역사는 '진리를 향한 투쟁의 역사'라고 해도 과언이 아닙니다. 진리의 싸움은 곧 사상의 싸움이라고 말할 수 있다. 진리는 사상이 되고, 사상은 철학이나 예술 등으로 표현되기도 하지만 특히 종교라는 그릇에 담겨 표현될 때 가장 긴 생명력을 갖는다. 공자 사상(유교), 노자 사상(도교), 석가 사상(불교), 무함마드 사상(회교), 예수 사상(기독교)이 그것이다. 인류가 지금껏 살아온 삶을 사상사적 측면에서 보면 크게 세 종류의 삶(사상, 세계관)으로 요약, 정리할 수 있다.

1. 천(天)의 세계 - 숙명적(宿命的) 삶

문명의 기축시대로 일컬어지는 주전 6세기 이전의 세계는 자연(自然)과 신화(神話)에 기초한 천(天)의 세계였다. 고대인들은 자연을 대표하는 天을 神으로 숭배하였다. 이 시대는 모든 자연물(하늘, 비, 구름, 천둥, 번개, 바람, 바위, 나무, 물 등등)을 신으로 섬겼고, 따라서 이 시대는 자연히 다신교의 세계일 수밖에 없었다. 하늘 곧 자연은 인간이 극복하기 어려운 힘세고 두려운 신적 존재였다. 그리하여 연약한 인간은 신의 노여움을 달래기 위해 많은 제사를 드려야 했다.

이 일을 담당한 자가 무당(巫)이었고, 무당들은 주술(呪術)을 통해 신의 노여움을 달랬다. 이 같은 세계관 속에 살았던 고대인들은 자신의 운명을 스스로 바꿀 수 없다는 숙명적(宿命的)

가치관에 매여 있었다. 따라서 태어난 자신의 신분과 계층을 자연(하늘)의 뜻으로 알고 숙명(운명)으로 받아들이며 변혁의 의지를 갖지 못한 채 체념 속에 살았다.

2. 인(人)의 세계 - 구도적(求道的) 삶

주전 6-5세기는 위대한 성인(사상가)들이 대거 출현한 문명의 기축시대였다. 동양에서 석가, 공자, 노자, 서양에서 소크라테스가 이 시대에 출현하였다. 이 시대는 가치관(세계관)의 일대 변혁을 가져온 개벽(開闢)의 시대였다. 天의 세계에서 人의 세계로, 즉 신화적 세계관에서 인간적 세계관으로 사상의 일대 전환이 일어났다. 그 대표적인 인물로 공자를 고찰해 보자.

공자는 고대국가가 생겨나고 통일국가로 지향하려는 춘추전국시대 속에서 천(天)의 세계를 인(人)의 세계(역사와 도덕의 세계)로 문명의 축을 바꾼 인류의 스승 곧 만세의 사표(萬世師表)였다. 신분상 천민에 가까운 존재로 태어난 공자는 자신의 타고난 신분을 바꾸고 자신의 꿈(이상)을 실현하기 위해 일생을 걸고 학문에 매진하였고 정치에 뛰어들었으나 세상은 그를 알아주지 않았다.

그러나 그는 학문과 인격을 다듬는데 전력을 다하여 마침내 성인(聖人) 군자(君子)가 되었다. 이를 통해 그는 사(士)라는 새로운 신분질서를 탄생시켰다. 공자는 신분과 계층을 불문하고 누구나 그의 문하에 들어와 배울 수 있게 하였다(有敎無類). 그리고 인간은 부지런히 배우고 노력(求道)을 하면 성인 군자가 될 수 있으며, 이를 통해 누구나 자신의 신분과 계층

(숙명)을 바꿀 수 있다는 희망의 길을 열었다. 공자는 자신의 이상을 실현할 수 있는 길은 정치라고 보았다. 그에게 있어서 정치는 인간성 회복에 그 궁극적 소이가 있으며, 인간을 인간답게 만드는 인간 해방이었고, 그것은 仁의 길이었다.

공자의 위대성은 人의 발견이었다. "삶도 잘 모르는데 죽음을 어찌 알겠는가"라고 말한 그의 말에도 잘 드러나듯이, 공자는 보이지 않는 죽음의 세계나 하나님(神)의 세계는 그의 관심 밖이었다. 따라서 그는 인간이 지배하는 이 세상 나라, 이 역사(정치) 속에서 율법과 도덕을 말할 수밖에 없었고, 하나님에게 속하는 은혜와 믿음, 성령의 세계를 알지 못했다.

역사의 큰 틀에서 보면 공자를 비롯한 주전 6-5세기의 성인들, 즉 석가, 소크라테스도 거의 대동소이하다(노자는 그 누구보다도 깊은 사상을 담고 있음에도 불구하고, 시대를 앞서 역사의 방향을 역행하는 '자연으로 돌아가는 길'을 말함으로써 역사의 주류에 속하지 못함). 고대의 공자에서 20세기의 모택동에 이르기까지 중국의 사상사는 人의 세계에 속해 있다는 점에서 둘 사이에는 별 차이가 없다. 단지 둘 사이에 차이가 있다면 공자는 '도덕으로서의 인(人)'을 말했다면 모택동은 '물질로서의 인(人)'을 말했을 뿐이다.

3. 신(神)의 세계 - 은혜적(恩惠的) 삶

군웅할거 하던 고대국가 시대를 지나 거대한 제국주의에 이른 주후 1세기는 새로운 사상의 출현을 기다리고 있었다. 이 시대는 人의 세계에서 神의 세계로, 즉 인간의 노력과 행위에 의한 율법적(구도적) 세계관에서 하나님의 은혜와 사랑에 기초한 복음적 세계관으로의 사상의 일대 전환이 일어났다. 하나님은 자신의 경륜적 비밀에 속하는 구원사의 완성으로서의 예수 그리스도를 이 세상에 보내신 것이다.

예수 사상은 공자를 비롯한 이전의 사상가들과 무엇이 다른가(아 5:9; 막 1:22; 벧전 3:15)? 예수는 인(人)의 세계를 신(神)의 세계(초역사와 신앙의 세계)로 문명의 축을 또 다시 새롭게 바꾼 '만세의 구주(萬世救主)'였다. 예수의 오심은 기쁜 소식 곧 복음(福音)이었다. 왜 그것이 기쁜 소식이었는가? 예수의 오심은 하나님 나라(神國)의 오심이었기 때문이다. 예수의 오심은 유대인들(민중들)이 기대하는 다윗의 나라의 재현이 아니라 하나님 나라(神國)의 도래였다.

그런데 하나님 나라는 죽어서 가는 나라와 같은 미래적 의미보다는 하나님이 왕(王이) 되고 주(主)가 되어 지금 이 현 세상 속에서 예수와 함께 왔다는 현재적 의미이다. 따라서 하나님 나라라는 그 말 속에는 세상 나라(권세)의 분쇄와 무력화라는 혁명적 교설이 담겨 있으며 이를 십자가(하나님 사랑의 극치)라는 최고의 역설과 역사상 유례가 없는 죽음을 이겨낸 부활을 통해 이루었다.

예수 사상, 예수의 꿈은 이 세상에 하나님 나라를 건설하는 일이었다. 이것은 결국 세상 나라와 하나님 나라 간의 치열한 영적 전쟁을 동반하지 않을 수 없었다. 이 전쟁은 어떤 사상이 참 진리인가 하는 진리(사상) 전쟁이었다. 주후 1세기 100년의 활화산처럼 분출하는 폭발적 에너지의 근원은 예수 사상(진리)의 힘이었고, 그 결과는 예수 사상(진리)의 승리였다. 예수 사상은 하나님 나라(神國) 사상(진리)으로서

이 사상(진리)으로 세상 나라를 뒤집어엎고 마침내 승리했다.

결국 인류 사상사를 "누가 왕인가?"라는 王 사상의 관점에서 보면 셋으로 나누어 말할 수 있다. 고대의 天王 사상, 공자의 人王 사상, 예수의 神王 사상이 그것이다. 예수 사상을 간단히 정리하면 다음과 같다.

1) 예수 사상의 핵심=복음(막 1:15)=예수 그리스도(막 1:1) = 진리와 은혜(요 1:17).

2) 복음(福音)은? 하나님 나라의 복음(눅 4:43; 16:16)과 하나님 은혜의 복음(행 20:24).

   (1) 하나님 나라(神國)란? 하나님이 왕이 되어 통치하는 나라 ↔ 세상(인간) 나라.

하나님 왕국(天國)은 현재적, 현실적(지금 여기) 주권적 개념- 삶과 관련됨. 천당(天堂)은 미래적, 내세적, 장소적 개념 - 죽음과 관련됨.

⇒ 모든 인간은 하나님 앞에서 죽을 수밖에 없는 죄인(롬 3:23)이라는 점에서 평등(1차 혁명) - 개벽(開闢). 인간(세상) 권세의 無力化(요 19:10-11).

   (2) 하나님 은혜(恩惠)란? 예수를 믿지 않는 불신자는 사람의 자녀(人子)인데 반해, 예수를 믿는 자는 하나님의 자녀(神子, 요 1:12)가 됨(2차 혁명) - 운명의 역전(人子 ↔ 神子).

⇒ 구원은 은혜 곧 하나님의 선물(엡 2:8). 인간 자랑의 無效化(고전 1:31).

3) 세 종류의 삶(누가 왕인가?)

	주전 6세기 이전	주전 6-5세기	주후 1세기
1. 王 (사상)	天(하늘) 王	人(땅) 王	神(하나님) 王
2. 시대 배경	部族國家	古代國家	帝國主義
3. 대표자	무당(巫), 제사장	석가, 공자, 노자, 소크라테스	예수 그리스도
4. 神의 존재에 대한 생각	강하고 두려운 초월자 (自然=神=王)	神은 없거나 관념적인(요청하는) 神	創造主(자연의 주) 救贖主(역사의 주)
5. 숭배 대상	鬼神(多神)	祖上神	唯一神
6. 문화(세계관)	宗教(呪術)	哲學(政治)	神學(啓示)
7. 학문	自然哲學(신화)	人間哲學(인문)	基督教 神學
8. 구원 방법	他力(他律)	自力(自律)	神力(神律)
9. 주제어	恐(두려움), 宿(숙명)	知(지식), 覺(깨달음)	信(믿음), 恩(은혜)
10. 삶의 종류	祈福 (거래와 보상)	律法 (행동과 자수성가)	福音 (감사와 순종)
11. 사고방식	우연(運命)	노력(求道), 自己義	하나님의 뜻(神義)
12. 핵심 가치	健康, 平安	好學, 虛心, 無我	神國, 恩惠
13. 목표	保身, 幸福	聖人, 得道, 解脫	하나님의 영광
14. 실천방안	귀신 달래기, (神 調整), 미신,터부,액땜	仁(도덕실천), 普施(보시), 無爲(억지로 하지 않음)	하나님 사랑, 이웃 사랑
15. 인간형	宿命(諦念)형 인간	努力(求道)형 인간	恩惠(感謝)형 인간

미주 설명

1) 김덕기 교수(대전신대, 신약학), 김문경 교수(장신대, 신약학), 박신배 교수(그리스도신대, 구약학), 소기천 교수(장신대, 신약학), 윤철원 교수(서울신대, 신약학), 최동환 목사(영동교회, 신약학).
2) 김덕기, "박호용 박사의 ≪요한복음서 재발견≫의 서평", ≪복음서의 문화비평적 해석≫(대전: 이화, 2007), 522-526.
3) 영국의 식민지로부터 조국 인도를 독립시키고자 일생을 두고 싸운 마하트마 간디(1869-1948)의 길은 '진리파지(眞理把持, 사티아그라하)'의 길이었다. 이를 실천함에 있어서 간디는 '비폭력 저항주의(아힘사)'로 일관하였다. M. Gandhi, ≪간디 자서전: 나의 진리실험 이야기≫, 함석헌 옮김(서울: 한길사, 1983), 13,47. 이 같은 간디의 사상은 미국의 흑인 인권운동가인 마틴 루터 킹(M.L. King, 1925-68) 목사에게 이어졌다. 킹 목사는 'I have a dream'이라는 설교를 통해 백인과 흑인이 차별이 없는 자유와 평등의 세계를 이루는 것이 '미국인의 꿈'임을 역설하였다. 그렇다면 "당신의 꿈(비전)은 무엇입니까?"
4) D. M. Smith, ≪요한복음 신학≫, 최홍진 옮김(서울: 한들출판사, 2001), 110.
5) 이상훈, ≪성서주석-요한복음≫(서울: 대한기독교서회, 1993), 25.
6) B. Pascal, ≪팡세≫, 신상초 옮김(서울: 집문당, 1979), 195.
7) 모로하시 데츠지(諸橋轍次), ≪공자, 노자, 석가≫, 심우성 옮김(서울: 동아시아, 2001), 58-63, 137-141.
8) 노자에 대해서는 오강남, ≪도덕경≫(서울: 현암사, 1995); 표정훈, ≪하룻밤에 읽는 동양사상≫(서울: 중앙M&B, 2002), 41-44를 참조하라.
9) 붓다에 대해서는 K. Amstrong, ≪스스로 깨어난 자 붓다≫, 정영목 옮김(서울: 푸른 숲, 2003)을 참조하라.

10) 소크라테스의 질문법에 대해서는 R.Gross, ≪리더는 질문으로 승부한다≫, 오영숙 옮김(서울: 일송북, 2003)을 참조하라.

11) 원효의 깨달음과 관련된 이와 다른 일화를 소개하면 이렇다. 원효는 입당(入唐)하고자 의상과 함께 길을 가다 날이 저물었다. 원효는 어둠 속을 헤메다가 움집에 들어가 잠을 청했는데, 심한 갈증을 느껴 눈을 떴다. 구름에 달이 가려 앞은 칠흑같았다. 방안을 더듬거려 보니 뜻밖에 냉수가 담긴 바가지가 하나 있지 않은가. 바가지의 물을 마시자 갈증은 삽시간에 가셨다. 잊을 수 없는 물맛이었다. 그러나 아침이 되자 간밤에 그토록 달콤했던 물이 해골바가지에 담긴 썩은 물이라는 것을 알게 된 원효는 갑자기 구역질이 치밀어 올랐다. 오장이 뒤틀리는 가운데 원효의 뇌리를 번개처럼 스치는 것이 있었다. "외물(外物) 그 자체는 호불호(好不好) 선불선(善不善)이 없는 것임을! 다만 나의 마음에 달렸음을!" 원효는 의상을 뒤에 두고 미련 없이 고향길로 되돌아갔다.

12) 고영섭, ≪원효 탐색≫(서울: 연기사, 2005), 21-27.

13) 陣來, ≪양명철학≫, 전병욱 옮김(서울: 예문서원, 2003), 226-231.

14) 김홍호, ≪길을 찾은 사람들≫(서울: 솔, 1999), 234-289.

15) '진리' 어휘는 요한 문서인 요일 9회, 요이 5회, 요삼 6회 나타남. 요한계시록에는 나타나지 않는다.

16) R. Bultmann, ≪요한복음서 연구≫, 허혁 옮김(서울: 성광문화사, 1979), 501-699.

17) 불트만은 이스라엘(구약)의 역사를 '실패의 역사'로 보면서 '구약성경은 옛날이나 지금이나 유대인에게는 하나님의 계시이나 기독교인에게는 더 이상 계시가 아니다'라고 말했다. G. Hasel, ≪구약신학: 현대 논쟁의 기본 이슈들≫, 김정우 옮김(서울: 엠마오, 1991), 208-210.

18) 나는 이 책을 쓰면서 N. T. Wright의 저서에 많이 의존하였다. 그 까닭은 두 가지이다. 첫째, 성경을 성경으로 해석하는, 특히 신약성경을 구약성경의 빛에서 해석하는 그의 기본적인 성서해석방법론이 내 코드에 맞기 때문이다. 둘째, 자신이 서구 신학자임에

도 불구하고 서구신학을 맹목적으로 찬동하지 않으려는 균형잡힌 그의 시각 때문이다.

19) 이대희, ≪삶의 변화를 이루는 이야기대화식 성경공부≫(서울: 엔크리스토, 2003), 215-310을 참조하라.

20) '현대 경영학의 아버지'로 일컬어지는 피터 드러커(P.F.Druker, 1909-2005)는 13세 때 필리글러 신부님이 수업시간에 던진 "너희들은 죽은 뒤에 어떤 사람으로 기억되기를 바라느냐?"는 '질문'에 큰 영향을 받았다. 그의 경영철학은 '소크라테스식 질문법'을 사용한 것으로 유명하다. 가령, 리더십에 있어서 가장 중요한 일은 "꼭 해야 할 일은 무엇인가?"라고 질문하는 것이다. E.H.Edersheim, ≪피터 드러커: 마지막 통찰≫, 이재규 옮김(서울: 명진출판, 2007), 365-366.

21) Os Guinness, ≪소명≫, 홍병룡 옮김(서울: IVP, 1998), 16, 30, 46.

22) 성경읽기에 있어서 또 하나 추천하고 싶은 방법은 천천히 깊이 읽는 것이다. 강준민, ≪천천히 깊이 읽는 독서법≫(서울: 두란노, 2007)을 참조하라.

23) 이 같은 방법론을 '사랑의 인식론' 또는 '사랑의 해석학'이라고 말할 수 있다.

24) M. J. Gelb, ≪레오나르도 다 빈치처럼 생각하기≫, 공경희 옮김(서울: 대산출판사, 2000), 17-22.

25) 가톨릭과 개신교의 사상체계의 차이점에 대해서는 박호용, "종교개혁: '베드로의 종교(가톨릭)'에서 '바울의 종교(개신교)'로", W. von Loewenich, ≪마르틴 루터≫, 박호용 옮김(서울: 성지출판사, 2002), 587-597을 참조하라.

26) D. J. Boorstin, ≪창조자들 2≫, 이민아·장석봉 옮김(서울: 민음사, 2002), 287.

27) 집중(력)이 성공과 실패를 가르는 관건이 된다는 사실에 대해서는 장징주·류가와 미카·주위홍, ≪35세 전에 꼭 해야 할 33가지≫, 김락준 옮김(서울: 21세기북스, 2009), 60-68을 참조하라.

28) M. Gallo, ≪나폴레옹≫, 임헌 옮김(서울: 문학동네, 1998), 제1-5권을 참고하라.
29) 이태리의 음악가 베르디(G.Verdi, 1813-1901)의 오페라＜나부코＞중에서 "히브리 노예들의 합창"은 이 시대를 배경으로 한 감동적인 노래이다.
30) 주후 1세기 요한공동체의 상황은 유대교의 세계관과 기독교의 세계관이 일대 충돌을 경험하는 상황이었다. 이 세계관의 충돌에서 자신의 입장을 강화하고 정체성을 확립하는 일은 공동체의 운명을 결정짓는 사활이 걸린 문제가 아닐 수 없었다.
31) 제1성전(솔로몬성전, 주전 957), 제2성전(스룹바벨성전, 주전 515), 제3성전(헤롯성전, 주전 19-주후63).
32) 스데반은 '성전과 율법'으로 대변되는 유대교를 비판하면서 그 자리에 '예수와 복음'을 들이밀었다(행 6-7장). 스데반은 성전과 율법을 모독했다는 죄목으로 고발되어 유대 당국에 의해 순교를 당하였다.
33) N.T.Wright, ≪신약성서와 하나님의 백성≫,박문재 옮김(서울: 크리스챤다이제스트, 2003), 372-387.
34) '주후 1세기 팔레스틴의 사회정황과 예수의 길'에 대해서는 박호용, ≪부르다가 내가 죽을 노래≫(서울: 성지출판사, 1997), 360-368을 참조하라.
35) 순종의 좋은 모델인 한 사람을 소개하고자 한다. 그는 스웨덴 출신으로 유엔 사무총장을 지낸 다그 하마슐드(Dag Hammarskjöld, 1905-61)라는 사람이다. 그는 공무에 바쁜 와중에도 하나님과의 깊은 교제를 위해 영적 일기를 썼다. "-밤이 가까이 오고 있다- 과거에 일어난 모든 일로 인해 감사한다. 앞으로 일어날 모든 일을 환영한다!" 유엔 사무총장에 재선된 후에 그는 이렇게 썼다. "하나님께 네라고 대답한다. 운명에 네라고 대답한다. 자신에게 네라고 대답한다." 그는 콩고 내전 중재를 위해 아프리카로 가던 중 비행기 사고로 비극적 죽음이 있기 몇주 전에 마지막으로 이렇게 썼다. "끝날까지 계속 갈 용기가 있느냐고 물었다.

내 대답은 다시 생각할 것도 없이 네다." R. Foster, ≪생수의 강: 기독교 영성의 여섯 가지 위대한 전통≫, 박조앤 옮김(서울: 두란노, 1999), 350-361.

36) N.T.Wright, ≪예수와 하나님의 승리≫, 박문재 옮김(서울: 크리스챤다이제스트, 2004), 839-858.

37) 노자는 '최고의 선은 물과 같다(上善苦水)'라고 하면서, '물은 다투지 않으면서도 능히 만물을 이롭게 한다(水善利萬物而不爭)'고 했다. 마찬가지로 예수님은 남과 싸우지 않으면서(不爭) 온전한 구원과 평화를 이루는 방법을 선택했다. 그것이 성육신의 끝자락인 '십자가'였다.

38) 김홍호, ≪푸른 바위에 새긴 글: <벽암록> 풀이≫(서울: 솔, 1999), 365-368.

39) 4복음서에 나오는 '알다'에 해당하는 두 어휘의 사용빈도를 보면, οἶδα는 신약 전체 318회 중 마 24회, 막 21회, 눅 25회, 요 84회, γινώσκω는 신약 전체 222회 중 마 20회, 막 12회, 눅 28회, 요 57회가 나타난다. 여기서 우리는 요한이 '앎(인지)'에 얼마나 깊은 관심을 갖고 있는가를 엿볼 수 있다. 이러한 '예수인지' 전통(빌 3:8; 벧후 3:18)은 구약에 면면히 흐르는 '야웨인지' 전통(출 6:7; 10:2; 호 4:1; 6:6; 겔 36:23; 37:14)에 기인한다. 이에 대한 자세한 내용은 박호용, ≪야웨인지공식≫(서울: 성지출판사, 1999)을 참조하라.

40) "보다"(마 93구절, 막 71구절, 눅 112구절), "알다"(마 49구절, 막 34구절, 눅 65구절), "듣다"(마 61구절, 막 39구절, 눅 60구절).

41) 박호용, ≪감악산의 두 돌판: 요한복음 강해설교≫(서울: 성지출판사, 2005), 10-11.

42) 요한복음에는 '빌립'이 열두 제자를 대표하듯 12회 나타난다 (1:43,44,45,46,48; 6:5,7; 12:21,22; 14:8,9; 21:2). 21:2의 경우 "다른 제자 둘"이라는 암호 같은 말은 숫자 상징코드와 인물 상징코드로 볼 때 '안드레와 빌립'임이 분명하다. 우선 갈릴리 사람으로서, 시몬 베드로가 나오면 그의 형제 안드레가 따라 나와야 하고, 요한복음에서 안드레와 빌립은 항상 같이 등장(1:44; 6:7-8; 12:22)하

기 때문이다. 그렇지 않다 하더라도 여기서 빌립은 가룟 유다를 제외한 11명의 제자를 대표하는 성격을 띤다.

43) 김회권, ≪하나님 나라 신학으로 읽는 사도행전(1)≫(서울: 복있는 사람, 2007), 123-124.

44) 요한은 21:20에서는 의도적으로 '콜포스'(κόλπος)가 아닌 '스테도스'(στῆθος)라는 어휘로 바꾸어 쓰고 있다(개역 성경은 "품"으로 번역).

45) D. Braun, ≪다 빈치 코드(하)≫, 양선아 옮김(서울: 대교베델스만, 2004), 11-12.

46) E. H. Gombrich, ≪서양미술사≫, 백승길·이종숭 옮김(서울: 예경, 1994), 224-226.

47) 들라크루아(Delacroix, 1798-1863)는 "가장 좋은 그림은 즉석에서 한 순간에 그려지는 것이다"라고 말했다. "아하, 바로 이거다('아하' 체험)"라는 영감과 통찰의 그 순간이 깨달음의 순간이요 영원한 순간이다.

48) 요한문서에 속하는 ≪요한계시록≫은 ≪요한복음서≫와 세 가지 측면에서 유사성을 띤다는 점에서 나는 사도 요한의 저작 또는 그의 정신을 이어받은 요한의 제자의 작품으로 보고자 한다. 첫째, 전승적 측면에서 두 책이 철저히 구약 전승에 기초하고 있다는 점, 둘째, 표현방식에 있어서 두 책이 문자적 또는 사실적 표현방식보다 상징적 표현 방식을 사용하고 있다는 점, 셋째, 신학적 주제 측면에서 두 책이 기독론을 중심으로 전개되고 있다는 점에서 그렇다. 이에 관해서는 이필찬, ≪요한계시록: 내가 속히 오리라≫(서울: 이레서원, 2006), 109-110을 참조하라.

49) 러시아 말인 '쉬또 젤라찌(Что делать)'는 '무엇을 할 것인가?'라는 뜻이다. 19세기 러시아 사상가인 체르니셰프스키의 정치소설(1863년)의 제목이자 20세기 러시아 혁명가인 레닌이 쓴 책(1902년) 제목이기도 하다.

50) 사도 요한은 예수님을 처음부터 따랐던 이들 중 한 명이고 마지막까지

남아 십자가 밑에 있던 이들 중의 한 명이다(요 1:35-39; 19:26). 그는 다른 이들보다 오래 생존하면서 그리스도의 사건에 대해 더 깊이 묵상했다. 요한복음서는 예수님의 삶과 사역에 대해 평생 동안 묵상한 작품으로 묵상의 전통의 모범이 된다. R. Foster, ≪생수의 강≫, 59, 60.

51) 박영석, ≪끝없는 도전≫(서울: 김영사, 2003), 9.
52) 이태형, ≪미쳐야 통한다(發狂而通)≫(서울: 갤리온, 2006), 198.
53) 박홍규, ≪내 친구 빈센트≫(서울: 소나무, 1999), 219, 228.
54) 고미숙, ≪열하일기: 웃음과 역설의 유쾌한 시공간≫(서울: 그린비, 2004), 9.
55) 류태영, ≪천재는 없다≫(서울: 성현출판사, 1995), 95, 23-124.
56) R.Byme, ≪The Secret≫(비밀), 김우열 옮김(서울: 살림출판사, 2007), 201.
57) 우윤, ≪우리 역사를 읽는 33가지 테마≫(서울: 푸른숲, 1997), 108-109.
58) 유동식 교수는 그리스도의 십자가와 부활은 복음의 양면으로써 율법의 성취인 동시에 풍류도의 성취라고 말하면서 이 둘은 그 문화적 성격을 달리한다고 하였다. "유대적 율법문화의 전통 위에 전개된 서구 기독교의 중심은 율법의 완성인 십자가에 있었다. 율법은 합리적인 법치주의를 낳고, 이것이 민주주의의 꽃을 피우기도 했다. 풍류문화의 전통 위에 전개되는 한국 기독교의 중심은 그리스도 안에서 하나님과 우리가 하나가 되는 부활에 있다. 거기에서 자유와 평화와 사랑의 기쁨을 낳는 한 멋진 삶의 풍류문화가 전개된다." 유동식, ≪풍류도와 요한복음≫(서울: 한들출판사, 2007), 66
59) 성경이야기 전체를 5막으로 볼 때 제1막은 창조(creation), 제2막은 타락(fall), 제3막은 이스라엘(Israel), 제4막은 예수(Jesus), 제5막은 교회(church)이다. 유대인들의 '다시 말하기'는 전체적인 드라마 속에서 그들 자신을 제3막에 위치시키는 반면, 기독교인들의 '다시 말하기'는 그들 자신을 제5막에 위치시킨다.
60) N. T. Wright, ≪예수와 하나님의 승리≫, 739-740.

61) N. T. Wright, ≪예수와 하나님의 승리≫, 753-763.
62) N. T. Wright, ≪예수와 하나님의 승리≫, 839-853.
63) 신약이 구약과 얼마나 깊이 연관되어 있는가에 대해서는 폰 라드(G. von Rad, 1901-71)가 ≪구약신학, 제2권≫ 끝부분(제3부)에서 한 말에 잘 드러나 있다. "신약의 구원사건은 구약에 기록되어 있는 하나님과 이스라엘간의 관계의 역사의 확대이자 그 결론이다." '구약과 신약의 관계성'에 대해서는 박호용, ≪폰 라드: 실존적 신앙고백과 구원사의 신학≫(서울: 살림출판사, 2004), 170-178을 참조하라. 한편, 화이트헤드(A. N. Whitehead, 1861-1947)는 "모든 서양철학은 플라톤의 주석에 불과하다"라는 말을 했다. 나는 감히 이렇게 말하고 싶다. "신약학을 포함한 모든 기독교 신학은 구약학(모세)의 주석에 불과하다." 박호용, ≪출애굽기 강의≫(서울: 한들출판사, 2006), 7-8.
64) 박호용, ≪요한복음서 재발견≫(서울: 쿰란출판사, 2007), 9-10.
65) "정확한 사실에 대한 기록이란, 관념으로는 가능하겠지만 실제로는 불가능한 것이다. 무엇보다도 '정확한 사실' 자체를 아무도 알 수 없기 때문이다." 이현주, ≪예수에게 도를 묻다: 이현주 목사의 마르코 복음서 읽기≫(서울: 삼인, 2005), 237.
66) ≪새번역 신약성경≫에서 4복음서의 구약 인용 횟수를 보면 마태 71구절, 마가 41구절, 누가 47구절(참고. 행 61구절, 롬 79구절)인데 반해, 요한은 18구절(1:23,51; 2:17; 6:31,45; 7:42; 10:34; 12:13,15,38,40; 13:18; 15:25; 19:24, 28,29,36,37)에서 구약 인용을 하고 있다. 따라서 외견상 요한복음보다 공관복음에서 구약적(히브리적) 배경이 더 짙게 나타나는 듯 보이나, 내용적으로 보면 그렇지 않다. 그 까닭은 요한이 사용하고 있는 일곱 상징코드가 모두 구약적(히브리적) 배경과 깊이 관련되어 있기 때문이다. 한편, 4복음서에서 '구약성경'을 일컫는 어휘(γραφή)는 요한이 최다 사용(마 4회, 막 4회, 눅 4회, 요 12회)하고 있다.
67) 기독교의 3대 종파 가운데 개신교는 '예수의 생애'를 강조하고, 가톨릭

은 '십자가'를 강조하고, 동방정교회는 '부활'을 강조한다. 가톨릭과 더불어 서방교회에 속하는 개신교 신학은 기본적으로 '십자가 신학'을 강조해 왔다. 이제 복음의 머릿돌인 '부활의 신학'을 먼저 강조할 필요가 있다. 부활 사건은 십자가에 달리신 예수가 메시아임을 증명하는 표징적 사건이다.

68) 요한이 처한 삶의 자리가 '부활의 신학(신앙)'이 필요했다는 사실에 대해서는 박호용, ≪요한 복음서 재발견≫, 23-28을 참조하라.

69) 논문을 쓸 때 많이 사용하는 연결부사 "그러므로"(따라서), "그러나"에 해당하는 헬라어 οὖν을 요한은 무려 202회(신약전체 501회, 마 56회, 막 8회, 눅 33회, 행 61회, 롬 48회)나 사용하고 있다.

70) 이희영, ≪탈무드 황금률 방법: 유대 5000년 불굴의 방패≫(서울: 동서문화사, 2001), 149-150.

71) 조철수, ≪유대교와 예수≫(서울: 길, 2002), 114-119.

72) 선한 사마리아인의 비유(눅 10:25-37)에 대한 어거스틴의 해석은 대표적인 알레고리칼(allegorical) 해석에 속한다. 강도 만난 사람=아담(인간), 예루살렘=하늘 나라, 여리고=세상, 강도들=마귀와 귀신들, 상처=죄, 옷을 빼앗김=하나님의 형상을 잃음, 반쯤 죽음=인간의 본성은 죽었으나 그의 영혼은 불멸, 제사장=율법, 레위인=예언자, 선한 사마리아인=그리스도, 짐승=그리스도의 몸, 포도주=영적인 권고, 기름=위로, 여관=교회, 여관 주인=사도들과 후계자들, 두 데나리온=두 성경(구약과 신약), 돌아올 때에 대한 언급=재림에 대한 약속 등.

73) 서곡은 부활장인 20장과 여러 면에서 밀접하게 부합한다. 빛(20:1; 1:4), "내가 내 아버지 곧 너희 아버지…"(20:17; 1:12), 도마의 신앙고백(20:28; 1:18) 등. 이는 요한이 20장을 염두에 두고 서곡을 편집했다는 것을 보여준다. N. T. Wright, ≪신약성서와 하나님의 백성≫, 692.

74) 요한은 "왔다 가는 존재"로서의 예수님을 "어디로부터(πόθεν, 신약 전체 29회 중 마 5회, 막 3회, 요 13회)" 와서 "어디로(ποῦ, 신약 전체 48회 중 마 4회, 막 3회, 눅 7회, 요 19회)" 가는 두 어휘의 최다사용

을 통해 잘 보여주고 있다. 또한 4복음서 가운데 "내려오다(καταβαιν
ω, 마 11회, 막 6회, 눅 13회, 요 18회)"와 "올라가다(άναβαινω, 마 9
회, 눅 9회, 요 16회)"라는 두 어휘의 최다 사용을 통해서도 잘 보여주
고 있다.

75) 많은 이들에게 큰 도전과 영향을 준 릭 워렌(R. Warren) 목사의
≪목적이 이끄는 삶≫(서울: 디모데, 2002)은 우리의 삶을 향한 하
나님의 목적을 아는 것이 얼마나 중요한가를 역설하고 있다. 여기
서 "목적"에 해당하는 헬라어는 '델레마(θέλημα)'인데, 요한은 이
어휘를 최다 사용(신약 전체 62회 중 마 6회, 막 1회, 눅 4회, 요
11회)하고 있다. 이를 통해 우리는 요한이 하나님의 뜻, 목적 있
는 삶에 얼마나 깊은 관심을 갖고 있는가를 엿보게 된다.

76) 4복음서에 나타난 '갈릴리' 용어 횟수(마 16회, 막 12회, 눅 13회,
요 17회)가 이러한 주장을 강화시켜준다.

77) 우리말 성경에서는 동일하게 '베다니'로 되어 있으나 일부 사본
에서는 1:28이 '베다바라(βηθαβαρα)'로 다르게 기술되어 있다.

78) 3:23에 의하면 세례 요한은 살렘 가까운 애논에서 세례 사역을
하고 있는 것으로 나타난다. 그런데 이곳 또한 정확한 위치를 알
수 없다. 단지 세례를 베푸는 데 있어서 물이 많은 곳으로만 보도
되고 있다.

79) 모세가 요단을 건너 가나안 땅에 들어가지 못한 이유에 대해 민수기
기사와 신명기 기사가 다르다. 신명기(3:26; 4:21)에 따르면 이스라엘
백성의 죄로 인해 지도자 모세에게 진노한 것으로 보고 있다. 이에 반
해 민수기(20:10-13)에 의하면 광야길에서 물이 없자 불평하는 백성을
향해 모세가 혈기를 부리면서 반석에게 명하라는 여호와의 명령을 어기
고 마치 자신의 능력으로 물을 낼 수 있는 양 반석을 두 번 침으로 이
스라엘 목전에서 여호와의 거룩함을 드러내지 못한 죄 때문으로 보고
있다. 이에 대한 나의 견해는 모세는 가나안 땅에 들어갈 수 없다는 것
을 전제로 한 '꼬투리잡기'라고 생각한다. 살인까지도 용서하시는 하나
님께서 반석을 두 번 내리쳤다고 이 같은 형벌을 내리겠는가. 구원사적

으로 볼 때 가나안으로 상징되는 새 땅, 새 시대를 열 사람은 새 사람 (여호수아)이 되어야 하며, 궁극적으로는 새 모세인 예수 그리스도로 말미암는다는 것을 말하려는 것이라고 생각한다.

80) 김동수, ≪요한신학 렌즈로 본 요한복음≫(서울: 솔로몬, 2006), 109.
81) N. T. Wright, ≪하나님의 아들의 부활≫, 박문재 옮김(서울: 크리스챤다이제스트, 2005), 1031, 1034.
82) 니산월은 바벨론 포로 이후에 불리워진 것으로 옛 이름은 아빕월이다. 또한 유월절은 니산월 14일이고, 이어서 '무교절'로 일주일간(15-21일) 지켜진다. 본래 유월절 예식은 봄철에 치르던 유목민들의 의식(유목사회)에서 나온 것이다. 무교절은 첫 추수와 관련이 있는 농업적인 축제(농경사회)에 뿌리를 두고 있다.
83) 마태는 4회(26:2,17,1819), 마가는 4회(14:1,12,14,16), 누가는 8회(2:41; 22:1,7,8,11,13,15,16) 언급하고 있는데, 요한은 9회 언급하고 있다(2:13,23; 6:4; 11:55; 12:1; 13:1; 18:28,39; 19:14).
84) 공관복음은 예루살렘 입성부터 부활까지를 요한보다 훨씬 적은 분량으로 다루고 있다(마태 21-28장[여덟 장], 마가는 11-16장[여섯 장], 누가는 19-24장[여섯 장]).
85) "(또) 이튿날"(1:29,35,43; 6:22), "사흘째 되던 날"(2:1), "그 후에"(3:22; 5:1; 6:1; 7:1), "때가 여섯 시쯤 되었더라"(4:6), "이 때에"(4:27), "이틀이 지나매"(4:43), "명절 끝날 곧 큰 날에"(7:37), "예수께서 길을 가실 때에"(9:1), "이 날부터는"(11:53).
86) 초막절은 이스라엘 민족의 광야생활을 기념하는 절기(레 23:33-44)로서 '장막절'이라고도 한다. 7월 15-21일(태양력 9-10월경)까지 일주일간 옥외에 장막을 치고 거처하면서 여러 가지 의식을 거행하면서 광야시절을 재현하는 절기이다. 가을 추수기에 해당하는 시기이기에 수확에 대한 감사의 절기(수장절)이기도 하다.
87) 유대인들은 3대 절기인 유월절, 오순절, 초막절을 비롯하여 수전절, 부림절을 5대 절기로 삼는다. 그리고 기타 여러 다른 절기를 지킨다. 요한은 부림절 대신 안식일을 5대 절기에 넣었다. 그 까

닭은 안식일이야말로 유대인들의 일상생활에서 가장 가깝고도 꼭 지켜야 할 절기이기 때문이라고 짐작된다.
88) 이영헌, ≪요한복음서≫(경북: 분도출판사, 1999), 119.
89) 마태 9구절, 마가 10구절, 누가 17구절에 걸쳐 사용하고 있다.
90) 나는 요한이 복음서를 계절순으로, 즉 유월절(2장)-오순절(5장)-초막절-(7장)-수전절(10장)로 썼다고 생각한다. 여기서 문제가 되는 것은 오병이어 표적사건과 그 이후의 강화(6장)가 유월절에 있었던 사건이라는 데 있다. 나는 요한이 지리 상징코드(다섯 차례의 하강구도), 절기 상징코드(세 차례의 유월절), 그리고 표적 상징코드(공관복음에는 없는 4절의 '유월절'이라는 대목)를 위해 6장을 5장과 7장 사이에 삽입했다는 생각을 갖고 있다. 이렇게 보는 근거는 7장(21절 이하)에 나오는 말씀이 5장의 38년 된 병자 치유 사건과 관련이 있기 때문이다. 또한 이러한 나의 생각은 5장과 6장이 접속사로 연결되어 있지 않고 7장에서 다시 접속사(Καὶ)에 의해서도 뒷받침되고 있다.
91) 4복음서는 모두 성전을 여러 차례 언급하고 있다(마태 15구절, 마가 10구절, 누가 15구절, 요한 14구절).
92) 김덕기, "로마서의 구속론과 희생제의", ≪바울의 문화신학과 정치윤리≫(대전: 이화, 2007), 320-322.
93) 김덕기, "호모 사케르가 된 자들을 위한 진혼곡", 위의 책, 564-565.
94) 예수께서 갈릴리에서 하나님의 복음을 전파하기 시작하면서 터트린 제일성이 바로 이 구절이다. 여기서 "때"는 천시(天時), 즉 하늘(하나님)의 시간, 실존적인 결단의 시간, 질적 시간을 말하는 카이로스(καιρός)의 때로서, 세월처럼 흐르는 물리적 시간, 양적 시간인 크로노스(χρόνος)의 때와는 다르다.
95) 성부, 성자, 성령, 성삼위 하나님이 모두 언급되어 있는 이 구절은 동방교회와 서방교회가 분열(1054년)하는 결정적 계기가 된 필리오케(filioque) 논쟁 구절로 유명하다. 동방교회는 성령은 성부로부터 나와서 성자를 통하여 인간에게 거처한다고 주장한다. 서방교회는 성령은 성부와 성자(이중발출)로부터 나온다고 주장한다. 여기서 중요한 것은 성령

이 어디로부터 나오느냐가 아니라 성자가 성부에 의해 파송되었듯이, 성령은 예수의 부활(승천) 이후 성자에 의해 파송된다는 사실이다(16:7; 20:22).

96) 모세와 같은 운명을 지닌 '세례 요한'은 22구절에 걸쳐 나타난다 (1:6,15,19,20,26,28,29,32,35,40,42; 3:23,24,25,26,27; 4:1; 5:33,35,36; 10:40,41).

97) '모세'에 대해 마태 7구절, 마가 8구절, 누가 10구절(행전 22구절) 언급하고 있는데, 요한은 12구절에서 언급하고 있다(1:17,45; 3:14; 5:45,46; 6:32; 7:19,22,23; 8:5; 9:28,29). 4복음서의 절수(마태 28장 −1060절, 마가 16장−678절, 누가 24장−1151절, 요한 21장−879절)로 비교하면 요한의 모세 언급 비율은 더 높아진다.

98) 예수의 모친(2장), 사마리아 여인(4장), 간음하다 현장에서 붙잡힌 여인(8장), 마르다와 마리아(11장), 나사로의 누이 마리아(12장), 십자가 밑에 여인들(19장), 그리고 막달라 마리아(20장).

99) 첫 표적인 가나의 혼인잔치 표적(2:1-11)이 부활과 관련된 것이라는 사실은 '표적 상징코드'에서 상세히 다루고자 한다.

100) N. T. Wright, ≪예수와 하나님의 승리≫, 588-589.

101) 바리새파에 관련된 자세한 논의는 N.T.Wright, ≪신약성서와 하나님의 백성≫, 303-358을 참조하라.

102) 육체로 태어난 자연인의 인격을 지배하는 것은 감성과 이성이다. 그 특성은 자기와 이 세상 가치에 대한 집착이다. 이것이 "육의 사람"이다. 그러나 '그리스도의 복음원리(십자가에 의한 자기부정을 통해 영체로 거듭나는 부활의 원리)'로 인해 거듭난 사람의 인격을 지배하는 것은 영성이다. 영성은 하나님의 뜻을 헤아리게 하고, 이에 순종하게 한다. 이러한 영성에 지배된 인격이 곧 "영의 사람"이다. 성령으로 거듭난 사람은 마치 바람이 흐르듯(風流) 사는 풍류객이다. 성령은 바람이요 풍류객인 우리는 피리이다. 성령으로 거듭난 우리는 성령께서 자유로이 연주하시는 피리이다. 피리가 소리를 내기 위해서는 속이 비어있어야만 한다. 사욕으로

속이 가득 차 있는 한 피리는 소리를 낼 수 없다. 유동식, ≪풍류도와 요한복음≫, 76-78.
103) 공관복음에 따르면 그는 부자였으며(마 27:57), 존귀한 공회원이었고(막 15:43; 눅 23:50), 선하고 의로웠으며(눅 23:50), 하나님의 나라를 기다리던 자였다(막 15:43; 눅 23:51).
104) 마가 15:43에 의하면 "당돌히 빌라도에게 들어가 예수의 시체를 달라"고 요청하였다.
105) 예수의 체포와 심문 및 베드로의 예수부인(27구절), 빌라도에 의한 심문(29구절), 예수의 죽으심과 장사(26구절).
106) 구원(구주) 관련 어휘는 마태 17회, 마가 13회, 누가 22회 사용하고 있다. 요한이 구원 관련 어휘보다 진리 어휘를 즐겨 사용한 것은 진리 어휘가 보다 포괄적 의미(복음, 구원, 자유, 생명 등)를 담을 수 있는 언어 때문일 것이다.
107) '영적 전쟁'에 관해서는 E. Murphy, ≪영적 전쟁 핸드북≫, 노항규 옮김(서울: 두란노, 1999)을 참조하라.
108) A. J. Cronin, ≪천국의 열쇠≫, 황관순 옮김(서울: 상서각, 2007), 542.
109) 나는 1장과 21장이 상응관계에 있다고 보면서 21장의 '애제자'는 1장의 '다른 제자'라고 생각한다.
110) G. Theissen, ≪복음서의 교회정치학≫, 류호성·김학철 옮김(서울: 대한기독교서회, 2002), 166.
111) 21장의 주인공은 베드로이다. 그의 등장은 베드로를 위시한 일곱 제자, 베드로와 예수의 대화, 베드로와 애제자의 대조 등 세 번으로 나뉘어 나타난다.
112) 김득중, ≪요한의 신학≫(서울: 컨콜디아사, 1994), 201-203.
113) '제자($\mu\alpha\theta\eta\tau\acute{\eta}\varsigma$)'가 신약 전체에 261회 나타나는데, 마태 72회, 마가 46회, 누가 37회, 요한 48회가 나타난다. '증언하다($\mu\alpha\rho\tau\upsilon\rho\acute{\epsilon}\omega$)'가 신약 전체에 76회 나타나는데, 마태 1회, 마가 없음, 누가 1회, 요한 33회가 나타난다.

114) 처음에는 예수님의 부활을 믿을 수 없다고 지극히 이성적이고 합리적인 주장을 했던 사도 도마가 또 다른 사도 바돌로매와 함께 동방에 복음을 전한 것으로 전해지고 있다. 사도 바울이 소아시아를 중심으로 전도하며 마케도냐 지방을 경유하여 지중해 연안의 각 지역에서 전도할 때, 사도 도마와 바돌로매는 동방으로 진출하여 인도와 중국에 이르기까지 전도했다고 전해지고 있다. 이에 대한 구체적인 증거는 인도 말라바르(Malabar) 기독교가 갖고 있는 역사적 전통 속에서 찾아 볼 수 있다. 그런데 도마의 동양 전도가 뿌리를 내리지 못한 까닭은 주께서 이끄시는 역사의 방향, 즉 복음의 진로는 동진(東進)이 아니라 서진(西進)에 있었기 때문이다. 스이진, ≪21세기 선교의 길: 서쪽을 향하여 땅끝까지≫(서울: 서역제, 2005), 53-58.

115) 이상훈, ≪성서주석: 요한복음≫, 36-37.

116) R. A. Culpepper, ≪요한복음 해부≫, 권종선 옮김(서울: 요단, 2000), 196.

117) 대부분의 학자들이 일곱 표적이 전반부(2-11장)에 몰려 있다고 해서 이를 책의 주제로 삼아 2-12장은 '표적의 책'이요, 13-20장은 '영광의 책'이라는 제목을 붙여 제1부와 제2부로 나누는데, 이는 바람직하지 않다. 왜냐하면 요한복음은 제1부와 제2부를 가릴 것 없이 전체가 표적과 관련된 책이라는 점에서 '표적의 책'이자 전체가 '영광'과 관련이 있다는 점에서 '영광의 책'이기 때문이다.

118) 주후 1세기 유대교적 상황에서 '부활'은 세상 나라들을 전복시키고, 다가올 새 시대로서의 하나님 나라(천국)의 승리를 말하는 혁명적 교리였다. 예수님의 엄숙한 기도의 핵심은 "하나님의 나라가 임하시고 하나님의 뜻이 하늘에서와 마찬가지로 땅에서도 이루어지이다"였다. 초기 기독교 운동은 민족주의적 유대인 운동이나 사사로운 종교적 체험이 아니라 나사렛 예수가 죽은 자로부터 몸으로 부활하였다는 부활신앙 운동이었다. 왕적인 메시아, 세상의 참된 주로서의 예수 신앙(행 2:36; 롬 1:3-5)은 부활신앙 위에 세워졌다. 부활은 예수가 하나님의 아들이라는 것, 이스라엘의 종

말론적 소망이 성취되었다는 것을 의미한다. 이러한 의미로 해석된 부활은 초기 기독교인들을 당시의 다른 유대교 집단들, 특히 유대 당국자들과의 충돌을 피할 수 없게 하였다. N.T.Wright, ≪하나님의 아들의 부활≫, 885-886, 1119.

119) 1-4장까지는 접속사로 연결되어 있으나(2:1 Καὶ, 3:1 δὲ, 4:1 οὖν), 기독론 대논쟁 (5-8장)이 시작되는 5장은 접속사로 연결되어 있지 않아 단락이 구분된다는 것을 암시한다. 이는 모세오경의 첫 4서(창-민)는 접속사로 연결되어 있지만, 신명기 역사서(수-왕하)의 서론격인 신명기서는 접속사로 연결되어 있지 않아 첫 4서와 구별된 책임을 암시하는 것과 상응하는 모습을 보여주고 있다.

120) 십계명의 제4계명은 안식일 계명인데 출애굽기의 안식일 계명 (출 20:8-11)과 신명기의 안식일 계명(신 5:12-15)에 차이가 있다. 안식일의 근거를 전자는 창조신앙, 즉 하나님이 천지 만물을 창조하신 후 일곱째 날에 쉬신 것을 기념한 것에 둔 반면, 후자는 구속신앙, 즉 하나님이 이스라엘 백성을 출애굽시킨 것(인도주의적 관점)을 기념한 것에 두고 있다.

121) 요한은 예수님이 하나님과 동등하신 분임을 누차 강조한다 (1:14,18; 3:33-36; 5:17-18; 6:29,38,57; 7:29; 8:16,19,28-29, 42,54-55; 10:15, 30,33,37-38; 12:45; 13:31 등).

122) "사람들이 메시아와 관련하여 전혀 예상하지 못했던 것은 이교도들을 패배시키는 것이 아니라 도리어 이교도들의 손에 죽는 것, 성전을 재건하거나 정결케하는 것이 아니라 성전에 대하여 상징적인 공격을 행하면서 성전에 대한 임박한 심판을 경고하는 것, 이교도들에게 공의와 평화를 가져다 주는 것이 아니라 이교도들의 손에 의해서 불의한 폭력을 당하는 것이었다. 제3자의 관점에서 볼 때 예수의 십자가 처형은 예수 또는 그의 제자들이 암시하였던 그 어떤 메시아적 운동의 가능성들의 완전한 와해로 보였을 것임에 틀림없다." N.T.Wright, ≪하나님의 아들의 부활≫, 870.

123) 김용옥, ≪요한복음 강해≫(서울: 통나무, 2007), 318-319.

124) R. A. Culpepper, ≪요한복음 해부≫, 223.
125) 자세한 내용은 박호용, ≪출애굽기강의≫(서울: 한들출판사, 2006), 80-84을 참조하라.
126) 이 진술은 "하나님은 빛이시라"(요일 1:5), "하나님은 사랑이심이라"(요일 4:8)처럼 하나님의 존재 양식을 묘사한다.
127) '참 예배'에 대해서는 조건회, ≪예배: 하나님과의 만남≫(서울: 다리놓는 사람들, 2008)을 참조하라.
128) 박기삼, ≪나는 무엇을 믿고 있는가≫(서울: 대장간, 1999), 65-70.
129) 예수님의 사역의 기초가 '하나님의 말씀'(마 4:4)에 있다는 것에 대해서는 이연길, ≪말씀목회 패러다임≫(서울: 쿰란출판사, 2001), 29-30을 참조하라.
130) 공자는 ≪논어≫에서 이렇게 말했다. "군자유어의(君子喩於義)요 소인유어리(小人喩於利)라." 군자는 의(義) 곧 의리에 따라 살지만, 소인배들은 이(利) 곧 이해관계에 따라 산다는 말이다.
131) 이희영, ≪탈무드 황금률 방법≫, 37-39.
132) W. J. Petersen & R. Petersen, ≪말씀의 힘: 세상을 바꾼 성경 말씀 100≫, 서희연 옮김(서울: 엔크리스토, 2008), 111-113.
133) W. von Loewenich, ≪마르틴 루터≫, 박호용 옮김(서울: 성지출판사, 2002), 266.
134) 안병욱, ≪빠스깔 사상≫(서울: 삼육출판사, 1973), 265.
135) 이 표현은 요한이 예수의 표적에 대해 관용적으로 쓰는 표현이다(11:47 참조).
136) 이영헌, ≪요한복음서≫, 257.
137) 김문경, ≪요한신학≫(서울: 한국신학연구소, 2004), 62.
138) 현재의 정경을 있는 그대로 볼 경우 21장은 결론 역할을 하고, 20:30-31은 결론이 아닌 두 번째 종결어 역할을 하고 있다.
139) 히브리적 문장기법에 대해서는 김형중, ≪바울의 13가지 설교원리≫(서울: 처음, 2001), 35-71을 참조하라.
140) '하나님의 아들'의 일차적 의미는 삼위일체의 두 번째 위격이 아니라

'이스라엘의 메시아'이다. N.T.Wright, ≪하나님의 아들의 부활≫, 598.

141) 요 1:1-18은 여러 이름으로 불리워지고 있다. 서론, 서문, 로고스 찬가(찬시), 서막, 프롤로그 등.
142) 마카오에 가면 중국 현대선교의 아버지로 일컬어지는 모리슨(Morrison) 기념관이 있다. 그 예배당 안에는 "太初有道"라는 말씀이 적혀 있다.
143) R. Bultmann, ≪요한복음서 연구≫, 10-18.
144) 이경숙, ≪노자를 웃긴 남자≫(서울: 자인, 2000), 126.
145) 요한복음서의 신명기적 배경(성격)에 대해서는 박호용, ≪요한복음서 재발견≫, 76-80을 참조하라.
146) 조철수, ≪유대교와 예수≫, 52-53을 참조하라.
147) 첫 절의 "말씀"은 좁은 의미에서 구약의 "모세의 말씀"(율법)만으로 볼 것이 아니라 구약의 선지자들이 선포한 "여호와(야웨)의 말씀"(암 8:11; 렘 1:4; 겔 1:3 등등)을 의미하는 것으로 확대 해석할 수 있다.
148) "은혜"(χάρις)는 바울 서신에서 율법에 대립되는 개념으로 101회(신약 전체 156회)나 나오는 데 반해, 요한복음에서는 서곡에만 4회(11:14, 16[2회], 17) 나올 뿐이다.
149) 이에 대한 자세한 내용은 박준서, "하나님의 형상(Imago Dei)에 관한 성서적 이해", ≪구약세계의 이해≫(서울: 한들출판사, 2001), 13-37을 참조하라.
150) 수운(水雲) 최제우(1820-64), 해월(海月) 최시형(1827-98), 녹두장군 전봉준(1853-95)으로 이어지는 한국사상가의 정점인 동학(東學) 사상은 "사람이 곧 하늘이다(人乃天)", "사람을 하늘과 같이 대하라(事人如天)"에 잘 나타나 있듯이 인간평등사상이었다. 이 같은 동학의 인간평등사상은 마테오 릿치(Matteo Ricci, 1552-1610)가 쓴 ≪天主實義≫(1603년)로부터 큰 영향을 받았다. 김용옥, ≪동경대전 1≫, (서울: 통나무, 2004), 200-213.
151) 김용옥, ≪요한복음 강해≫, 29.
152) '영광(δόξα)'이라는 단어는 공관복음에 23회(마 7회, 마 3회, 누

13회)나오는데, 요한복음에는 19회가 나올 정도로 요한이 즐겨 사용하는 단어이다. 이 단어에 해당하는 히브리어 '케보드(כבוד)'는 신현현에 뒤따르는 눈에 보이는 현시를 의미한다.
153) 여기서 '하나님화'란 '인간화'라는 말의 대응어로서, 우상숭배적 느낌을 주는 '신격화(神格化)' 또는 '신화(神化)'는 말의 대체어로 사용한다.
154) 나는 요한복음서의 결론이자 4복음서의 결론, 나아가 성경 전체의 결론은 이 네 글자라고 생각한다: "예수사랑(Amore Jesusi)".
155) 곽선희, ≪교회의 권세(사도행전 강해)≫(서울: 계몽문화사, 1995), 671-672.
156) 나는 '이상적 교회'의 모습을 이렇게 정의해 본다. "말씀과 성령의 역사로 깨달은 진리를 함께 누리는 은혜공동체이자, 십자가의 도를 따라 강한 자가 약한 자를 섬김으로 하나님 나라(천국)을 이루어가는 사랑공동체이다."
157) 요한은 '찾다', '노력하다' '구하다'라는 의미를 가진 어휘(ζρτέω)를 4복음서 가운데 최다 사용(마 14회, 막 10회, 눅 25회, 요 34회)하고 있다. 이는 그가 '진리탐구'에 얼마나 깊은 관심을 갖고 있는가를 잘 보여준다.
158) 헨델(Händel, 1685-1759)의 오라토리오 ＜메시아＞연주를 감상해 보라.
159) '그리스도'라는 단어는 신약 전체에서 531회 나오는 데, 바울서신에만 무려 383회 나타나고 있다(롬 66회, 고전 64회, 고후 47회, 갈 38회, 엡 46회, 빌 37회, 골 25회, 살전 10회, 살후 10회, 딤전 15회, 딤후 13회, 딛 4회, 몬 8회).
160) N. T. Wright, ≪신약성서와 하나님의 백성≫, 676.
161) 마태 1회(16:16), 누가 1회(5:8), 요한 18회가 등장한다.
162) 성경에서 사람의 이름을 두 번 거듭해서 부른 적이 몇 군데 있다(창 22:11; 46:2; 출 3:4; 삼상 3:10; 눅 10:41; 행 9:4).
163) '부활의 신학'과 '십자가 신학'의 관계에 대한 자세한 논의는

박호용, ≪요한복음서 재발견≫, 53-71, 508-515.
164) N. T. Wright, ≪예수와 하나님의 승리≫, 650.
165) 스데반은 유대교의 두 기둥인 '성전과 율법'에 도전한 일로 인해 순교를 당했다(행 6:13; 7장 참조).
166) 공관복음에서는 구약을 인용하여 '내 집은 만민이 기도하는 집이라'(사 56:7), '너희는 강도의 굴혈로 만들었도다(렘 7:11)'(막 11:17; 마 21:13; 눅 19:46)라고 되어 있다.
167) 이 어휘가 신약 전체에 193회 나오는데, 마태 5회, 마가 7회, 누가 5회 나오는데 반해, 요한복음에는 약 70회가 나온다.
168) 미주 98번 참조.
169) 수난 이야기는 요한이 가장 짧게 다루고 있다. 마태(141구절=26장 75절, 27장 66절), 마가(119구절=14장 72절, 15장 47절), 누가(127구절=22장 71절, 23장 56절), 요한(82구절=18장 40절, 19장 42절). 한편, 부활 이야기는 공관복음에서 공히 한 장에 다루어지고 있는데 반해 요한복음은 두 장에 걸쳐 가장 길게 다루어지고 있다. 마태(28장, 20구절), 마가(16장, 20구절), 누가(24장, 53구절), 요한(20-21장, 56구절).
170) 요한에 없는 기사: (겟세마네 동산의 고민), 가롯 유다의 입맞춤, 제자들의 도망침, 공회의 야간 심문, 선지자로 희롱함, 새벽의 심문, 판결 후의 조롱, 구레네 시몬의 대역(代役), 관중의 욕설, 예수 운명 후 어두움의 임함, 십자가상의 절규, 휘장의 찢어짐, 백부장의 고백, 헤롯의 심문, 여인들의 애통, 십자가상에서 세 번 말씀하심, 강도의 회개 등. 요한에만 독특한 기사: 잡히실 때의 권위 있는 말씀(18:4-9), 안나스의 심문(18:13-24), 유대인과 빌라도의 회담(18:28-32), 처음 조롱과 "이 사람을 보라"(19:2-5), 명패에 대한 빌라도의 고집(19:21-22), 어머니를 부탁하심(19:25-27), 십자가상에서 세 번 말씀하심(19:26-27, 28-30), 옆구리를 찌름(19:31-37), 니고데모의 장례준비(19:39), 저자의 증거(19:26,35) 등.
171) 마태(27:1-2,11-26, 141절 중 18절, 12.7%), 마가(15:1-15, 119절

중 15절, 12.6%), 누가(23:1-7,13-25, 127절 중 20절, 15.7%), 요한 (18:28-19:16, 82절 중 29절, 35.4%). 공관복음과 비교할 때 요한복음은 2-3배나 길게 다루고 있다.

172) 요한의 수난사화에는 공관복음에서 비중있게 다루는 '겟세마네 동산의 기도'(마 26:36-46/ 막 14:32-42/ 눅 22:39-46)가 상당히 다르게 기술되어 있다.

173) 이 용어는 루돌프 오토(R. Otto)가 그의 저서 *The Idea of the Holy* 에서 사용한 용어이다.

174) 그 밖에도 왕과 백성, 아비와 자녀, 남편과 아내, 신랑과 신부 등으로 표현하고 있다.

175) 수난에 관한 마가복음의 예언에서도 인자의 죽음은 그의 부활과 결합되어 있는 것을 볼 수 있다(막 8:31; 9:31; 10:32).

176) 구약에는 대제사장인 '아론의 축도'(민 6:24-26)가 있다. 그 외에도 구약에는 야곱의 축복기도(창 49:1-33), 모세의 축복기도(신 33장)가 있다.

177) 4복음서에서 "아버지" 호칭은 마태 37구절, 마가 4구절, 누가 29구절이 나온다. 공관복음 전체에는 70구절이 나온다. 그런데 요한복음에는 무려 116구절에 걸쳐 나온다. "아들" 호칭은 마태 42구절, 마가 17구절, 누가 35구절, 요한 43구절에 걸쳐 나온다. 17장의 고별기도에서 '아버지' 호칭(대명사 제외)은 6회(1,5,11,21,24,25절) 나타나는데, 한글 개역개정판에서는 이 호칭은 무려 40회가 나타난다.

178) 김지철, ≪영혼의 혁명을 일으키시는 성령≫(서울: 두란노, 2006), 61.

179) 이 호칭은 막 14:36, 롬 8:15, 갈 4:6에서 볼 수 있다.

180) 이에 대한 자세한 논의는 김득중, ≪요한의 신학≫(서울: 컨콜디아사, 1994), 279-293을 참조하라.

181) 요한은 '하나님'에 해당하는 '데오스(θεός)'라는 용어를 사용하기보다는 '아버지'라는 용어를 사용하기를 즐겨한다. '데오스'를 누가는 복음서 (122회), 사도행전(166회), 바울은 548회(롬 153회) 이상 사용하는 데 반

해, 요한은 83회 사용하고 있다. 한편 하나님에 해당하는 '아버지(파테르, πατήρ)'는 바울은 롬(4회), 고전(3회), 고후(5회), 갈(4회), 엡(8회), 요한은 122회 이상 사용하고 있다. 요한과 비견할만한 마태는 45회 사용하고 있다.

182) 요한은 '그리스도' 호칭은 17회, '주' 호칭은 14회 사용되는 데 반해, '아들' 호칭은 39회 사용되고 있다.
183) N. T. Wright, ≪신약성서와 하나님의 백성≫, 738-747.
184) 김형수, ≪문익환 평전≫(서울: 실천문학사, 2004), 94-101.
185) 이 어구와 자구적으로 동일한 표현은 구약성경에 없으나 이와 흡사한 표현들은 상당히 많다(삼하 7:12-16; 시 18:51; 89:4-5,36-37; 사 11:1,10; 렘 23:5).
186) 메시아를 '평화를 가져오는 자'로 여기는 개념에 대해서는 사 9:6-7; 52:7; 57:19; 겔 37:26; 학 2:9; 행 10:36; 롬 14:17을 참조하라.
187) 틱낫한, ≪마음에는 평화, 얼굴에는 미소≫, 류시화 옮김(서울: 김영사, 2002), 8-9.
188) 엄두섭, ≪성 프란치스코≫(서울: 은성, 1985), 394.
189) 요한복음에는 '전쟁' 또는 '다툼'에 해당하는 어휘(πόλεμος)가 없다.
190) 이은성, ≪동의보감(상)≫(서울: 창작과 비평사, 1990), 141-142.
191) 공관복음에서는 '진리' 어휘가 마 1회, 막 3회, 눅 3회, '진실로' 어휘가 반복이 아닌 단독으로 약 50여회가 사용되고 있다.
192) 유주현, ≪대원군(1)≫(서울: 신원문화사, 1993), 330-334.
193) 그리스도인으로서 율법 체계인 '육의 삶'이 아닌 은혜 체계인 '영의 삶'의 승리와 평강과 기쁨에 대해서는 S. McVey, ≪은혜 영성의 파워≫, NCD 편집부 옮김(경기: 도서출판 NCD, 2002)을 참조하라.
194) 이는 웨스트민스터 소요리문답의 첫 번째 질문, "사람의 제일 되는 목적은 무엇인가?"에 대한 대답이다.
195) 엄두섭, ≪예수의 얼≫(서울: 은성, 1988), 27-28.

196) 에드워드 윌슨(Edward O. Wilson)은 Consilience: The Unity of Knowledge(1998)라는 책을 썼는데, 최재천 교수는 이 책을 ≪통섭: 지식의 대통합≫(서울: 사이언스 북스, 2005)으로 번역하였다. 여기서 '통섭'이라는 말은 '사물에 널리 통하는 원리로 학문의 큰 줄기를 잡는 것'으로 사용하였다. 또 다른 '학문의 통섭'에 관한 책으로는 최재천·주일우 엮음, ≪지식의 통섭: 학문의 경계를 넘다≫ (서울: 이음, 2007)가 있다.

197) 예수의 종교개혁의 뿌리가 되는 '구약의 히스기야 - 요시아 종교개혁'에 대해서는 박신배, ≪구약의 개혁신학≫(서울: 크리스천헤럴드, 2006), 9-99을 참조하라.

> 판권
> 소유

요한의 천재성 상징코드

2009년 5월 11일 인쇄
2009년 5월 15일 발행

지은이 | 박호용
발행인 | 이형규
발행처 | 쿰란출판사

주소 | 서울 종로구 이화동 184-3
TEL | 02-745-1007, 745-1301, 747-1212, 743-1300
영업부 | 02-747-1004, FAX / 02-745-8490
본사평생전화번호 | 0502-756-1004
홈페이지 | http://www.qumran.co.kr
E-mail | qumran@hitel.net
　　　　　qumran@paran.com
한글인터넷주소 | 쿰란, 쿰란출판사

등록 | 제1-670호(1988.2.27)

값 14,000 원

ISBN 978-89-5922-742-6 93230

＊ 이 출판물은 저작권법에 의해 보호를 받는 저작물이므로 무단 복제할 수 없습니다.
＊ 잘못된 책은 교환해 드립니다.